Retrouvez nos prochaines parutions, les ouvrages du catalogue et les événements à ne pas rater sur notre site Internet. Vous pourrez également lire des extraits de tous nos livres, recevoir notre lettre d'information et acheter directement les livres qui vous intéressent, en papier et en numérique !

À bientôt sur www.editionsleduc.com/zenbusiness

Découvrez également toujours plus d'actualités et d'infos autour de la collection Zen Business sur : **www.zenbusiness.fr** et la page **www.facebook.com/ZenBusiness**

Traduit de l'anglais (États-Unis) par Sabine Rolland
Relecture et adaptation française : Mathieu Jehanno

Maquette : Sébastienne Ocampo

17, rue du Regard
75006 Paris – France
E-mail : info@editionsleduc.com
ISBN : 979-10-9218-405-1

Zen Business est une marque des éditions Leduc.s

JOSH KAUFMAN

Le Personal MBA

ZEN BUSINESS

Sommaire

Préface de Olivier Roland

Les créateurs d'entreprise sont nombreux en France, jugez plutôt : en 2008, 331 736 entreprises ont été créées*. Un chiffre en augmentation, car en 2000, seulement un peu plus de 200 000 entreprises avaient vu le jour.

Et ce n'est pas tout : en 2009, ce sont **580 193** entrepreneurs qui se sont lancés dans l'aventure, une augmentation très importante induite par l'instauration du statut de l'autoentrepreneur, qui a représenté - et représente toujours au moment où j'écris ces lignes, en 2013 - plus de la moitié des créations d'entreprises.

Formidable n'est-ce pas ? Dans un pays où l'on dénonce souvent le manque d'esprit entrepreneurial, qui vit depuis plus d'une décennie un « exode des entrepreneurs » vers l'étranger de plus en plus important**, voilà de quoi nous rassurer, et redorer un peu le blason de la France qui souffre d'un déficit d'image grandissant dans l'esprit des entrepreneurs et investisseurs étrangers***.

Pourtant, si nous examinons les chiffres plus en détail, un problème saute aux yeux : en 2012, l'Insee a fait le constat que seul un quart des autoentrepreneurs avait réussi à dégager un revenu continu, et que, en moyenne, **seulement 10 % d'entre eux ont gagné plus que le Smic**.

Aïe ! D'autant plus que l'Insee renchérit et indique que le revenu moyen d'un autoentrepreneur est de 4 300 euros… sur une année.

À quoi sont dues ces faibles performances ? À la facilité de la création de l'auto-entreprise, au fait qu'aucune charge n'est due s'il n'y a pas de revenus, encourageant la création même si aucun projet solide n'existe derrière ? Au fait que ce statut est également largement utilisé pour une activité d'appoint, sans aucune intention d'en faire une entreprise à part entière ?

---

* Chiffres donnés par l'APCE.

** Ainsi en 2000, dans le rapport « La fuite des cerveaux : mythe ou réalité ? », le Sénat s'inquiétait déjà du nombre sans cesse croissant de jeunes et moins jeunes chercheurs, travailleurs et entrepreneurs qui quittaient la France, notamment pour les États-Unis.

*** Jean-David Chamboredon, initiateur du mouvement des pigeons, déclarait ainsi dans *Le Figaro* en mai 2013 : « La réputation que la France a sur [l'entrepreneuriat et l'investissement] est malheureusement déplorable. Il faudra du temps pour la corriger. »

Cela compte sans doute pour beaucoup. Mais ce ne sont pas les seuls facteurs. Ainsi, dans le même rapport, l'Insee indique, à titre de comparaison, que le revenu moyen des autres créateurs d'entreprise est de 14 100 euros… par an également, soit un chiffre légèrement supérieur au Smic.

Les statistiques de l'Insee pour 2012 montrent d'ailleurs que deux tiers des entreprises existantes en France **n'ont absolument aucun salarié à part le créateur**, un chiffre qui reste stable d'une année à l'autre.

14 100 euros de revenu annuel, deux tiers des entreprises qui n'ont aucun salarié… À la vue de ces chiffres, nous pouvons nous demander s'il n'y a pas un problème bien plus large que l'entrepreneuriat envisagé simplement comme activité secondaire…

Je pense que le problème principal est, malheureusement et contrairement à une croyance répandue, **qu'il ne suffit pas de créer une entreprise pour devenir un entrepreneur.**

Michael Gerber, dans son livre *The E-myth*, qui s'est vendu à plus d'un million d'exemplaires aux États-Unis, mais est malheureusement quasiment inconnu chez nous, décrit très bien ce qu'il appelle le « mythe de l'entrepreneur », que l'on peut résumer ainsi : la plupart des créateurs partent de leurs compétences techniques – et/ou de leurs passions – pour créer une entreprise.

En soi ce n'est pas un problème, sauf que dans la très grande majorité des cas cela conduit tout droit à un problème énorme que les créateurs ne voient pas.

Souvent, ils créent ainsi une entreprise pour accomplir seuls le métier qu'ils font depuis des années en tant que salariés. Ils s'imaginent que cela va leur permettre d'accéder à davantage de liberté et d'indépendance, à ne plus avoir à travailler pour quelqu'un d'autre.

C'est certainement vrai, mais c'est juste une partie de l'équation. En fait beaucoup d'entre eux finissent pas se créer une prison dont ils ne peuvent s'échapper, travaillant d'arrache-pied pour un salaire de misère. Et cela évidemment uniquement si leur entreprise fonctionne suffisamment bien.

Ils n'ont certes plus de patron pour leur dire quoi faire, mais ils sont soumis à deux autres dictatures : celle des clients et celle de leur entreprise.

En fait, alors que beaucoup s'imaginaient que leur entreprise allait être au service de leur vie, **c'est leur vie qui est au service de leur entreprise.** Elle devient un bébé monstrueux, exigeant de plus en plus d'heures et d'énergie, imposant à leur créateur un déséquilibre incroyablement intense entre vie personnelle et vie professionnelle. Provoquant parfois des conflits familiaux, des ruptures, un parent absent pour ses enfants…

J'en parle en connaissance de cause, car c'est exactement ce que j'ai vécu (mis à part les enfants). J'ai créé ma première entreprise à 19 ans en partant de ma passion pour l'informatique, afin de m'échapper du système et devenir libre, et en un sens j'ai réussi, mais pour me rendre compte que j'étais devenu prisonnier d'un autre système, celui-là même que j'avais construit : mon entreprise.

Je travaillais 60 à 70 heures par semaine pour un salaire horaire équivalant à celui d'une femme de ménage : une pauvre rémunération si l'on prend en compte le risque associé à la création d'entreprise et le fait qu'un gérant d'entreprise n'a pas droit aux indemnités de chômage en France. J'avais un déséquilibre très fort entre ma vie personnelle et ma vie professionnelle, et si cela n'a pas été un problème lors des deux premières années pendant lesquelles j'étais « tout feu tout flamme », cela s'est ensuite vite révélé pesant.

J'ai erré pendant des années à chercher une solution, mais comment aurais-je pu la trouver, alors que je ne comprenais même pas le problème ?

J'ai fini par trouver la cause de ce problème : **être bon techniquement dans un domaine ne fait pas automatiquement de nous de bons entrepreneurs**. Gérer et développer une entreprise requiert de nombreuses compétences, comme la capacité de trouver des prospects par la publicité, le relationnel, etc., de les convaincre d'acheter notre produit ou notre service, de fidéliser nos clients, la gestion financière, le recrutement, le management, la gestion de systèmes, etc.

Le problème est que la plupart des créateurs d'entreprises sont très insuffisamment formés à tous ces aspects (sans compter les employés et autres cadres qui veulent grimper les échelons). Ils se contentent donc de faire leur métier de base, sans se rendre compte qu'être chef d'entreprise est également un métier à part entière.

À ce problème d'éducation s'ajoute le fait que le créateur d'une très petite entreprise est bien davantage un homme-orchestre – à la fois au four et au moulin, tout en jouant de multiples instruments – qu'un chef d'orchestre qui s'assure que tous les musiciens jouent en parfaite harmonie comme peuvent l'être les dirigeants d'entreprises plus grandes et plus structurées. Et c'est comme s'il était un homme-orchestre qui maîtrise bien peu tous les instruments dont il joue…

S'il y a bien quelque chose à retenir, c'est cela : **créer une entreprise ne fait pas automatiquement de nous de bons dirigeants**. Pour le devenir, la première étape est de se former pour dépasser notre « simple » compétence technique et acquérir les compétences de base de gestion d'une entreprise.

Pour cela, nul besoin de dépenser des fortunes et de passer des années sur les bancs d'écoles prestigieuses : vous avez besoin d'un savoir pratique, facilement compréhensible et immédiatement applicable dans votre entreprise, plutôt que de théories ayant peu d'application dans le monde des TPE.

Cela fait treize ans que je suis entrepreneur, et ma principale source pour me former sur tous ces concepts-clés du business – et bien d'autres de ma vie personnelle –, c'est les livres.

Mais pas n'importe quels livres. Des **excellents** livres.

C'est sur cette idée que lire quelques dizaines des meilleurs livres de business au monde remplace avantageusement un MBA – un diplôme prestigieux demandant un à deux ans de votre vie et pouvant coûter jusqu'à 100 000 dollars –, émise à l'origine par le célèbre auteur américain Seth Godin, que Josh Kaufman a créé le Personal MBA.

Ce qui était au début une liste de quelques dizaines de livres est, au moment où j'écris ces lignes, une liste de 99 livres dans 24 catégories, aussi variées que la création d'entreprise, la création de valeur, le marketing, la vente, la productivité personnelle, la comptabilité, etc.

Quand j'ai découvert le Personal MBA, je me suis lancé le défi fou d'en lire un livre par semaine pendant 52 semaines, d'en publier le résumé sur mon blog « Des Livres Pour Changer de Vie » et d'appliquer ce que j'apprenais dans ma première entreprise, cela a changé ma vie.

Ma première entreprise a réalisé un maximum de 230 000 euros de chiffre d'affaires lors de sa meilleure année, avec deux salariés, et alors que je travaillais entre 60 et 70 heures par semaine. Quatre ans après avoir découvert le Personal MBA, ma deuxième entreprise réalisait environ 460 000 euros de chiffre d'affaires lors de sa première année, sans aucun employé et surtout en me laissant un temps libre incroyable. En prime, cela m'a permis et me permet encore de voyager partout dans le monde. Comment est-ce possible ? Cette deuxième entreprise peut être entièrement gérée sur Internet, depuis un ordinateur portable : quelque chose que je n'aurais jamais pu créer si je n'avais pas découvert tous ces concepts avec le Personal MBA... et travaillé dur pour les mettre en pratique.

Le Personal MBA est une excellente ressource et même un apport extraordinaire pour tout entrepreneur, cadre et employé, mais évidemment, lire 99 livres ne se fait pas en un jour, sans compter qu'environ deux tiers d'entre eux n'ont pas été traduits en français…

C'est pour cela que quand Josh Kaufman a déclaré travailler sur un livre qui résumerait en quelques centaines de pages l'essentiel de ce que doit savoir un dirigeant ou un cadre d'entreprise pour réussir j'ai crié « Génial ! », tout seul devant mon ordinateur, attendant impatiemment la sortie du livre.

J'ai eu la chance de rencontrer Josh aux États-Unis un peu avant la sortie de son livre et il m'a offert un exemplaire de prépublication, que je me suis empressé de dévorer, anxieux à l'idée de savoir si le livre allait être à la hauteur de mes attentes.

Heureusement, malgré quelques réserves ici et là – nul n'est parfait –, je me rendis à l'évidence : *Le Personal MBA* présente un excellent panorama des concepts-clés nécessaires pour comprendre le business, que l'on soit créateur, dirigeant, cadre ou employé. Si j'avais lu ce livre au moment où je créais ma première entreprise, bien des choses auraient été différentes…

Il présente d'une manière simple et didactique une centaine de concepts-clés répartis dans onze catégories et donne donc assez rapidement le socle qui fait défaut à tant de créateurs d'entreprise et employés : un solide résumé des connaissances à posséder et comprendre, pour faire d'eux de véritables hommes d'affaires. C'est-à-dire des hommes d'affaires travaillant *sur* le business et non *dans* le business.

Si vous ne voyez pas quelle est la différence entre les deux, c'est sans doute un bon signe : celui que vous devez lire d'urgence le livre que vous avez la bonne idée de tenir entre vos mains.

Dans cette préface, je me suis focalisé sur le créateur et le dirigeant d'entreprise, mais *Le Personal MBA* est aussi un outil indispensable pour n'importe quel salarié qui voudrait mieux comprendre les rouages du business pour gravir les échelons de son entreprise. Il se lit rapidement et remplace avantageusement nombre de formations internes ou externes qu'il est parfois difficile de faire financer par l'entreprise.

Bonne lecture, et surtout n'oubliez pas que le gouffre entre l'ignorance et la connaissance est bien moindre que celui entre la connaissance et l'action : à la fin de chaque section retenez un concept et travaillez dur pour le mettre en pratique dans votre entreprise. Ce n'est que de cette façon que vous transformerez les connaissances acquises dans ce livre en réelles compétences qui vous serviront tout le reste de votre vie.

Olivier Roland
Créateur de Des Livres Pour Changer de Vie
http://www.des-livres-pour-changer-de-vie.fr/

Au sujet de l'auteur

Josh Kaufman est un conseiller indépendant qui aide ses clients à gagner mieux leur vie, à accomplir plus de projets et à prendre davantage de plaisir à gérer leur affaire. Avant de créer PersonalMBA.com, il a travaillé chez Procter & Gamble où il a réalisé le lancement de nouveaux produits à succès et développé une stratégie d'évaluation des campagnes marketing sur Internet. Josh Kaufman vit actuellement dans le Colorado.

Aux millions de chefs d'entreprise qui,
aux quatre coins du monde, travaillent pour améliorer,
à leur échelle, grande ou petite, la vie des gens.

Note au lecteur

« Un langage clair engendre une pensée claire, et une pensée claire est le principal avantage de l'éducation. »

RICHARD MITCHELL, AUTEUR DE *THE GRAVES OF ACADEME*

Beaucoup de gens pensent qu'ils doivent s'inscrire dans une école de commerce pour apprendre à créer une entreprise à succès ou progresser dans leur carrière. Rien n'est moins vrai. Se faire sa place aujourd'hui dans le monde de l'entreprise réclame essentiellement du bon sens, des calculs simples et la connaissance de quelques idées et principes clés.

Le Personal MBA est un manuel destiné à vous donner un panorama clair et complet des concepts fondamentaux du commerce, de la finance et des affaires en vous faisant perdre le moins de temps possible.

Toutes les idées de ce livre sont présentées dans un langage simple et clair. Chaque concept commence par une majuscule et est noté en gras lors de sa première occurrence. Seule la majuscule initiale est conservée pour les occurrences suivantes. Une fois que vous possédez les connaissances essentielles dont vous avez besoin, vous êtes libre de vous concentrer sur le développement de votre activité avec la certitude de considérer, avant toute chose, les questions les plus importantes.

La plupart des ouvrages qui se veulent une alternative aux MBA tentent de reproduire les programmes d'enseignement des écoles de commerce les plus prestigieuses. Ce n'est pas le but de mon livre. Mon objectif à moi est de vous aider à développer une solide connaissance de la réalité de l'entreprise et de la pratique des affaires, quels que soient votre niveau de formation et votre expérience dans ce domaine.

Votre temps est précieux. J'ai essayé de condenser au maximum un champ de connaissances extrêmement vaste dans un seul volume facile d'accès que vous pouvez parcourir en quelques heures. Si vous avez besoin d'approfondir des concepts spécifiques, vous saurez ce que vous recherchez et par où commencer.

Il est extrêmement utile de savoir par où commencer dans les situations courantes que vous rencontrez, que vous soyez un jeune entrepreneur ou un dirigeant expérimenté. Posséder un langage commun pour mettre un nom et réfléchir sur ce que vous observez ouvre la porte à des améliorations considérables, que vous travailliez seul, avec un petit groupe de collaborateurs ou au sein de la plus grande entreprise du monde.

Si vous associez la lecture de ce livre à l'expérience sur le terrain, vous en récolterez les fruits pour le reste de votre vie. J'espère que *Le Personal MBA* vous aidera à gagner plus d'argent, à réaliser davantage de projets et à prendre davantage plaisir à gérer votre affaire.

Je vous souhaite bonne chance.

JOSH KAUFMAN
Fort Collins, Colorado, 2012

Introduction

POURQUOI LIRE CE LIVRE ?

« Juste ce dont le monde a besoin… d'un nouveau livre de business ! »

UN DOUANIER À L'AÉROPORT INTERNATIONAL JFK
APRÈS M'AVOIR DEMANDÉ MA PROFESSION

« La vie est dure. Encore plus dure si vous êtes idiot. »

JOHN WAYNE, STAR DES WESTERNS AMÉRICAINS

Si vous êtes en train de lire la première page de ce livre, c'est probablement parce que vous avez un objectif qui vous tient à cœur : monter votre entreprise, obtenir une promotion ou créer quelque chose de nouveau. C'est sans doute aussi parce que vous ressentez certains freins à la réalisation de votre rêve :

▶ *La peur de vous lancer.* L'impression de ne pas savoir grand-chose pour diriger une entreprise et, par conséquent, d'être incapable de monter votre propre affaire ou d'assumer davantage de responsabilités dans votre situation actuelle. Mieux vaut maintenir le statu quo que se confronter à la peur de l'inconnu – c'est du moins ce que vous vous dites.

▶ *Le manque de confiance en vous parce que vous n'avez pas de diplôme.* L'idée que le business est un domaine vraiment complexe qu'il est préférable de laisser aux spécialistes les plus diplômés et les mieux formés. Si vous n'avez pas de MBA ou de précieux sésame du même type, pour qui vous prenez-vous en prétendant savoir ce qu'il faut faire ?

▶ *Le syndrome de l'imposteur.* La crainte de manquer de légitimité et d'être bientôt démasqué. Personne ne porte dans son cœur les imposteurs, n'est-ce pas ?

Rassurez-vous : tout le monde partage ces peurs infondées qui peuvent être éliminées rapidement. Vous n'avez rien d'autre à faire de plus que d'apprendre quelques concepts simples qui vont changer votre vision de l'entreprise et de son fonctionnement. Une fois que vous avez vaincu vos peurs, vous êtes capable de tout et rien ne peut vous résister.

Si vous souhaitez développer une solide maîtrise des fondamentaux des affaires, que vous soyez chef d'entreprise, designer, étudiant, programmeur ou autre, ce livre est fait pour vous. Qui que vous soyez et quel que soit votre projet, vous allez découvrir une nouvelle approche qui vous aidera à passer moins de temps à combattre vos peurs et plus de temps à entreprendre des choses qui feront la différence.

Vous n'avez pas besoin de tout savoir

> « Des méthodes, il y en a des millions, et même davantage, mais il n'existe que quelques principes. L'individu qui comprend ces principes peut choisir avec succès ses propres méthodes. Mais celui qui essaie des méthodes en ignorant les principes va droit dans le mur. »
>
> RALPH WALDO EMERSON, ESSAYISTE, POÈTE ET PHILOSOPHE AMÉRICAIN

Ce qu'il y a de formidable quand vous apprenez quelque chose, c'est que vous n'avez pas besoin de tout savoir – il vous suffit de comprendre les quelques concepts majeurs qui vous serviront le plus. Une fois que vous avez intégré une base solide de principes fondamentaux, il vous est beaucoup plus facile d'étendre vos connaissances et de progresser dans votre domaine.

Le Personal MBA est un ensemble de concepts clés que vous pouvez utiliser pour réaliser vos objectifs. Maîtriser les notions essentielles des entreprises vous permettra de relever tous les défis, y compris les plus difficiles, avec une étonnante facilité.

Au cours des cinq dernières années, j'ai lu des milliers de livres de business, interrogé des centaines de professionnels, travaillé pour l'une des plus grandes entreprises du monde, lancé mes propres projets et pratiqué le conseil auprès de nombreuses entreprises, de l'entreprise unipersonnelle aux multinationales embauchant des centaines de milliers de salariés et générant des milliards d'euros de chiffre d'affaires. Tout cela m'a permis de rassembler, d'analyser et de synthétiser une foule de données, ainsi que de peaufiner mes idées pour aboutir aux concepts présentés dans cet ouvrage. Comprendre ces principes fondamentaux vous donnera des outils fiables pour prendre de bonnes décisions. Si vous êtes prêt à apprendre ces concepts, à y investir le temps et l'énergie nécessaires, vous ferez partie du 1 % de la population qui sait :

- Comment les entreprises fonctionnent vraiment.
- Comment créer une nouvelle entreprise.
- Comment améliorer une entreprise existante.
- Comment utiliser vos compétences professionnelles pour accomplir vos objectifs personnels.

Considérez ce livre comme un filtre. Au lieu d'essayer de retenir toutes les informations économiques et financières auxquelles vous êtes exposé au quotidien, et il y en a beaucoup, servez-vous de cet ouvrage pour mémoriser les plus utiles et vous concentrer ainsi sur ce qui compte le plus : réaliser ce qui vous tient à cœur.

Les novices sont aussi les bienvenus

> « Les gens surestiment toujours la complexité du monde de l'entreprise. Ce n'est pas de la science de haut vol – nous avons choisi l'une des professions les plus simples du monde. »
>
> JACK WELSH, ANCIEN PDG DE GENERAL ELECTRIC

Pas de panique si vous êtes complètement novice en la matière ! Contrairement à bien d'autres livres de business, le mien ne réclame aucune connaissance ni expérience préalables dans ce domaine. Je ne m'adresse pas aux dirigeants d'une grande entreprise chargés de prendre quotidiennement des décisions qui pèsent plusieurs millions d'euros. (Quoique ce livre puisse leur être fort utile !)

Mais si vous avez déjà une certaine expérience, comme beaucoup de mes clients détenteurs de MBA délivrés par les meilleures écoles de commerce du monde, vous trouverez les informations proposées ici plus utiles et plus applicables que tout ce que vous avez appris aux cours de vos études.

Ensemble, nous allons explorer 249 concepts simples qui vous aident à penser l'entreprise d'une manière nouvelle et radicalement différente. Après avoir lu ce livre, vous comprendrez beaucoup mieux ce qu'est réellement une entreprise et ce que font réellement les meilleures d'entre elles.

Des questions plutôt que des réponses

« L'éducation n'est pas la réponse à la question. L'éducation est le moyen de répondre à toutes les questions. »

BILL ALLIN, SOCIOLOGUE ET FERVENT DÉFENSEUR DE L'ÉDUCATION

La plupart des livres de business tentent de vous apprendre à avoir davantage de réponses : une technique pour ceci, une méthode pour cela. Cet ouvrage est différent. Il ne vous donne pas de réponses, mais vous aide à vous poser les bonnes questions. Savoir ce qui est le plus important dans toute entreprise est la première chose pour prendre de bonnes décisions. Plus vous saurez quelles sont les questions essentielles à vous poser dans votre situation actuelle, plus vous trouverez rapidement les réponses dont vous avez besoin pour avancer.

Oui aux modèles mentaux, non aux méthodes

« Les limites de mon langage sont les limites de mon univers. »

LUDWIG WITTGENSTEIN, PHILOSOPHE ET LOGICIEN BRITANNIQUE D'ORIGINE AUTRICHIENNE

Pour améliorer vos compétences, inutile de tout apprendre – maîtriser les fondamentaux peut vous mener étonnamment loin. J'appelle ces concepts fondamentaux des modèles mentaux qui, ensemble, forment un cadre solide sur lequel vous pouvez vous appuyer pour prendre de bonnes décisions.

Les modèles mentaux représentent votre compréhension du mode de fonctionnement de ce qui existe. Imaginez que vous conduisez une voiture : à quoi vous attendez-vous en appuyant sur la pédale droite ? Si la voiture ralentit, vous serez surpris – cette pédale est censée être l'accélérateur. Il s'agit d'un modèle mental, c'est-à-dire d'une idée du fonctionnement d'une chose donnée dans le monde réel.

Votre cerveau crée automatiquement des modèles mentaux en identifiant des schémas dans vos expériences quotidiennes. Toutefois, ces modèles mentaux ne sont pas complètement exacts – vous n'êtes qu'un individu au savoir et aux expériences forcément limités. L'éducation est un moyen de rendre vos modèles mentaux plus fidèles à la réalité en intériorisant les connaissances et les expériences accumulées par d'autres individus au cours de leur vie. Une éducation optimale vous permet d'apprendre à voir le monde sous un angle neuf et plus productif.

Par exemple, beaucoup de gens pensent qu'il est risqué de créer une entreprise, que pour monter une affaire il faut élaborer un solide business-plan et emprunter beaucoup d'argent, et qu'en matière de business les relations aident plus que le savoir. Toutes ces croyances sont des modèles mentaux – des manières de décrire le fonctionnement du monde, mais qui ne reflètent pas totalement la réalité. En corrigeant vos modèles mentaux, vous aurez une idée plus claire de ce que vous faites et prendrez donc de meilleures décisions.

MODÈLE MENTAL INEXACT	MODÈLE MENTAL EXACT
Créer une entreprise est risqué.	L'incertitude est un aspect omniprésent, mais gérable, et il est possible de minimaliser les risques.
Pour réussir à créer une entreprise, il faut commencer par élaborer un business-plan parfait.	Avant d'élaborer un business-plan, il faut d'abord comprendre les fonctions essentielles de votre entreprise, et même avec une préparation optimale, il y aura toujours des surprises en cours de route.
Il faut lever des capitaux énormes pour créer son entreprise.	Lever des fonds n'est nécessaire que si cela vous permet d'accomplir quelque chose que vous ne pourriez pas accomplir autrement (par exemple, construire une usine).
Ce qui compte, ce n'est pas ce que vous savez, mais les personnes que vous connaissez.	Les relations sont importantes, mais le savoir est indispensable si vous voulez tirer le meilleur parti de vos relations.

Après avoir appris les modèles mentaux proposés dans ce livre, la plupart de mes clients ont réalisé qu'ils avaient une vision inexacte de la nature et du fonctionnement des entreprises, et ils ont compris que créer leur entreprise serait beaucoup plus facile qu'ils le pensaient au départ. Au lieu de gaspiller leur temps et leur énergie à ressasser leurs peurs et à se faire une montagne de ce qui les attendait, ils ont cessé de se tourmenter et ont pu aller de l'avant.

Cet ouvrage va vous aider à apprendre rapidement les principes fondamentaux de l'économie d'entreprise pour vous permettre de consacrer tout votre temps et toute votre énergie à faire des choses utiles : créer un produit ou un service valable, attirer l'attention, conclure davantage de ventes, servir davantage de clients, obtenir une promotion, augmenter votre chiffre d'affaires et changer le monde.

Non seulement vous serez capable de créer davantage de valeur pour les autres et d'améliorer votre propre situation financière, mais vous aurez plus de plaisir à faire ce que vous faites.

Mon MBA « personnel »

« S'instruire soi-même, j'en suis convaincu, est la seule forme d'éducation possible. »

ISAAC ASIMOV, ANCIEN PROFESSEUR DE BIOCHIMIE À L'UNIVERSITÉ DE BOSTON ET AUTEUR DE PLUS DE CINQ CENTS LIVRES

> Cette section, et celles qui suivent, relatent l'histoire du Personal MBA. Vous pouvez avoir envie de connaître la genèse de ce projet, mais la valeur première de ce livre est indépendante de mon parcours personnel. Alors si vous voulez entrer dans le vif du sujet le plus rapidement possible, n'hésitez pas à aller directement à la page 48.

Les gens me demandent souvent si j'ai un MBA. Je leur réponds : « Non, mais je sais ce que les écoles de commerce enseignent. »

À l'époque où j'étais étudiant à l'Université de Cincinnati, j'ai eu la chance de participer au programme Honors-PLUS de Carl H. Lindner – ni plus ni moins un MBA de premier cycle universitaire. Ce programme avait été généreusement financé par des bourses d'études, ce qui m'a donné une occasion exceptionnelle : celle d'expérimenter l'essentiel de l'enseignement dispensé par les écoles de commerce sans m'endetter jusqu'au cou.

Ma carrière professionnelle a également connu un essor rapide. Par le biais du programme de formation en alternance de l'Université de Cincinnati, j'ai décroché un poste de cadre chez Procter & Gamble (l'une des 50 plus grandes entreprises américaines) au cours de ma deuxième année d'études. Lorsque j'ai obtenu mon diplôme en 2005, on m'a proposé de devenir responsable de marque adjoint du département Produits Ménagers de P&G, un poste généralement réservé aux diplômés des meilleurs programmes de MBA.

En entamant mon dernier semestre universitaire, je me suis mis à réfléchir davantage à mon avenir qu'à mes cours. Mon nouveau poste réclamait une solide connaissance du business et la quasi-totalité de mes collègues et de mes supérieurs se vantaient de posséder un MBA d'écoles prestigieuses. J'ai brièvement envisagé de suivre un programme MBA, mais pourquoi dépenser autant d'argent pour obtenir le type de poste que j'avais déjà ? Sans compter que mes responsabilités seraient suffisamment lourdes sans y ajouter la charge supplémentaire d'études à temps partiel.

Alors que je pesais le pour et le contre des différentes possibilités qui s'offraient à moi, je me suis rappelé le conseil d'Andy Walter, le premier directeur adjoint auquel j'ai eu affaire chez P&G : « Si tu consacres autant de temps et d'énergie à faire du bon travail et à améliorer tes compétences qu'à suivre un MBA, c'est aussi bien. » (Andy Walter ne possède pas de MBA – il a étudié l'électrotechnique à l'université. Il est aujourd'hui l'un des principaux responsables des technologies de l'information au niveau mondial et pilote les plus grands projets du groupe.)

Finalement, j'ai décidé de ne pas m'inscrire dans une école de commerce, sans pour autant renoncer à apprendre. C'est ainsi que je me suis mis à lire tous les livres de business qui me tombaient sous la main et à créer mon MBA « personnel ».

Un cours de business intensif en autodidacte

« Bien des autodidactes surpassent largement les diplômés des écoles et des universités les plus réputées. »

LUDWIG VON MISES, ÉCONOMISTE AUSTRALIEN ET AUTEUR DE *L'ACTION HUMAINE*

J'ai toujours dévoré les livres, mais avant de faire une orgie de tout ce qui pouvait exister sur le business, je lisais essentiellement de la fiction. J'ai grandi à New London, une petite ville agricole du nord de l'Ohio dominée par l'agriculture et l'industrie légère. Ma mère est responsable d'une bibliothèque jeunesse et mon père directeur d'une école primaire après avoir enseigné les sciences au collège. Les livres faisaient partie de ma vie, mais pas le monde de l'entreprise.

Avant de décrocher mon premier poste, j'ignorais presque tout des entreprises et de leur fonctionnement ; je savais seulement qu'il s'agissait d'endroits où les gens venaient travailler tous les jours pour toucher un salaire. J'ignorais jusqu'à l'existence de groupes tels que Procter & Gamble jusqu'à ce que je sollicite l'emploi qui m'a propulsé dans l'univers de l'entreprise.

Travailler pour P&G a eu valeur d'apprentissage. Rien que la taille, l'envergure et la complexité de l'entreprise m'époustouflaient. Durant mes trois premières années au sein du groupe, j'ai participé à des décisions dans tous les domaines, qu'il s'agisse de créer de nouveaux produits, d'accroître la production, d'allouer des millions d'euros à la publicité ou d'assurer la distribution de nos produits par des géants comme Walmart, Target, Kroger et Costco.

En tant que responsable de marque adjoint, je dirigeais des équipes de trente ou quarante salariés, sous-traitants et intermédiaires – tous avec des priorités et des projets différents et pas toujours compatibles. Les enjeux étaient considérables et la pression énorme. Encore aujourd'hui, je ne peux pas m'empêcher de m'émerveiller devant les milliers d'heures de travail, les millions d'euros et les processus incroyablement complexes nécessaires à la présence d'une simple bouteille de produit vaisselle dans les rayons du supermarché local. Tout est optimisé – de la forme de la bouteille au parfum du produit en passant par le texte sur les emballages en carton utilisés pour expédier le stock jusqu'au magasin.

Cependant, j'avais autre chose en tête que mon travail au sein de l'entreprise. Mon idée d'apprendre par moi-même au lieu de m'inscrire dans une école de commerce devenait une obsession. Tous les jours, je passais des heures à lire et à étudier, en quête de la petite parcelle de connaissance supplémentaire qui ferait la différence pour m'aider à mieux comprendre le fonctionnement du monde de l'entreprise.

Au lieu de me reposer et de partir en vacances lorsque j'ai eu mon diplôme universitaire, j'ai passé mes journées estivales à jouer les « rats de librairie », absorbant tout ce que je pouvais absorber. Lorsque j'ai commencé à travailler à plein temps pour P&G en septembre 2005, j'avais lu des centaines de livres dans toutes les disciplines enseignées par les écoles de commerce… et dans les domaines que la plupart d'entre elles n'abordaient pas, notamment la psychologie, la physique et la théorie des systèmes. Le premier jour de mon entrée en fonction chez P&G, je me suis senti prêt à donner le meilleur de moi-même grâce à tout ce que j'avais lu, mémorisé et digéré.

Et, effectivement, tout ce que j'avais appris par moi-même m'a servi – je travaillais efficacement, je faisais avancer les choses et j'étais bien noté par mes supérieurs. Toutefois, à mesure que le temps passait, j'ai réalisé trois choses de première importance :

1. *Les grandes entreprises bougent lentement.* Les bonnes idées avortent souvent parce qu'elles doivent être approuvées par un trop grand nombre de personnes.

2. *Gravir les échelons hiérarchiques est un frein à l'excellence.* Je voulais me concentrer sur ce que je pouvais faire et améliorer dans l'entreprise, et non faire valoir mes idées et mon travail dans le but d'obtenir une promotion. Les rapports de pouvoir et les guerres de territoire constituent un aspect incontournable de l'expérience quotidienne dans une grande entreprise.

3. *La frustration mène au burn out.* Je voulais travailler en y prenant un maximum de plaisir, mais j'avais l'impression d'entreprendre chaque jour le parcours du combattant. Cela commençait à affecter ma santé, ma joie de vivre et mes relations humaines. Plus j'étais immergé dans le monde de l'entreprise, plus

je me sentais submergé et plus j'avais envie de sortir la tête de l'eau. Je voulais travailler selon mes propres règles et être mon propre chef.

Séparer le bon grain de l'ivraie

« Il est important que les étudiants fassent parfois un pied-de-nez à leurs études ; ils ne sont pas là pour vénérer les connaissances établies, mais pour les remettre en question. »

JACOB BRONOWSKI, AUTEUR ET PRÉSENTATEUR DE *THE ASCENT OF MAN* (« L'ASCENSION DE L'HOMME »)

S'il y a bien une chose dans laquelle j'excelle, c'est recueillir une quantité phénoménale d'informations et en tirer la substantifique moelle, la quintessence suprême. J'ai naturellement l'esprit de synthèse et, en explorant l'univers de la littérature des affaires, je me suis vite livré à l'exercice qui consiste à séparer le bon grain de l'ivraie.

La masse de données économiques publiées quotidiennement est stupéfiante. À ce jour, la bibliothèque du Congrès américain, l'une des plus grandes bibliothèques du monde, possède quelque 1 200 000 livres de business dans son catalogue général. En supposant que vous lisez en moyenne 250 mots à la minute et qu'un livre standard contient 60 000 mots, il vous faudrait 528 ans de lecture non-stop pour parcourir l'ensemble du catalogue et 822 ans si vous vous accordiez le luxe de manger et de dormir !

Selon Bowker, l'agence officielle d'attribution des ISBN pour le secteur de l'édition, plus de 11 000 nouveaux livres de business sont publiés chaque année dans le monde et viennent s'ajouter aux millions et aux millions d'ouvrages publiés depuis le début du XXe siècle. Amazon.com possède plus de 630 000 titres dans le domaine qui nous intéresse ici, sans compter les livres audio, les livres électroniques et la littérature publiée sans ISBN.

Bien sûr, les livres ne constituent pas la seule source d'information disponible. Prenez les journaux et les magazines, par exemple : 527 périodiques qui traitent de l'actualité des entreprises sont actuellement recensés par le Wilson Business Periodicals Index (WBPI). Tous les ans, le WBPI ajoute plus de 96 000 titres à sa base de données de 1 600 000 entrées, blogs non compris ; selon Google Blog Search, ce sont actuellement plus de 110 millions de blogs relatifs au business qui circulent sur Internet – un chiffre en constante augmentation. Une pénurie de blogueurs dans ce domaine n'est donc pas à craindre : Technorati, un moteur de recherche spécialisé dans les blogs, en référence plus de 4 millions.

Faire le tri dans cette montagne d'informations disponibles fut une véritable gageure. Au départ, mes recherches étaient mal organisées – je me contentais d'aller dans une librairie et de choisir un livre qui me semblait intéressant. Pour un ouvrage de qualité déniché, j'en avais dix qui ressemblaient à des textes assemblés à la hâte par des consultants plus soucieux de se créer une carte de visite professionnelle de trois cents pages que de fournir des informations utiles aux lecteurs.

J'ai commencé à me poser des questions : parmi toutes ces données pléthoriques, quelle proportion valait la peine d'être considérée ? Comment séparer les informations précieuses des informations inutiles ? Mon temps et mon énergie étant forcément limités, je me suis mis à chercher un outil de sélection qui me permettrait de cibler les ressources utiles et de laisser de côté celles sans intérêt. Mais plus je cherchais, plus je me rendais compte qu'un tel outil n'existait pas. J'ai donc décidé de le créer moi-même.

C'est ainsi que j'ai entrepris un vaste travail de tri qui m'a conduit à publier les résultats de mes recherches sur mon site Web, à la fois pour les archiver et les diffuser à toute personne intéressée. C'était un projet personnel, rien de plus ; je n'étais qu'un jeune diplômé qui faisait de son mieux pour apprendre quelque chose d'utile et qui, en faisant partager ses travaux, avait le sentiment d'utiliser efficacement son temps et son énergie.

Pourtant, le jour arriva où Le Personal MBA devint disponible pour tous. Je ne m'y attendais pas le moins du monde et cet événement transforma le cours de mon existence. Mais je n'ai pas fini de vous expliquer comment j'en suis arrivé là.

La Toile au service du Personal MBA

« Celui qui décrit le mieux le problème est celui qui a le plus de chance de le résoudre. »

DAN ROAM, AUTEUR DE *CONVAINCRE EN DEUX COUPS DE CRAYON*

Non seulement je lisais des livres, mais je m'intéressais de près à plusieurs centaines de blogs. Quelques-unes des meilleures approches dans ce domaine étaient diffusées sur Internet des mois voire des années avant d'être éditées, et je tenais absolument à les découvrir dès leur apparition.

Je suivais assidûment un blogueur comme Seth Godin. Auteur de nombreux best-sellers (*Permission marketing*, *La vache pourpre*, *Êtes-vous indispensable ?*)

et l'un des premiers marketeurs en ligne à succès, Seth n'a pas son pareil pour affirmer haut et fort de grandes idées capables de vous inciter à en faire plus, à faire mieux, à remettre en question le statu quo et à faire la différence.

Un jour, Seth commentait une nouvelle toute fraîche : Harvard avait annulé l'admission de 119 candidats à un MBA*. Pourquoi ? Parce que ces futurs étudiants s'étaient introduits frauduleusement sur le site Internet des admissions pour prendre connaissance de leur dossier avant l'envoi officiel des lettres d'admission. Cette histoire a suscité un déchaînement médiatique et soulevé la question de savoir si les étudiants en MBA étaient naturellement enclins au mensonge, au vol et à la tromperie ou si les écoles de commerce les pervertissaient.

Au lieu d'être choqué par le comportement immoral des étudiants, Seth Godin voyait les choses autrement (ce qui ne surprend guère de sa part). Selon lui, Harvard faisait un cadeau à ces étudiants. En annulant leurs candidatures, l'université leur faisait économiser 150 000 € et deux années de leur vie qu'ils auraient gaspillés à vouloir obtenir à tout prix un bout de papier largement inutile. Il écrivait dans son blog : « J'ai du mal à comprendre pourquoi obtenir un MBA est considéré comme un meilleur investissement que l'expérience sur le terrain associée à la lecture approfondie de 30 ou 40 bouquins. » J'ai pensé : « Ça alors ! C'est exactement ce que je suis en train de faire ! »

Les deux jours suivants, j'ai établi une liste des livres et des ressources documentaires les plus valables à mes yeux**, puis je l'ai diffusée dans mon blog avec un lien vers le blog de Seth Godin afin que toute personne cherchant à savoir comment s'y prendre pour suivre les recommandations de Seth puisse trouver une réponse. Ensuite, j'ai envoyé un petit e-mail à Seth avec un lien vers mon propre blog.

Deux minutes plus tard, mon lien est apparu sur le blog de Seth, ce qui a permis aux internautes de prendre connaissance de ma liste de lectures. C'est à partir de ce moment-là que des lecteurs du monde entier, incroyablement nombreux, ont commencé à visiter mon site Web.

Des blogs de développement personnel très populaires comme Lifehacker.com ont eu vent de cette histoire qui s'est ensuite répandue sur des sites de médias sociaux tels Reddit, Digg et Delicious. Durant la première semaine d'existence du Personal MBA, 30 000 personnes ont visité mon site pour voir mes travaux en cours. Et, encore mieux, ils ont commencé à s'exprimer.

---

* http://sethgodin.typepad.com/seths_blog/2005/03/good_news_and_b.html

** http://personalmba.com/best-business-books/

Certains lecteurs ont posé des questions du style : « Par où commencer ? » D'autres m'ont fait part de livres particulièrement intéressants qu'ils avaient lus pour m'aider dans ma recherche. Quelques-uns m'ont dit que mon projet était naïf et que je perdais mon temps. Mais je ne me suis pas laissé décourager pour autant et j'ai poursuivi mes lectures, consacrant tout mon temps libre à développer Le Personal MBA. Résultat : le mouvement d'autoformation à l'univers de l'entreprise a fait boule de neige.

Dans un laps de temps très court, le Personal MBA a pris une ampleur planétaire, passant du projet d'un seul homme à un mouvement mondial de grande envergure. Le site – personalmba.com – a été visité plus de 1,6 million de fois depuis sa naissance début 2005 et le projet a été relaté dans les colonnes du *New York Times*, du *Wall Street Journal*, du *Bloomberg BusinessWeek*, du *Time*, de *Fortune*, de *Fast Company* et de centaines d'autres organes de presse et sites Web indépendants. Fin 2008, j'ai quitté Procter & Gamble pour me consacrer à plein temps au Personal MBA.

Certes, mon projet de liste de lectures pour apprendre le business par soi-même me passionnait, mais je me suis vite aperçu qu'il n'était pas suffisant. Les gens lisent des livres de business pour résoudre des problèmes spécifiques ou s'améliorer. Ils cherchent des solutions et une liste de livres à lire, bien que précieuse, ne suffit pas.

Les livres eux-mêmes ne sont pas aussi importants que les idées et les connaissances qu'ils renferment, mais beaucoup de mes lecteurs passaient à côté de ce qu'il y avait de plus intéressant parce qu'ils tournaient des pages pendant des heures avant de trouver LA bonne information. Ils partaient enthousiastes, mais abandonnaient après avoir lu deux ou trois livres – ils jugeaient les fruits trop longs à récolter et ne pouvaient pas se soustraire aux exigences de leur vie professionnelle et familiale.

Il fallait que j'aille plus loin pour les aider.

Les modèles mentaux de Charlie Munger

« Selon moi, il est indéniable que le cerveau humain fonctionne d'après des modèles. Le tout, c'est d'avoir un cerveau qui fonctionne mieux que celui de son voisin parce qu'il comprend les modèles les plus fondamentaux – ceux qui font l'essentiel du travail. »

LE MILLIARDAIRE CHARLES T. MUNGER, PARTENAIRE COMMERCIAL DE WARREN BUFFETT, PDG DE WESCO FINANCIAL ET VICE-PRÉSIDENT DE BERKSHIRE HATHAWAY

J'ai entrevu pour la première fois ce qu'allait devenir mon projet lorsque j'ai découvert le travail de Charles T. Munger.

Charlie est né à Omaha, dans le Nebraska, peu avant la Grande Dépression. Il séchait les cours de sport du lycée pour lire et satisfaire ainsi son insatiable curiosité sur le fonctionnement du monde qui l'entourait. Sa première expérience du business remonte à l'époque où il travaillait dans l'épicerie familiale pour 2 dollars par jour.

En 1941, Charlie a terminé le lycée. Après deux années passées à étudier les mathématiques et la physique à l'Université du Michigan, il s'est engagé dans l'armée de l'air où il s'est formé à la météorologie. En 1946, après avoir quitté l'armée, il a été admis à la faculté de droit de Harvard alors qu'il n'avait pas de licence universitaire – un diplôme qui n'était pas indispensable à l'époque pour entrer dans cette école.

Charlie a obtenu son diplôme de droit en 1948 et exercé comme avocat jusqu'en 1965, date à laquelle il a quitté le cabinet d'avocat qu'il avait créé pour lancer une société d'investissement qui a surperformé le marché de 14 % par an pendant quatorze ans – une prouesse pour un homme qui n'a jamais suivi d'études de finance.

Charlie Munger est beaucoup moins connu que son partenaire, Warren Buffett. Ensemble, ils ont acheté Berkshire Hathaway en 1975, transformant cette usine textile qui battait de l'aile en conglomérat qui leur a rapporté des milliards.

Selon Warren Buffett, l'approche du business de son partenaire, fondée sur des modèles mentaux, a largement contribué au succès de la holding, et il reconnaît que sans Charlie il ne serait sans doute pas devenu l'un des hommes d'affaires les plus riches du monde. « Charlie est capable d'analyser et d'évaluer n'importe quelle transaction avec une rapidité et une exactitude incomparables. Il repère une faille, de quelque nature qu'elle soit, en soixante secondes. Il est le partenaire parfait. »*

Le secret de Charlie ? Une manière systématique de comprendre comment les entreprises fonctionnent réellement. Même s'il n'a jamais étudié l'économie et la finance dans une école ou à l'université, c'est un autodidacte qui a passé sa vie à s'intéresser aux sujets les plus variés, ce qui lui a permis de construire ce qu'il appelle un « réseau de modèles mentaux » qu'il a ensuite appliqué à ses prises de décision :

> *Je suis convaincu qu'un certain système – que n'importe quel individu tant soit peu intelligent peut apprendre – fonctionne bien plus efficacement que les systèmes que la plupart des gens utilisent pour comprendre le monde. Il vous faut simplement un réseau de modèles mentaux. Et, avec ce système, les choses s'intègrent progressivement de manière à améliorer la réflexion.*
>
> *Tout comme de multiples facteurs façonnent chaque système, de multiples modèles mentaux issus des disciplines les plus variées sont nécessaires pour comprendre ce système… Vous devez prendre conscience de la véracité de l'idée du biologiste Julian Huxley qui affirme que « la vie n'est qu'une succession de connexions ». Par conséquent, vous devez avoir tous les modèles et vous devez voir la connexion et les effets de la connexion…***
>
> *Il est assez amusant d'être là et de mieux raisonner que des gens beaucoup plus intelligents que vous parce que vous vous êtes exercé à devenir plus objectif et plus pluridisciplinaire. En outre, cela peut rapporter gros, je peux vous le certifier d'après mon expérience personnelle.****

En fondant leurs décisions d'investissement sur leur solide connaissance du fonctionnement des entreprises, des êtres humains et des systèmes, Buffett et Munger ont créé une société qui pèse plus de 195 milliards de dollars – une réussite stupéfiante pour un météorologue devenu avocat et n'ayant reçu aucune formation au monde des affaires.

Par son approche, Munger confirmait totalement ce que je pensais. Voilà un homme qui, des décennies auparavant, avait décidé de faire ce que j'étais en

* Janet Lowe, *Damn Right: Behind the Scenes with Berkshire Hathaway Billionaire Charlie Munger* (Wiley, 2003), p. 75.
** *Outstanding Investor Digest*, December 29, 1997.
*** Peter D. Kaufman, *Poor Charlie's Almanack*, 3e éd. (Walsworth, 2008), p. 64.

train de faire – et avec quelle réussite ! Sa méthode d'identification et d'application de principes fondamentaux me « parlait » bien davantage que la plupart des livres d'économie et de finance que j'avais lus. Je me suis promis que j'allais apprendre tout ce qu'il était possible d'apprendre sur les « modèles mentaux » que Charlie utilisait pour prendre ses décisions.

Malheureusement, Charlie Munger n'a jamais édité un recueil complet de ses modèles mentaux. Il y a fait allusion dans ses discours et ses essais, allant même jusqu'à publier une liste des principes psychologiques les plus utiles à ses yeux dans *Poor Charlie's Almanack*, mais il n'a jamais écrit un ouvrage contenant « tout ce que vous devez savoir pour réussir en affaires ».

Si je voulais comprendre les principes fondamentaux du fonctionnement des individus qui réussissent dans leur entreprise, je devais les découvrir par moi-même. Et pour les découvrir par moi-même, je devais réviser de fond en comble ma compréhension du monde de l'entreprise.

Tout est interdépendant

« Dans tous les domaines, il est très sain de s'interroger de temps en temps sur les choses que l'on a pris l'habitude de considérer comme allant de soi. »

BERTRAND RUSSELL, CÉLÈBRE PHILOSOPHE ET AUTEUR DE *PROBLÈMES DE PHILOSOPHIE* ET *PRINCIPIA MATHEMATICA*

La plupart des livres de business (et des écoles de commerce) partent du principe que l'étudiant sait déjà ce que sont les entreprises, ce qu'elles font et comment elles fonctionnent. Comme si c'était la chose la plus évidente au monde ! Bien sûr que non. L'univers de l'entreprise est l'un des domaines les plus complexes et les plus multidisciplinaires de l'expérience humaine, et tenter de comprendre son fonctionnement peut se révéler très intimidant, même si les entreprises font partie de notre paysage quotidien.

En effet, les entreprises font tellement partie de la vie qu'il est facile de les considérer comme allant de soi. Jour après jour, elles satisfont nos besoins rapidement, efficacement et le plus simplement du monde. Regardez autour de vous : tous les biens matériels qui vous entourent ont été créés et distribués par une entreprise, quelle qu'elle soit.

Les entreprises travaillent dans l'ombre à produire et à distribuer tant de choses différentes de tant de manières différentes qu'il est difficile de généraliser : qu'ont en commun le cidre et les compagnies aériennes ? Plusieurs choses si vous savez où porter votre regard. Voici ma définition de l'entreprise :

> *Toute entreprise à succès 1) crée ou distribue quelque chose de valeur 2) que d'autres individus désirent ou ont besoin d'obtenir 3) à un prix qu'ils acceptent de payer, d'une manière qui 4) satisfait les besoins et les attentes de l'acheteur et 5) qui rapporte suffisamment pour que les propriétaires de l'entreprise aient intérêt à la maintenir en activité.*

Supprimez n'importe lequel de ces éléments – création de valeur, demande du consommateur, transactions, prestations et distribution ou profitabilité – et vous vous retrouvez avec quelque chose qui n'est pas une entreprise. Chacun de ces facteurs est à la fois essentiel et universel.

En déconstruisant chacun de ces facteurs, j'ai trouvé d'autres exigences universelles. On ne peut pas créer de valeur sans comprendre les besoins ou les désirs des individus (études de marché). Pour attirer des clients, il faut d'abord attirer leur attention, puis susciter leur intérêt (publicité). Pour conclure une vente, les individus doivent avoir confiance dans votre capacité à tenir votre promesse et à répondre à leurs attentes (délivrer la valeur). Pour satisfaire le client, vous devez systématiquement aller au-delà de ses attentes (service clients). Et pour dégager des profits, vous devez enregistrer des recettes supérieures aux dépenses (finance).

Pas besoin d'avoir fait la meilleure école au monde pour comprendre ces facteurs, mais ils sont toujours nécessaires, qui que vous soyez et quoi que vous fassiez. Tenez-en compte et votre affaire prospérera. Négligez-les et la faillite n'est pas loin.

Les entreprises reposent sur deux facteurs supplémentaires : les individus et les systèmes. Toute entreprise est créée par des personnes et survit en bénéficiant à d'autres personnes. Pour comprendre comment fonctionnent les entreprises, vous devez avoir une solide compréhension des modes de pensée et de comportement des individus – comment les êtres humains prennent des décisions, agissent et communiquent ensemble. Les dernières découvertes de la psychologie et des neurosciences révèlent ce qui motive nos comportements, mais aussi comment les améliorer et travailler plus efficacement avec les autres.

Les systèmes, eux, sont les structures invisibles qui maintiennent en place les entreprises. Toute entreprise est, dans son principe même, un ensemble de processus qui peuvent être systématiquement répétés pour produire un résultat donné. En comprenant le fonctionnement fondamental des systèmes complexes, il est possible de trouver des moyens d'améliorer les systèmes existants, qu'il s'agisse d'une campagne publicitaire ou d'une chaîne de montage automobile.

Avant d'écrire ce livre, j'ai passé plusieurs années à tester les principes que j'y expose auprès de mes clients et de mes lecteurs. Après avoir compris et appliqué ces « modèles mentaux économiques », ils se sont lancés dans de nouvelles carrières, ont décroché des postes dans des organisations prestigieuses, ont obtenu des promotions, ont créé de nouvelles entreprises et, pour certains d'entre eux, ont réalisé tout le processus de développement d'un produit (de l'idée originale à la première vente) en moins de quatre semaines.

Ces concepts sont importants parce qu'ils marchent. Non seulement vous serez capable de créer davantage de valeur pour les autres et d'améliorer votre propre situation financière, mais vous atteindrez beaucoup plus facilement vos objectifs – et tout cela avec un plaisir accru.

À l'intention des sceptiques

« Tu as gaspillé 150 000 dollars pour un enseignement que tu aurais pu avoir pour 1 dollar 50 d'amende de retard à la bibliothèque municipale. »

LE PERSONNAGE DE WILL HUNTING JOUÉ PAR MATT DAMON
DANS *GOOD WILL HUNTING*

Cette section, et les suivantes, comparent les avantages et les inconvénients des programmes traditionnels des écoles de commerce à l'apprentissage du business en dehors du cadre universitaire. Si vous êtes déjà inscrit dans une école de commerce, possédez un MBA ou n'êtes pas particulièrement intéressé par les études d'économie à l'université, vous êtes libre d'aller directement à la page 48.

Il s'agit d'un livre sur les concepts du business et non sur les écoles de commerce. Toutefois, beaucoup de personnes ne peuvent tout simplement pas croire qu'il est possible de récolter les fruits d'une formation complète à l'économie et à la finance sans débourser d'énormes sommes d'argent pour décrocher un diplôme de renom dans une université prestigieuse. Cette section et les suivantes, qui traitent des bons et des mauvais côtés des programmes de MBA, s'adressent aux sceptiques.

Faire ou ne pas faire une école de commerce, telle est la question

« Interrogez-vous en veillant à bien faire la différence : en quoi un MBA vous aide-t-il à prouver vos capacités aux autres et en quoi vous aide-t-il à améliorer vos capacités ? Ce sont deux choses différentes. »

SCOTT BERKUN, AUTEUR DE *MAKING THINGS HAPPEN* ET *THE MYTHS OF INNOVATION*

Chaque année, des millions d'individus déterminés à se faire un nom se disent : « Je veux réussir dans les affaires. Où vais-je suivre mon MBA ? » Puisque vous avez commencé la lecture de ce livre, vous vous êtes probablement demandé la même chose à un moment ou à un autre de votre vie.

Voici la réponse, elle va vous épargner des années d'efforts et beaucoup d'argent :

Laissez tomber les écoles de commerce et formez-vous par vous-même.

Ce livre va vous montrer comment réussir sans hypothéquer votre vie.

Trois inconvénients majeurs des écoles de commerce

« L'université : deux cents étudiants lisant le même livre. Une erreur flagrante. Deux cents étudiants peuvent lire deux cents livres. »

JOHN CAGE, ÉCRIVAIN ET COMPOSITEUR AUTODIDACTE

Je n'ai rien contre celles et ceux qui travaillent dans les écoles de commerce : globalement, les enseignants et les dirigeants sont des gens charmants qui ne ménagent pas leurs efforts et souhaitent sincèrement la réussite de leurs étudiants. Malheureusement, les programmes de MBA souffrent de trois problèmes systémiques :

1. *Ils sont devenus si coûteux que vous devez réellement hypothéquer votre vie pour payer les frais de scolarité.* Le « retour sur investissement » est toujours directement lié au montant des dépenses engagées et, au vu de l'augmentation régulière des frais de scolarité depuis des décennies, les programmes de MBA deviennent un fardeau plutôt qu'un avantage pour les étudiants. La question essentielle à se poser n'est pas de savoir si étudier dans une école de commerce est une expérience positive, mais si le jeu en vaut la chandelle*.

* Ce problème ne concerne pas uniquement les écoles de commerce, mais l'université en général. Les frais de scolarité ont augmenté de 7 à 14 % par an depuis les années 1980 alors que les salaires ont stagné, d'où une baisse considérable du retour sur investissement de la formation universitaire.

2. *Ils enseignent des concepts et des pratiques souvent inutiles et obsolètes, voire carrément nuisibles* – si vous partez du principe que votre objectif est de créer une entreprise qui marche et d'accroître votre patrimoine. Beaucoup de mes lecteurs et clients titulaires d'un MBA viennent me voir après avoir dépensé des dizaines (voire des centaines) de milliers d'euros à apprendre des formules financières et des modèles statistiques complexes et s'être rendus compte que leur programme de MBA ne leur avait pas expliqué comment créer ou améliorer une entreprise « en vrai ». Le problème est bien là : ce n'est pas parce que vous sortez diplômé d'une école de commerce que vous possédez une connaissance pratique suffisante du monde de l'entreprise, qui est pourtant la condition sine qua non pour réussir.

3. *Ils ne vous garantissent pas un salaire mirobolant et ne font pas de vous un manager ou un dirigeant compétent.* Il faut de la pratique et de l'expérience pour développer des capacités de décideur, de manager ou de leader, ce qui ne s'apprend pas dans une école de commerce, aussi prestigieux que soit le cursus proposé.

Au lieu de dépenser un argent fou pour acquérir des informations qui ne vous seront guère utiles, consacrez votre temps et votre énergie à apprendre des choses qui vous serviront. Si vous êtes prêt et apte à investir dans l'amélioration de vos compétences et de vos aptitudes, vous pouvez apprendre par vous-même tout ce que vous devez savoir sur le monde du business et des entreprises sans y laisser une fortune.

La folie des grandeurs

« L'aliment d'un ambitieux n'est rien de plus que l'ombre d'un rêve. »

WILLIAM SHAKESPEARE, *HAMLET*

Il est facile de comprendre pourquoi l'école de commerce attire : elle est vendue comme un aller simple pour une vie durablement confortable et prospère. C'est un rêve tout éveillé fort agréable : après deux années d'études de cas et de réseautage à l'heure de l'apéro, vous pensez que les recruteurs vont se ruer sur vous pour vous offrir un poste en or dans une grande société. Vous vous voyez gravir les échelons rapidement et sûrement. Vous serez un capitaine d'industrie qui engrange des dividendes exceptionnels et gère dans un tableau ses stock-options, assis derrière un énorme bureau en acajou trônant au dernier étage d'un gigantesque gratte-ciel de verre. Ce sera vous le patron et vous passerez vos journées à donner des ordres avant de partir jouer au golf ou vous détendre sur votre yacht. Vous serez invité dans les meilleurs restaurants aux quatre coins du monde et vénéré par les masses laborieuses pour votre réussite époustouflante. Tout le monde pensera que vous êtes riche, intelligent et puissant – et ce à juste titre.

Quel est le prix à payer pour cette promesse de gloire, de pouvoir et de richesse ? Quelques milliers d'euros de frais d'inscription, un gribouillis désinvolte pour signer un prêt et vous voilà sur la voie royale ! Sans compter les deux années de vacances, loin du monde du travail. Ce n'est pas beau, tout ça ?

Malheureusement, les rêves et la réalité coïncident rarement.

Votre argent ET votre vie

« Il n'existe pas de repas gratuit. »

ROBERT H. HEINLEIN, AUTEUR DE *EN TERRE ÉTRANGÈRE* ET *RÉVOLTE SUR LA LUNE*

Pour l'instant, supposons que vous êtes convaincu qu'une école de commerce est votre passeport pour la réussite éternelle. Vous avez de la chance – il est relativement facile d'être accepté dans au moins une école. Si vous déboursez quelques milliers d'euros en frais d'inscription, faites preuve d'un juste équilibre entre confiance et modestie dans votre façon de vous exprimer et vantez la qualité du programme de l'école devant vos interlocuteurs, tôt ou tard l'une de ces écoles vous donnera la chance de devenir le prochain Bill Gates*.

Mais c'est là que les problèmes commencent : les écoles de commerce coûtent très cher. À moins de posséder une fortune personnelle ou de décrocher une bourse d'études, vous n'avez pas d'autre solution pour financer votre scolarité que de souscrire un prêt. Bien sûr, cela est un peu moins vrai en France.

La plupart des étudiants candidats à un MBA sont déjà passés par l'université et se sont déjà endettés, aux États-Unis notamment les universités sont très chères et les étudiants s'endettent pour les payer. En 2009, on estimait à 18 000 € la dette moyenne d'un étudiant en licence. Pour les étudiants qui suivaient un MBA après l'université, le montant total de leur dette moyenne s'élevait à 35 000 euros. Bien sûr, ces chiffres n'incluent pas les dépenses courantes – loyer,

* Comme il se doit, M. Gates n'a pas suivi d'études universitaires et ne possède pas de MBA. La plupart des individus qui ont réussi professionnellement et financièrement n'ont pas fait d'école de commerce – ils ont commencé comme entrepreneurs et sont des autodidactes.

nourriture, frais de voiture, etc. En France, il est vrai, les étudiants sont généralement moins endettés heureusement, mais les coûts de certaines écoles de commerce et particulièrement les cursus MBA sont très onéreux.

De plus, qui se contenterait d'un établissement seulement « moyen » juste pour faire des économies ? Si vous visez le top des sociétés de services financiers comme Goldman Sachs ou les meilleures sociétés de conseil comme McKinsey et Bain (celles aussi qui rémunèrent le mieux les titulaires d'un MBA), vous allez devoir décrocher votre sésame dans l'une des meilleures écoles et débourser des sommes encore plus élevées.

Le jeu en vaut-il la chandelle ?

« Qui veut emprunter va regretter... Aux idiots l'argent file entre les doigts. »

THOMAS TUSSER, PAYSAN ET POÈTE ANGLAIS DU XVIE SIÈCLE

D'après le classement des écoles de commerce établi par le *U.S. News and World Report* en 2011, les quinze meilleurs MBA réclament des frais de scolarité compris entre 32 000 et 40 000 dollars par an. Ce chiffre ne comprend pas les frais d'inscription, le remboursement des prêts étudiants ni les dépenses de la vie courante.

Selon les données recueillies par John A. Byrne pour le magazine *Fortune* fin 2011, huit écoles américaines de commerce dépassent un coût total de 250 000 euros (droits d'inscription, dépenses courantes et coût d'opportunité des salaires perdus compris) : Harvard, Stanford, Wharton, Columbia, Dartmouth, Chicago, MIT et Northwestern. Harvard et Stanford sont les plus chères avec un coût total par étudiant de 270 000 euros. Ajoutez les frais de constitution du dossier de prêt (qui s'élèvent à 2 ou 3 %) et le remboursement du prêt (taux d'intérêt annuel de 6 à 10 %), et vous avez le coût réel de vos études dans une prestigieuse école de commerce.

Des recherches menées par *Bloomberg BusinessWeek* et PayScale montrent que le titulaire moyen de l'un des meilleurs MBA touche au total entre 2 et 3 millions d'euros au cours de sa carrière*. Par conséquent, vous pouvez vous attendre à laisser 8 à 10 % de vos revenus de toute une vie en échange de deux années d'études de cas et de réseautage dans une prestigieuse école de commerce.

* http://www.businessweek.com/interactive_reports/mba_pay_the_haul_of_lifetime.html

À condition de pouvoir y entrer, naturellement. Les meilleures écoles sont réputées difficiles d'accès et, au vu de leur notoriété, peuvent se permettre d'être aussi exigeantes. C'est une dynamique qui s'autoalimente. La réputation d'une école de commerce est fondée sur la réussite de ses diplômés, c'est pourquoi les meilleures écoles n'admettent que les étudiants suffisamment intelligents et ambitieux pour sortir victorieux du processus de sélection rigoureux – ceux qui ont déjà toutes les chances de réussir, avec ou sans MBA. Les écoles de commerce ne créent pas des individus qui réussissent. Elles se contentent de les accepter, puis s'attribuent le mérite de leur réussite.

Si vous avez la chance d'être accepté, l'école va faire ce qu'elle peut pour vous aider à décrocher un bon job, mais ce sera toujours à vous de vous battre pour obtenir ce que vous voulez. Si vous réussissez dans les deux ou trois ans qui suivent, l'école va vous citer en exemple, affirmant haut et fort que vous êtes la preuve vivante de la qualité de son enseignement, et utiliser « l'effet de halo » de votre nom pour attirer davantage d'étudiants. Si vous perdez votre emploi ou faites faillite, vous ne bénéficierez d'aucune aide ni publicité, mais le remboursement de votre prêt continuera de courir.

Christian Schraga, diplômé de la Wharton School of Business en 2002, nous fait part de son expérience du MBA. Voici ce qu'il écrit sur son site Web* :

> *Mon expérience personnelle m'a appris qu'un des meilleurs programmes de MBA offre certains avantages, mais cher payés. Si vous envisagez actuellement de vous inscrire à un programme à plein temps, je vous en prie, arrêtez de vous demander si vous êtes prêt à prendre le risque.*
>
> *L'école de commerce est un gros risque. Si vous choisissez de postuler à un MBA, la seule certitude que vous ayez, c'est de sortir 100 000 euros en moyenne. Ce chiffre correspond à un remboursement de prêt non déductible de 1 200 dollars par mois et à une période de dix ans durant laquelle vous serez incapable d'épargner le moindre centime.*
>
> *Si vous pensez que le jeu en vaut la chandelle, alors lancez-vous. Sinon, faites autre chose.*

De sages paroles. Si vous n'avez pas absolument besoin du diplôme, laissez tomber.

* http://mbacaveatemptor.blogspot.com/2005/06/wharton-grads-caveat-emptor-for.html

Ce qu'un MBA vous apporte réellement

« L'hypocrisie peut se permettre d'être grandiose dans ses promesses, car l'intention seule ne coûte rien. »

EDMUND BURKE, HOMME POLITIQUE ET POLITOLOGUE

Dans « *The End of Business Schools? Less Success Than Meets the Eye* » (« La fin des écoles de commerce ? Moins de succès qu'on le dit »), une étude publiée dans *Academy of Management Learning and Éducation**, Jeffrey Pfeffer de l'Université de Stanford et Christina Fong de l'Université de Washington ont analysé l'équivalent de quarante années de données avec pour objectif de prouver que les écoles de commerce contribuent largement à la réussite de leurs diplômés. Leur hypothèse était étonnamment simple :

> *Si un programme de MBA est une formation utile, alors : 1) être titulaire d'un MBA devrait, toutes choses égales par ailleurs, être corrélé à différentes mesures de la réussite professionnelle, dont le salaire ; et 2) si ce qu'un étudiant apprend dans une école de commerce l'aide à être mieux préparé au monde de l'entreprise et plus compétent dans ce domaine – autrement dit, si les écoles de commerce transmettent un savoir utile sur le plan professionnel –, alors une évaluation des connaissances acquises ou de la maîtrise du sujet, par exemple sous forme de notes en contrôle continu, devrait au moins être prédictive des différents résultats qui commandent la réussite dans le monde des affaires.*

Les conclusions de Pfeffer et Fong ont été aussi stupéfiantes que perturbantes : les écoles de commerce ne font quasiment rien, hormis soutirer de l'argent aux étudiants.

> *Les écoles de commerce ne sont pas très efficaces : ni la détention d'un MBA ni les notes obtenues en contrôle continu ne sont en corrélation avec la réussite professionnelle, des résultats qui mettent en question l'efficacité de ces écoles dans la préparation des étudiants. Et les preuves que les travaux de recherches effectués par les écoles de commerce ont une influence sur les pratiques managériales sont bien minces, ce qui fait naître des doutes sur le bien-fondé des bourses accordées aux étudiants en management.*

* http://www.aomonline.org/Publications/Articles/BSchools.asp

Selon l'étude de Pfeffer et Fong, peu importe que vous sortiez premier de votre promotion ou décrochiez votre diplôme de justesse – obtenir un MBA n'a aucun lien avec la réussite professionnelle à long terme. Aucun.

> *Il existe peu de preuves qu'un MBA, notamment d'une école qui ne fait pas partie des plus prestigieuses, ou que les notes obtenues en contrôle continu dans une école de commerce soient corrélés avec le salaire ou l'obtention d'un poste à responsabilité au sein de l'entreprise. Ces données se contentent de suggérer que l'aspect formation au monde de l'entreprise n'est que faiblement corrélé avec le management des organisations.*

Cela est difficile à entendre si vous avez déboursé quelques centaines de milliers d'euros pour acheter un diplôme dont le seul objectif est de vous assurer une plus grande réussite dans le monde des affaires.

Mais il y a pire : obtenir un MBA n'a même pas d'impact sur vos revenus sur l'ensemble de votre vie. Il vous faut travailler pendant des décennies simplement pour vous désendetter. Christian Schraga, le titulaire d'un MBA à Wharton cité précédemment, estimait que la « valeur actuelle nette » (une technique d'analyse financière utilisée pour estimer si un investissement en vaut la peine ou non) d'un programme MBA parmi les meilleurs était approximativement de - 40 000 dollars (valeur négative). Il partait sur le principe d'un salaire de base pré-MBA de 65 400 dollars, d'un salaire post-MBA de 88 500 dollars (soit une hausse de 35 %), d'une augmentation du taux marginal d'imposition (si votre emploi vous oblige à déménager dans une grande ville) et d'un taux d'actualisation de 7 % correspondant au coût d'opportunité (les opportunités que vous ratez en donnant votre argent à l'école de commerce au lieu de l'investir dans autre chose). Autrement dit, Schraga a employé une technique enseignée par les écoles de commerce pour prouver qu'obtenir un MBA dans une école prestigieuse était une mauvaise décision financière.

À supposer que les hypothèses de Schraga soient exactes, il faut douze ans d'efforts continus simplement pour rentrer dans ses fonds – et à condition que tout se passe comme prévu. Si vous entrez sur un marché du travail particulièrement morose, vous vous êtes fait avoir et n'avez plus que vos yeux pour pleurer.

À quoi servaient les écoles de commerce à l'origine

« C'est un véritable miracle de voir que les méthodes modernes d'instruction n'ont pas encore complètement étouffé la saine curiosité intellectuelle. »

ALBERT EINSTEIN, PRIX NOBEL DE PHYSIQUE

Les programmes MBA ne sont pas un gage de réussite professionnelle parce qu'ils enseignent très peu de choses réellement utiles dans le monde du travail. Comme Pfeffer et Fong le soulignent dans leur article :

> *Un grand nombre de preuves suggèrent que le programme enseigné dans les écoles de commerce n'est que faiblement corrélé avec ce qu'il est important de savoir pour réussir dans les affaires... S'il n'y a que peu de rapport entre les compétences nécessaires à la réussite dans ce domaine et l'enseignement des écoles de commerce, alors l'absence d'impact du MBA ou de la maîtrise du sujet sur la carrière des diplômés est compréhensible.*

Si vous jetez un coup d'œil au programme d'une école de commerce, vous allez repérer quelques hypothèses sur ce qui vous attend une fois votre diplôme en poche : vous pourrez devenir cadre moyen dans une grande entreprise industrielle ou commerciale, consultant, comptable en entreprise ou conseiller financier dans une banque d'affaires. Par conséquent, le programme des cours est implicitement structuré autour de méthodes visant à assurer la bonne marche d'une exploitation d'envergure et/ou d'analyses quantitatives complexes – alors que 99 % des individus qui travaillent dans l'économie, le commerce ou la finance font d'autres choses extrêmement importantes au cours d'une journée type.

La déconnexion entre les bancs de l'école et le monde du travail devient tout à fait logique si vous comprenez que les concepts, les principes et les techniques enseignées par la plupart des écoles de commerce étaient conçus pour un monde différent. Les grandes écoles de commerce et de gestion sont apparues à la fin du XIXe siècle, au cours de la Révolution industrielle. Les premiers programmes MBA avaient pour objectif de dispenser une formation plus scientifique aux managers et d'accroître l'efficacité des grandes entreprises industrielles.

Frederick Winslow Taylor, pionnier des techniques du « management scientifique » sur lesquelles repose aujourd'hui l'enseignement moderne du management, utilisait un chronomètre pour diminuer de quelques secondes le temps moyen qu'un ouvrier mettait pour charger des lingots de fer dans un wagon. Cela devrait vous donner une idée assez juste de la mentalité qui sous-tend la plupart des programmes de management des écoles de commerce.

Le management était conçu essentiellement comme une activité destinée à inciter les individus à travailler plus vite et à respecter scrupuleusement les ordres. Les têtes pensantes derrière ce qu'on appelait la psychologie du management étaient Ivan Pavlov et, plus tard, B. F. Skinner. Selon eux, si vous découvrez et appliquez le bon stimulus, les individus se comportent exactement comme vous le souhaitez. Cette mentalité est à l'origine de la multiplication des récompenses financières pour influencer le comportement – salaire, primes, stock-options, etc. – et encourager les professionnels de l'entreprise et les managers à agir dans l'intérêt des actionnaires.

Les preuves que les incitations directes diminuent souvent la performance, la motivation et la satisfaction professionnelle dans le monde réel sont très nombreuses et ne cessent de s'accroître*. Malgré des théories sur les motivations humaines plus utiles**, la recherche du stimulus magique reste d'actualité dans les écoles de commerce du XXIe siècle.

En quête du Toujours Plus

« Toute technique, aussi valable et souhaitable soit-elle, devient une maladie quand l'esprit est obsédé par elle. »

BRUCE LEE, CÉLÈBRE EXPERT EN ARTS MARTIAUX

À l'origine, le marketing était un moyen d'étendre la distribution des produits en augmentant le nombre de magasins et de faire tourner à plein régime des chaînes de fabrication coûteuses. Avec l'essor de la radio et de la télévision au début du XXe siècle, il est devenu possible de faire de la publicité auprès d'un large public, ce qui a ouvert la voie aux marques nationales et aux distributeurs nationaux. Le développement de la publicité a entraîné l'expansion de la distribution, d'où un accroissement des ventes, du chiffre d'affaires puis des budgets publicitaires à investir à nouveau. Au fil des décennies, cette ***Boucle de rétroaction*** (concept abordé ultérieurement) s'est renforcée d'elle-même et a engendré quelques géants dans leur secteur. Les écoles de commerce n'avaient plus qu'une obsession : comment gagner des parts de marché et créer rapidement des entreprises de taille impressionnante via des fusions encore plus titanesques, augmentant les enjeux financiers à chaque acquisition.

* Voir *Drive, la vérité sur ce qui nous motive*, de Daniel Pink (éd. Zen Business).
** Y compris la théorie du Contrôle de la perception que nous aborderons au chapitre 6.

Pour les entrepreneurs, le capital-risque est devenu une étape incontournable – sinon, comment pourriez-vous développer une usine ou une marque nationale en quelques années seulement ? Grâce aux « économies d'échelle » dans la production, les grandes entreprises ont pu l'emporter sur des concurrents plus petits en commercialisant des produits similaires à des prix plus bas. Oubliant toute prudence, les investisseurs ont voulu dégager au plus vite des rendements démesurés et ont récompensé les spéculateurs qui rédigeaient des business-plans promettant une sortie très profitable en un minimum de temps. Des entreprises viables ont été acquises et saignées à blanc au nom des conglomérats et de la « synergie », tout cela avec la bénédiction des écoles de commerce. La « monstruosité » que représentait l'intégration de ces systèmes, aussi tentaculaires que complexes, a été ignorée ou négligée, entraînant la faillite de la plupart des entreprises qui s'étaient lancées dans des méga-fusions.

Jouer avec le feu

« Méfiez-vous des grosses têtes et de leurs formules. »

WARREN BUFFETT, PDG DE BERKSHIRE HATHAWAY
ET L'UN DES HOMMES LES PLUS RICHES DU MONDE

Pendant ce temps, la finance devenait de plus en plus complexe. Avant le XXe siècle, la comptabilité/finance était une question de bon sens et de calculs relativement simples. L'essor de la comptabilité en partie double (une innovation du XIIIe siècle) a apporté de nombreux avantages, notamment une plus grande précision et une facilité accrue à détecter d'éventuelles anomalies (le vol, par exemple), au détriment de la simplicité.

Parallèlement, l'introduction des statistiques dans la finance a amélioré la fonction analytique au détriment de l'abstraction, augmentant les occasions de falsifier les chiffres sans que personne ne s'en aperçoive. Avec le temps, les managers et les cadres ont commencé à utiliser les statistiques et les analyses pour prédire l'avenir, se fondant sur des bases de données et des tableurs, un peu comme les augures de l'Antiquité tiraient des présages en observant des feuilles de thé et des entrailles de chèvres. Le monde lui-même n'en demeure pas moins imprévisible et incertain : comme dans les temps les plus reculés, les signes « prouvent » uniquement les partis pris et les désirs des devins.

La complexité des transactions financières et des modèles statistiques sur lesquels elles reposent a continué de s'accroître jusqu'à ce que les professionnels soient de moins en moins nombreux à comprendre leur fonctionnement et à respecter leurs limites. Comme le révélait *Wired* dans un article de février 2009, « *Recipe for Disaster : The Formula That Killed Wall Street* » (« Recette pour le désastre : la formule qui a tué Wall Street »), les limites inhérentes aux formules financières portées au pinacle telles que le modèle de Black-Scholes pour évaluer le prix des options, les distributions gaussiennes et le modèle d'évaluation des actifs financiers (Medaf) ont joué un rôle majeur dans la bulle technologique de l'an 2000 et dans les manigances liées au marché de l'immobilier et aux dérivés de crédit qui ont précipité la récession de 2008.

Apprendre à utiliser des formules financières complexes n'a rien à voir avec apprendre à gérer une entreprise. Il est essentiel de comprendre ce que les entreprises font réellement pour créer et distribuer de la valeur, mais de nombreux programmes d'écoles de commerce ont relégué au second plan la création de valeur et l'exploitation pour donner la priorité à la finance et à l'analyse quantitative. Dans un article intitulé « *Upper Mismanagement* », la journaliste Noam Schreiber examine la cause de la chute de l'industrie américaine :

> *Depuis 1965, le nombre de diplômés d'écoles de commerce de prestige qui vont travailler dans le conseil et les services financiers a doublé, passant approximativement d'un tiers à deux tiers. Et ceux qui finissent dans le secteur industriel posent problème à bien des égards... La plupart des dirigeants de General Motors de ces dernières décennies viennent du monde financier et non du secteur industriel. (Fritz Henderson, le PDG actuel, et Rick Wagoner, son prédécesseur remercié pour son incapacité à enrayer le déclin du géant de Detroit, ont tous les deux été directeurs financiers de l'entreprise avant d'accéder à sa tête.) Mais ces dirigeants se montraient souvent assez étrangers aux innovations qui permettent une production de haute qualité à bas coût.**

L'amélioration des processus est facile à négliger si vous recherchez l'augmentation des profits à court terme, alors qu'elle est indispensable à la viabilité à long terme de l'entreprise. En ignorant les facteurs qui contribuent à accroître l'efficacité du fonctionnement d'une entreprise, les dirigeants formés aux MBA ont involontairement vidé de leur sang des entreprises précédemment viables au nom des bénéfices trimestriels.

* http://www.tnr.com/article/economy/wagoner-henderson

En même temps, la pratique très répandue qui consiste à recourir à l'endettement pour son effet de levier* a créé des entreprises endettées jusqu'au cou qui voyaient leurs bénéfices amplifiés les années fastes, mais se révélaient terriblement vulnérables au moindre repli de l'activité économique. La stratégie du LBO ou *leveraged buy-out* enseignée dans de nombreuses écoles de commerce – acheter une entreprise, financer son développement massif par l'endettement, puis la revendre à bénéfice** – a transformé des entreprises saines et autonomes financièrement en monstres criblés de dettes. Sans compter qu'avec ce mouvement incessant de rachats et de reventes, les marchés financiers sont devenus un jeu de chaises musicales.

Lorsque les montages financiers et les bénéfices à court terme l'emportent sur la prudence et la création de valeur à long terme, ce sont les clients et les employés qui souffrent. Les seuls bénéficiaires sont les cadres financiers formés aux MBA et les gestionnaires de fonds qui soutirent des centaines de millions d'euros en frais de transaction et en salaires tout en détruisant des entreprises viables, des centaines de milliers d'emplois et des milliards d'euros de valeur.

Faire fonctionner une entreprise, c'est créer et distribuer de la valeur à des clients qui achètent ; ce n'est pas orchestrer de la fraude légale. Malheureusement, les écoles de commerce n'enseignent plus la première partie de la phrase, mais la seconde.

L'immobilisme des écoles de commerce

« Les écoles enseignent le besoin d'avoir un enseignement donné par un professeur. »

IVAN ILLICH, PRÊTRE, THÉOLOGIEN, CRITIQUE DE L'ÉDUCATION ET DÉFENSEUR DE LA SOCIÉTÉ SANS ÉCOLE

Le monde est en mutation permanente, mais les écoles de commerce n'évoluent pas. Avec l'avènement de l'Internet et la diffusion massive des nouvelles technologies, les entreprises modernes qui réussissent sont généralement plus petites, réclament moins de capitaux pour voir le jour, ont moins de frais généraux et nécessitent moins de personnel. Selon la U.S. Small Business Administration, les petites entreprises représentent 99,7 % de l'ensemble des employeurs

* L'effet de levier est l'utilisation de l'endettement pour amplifier le retour sur investissement, mais si l'entreprise ne marche pas, il amplifie également le risque de perte. Nous aborderons en détail l'effet de levier et le retour sur investissement au chapitre 5.

** Pour mieux comprendre comment cela fonctionne à l'aide d'un exemple, allez sur le site http://www.nytimes.com/2009/10/05/business/economy/05simmons.html

aux États-Unis, emploient la moitié des salariés du secteur privé, ont généré 64 % de nouveaux emplois nets au cours des quinze dernières années et créent plus de 50 % du PIB non agricole américain. Vous ne le sauriez pas si vous examiniez le programme des écoles de commerce : en effet, il semblerait que la plupart des MBA enseignent que seules les très grandes entreprises méritent d'être dirigées.

Les exigences du marché boursier poussent les dirigeants à rechercher frénétiquement les profits à court terme au détriment de la stabilité à long terme, ce qui crée des vagues de licenciements et des coupes budgétaires drastiques lorsque les temps deviennent difficiles ou que des événements inattendus se produisent. En même temps, les salariés sont de plus en plus nombreux à attendre de leur travail une autonomie, une flexibilité et une sécurité accrues – et ils trouvent ces qualités hors des limites du travail en entreprise traditionnel. Comment gérer quelqu'un qui ne veut pas vraiment travailler pour vous en priorité ?

Les MBA tentent de faire face à la situation, mais ils enseignent encore des théories obsolètes et peu pertinentes, voire carrément fausses. Malgré cela, ne vous attendez pas à ce qu'ils changent leur fusil d'épaule. Pourquoi s'en feraient-ils au vu de la convoitise qu'ils suscitent et du symbole de prestige très rentable qu'ils représentent ? Tant que les étudiants continueront de se bousculer au portillon pour suivre un MBA, les écoles de commerce resteront des temples sacrés et ne changeront pas de discours.

Le seul avantage des écoles de commerce

> « Les institutions vont essayer de préserver le problème auquel elles sont la solution. »
>
> CLAY SHIRKY, PROFESSEUR À LA NEW YORK UNIVERSITY ET AUTEUR DE *HERE COMES EVERYBODY* ET *COGNITIVE SURPLUS*

L'avantage majeur des écoles de commerce est d'offrir à leurs jeunes diplômés un meilleur accès aux plus grandes entreprises, aux cabinets de conseil, aux grands cabinets d'expertise comptable et aux banques d'affaires via le recrutement sur le campus et les réseaux d'anciens élèves. L'effet est maximal immédiatement après l'obtention du MBA, puis s'atténue dans les trois à cinq années qui suivent. Passé ce délai, c'est à vous de jouer ! Les employeurs ne se préoccupent plus tellement de vos études mais s'intéressent à ce que vous avez accompli depuis.

Les Ressources Humaines ont tendance à utiliser les programmes MBA comme outil de sélection des candidats qu'ils vont convoquer à un entretien d'embauche.

Avec leur planning surchargé, ils n'ont guère envie de gaspiller leur temps, si précieux, surtout que ces candidats ont déjà été présélectionnés. De plus, puiser directement dans le réservoir d'étudiants en MBA leur permet de nier toute responsabilité si le candidat recruté ne fait pas l'affaire par la suite : « Je ne pouvais pas le savoir, elle était diplômée de la Harvard Business School ! »

Le rôle de sélection à l'embauche des programmes MBA est indéniable et il vous sera très difficile d'y échapper. Si vous rêvez de devenir conseil en management, spécialiste en finance internationale ou dirigeant d'une grande multinationale, attendez-vous à devoir vous payer un entretien d'embauche à 150 000 €. Si vous choisissez cette voie, soyez conscient de ce à quoi vous vous engagez avant de poser votre candidature – car une fois que vous hypothéquez votre avenir, vous aurez beaucoup de mal à changer d'avis avec une dette aussi lourde sur les épaules.

Si vous rêvez plutôt de travailler à votre compte ou d'occuper un poste qui vous plaît tout en ayant une vie à côté, considérez le MBA comme une pure perte de temps et d'argent. Comme le dit le Dr Pfeffer : « Si vous êtes assez bon pour y entrer, vous avez visiblement assez de talent pour réussir sans y entrer. »

Une voie meilleure

« Éduquer les éducateurs ! Mais les premiers en date sont bien obligés de s'éduquer eux-mêmes ! Et c'est pour ceux-là que j'écris. »

FRIEDRICH NIETZSCHE, PHILOSOPHE ET AUTEUR DE *LA VOLONTÉ DE PUISSANCE* ET *AINSI PARLAIT ZARATHOUSTRA*

Heureusement, vous pouvez choisir la manière dont vous voulez vous former – un choix qui peut vous faire réussir davantage que les meilleurs diplômés de MBA tout en vous faisant économiser beaucoup d'argent. Étudier les fondamentaux d'une saine pratique du business et développer vous-même votre propre réseau peut vous apporter la plupart des avantages d'un enseignement du monde des affaires à un coût dérisoire. Au lieu de perdre votre temps et de l'argent durement gagné à remplir votre cerveau de théories obsolètes que vous n'appliquerez probablement jamais, apprenez par vous-même ce que vous devez savoir pour réussir.

Si vous avez les capacités nécessaires pour décrocher l'un des MBA les plus prestigieux et faire une entrée fracassante sur le marché de l'emploi, alors je vous conseille de laisser tomber l'école de commerce et d'apprendre les fondamentaux de l'entreprise en lisant ce livre. C'est la meilleure décision que vous puissiez prendre.

Ce que vous allez apprendre dans ce livre

« Lorsque vous commencez à étudier un domaine, vous avez l'impression de devoir mémoriser des milliers d'informations. C'est faux. Ce que vous devez faire, c'est identifier les principes fondamentaux – trois à douze principes en général – qui gouvernent ce domaine. Les milliers de choses que vous pensiez devoir mémoriser sont simplement des combinaisons variées de ces principes fondamentaux. »

JOHN T. REED, SPÉCIALISTE DES INVESTISSEMENTS IMMOBILIERS ET AUTEUR DE *SUCCEEDING*

Ce livre est conçu pour vous enseigner les fondamentaux d'une pratique saine du business, et ce aussi rapidement et efficacement que possible. Voici un bref aperçu de ce que vous allez apprendre :

Comment les entreprises fonctionnent. Globalement, une affaire qui marche distribue 1) quelque chose de valeur 2) à des individus qui le désirent ou en ont besoin, 3) à un prix qu'ils sont prêts à payer, d'une manière qui 4) satisfait leurs attentes afin de 5) dégager des profits suffisants pour lui permettre de poursuivre son activité. Les concepts des chapitres 1 à 5 décrivent le fonctionnement des entreprises et comment vous pouvez améliorer vos résultats.

Comment les hommes et les femmes fonctionnent. Toute entreprise est fondée par des individus et survit en bénéficiant à d'autres individus. Pour comprendre comment les entreprises fonctionnent, vous devez avoir une solide connaissance de l'être humain – comment il prend des décisions, agit et communique avec ses semblables. Les chapitres 6 à 8 vous initient à quelques grands concepts de la psychologie ; vous y découvrirez comment le cerveau humain traite le monde qui l'entoure, comment travailler plus efficacement, comment nouer et renforcer des liens professionnels.

Comment les systèmes fonctionnent. Les entreprises sont des systèmes complexes constitués de nombreuses pièces mobiles et existant au sein de systèmes encore plus complexes – secteurs d'activité, sociétés, cultures et États. Les chapitres 9 à 11 vous aideront à comprendre le fonctionnement de ces systèmes complexes, ainsi qu'à analyser les systèmes existants et trouver des moyens de les améliorer sans engendrer des conséquences imprévues.

Vous n'allez pas y trouver :
Le management et le leadership de A à Z. De nombreuses ressources (et toutes les écoles de commerce) assimilent le business aux techniques de management et de leadership, comme s'il s'agissait d'un seul et même domaine de compétence.

Même si le management et le leadership sont importants dans la marche de l'entreprise, ils ne sont pas le but suprême d'un enseignement du monde des affaires : si vous ne possédez pas de solides connaissances dans le fonctionnement de l'économie et des entreprises, vous risquez de rassembler et de diriger un groupe d'individus pour les encourager à atteindre de « mauvais » objectifs. La vie de l'entreprise tourne pour créer et délivrer des offres valables à des consommateurs qui acceptent d'en payer le prix – le management et le leadership ne sont qu'un moyen d'atteindre cet objectif. Nous aborderons les principes essentiels d'un management et d'un leadership efficaces dans le chapitre 8, mais dans un contexte adéquat.

Des connaissances pointues en finance et en comptabilité. La finance et la comptabilité sont des sujets très importants et nous traiterons leurs principaux concepts et pratiques dans le chapitre 5, y compris les erreurs et les pièges les plus courants. Cela dit, nous avons de nombreux sujets à explorer, et la finance ne doit pas monopoliser notre attention. Les subtilités de l'analyse financière et des normes comptables ont rempli des milliers de livres beaucoup plus volumineux que le mien, et si vous n'envisagez pas de devenir un expert financier ou un expert-comptable, apprendre les bases de la comptabilité et de la finance vous suffira largement.

Heureusement, inutile de réinventer la roue : d'excellents ouvrages existent déjà dans ces deux domaines. Si vous souhaitez approfondir le sujet, je vous recommande les livres suivants :

- *Comprendre la finance – pour les non-financiers et les étudiants* de Karen Berman et Joe Knight
- *Simple Numbers, Straight Talk, Big Profits!* de Greg Crabtree
- *Accounting Made Simple* de Mike Piper
- *How To Read A Financial Report* de John A. Tracy

L'analyse quantitative et la modélisation. Nous parlerons des fondamentaux de la mesure et de l'analyse dans le chapitre 10, mais ce livre n'est pas là pour vous transformer en cador de Wall Street ni pour faire de vous un petit génie des tableurs. Les statistiques et l'analyse quantitative sont des compétences très utiles lorsqu'elles sont utilisées correctement, mais leurs techniques sont très situationnelles et dépassent le cadre de ce livre. Si vous souhaitez en apprendre davantage sur l'analyse statistique après avoir lu le chapitre 10, je vous recommande les livres suivants :

- *Thinking Statistically* de Uri Bram
- *How To Lie with Statistics* de Darrell Huff
- *Turning Numbers into Knowledge* de Jonathan G. Koomey, PhD

Si vous souhaitez en savoir davantage sur des méthodes d'analyse plus poussées, lisez *Principles of Statistics* de M. G. Bulmer.

Comment utiliser ce livre

> « Toutes les pensées vraiment sages ont déjà été pensées des milliers de fois, mais pour les rendre vraiment nôtres, nous devons les assimiler sincèrement, jusqu'à ce qu'elles prennent racine dans notre expérience personnelle. »
>
> JOHANN WOLFGANG VON GOETHE, POÈTE, DRAMATURGE ET ESPRIT UNIVERSEL

Voici quelques conseils pour tirer le maximum de ce livre :

N'hésitez pas à le feuilleter et à le parcourir en diagonale. Croyez-le ou non, vous n'êtes pas obligé de lire un livre d'un bout à l'autre pour en tirer tous les enseignements : le feuilleter peut vous apporter de meilleurs résultats avec moins d'efforts. Périodiquement, lisez-le en diagonale jusqu'à tomber sur une section qui attire votre attention, puis engagez-vous à appliquer le contenu de cette section dans votre activité professionnelle pendant quelques jours. Vous allez rapidement observer des différences significatives dans la qualité de votre travail, ainsi que dans votre capacité à « penser comme un spécialiste de l'entreprise ».

Gardez un calepin et un crayon à portée de main. L'objectif de cet ouvrage est de vous donner des idées sur différentes manières d'améliorer les choses, alors soyez prêt à noter vos idées par écrit dès qu'elles surgissent ; ainsi, il vous sera plus facile de revoir ultérieurement les principaux concepts et de transformer les notes que vous avez prises en plans d'action détaillés.

Référez-vous régulièrement à ce livre. Gardez-le près de vous sur votre lieu de travail de manière à pouvoir vous y référer souvent, notamment avant de vous lancer dans un nouveau projet. La répétition débouche inévitablement sur une plus grande maîtrise, et plus vous ferez vôtres les concepts qu'il renferme, plus vous améliorerez vos résultats. Je vous recommande également de glisser un pense-bête dans votre agenda pour relire certaines sections de ce livre ou les notes que vous avez prises tous les deux à trois mois. Rien de tel pour approfondir votre compréhension et ouvrir la porte à de nouvelles idées.

Discutez des idées qui vous semblent intéressantes avec vos collègues. Si les gens avec lesquels vous travaillez ont connaissance de ces concepts et emploient le même langage pour discuter de leur application à votre activité, vous avez toutes les chances de réaliser de grandes choses ensemble. Après chaque concept exposé, vous trouverez un lien Internet vers un court résumé de ce concept que vous pourrez inclure dans un e-mail, une offre, un blog ou n'importe quel autre message. Cela permet de veiller à ce que tout le monde sache bien de quoi il est question, en particulier si le destinataire de votre message n'est pas familier du concept que vous évoquez.

L'exploration est sans fin. Chacun des modèles mentaux permet des applications extrêmement vastes et il est impossible d'explorer toutes les implications de ces concepts dans un seul ouvrage. L'univers de la littérature du monde des affaires possède suffisamment de ressources valables pour vous permettre d'approfondir vos connaissances si vous voulez en savoir davantage sur un modèle mental particulier. Contactez-moi (en anglais) sur le site http://personalmba.com pour explorer ces idées plus en détail et apprendre à les appliquer à votre vie et à votre activité professionnelle.

À présent, entrons dans le vif du sujet.

Comment aller au-delà de ce livre : My Business Education (par Mathieu Jehanno)

« La réalisation réside dans la pratique. »

BOUDDHA

Aller au-delà de la lecture des livres du Personal MBA, voilà l'objectif et la raison d'être de l'association My Business Education. Créé en France par quelques adeptes du Personal MBA il y a déjà cinq ans, ce « club business » regroupe, lors de réunions à Paris ou ailleurs, de nombreuses personnes désireuses d'en savoir plus sur le business. Les échanges s'organisent autour d'études de cas préparés par les membres eux-mêmes, sur des exemples concrets de leur vie d'entrepreneur, de dirigeant ou de salarié. C'est l'occasion d'échanger sur des concepts abordés lors de lectures ou sur les expériences des uns et des autres. Quelques exemples de thèmes abordés récemment :

- Réinventer son business model
- Réagir face à un chef autoritaire
- Faire ses preuves à un nouveau poste
- Challenger le projet d'un entrepreneur

La communauté est un espace d'échanges sur nos lectures respectives, de discussions sur l'actualité, de partage d'expériences et de conseils entre membres, dans un climat de confiance et d'entraide où il fait bon se confier.

Alors envie d'aller plus loin, d'apprendre le business par vous-même, sans pour autant être seul dans son coin, rejoignez notre communauté.

Plus d'information sur : www.mybusinesseducation.fr

1

LA CRÉATION DE VALEUR

« Faites quelque chose que les gens veulent… Rien n'a plus de valeur qu'un besoin insatisfait en train d'être satisfait. Si vous trouvez un problème que vous pouvez réparer pour un grand nombre de personnes, vous avez déniché une mine d'or. »

PAUL GRAHAM, FONDATEUR DE Y COMBINATOR, CAPITAL-RISQUEUR ET ESSAYISTE SUR PAULGRAHAM.COM

Toute entreprise prospère crée quelque chose qui possède une valeur. Le monde est rempli d'opportunités d'améliorer la vie des individus, et votre mission d'entrepreneur est d'identifier ce dont les autres manquent, puis de trouver le moyen de le leur apporter.

La valeur que vous créez peut prendre différentes formes, mais le but reste identique : essayer d'améliorer, même modestement, la vie de vos semblables. Sans ***Création de valeur***, une entreprise ne peut pas exister – vous ne pouvez pas commercer si vous n'avez pas quelque chose de valable à proposer.

Les meilleures entreprises du monde sont celles qui créent le plus de valeur pour les autres. Certaines entreprises prospèrent en distribuant une valeur faible à un grand nombre de personnes, d'autres en délivrant une valeur forte à un petit nombre de personnes. Toujours est-il que plus la valeur réelle que vous créez est importante, mieux votre entreprise se portera et plus vous gagnerez d'argent.

RETROUVEZ CE CONCEPT À L'ADRESSE : HTTP://BOOK.PERSONALMBA.COM/VALUE-CREATION/ **Au fil du livre, vous pourrez de la même manière retrouver tous les concepts étudiés pour les partager ou en avoir un résumé (en anglais).**

Les cinq éléments de toute entreprise

« Une entreprise est un processus lucratif capable d'être répété. Tout le reste est un passe-temps. »

PAUL FREET, ENTREPRENEUR À SUCCÈS ET SPÉCIALISTE DE LA VENTE

Globalement, une entreprise est un processus capable d'être répété qui :
1. crée et distribue quelque chose de valeur…
2. … répondant à un désir ou à un besoin d'autres individus…
3. … à un prix qu'ils sont prêts à payer…
4. … et d'une manière qui satisfait leurs besoins et leurs attentes…
5. … en vue de dégager des bénéfices suffisants pour ses propriétaires afin de poursuivre son activité.

Peu importe que vous soyez à la tête d'une entreprise individuelle ou d'une grosse multinationale. Supprimez un seul de ces cinq facteurs et vous n'avez plus affaire à une entreprise. Une entreprise qui ne crée pas de valeur pour les autres est un passe-temps. Une entreprise qui n'attire pas l'attention est un échec. Une entreprise qui ne vend pas la valeur qu'elle crée est une organisation à but non lucratif. Une entreprise qui ne tient pas ses promesses est une entreprise frauduleuse. Une entreprise qui ne gagne pas suffisamment d'argent pour continuer à fonctionner est condamnée à fermer.

Toute entreprise est, par essence, un ensemble de cinq processus ***Interdépendants*** (concept abordé ultérieurement) :
1. *La création de valeur.* Découvrir ce que les gens veulent ou ce dont ils ont besoin, puis le créer.
2. *Le marketing.* Attirer l'attention et développer une demande pour ce que vous avez créé.
3. *La vente.* Transformer des prospects en clients qui paient.
4. *Délivrer la valeur.* Donner à vos clients ce que vous leur avez promis et vous assurer qu'ils sont satisfaits.
5. *La finance.* Gagner suffisamment d'argent pour poursuivre votre activité et récompenser vos efforts.

Si ces cinq éléments vous paraissent simples, c'est parce qu'ils le sont. Faire tourner une entreprise, ce n'est pas (et cela n'a jamais été) sorcier – il s'agit simplement d'identifier un problème et de trouver un moyen de le résoudre qui …te aux deux parties. Quiconque essaie de vous présenter la gestion d'une …se comme quelque chose d'extrêmement compliqué tente, soit de vous …sionner, soit de vous vendre quelque chose dont vous n'avez pas besoin.

Les ***Cinq éléments de toute entreprise*** sont à la base de toute idée valable et de tout business-plan de qualité. Si vous êtes capable de définir clairement chacun de ces cinq processus pour n'importe quelle entreprise, vous comprendrez parfaitement son fonctionnement. Avant de monter votre affaire, commencez par définir l'aspect général de ces cinq processus. Si vous êtes incapable de décrire ou de schématiser votre projet sur la base de ces cinq processus fondamentaux, vous n'en aurez pas une compréhension suffisante pour qu'il fonctionne1.

RETROUVEZ CE CONCEPT À L'ADRESSE : **http://book.personalmba.com/5-parts-of-every-business/**

Les compétences économiquement valables

« N'allez pas croire que le monde vous doive quoi que ce soit. Le monde ne vous doit rien. Il était là le premier. »

MARK TWAIN, ÉCRIVAIN AMÉRICAIN

Si vous êtes un entrepreneur désireux d'améliorer la valeur qu'il crée, attachez-vous à améliorer des compétences directement liées aux Cinq éléments de toute entreprise.

Toutes les compétences et tous les domaines de connaissance n'ont pas de ***Valeur économique*** (concept abordé ultérieurement), et c'est très bien ainsi – on peut pratiquer des tas de choses uniquement pour se détendre ou se divertir. Vous pouvez adorer le rafting, mais il est peu probable qu'on vous rémunère pour franchir les rapides, à moins que vous mettiez vos compétences au service des autres. Mais si vous choisissez de franchir le pas et de passer du divertissement personnel à la création de ***Produits*** et de ***Services*** (concepts abordés ultérieurement), vous serez rémunéré – des tas de gens à l'esprit aventureux sont prêts à payer pour découvrir le rafting.

Comme le suggère Michael Masterson dans *Ready, Fire, Aim*, ne vous attendez pas à ce que des compétences sans rapport avec les Cinq éléments de toute entreprise fassent l'objet d'une rémunération. En revanche, trouvez le moyen de les utiliser pour créer de la Valeur économique et vous serez rétribué en retour.

Toute compétence ou connaissance qui vous aide à créer de la valeur, à faire connaître ce que vous avez créé, à vendre, à délivrer de la valeur aux clients ou à financer, possède une Valeur économique – et c'est justement ce dont nous allons parler dans ce livre.

RETROUVEZ CE CONCEPT À L'ADRESSE : **http://book.personalmba.com/economically-valuable-skills/**

La loi impitoyable du marché

« Le marché, c'est ce qui importe le plus ; ni l'équipe la plus éblouissante ni le produit le plus fantastique ne vont compenser un marché mal en point. Les marchés qui n'existent pas n'ont que faire de votre intelligence. »

MARC ANDREESSEN, FONDATEUR DE NETSCAPE ET DE NING.COM

Que se passe-t-il si vous organisez une soirée à laquelle personne ne vient ? Dans l'univers de l'entreprise, cela arrive tout le temps.

Dean Kamen, inventeur aussi célèbre que prolifique dont les créations vont du moteur Stirling à la première pompe à insuline et différents épurateurs d'eau, a investi plus de 100 millions de dollars dans le développement du Segway, un engin de locomotion monoplace à deux roues conçu selon le principe de la stabilisation dynamique et vendu 5 000 dollars. Selon son inventeur, le Segway (il faut dire gyropode en français) allait révolutionner les moyens de transport individuels « de la même manière que la voiture a remplacé le cheval ». Lorsque le Segway a été commercialisé en 2002 sur le marché américain, la société a annoncé qu'elle tablait sur des ventes de 50 000 unités par an.

Cinq ans plus tard, la société avait écoulé 23 000 unités – moins de 10 % de l'objectif initial. (Ses résultats financiers ne sont pas publics, mais il est raisonnable de penser qu'ils ne sont pas bons).

Cet échec n'était pas dû à une mauvaise conception du produit ; le Segway repose sur une technologie extrêmement sophistiquée et possède des qualités indéniables : il constitue une alternative pratique et verte à la voiture en milieu urbain. Le problème : peu de citadins étaient prêts à investir une somme aussi importante pour une alternative à la marche à pied ou au vélo, et le marché de masse que Dean Kamen avait imaginé n'existait pas.

Tous les jours, de nouvelles entreprises subissent le même sort. Sans revenus suffisants pour pouvoir survivre, une entreprise fait faillite. Vos revenus dépendent totalement de l'attrait qu'ont les gens pour ce que vous proposez.

Toute entreprise est limitée par la taille et les caractéristiques du marché qu'elle tente de servir. La ***Loi du marché*** est ***impitoyable***, froide et sans concession. S'il n'y a pas suffisamment de monde à vouloir vraiment de votre offre, vos chances de développer une entreprise viable sont très minces.

La meilleure approche consiste donc à produire des choses que les individus veulent acheter. Créer quelque chose dont personne ne veut est un véritable gâchis. Les études de marché sont l'équivalent pour les entreprises du « regardez avant de sauter ». Des livres tels que *The New Business Road Test* de John Mullins peuvent vous aider à identifier dès le départ des marchés prometteurs et accroître vos chances de réussir dans votre nouvelle entreprise.

Dans les quelques sections qui suivent, vous apprendrez à identifier les désirs et les besoins des individus avant d'investir votre temps et de votre argent dans la création de quelque chose de nouveau.

RETROUVEZ CE CONCEPT À L'ADRESSE : **http://personalmba.com/iron-law-of-the-market/**

Les besoins humains fondamentaux

« Comprenez les besoins humains, et vous avez déjà fait la moitié du chemin pour les satisfaire. »

ADLAI STEVENSON, POLITIQUE ET ANCIEN GOUVERNEUR DE L'ILLINOIS

Si vous envisagez de lancer votre entreprise et de la rendre prospère, vous devez avoir une compréhension fondamentale des besoins humains. La théorie des besoins la plus célèbre est la pyramide de Maslow, un classement des besoins individuels en fonction de leur degré de priorité proposé par le psychologue Abraham Maslow en 1943. Selon cette théorie, les individus passent par cinq étapes successives pour satisfaire leurs besoins – ils commencent par satisfaire leurs besoins physiologiques, puis leurs besoins de sécurité, leurs besoins d'appartenance et d'amour, leurs besoins d'estime et, enfin, leurs besoins d'accomplissement. Les besoins physiologiques sont situés tout en bas de la pyramide et considérés comme des besoins fondamentaux ou de première nécessité, tandis que les besoins d'accomplissement (explorer son potentiel inné), considérés comme secondaires, se trouvent tout en haut de la pyramide.

Dans le classement de Maslow, un besoin de niveau « inférieur » doit être satisfait avant de songer à satisfaire un besoin de niveau « supérieur ». Si vous n'avez pas assez à manger ou si vous êtes en danger physiquement, vous n'allez pas vous soucier d'être aimé ou de poursuivre votre développement personnel.

En pratique, je préfère la théorie ESC de Clayton Alderfer pour Existence, Sociabilité, Croissance (ou ERG en anglais pour *Existence, Relatedness, Growth*), l'individu cherche à exister puis à se sociabiliser et enfin à croître. Une fois que les individus ont ce qu'il leur faut pour survivre, ils commencent à vouloir se faire des amis et trouver des partenaires. Dès qu'ils sont satisfaits de leurs relations, ils ont envie de faire des choses qui leur plaisent et d'améliorer leurs compétences dans des domaines qui les intéressent. D'abord exister, puis se relier, et enfin s'accomplir.

La théorie ESC explique la priorité générale des désirs humains, mais ne dit rien des méthodes employées pour les satisfaire. À cet égard, nous devons nous tourner vers d'autres théories de l'action humaine. Selon Paul Lawrence et Nitin Nohria, professeurs à la Harvard et auteurs de *Driven: How Human Nature Shapes Our Choices*, tous les individus sont mus par quatre ***Besoins humains fondamentaux*** qui influencent profondément leurs décisions et leurs actes :

1. *Le besoin d'acquérir.* Il correspond au besoin d'obtenir ou d'accumuler aussi bien des objets physiques que des qualités immatérielles telles qu'un statut, un pouvoir ou une influence. Les activités fondées sur le besoin d'acquérir incluent le commerce et le conseil. Les entreprises qui nous promettent de nous rendre riches, célèbres, influents ou puissants exploitent ce besoin.

2. *Le besoin de se relier.* Il correspond au besoin d'entrer en relation avec les autres pour nous sentir appréciés, valorisés et aimés (qu'il s'agisse d'amitiés ou d'amour plus charnel). Les activités fondées sur le besoin de nous relier incluent la restauration, les conférences, l'événementiel ou les services de rencontres. Les entreprises qui nous promettent de faire de nous des individus séduisants, appréciés ou très estimés exploitent ce besoin.

3. *Le besoin d'apprendre.* Il correspond au besoin de satisfaire notre curiosité. Les activités fondées sur le besoin d'apprendre incluent les universités, la formation ou l'édition. Les entreprises qui nous promettent d'améliorer nos connaissances ou nos compétences exploitent ce besoin.

4. *Le besoin de se défendre.* Il correspond au besoin de se protéger, de protéger nos proches et de défendre notre territoire. Les activités fondées sur le besoin de nous défendre incluent les alarmes et les systèmes de surveillance, les assurances, la formation aux arts martiaux et les services juridiques. Les entreprises qui nous promettent d'assurer notre sécurité, d'éliminer un problème ou d'empêcher la survenue d'événements nuisibles exploitent ce besoin.

Il existe un cinquième Besoin humain fondamental que Lawrence et Nohria ont oublié :

5. *Le besoin de ressentir.* Il correspond au besoin de nouvelles stimulations sensorielles, d'expériences émotionnelles intenses, de plaisir, d'excitation, de divertissement et d'anticipation. Les activités basées sur le besoin d'éprouver incluent la restauration, le cinéma, les jeux, les concerts et les événements sportifs. Les

entreprises qui nous promettent de nous procurer du plaisir, de nous faire vibrer ou qui stimulent nos envies exploitent ce besoin.

À chaque fois qu'un groupe d'individus a un besoin insatisfait dans un ou plusieurs de ces domaines, il se forme un marché destiné à satisfaire ce besoin. Par conséquent, plus votre offre répond à ces différents besoins, plus elle sera attractive aux yeux de votre marché potentiel.

Fondamentalement, toutes les entreprises à succès vendent une combinaison de pouvoir, d'argent, de statut, d'amour, de savoir, de protection, de plaisir et de l'excitation dans des proportions variables. Plus vous aurez une idée claire de la manière dont votre produit peut satisfaire un ou plusieurs de ces besoins, plus votre offre deviendra attractive.

RETROUVEZ CE CONCEPT À L'ADRESSE : **http://book.personalmba.com/core-human-drives/**

La recherche de statut social

« La société qui méprise l'excellence en plomberie parce que la plomberie est une activité humble, et qui tolère la médiocrité en philosophie parce que la philosophie est une activité noble n'aura ni bonne plomberie ni bonne philosophie. Ses tuyaux comme ses théories, prendront l'eau. »

JOHN W. GARDNER, ANCIEN PRÉSIDENT DE LA FONDATION CARNEGIE

Outre la nécessité de comprendre les Besoins humains fondamentaux, il est important de comprendre que les êtres humains sont des créatures sociales. Comme bien d'autres mammifères, les humains ont développé une hiérarchie, une échelle de ***Pouvoir*** (concept abordé ultérieurement), un statut au sein de leur groupe. La lutte pour le pouvoir et le statut avec d'autres groupes apportait de nombreux avantages, dont l'accès à la nourriture, aux conjoints et aux ressources, ainsi que la protection des membres du groupe.

Les questions de statut ne sont plus aussi décisives pour la survie, mais notre cerveau s'est configuré en accordant une très grande importance au statut social. Résultat : la recherche d'un statut influence la plupart de nos décisions et de nos actions.

La ***Recherche de statut social*** est un phénomène universel : les êtres humains se soucient énormément de ce que les autres pensent d'eux et dépensent une grande quantité d'énergie à comparer leur statut à celui d'autres membres du groupe.

La plupart des individus saisissent la moindre occasion d'améliorer leur statut. Face à différentes ***Alternatives*** (concept abordé ultérieurement), ils choisissent l'option perçue comme leur offrant le statut le plus élevé.

En général, nous aimons être associés à des individus et à des organisations que nous jugeons puissants, importants, élitistes, ou considérés comme prestigieux. Nous aimons également veiller à ce que les autres soient conscients de notre statut : il suffit de regarder ce qui est publié sur les profils Facebook pour s'en convaincre.

La Recherche de statut social fait partie de la vie humaine, et elle n'est pas forcément mauvaise ou à éviter. Au contraire, elle peut même inciter certaines personnes à accomplir des choses étonnantes. Comme le dit très justement Alain de Botton, journaliste et écrivain suisse : « Si l'on se sent comme quelqu'un qui a réussi, on n'est guère motivé pour réussir. »

Toujours est-il qu'une Recherche de statut social effrénée peut aussi vous inciter à prendre de mauvaises décisions : achetez une immense maison, une voiture de luxe et des vêtements de haute couture et vous risquez de finir ruiné ou lourdement endetté. En tant qu'individu, je vous conseille de réfléchir à votre attitude personnelle par rapport à la Recherche de statut social. Il est utile d'être attentif à l'importance qu'on accorde au statut social lorsqu'on effectue des achats, en particulier s'il existe d'autres possibilités de satisfaire un même besoin, à moindre coût par exemple.

En tant qu'homme ou femme d'affaires, il est nécessaire que vous compreniez que la question du statut est présente à tous les niveaux des Besoins humains fondamentaux. Quand vous faites une offre à un nouveau prospect, ce dernier va automatiquement et inconsciemment se demander comment votre offre peut influencer son statut social. Intégrer consciemment des ***Signaux sociaux*** (concept abordé ultérieurement) à votre offre est généralement un bon moyen de la rendre plus attractive aux yeux de vos clients.

RETROUVEZ CE CONCEPT À L'ADRESSE : **http://personalmba.com/status-seeking/**

Les dix critères d'évaluation d'un marché

> « Trop souvent, les individus travaillent dur pour quelque chose qui ne vaut pas le coup. Travailler pour quelque chose qui vaut le coup est probablement plus important que travailler dur. »
>
> CATERINA FAKE, FONDATRICE DE FLICKR.COM ET DE HUNCH.COM

Si vous avez l'intention de créer une entreprise ou de développer un nouveau marché, vous avez tout intérêt à réaliser quelques recherches avant de franchir le pas.

Les ***Dix critères d'évaluation d'un marché*** constituent une méthode pifométrique pour identifier l'attractivité d'un marché potentiel. Évaluez chacun des dix facteurs ci-dessous sur une échelle de 0 à 10 où 0 correspond à un marché extrêmement peu attractif et 10 à un marché extrêmement attractif. Dans le doute, soyez prudent dans vos estimations :

1. *L'urgence.* Dans quelle mesure votre offre répond-elle à un besoin ou à un désir immédiat des individus ? (Louer un vieux film n'a pas de caractère d'urgence, alors qu'assister à la première projection officielle d'un nouveau film est d'une urgence extrême puisque l'événement ne se produit qu'une fois.)

2. *La taille du marché.* Combien de personnes sont prêtes à acheter ce genre de choses ? (Le marché des cours de tressage de paniers en osier est très restreint, alors que celui des traitements anticancéreux est énorme.)

3. *Le prix possible.* Quel est le prix le plus élevé qu'un acheteur type serait prêt à payer pour trouver une solution à son problème ? (Les sucettes se vendent quelques centimes, les porte-avions quelques milliards.)

4. *Le coût d'acquisition d'un client.* Est-il facile de gagner un nouveau client ? En moyenne, combien allez-vous investir – en termes d'argent, de temps et d'énergie – pour générer une vente ? (Les restaurants situés sur des lieux de passage très fréquentés, notamment au bord des autoroutes et des nationales, n'ont guère besoin d'investir pour attirer de nouveaux clients, contrairement aux candidats qui doivent parfois dépenser des millions pour répondre à un gros appel d'offres d'infrastructure.)

5. *Le coût pour délivrer la valeur.* À combien estimez-vous le coût de la création de la valeur pour la délivrer en termes de temps, d'argent et d'énergie ? (Transmettre des fichiers par Internet est quasiment gratuit, alors qu'il faut des millions pour inventer un produit et construire une usine.)

6. *L'originalité de l'offre*. Quel est le degré de singularité de votre offre comparée aux offres existantes de la concurrence et dans quelle mesure est-il facile pour vos concurrents de vous copier ? (Il existe de nombreux salons de coiffure, mais rares sont les entreprises à proposer des voyages dans l'espace.)

7. *La rapidité de mise sur le marché*. Avec quelle rapidité pouvez-vous créer quelque chose à vendre ? (Vous n'avez besoin que de quelques minutes pour proposer à votre voisin de tondre sa pelouse, alors que créer une banque peut prendre des années.)

8. *L'investissement initial*. Combien allez-vous devoir investir avant d'être prêt à vendre votre produit ? (Pour faire du ménage, vous n'avez besoin que de quelques produits de nettoyage bon marché. Mais si vous voulez exploiter une mine d'or, l'achat du terrain et le matériel d'extraction vont vous coûter des millions.)

9. *Le potentiel de ventes additionnelles*. Pourriez-vous réaliser des ventes connexes à l'offre que vous proposez à vos clients ? (Les clients qui achètent des rasoirs ont besoin de mousse de rasage et de lames de rechange, mais si vous achetez un frisbee, vous n'en avez pas besoin d'un autre, à moins de le perdre.)

10. *Le potentiel de persistance*. Une fois que vous avez créé votre offre initiale, quelle somme de travail supplémentaire allez-vous devoir lui consacrer pour continuer à la vendre ? (Le conseil en entreprise réclame un travail continu, tandis qu'un livre peut être produit une seule fois, puis continuer de se vendre sans travail supplémentaire.)

Après avoir terminé votre évaluation, faites le total. Si votre résultat est égal ou inférieur à 50, choisissez une meilleure idée dans laquelle investir votre temps, votre argent et votre énergie. Si votre résultat est égal ou supérieur à 75, votre idée est très prometteuse, alors foncez ! Toute idée évaluée entre 50 et 75 peut être rentable, mais ne sera pas un coup de maître sans un lourd investissement. Alors réfléchissez.

RETROUVEZ CE CONCEPT À L'ADRESSE : **http://book.personalmba.com/ten-ways-to-evaluate-a-market/**

Les avantages cachés de la concurrence

« Le concurrent à craindre est celui qui ne s'inquiète jamais de vous et continue à améliorer sa propre affaire. »

HENRY FORD, FONDATEUR DE LA FORD MOTOR COMPANY
ET PIONNIER DES CHAÎNES DE MONTAGE

L'une des expériences les plus fréquentes d'un jeune entrepreneur est de découvrir que son idée brillante n'est pas aussi originale qu'il le pensait : d'autres entreprises proposent déjà des produits ou des services similaires. Rien de tel pour ébranler sa confiance – après tout, pourquoi persévérer si quelqu'un d'autre fait déjà ce qu'il veut faire ?

Réjouissez-vous : ce sont les ***Avantages cachés de la concurrence***. Quand deux marchés sont aussi attractifs l'un que l'autre, vous avez tout intérêt à vous lancer dans celui qui est déjà occupé par la concurrence. Pourquoi ? Parce que cela signifie qu'il existe bel et bien un marché pour cette idée, ce qui déduit les risques.

L'existence d'un marché signifie que vous êtes déjà du bon côté de la Loi impitoyable du marché. Au lieu de chercher à prouver qu'un marché existe, vous pouvez consacrer tout votre temps à développer votre offre. S'il existe plusieurs entreprises prospères sur ce marché, vous n'avez pas trop à craindre d'investir dans une voie sans issue puisque vous savez déjà qu'il y a des acheteurs.

Le meilleur moyen d'observer ce que font vos concurrents potentiels est de jouer le rôle du client. Achetez-leur un maximum de produits ou de services. Étudier la concurrence de l'intérieur peut vous apprendre des tas de choses intéressantes sur ce marché. Exemples : Quelle est la valeur proposée par vos concurrents ? Comment attirent-ils l'attention ? Quels sont leurs prix ? Comment concluent-ils leurs ventes ? Comment satisfont-ils le client ? Comment gèrent-ils les problèmes ? Et, question essentielle : À quels besoins du client ne savent-ils pas encore répondre ?

En tant que client, vous observez ce qui marche et ce qui ne marche pas avant de vous engager dans une stratégie donnée. Tirez un maximum d'enseignements de l'observation de vos concurrents pour créer quelque chose qui possède encore davantage de valeur.

RETROUVEZ CE CONCEPT À L'ADRESSE : **http://book.personalmba.com/hidden-benefit-of-competition/**

La loi du mercenaire

« Faites de l'argent votre dieu et il vous damnera comme le diable. »

HENRY FIELDING, ÉCRIVAIN BRITANNIQUE DU XVIIIE SIÈCLE

Devenir ***Mercenaire*** n'est pas payant : ne lancez pas une affaire uniquement pour l'argent. Pourquoi ? Parce que démarrer et faire tourner une entreprise réclame toujours davantage d'efforts que vous ne l'imaginez au départ.

Même si vous identifiez un marché prometteur, mettre en place les ***Systèmes*** (concept abordé ultérieurement) nécessaires pour faire fonctionner votre entreprise réclame de la persévérance et de l'abnégation. Si la seule chose qui vous intéresse dans une opportunité est l'argent, vous allez probablement jeter l'éponge bien avant de rouler sur l'or.

Prêtez la plus grande attention aux sujets sur lesquels vous revenez sans cesse. Tout est un éternel recommencement. N'ignorez pas ce qui vous motive et vous attire. Le plus important est de trouver un marché attractif qui vous intéresse suffisamment pour vous inciter à améliorer votre offre tous les jours. Trouver ce marché est avant tout une affaire de patience et de recherche active.

Cela dit, n'ignorez pas les activités « ennuyeuses » tant que vous ne les avez pas explorées ; si vous pouvez trouver un aspect du travail qui vous intéresse et alimente votre motivation, les marchés les plus banals peuvent être assez attractifs. Certes, des activités « salissantes » telles que la plomberie et le ramassage des ordures ne sont pas glamour, mais elles peuvent se révéler lucratives, car il existe une demande importante et permanente face à une offre relativement limitée.

Si vous réussissez à trouver un intérêt suffisant à un marché incontournable mais loin d'être enthousiasmant, vous avez peut-être découvert un filon qui attend d'être exploité.

RETROUVEZ CE CONCEPT À L'ADRESSE : **http://book.personalmba.com/mercenary-rule/**

La loi du militant

« Les plus zélés montrent la force de leur croyance, les plus judicieux le fondement de leur croyance. »

WILLIAM SHENSTONE, POÈTE ANGLAIS ET PAYSAGISTE DU XVIIIE SIÈCLE

Devenir un ***Militant*** n'est pas payant non plus. Il va vous arriver de trouver une idée si fascinante que vous aurez du mal à la considérer objectivement. C'est comme si, soudain, vous aviez la profonde certitude d'avoir trouvé votre vocation.

Emporté par votre enthousiasme, vous oubliez qu'il existe souvent un monde entre une idée intéressante et une affaire prospère. Dans votre optimisme, restez prudent : il est difficile de changer le monde si vous ne pouvez pas régler vos factures.

Certaines idées ne trouvent pas un marché suffisant pour être commercialisées, c'est un fait. Ce n'est pas pour autant que vous devez les ignorer : un projet en parallèle (les anglophones diront un *side project*) peut vous aider à enrichir votre savoir, améliorer vos compétences, expérimenter de nouvelles méthodes et techniques. Je suis entièrement favorable à l'idée de poursuivre des projets en parallèle, à condition de ne pas compter sur eux pour dégager des revenus. Une fois que vous êtes assuré de vos revenus, partez militer autant que vous le souhaitez.

Avant de tenter l'aventure, prenez le temps d'évaluer soigneusement votre projet à l'aide des Dix critères d'évaluation d'un marché. Si vous avez du mal à être objectif, faites-vous conseiller par un collègue de confiance ou par un spécialiste de la question, puis testez votre idée aussi vite que possible et avec un investissement minimal avant de vous engager sérieusement. Quelques heures d'évaluation peuvent empêcher des mois (ou des années) de frustration et d'efforts inutiles.

RETROUVEZ CE CONCEPT À L'ADRESSE : **http://book.personalmba.com/crusader-rule/**

Les douze formes de valeur

> « La valeur n'est pas intrinsèque ; elle n'est pas dans les choses. Elle est en nous ; elle est la façon dont l'homme réagit aux conditions de son environnement. »
>
> LUDWIG VON MISES, ÉCONOMISTE AUTRICHIEN

Pour que la valeur que vous créez soit distribuée avec succès à vos clients, elle doit prendre une forme pour laquelle ils sont prêts à payer. Heureusement, ce n'est pas sorcier – la ***Valeur économique*** (concept abordé ultérieurement) prend généralement l'une des douze formes classiques suivantes :

1. *Le produit.* Créez un article ou une entité tangible, puis vendez-le à un prix supérieur à son prix de revient.

2. *Le service.* Fournissez une aide ou une assistance, puis faites payer le service rendu.

3. *La ressource partagée.* Créez un bien durable qui peut être utilisé par de nombreux individus, puis faites payer l'accès à ce bien.

4. *L'abonnement.* Proposez un avantage valable dans la durée et faites-le payer périodiquement.

5. *La revente.* Achetez un bien à un grossiste, puis revendez-le à un détaillant à un prix plus élevé.

6. *La location.* Achetez un bien, puis autorisez une autre personne à l'utiliser pour un prix et un temps déterminés.

7. *La représentation commerciale.* Commercialisez et vendez un bien ou un service qui ne vous appartient pas au nom d'une tierce personne, puis faites-vous payer une commission qui correspond à un pourcentage de la transaction.

8. *L'agrégation d'un public.* Attirez l'attention d'un public, possédant certaines caractéristiques, puis vendez l'accès à cette cible sous forme de publicité à une entreprise qui cherche à l'atteindre.

9. *L'emprunt.* Prêtez une certaine somme d'argent, puis faites-vous rembourser cette somme majorée d'un taux d'intérêt prédéfini dans un délai fixé à l'avance.

10. *L'option.* Offrez la capacité à exécuter une action prédéfinie pendant une période donnée en échange du paiement d'une commission.

11. *L'assurance*. Couvrez le risque de dommage à la place de l'assuré en échange du paiement d'une prime, puis ne l'indemnisez que si le dommage se produit.

12. *Le capital*. Achetez une participation dans une entreprise, puis percevez une partie des bénéfices proportionnelle à votre participation sous forme de paiement unique ou de dividendes.

Examinons plus en détail ces ***Douze formes de valeur***.

RETROUVEZ CE CONCEPT À L'ADRESSE : **http://book.personalmba.com/12-standard-forms-of-value/**

Forme de valeur n° 1 : le produit

« Le business n'est pas une science financière... Il s'agit de créer un produit ou un service de qualité capable de séduire les clients. »

ANITA RODDICK, FONDATRICE DE THE BODY SHOP

Un ***Produit*** est une forme de valeur tangible. Pour faire fonctionner une entreprise orientée produit, vous devez :
1. Créer un article tangible, quel qu'il soit, capable de séduire les gens.
2. Produire cet article avec un coût aussi bas que possible tout en maintenant un niveau de qualité acceptable.
3. Vendre un maximum d'unités à un prix aussi élevé que le marché accepte.
4. Avoir suffisamment de stock pour satisfaire les commandes au fur et à mesure.

Le livre que vous avez entre les mains est un bon exemple de Produit. Il a dû être écrit, révisé, composé, imprimé, relié et diffusé en quantités suffisantes pour arriver jusqu'à vous. Supprimez n'importe laquelle de ces étapes, et vous ne seriez pas en train de lire *Le Personal MBA*. Pour rapporter, un livre doit être vendu plus cher que le coût lié à sa création, son impression et sa distribution.

Les Produits peuvent être durables – comme les voitures, les ordinateurs ou les aspirateurs – ou non durables, c'est-à-dire consommables – comme les biens alimentaires et les médicaments. Un Produit n'a pas besoin d'avoir une réalité matérielle – un logiciel, un livre électronique ou un MP3 n'ont pas de forme physique donnée, et pourtant ce sont des entités qui peuvent être vendues.

Créer de la valeur sous la forme d'un produit est une activité valable parce que les produits peuvent être ***Dupliqués*** (concept abordé ultérieurement). Ce livre n'a été écrit qu'une seule fois, mais des copies individuelles peuvent être imprimées et diffusées des millions de fois à des lecteurs du monde entier. Par conséquent, les produits ont une meilleure ***Scalabilité*** que d'autres formes de valeur puisqu'ils peuvent être Dupliqués et/ou ***Multipliés*** (concepts abordés ultérieurement).

RETROUVEZ CE CONCEPT À L'ADRESSE : **http://book.personalmba.com/product/**

Forme de valeur n° 2 : le service

« Tout le monde peut être important car tout le monde peut servir à quelque chose. »

MARTIN LUTHER KING, DÉFENSEUR DES DROITS DE L'HOMME

Un ***Service*** consiste à aider ou assister quelqu'un en échange d'une rétribution. Si vous voulez créer de la valeur via un Service, vous devez être capable d'apporter un avantage quelconque à votre client.

Pour être prospère, une entreprise orientée service doit :
1. Avoir des employés qui possèdent une compétence, un talent ou une capacité que les clients réclament mais ne peuvent pas ou ne veulent pas mettre en œuvre eux-mêmes.
2. Veiller à ce que le service qu'elle offre soit toujours de qualité optimale.
3. Attirer des clients et les fidéliser.

Un salon de coiffure est un bon exemple d'activité de Service. Une coupe de cheveux n'est pas un produit : vous ne pouvez pas en acheter une dans le rayon d'un magasin. Le Service est la série d'actions que le coiffeur met en œuvre pour vous créer la nouvelle coupe que vous souhaitez. C'est en ce sens que les médecins, les designers indépendants, les ostéopathes, les jardiniers paysagistes et les consultants sont des prestataires de Services.

Les Services peuvent être lucratifs, en particulier si les compétences qu'ils réclament sont rares et difficiles à développer, mais ils sont difficiles à ***Dupliquer*** (concept abordé ultérieurement). Un Service nécessite par le prestataire du temps et de l'énergie – deux ressources qui, par nature, sont limitées. Un chirurgien ne peut faire que quelques opérations par jour.

Si vous développez un Service, veillez à vous faire suffisamment rémunérer pour le temps que vous consacrez quotidiennement à fournir ce service à vos clients. Sinon, vous allez vite vous apercevoir que vous travaillez trop dur pour une rémunération insuffisante.

RETROUVEZ CE CONCEPT À L'ADRESSE : **http://book.personalmba.com/service/**

Forme de valeur n° 3 : la ressource partagée

« La joie qui n'est pas partagée meurt jeune. »

ANNE SEXTON, POÉTESSE RÉCOMPENSÉE PAR LE PRIX PULITZER

Une ***Ressource partagée*** est un bien durable accessible à de nombreux utilisateurs. Les Ressources partagées vous permettent de créer un bien une fois pour toutes et de faire payer son utilisation à vos clients.

Pour créer une Ressource partagée qui vous rapporte, vous devez :
1. Créer un bien auquel des clients veulent avoir accès.
2. Servir un maximum d'utilisateurs sans nuire à la qualité de leur expérience individuelle.
3. Fixer un tarif suffisant qui vous permette de maintenir et d'améliorer dans le temps cette ressource partagée.

Les clubs de gym et de remise en forme sont l'exemple type d'une Ressource partagée. Ils achètent des tapis de course, des vélos d'appartement, des appareils de musculation – autant d'équipements utiles mais coûteux conçus pour durer longtemps. Les membres du club profitent de ces équipements sans avoir à les acheter eux-mêmes – ils se contentent de payer le droit de les utiliser, ce qui leur coûte nettement moins cher. (La plupart des clubs de gym associent l'accès à des Ressources partagées à des Services et des ***Abonnements***, un exemple courant de ***Groupage*** – un concept abordé ultérieurement.)

Les musées et les parcs de loisirs fonctionnent à l'identique. Qu'il s'agisse de contempler un Monet ou de faire un tour de montagnes russes, les Ressources partagées permettent à de nombreuses personnes de bénéficier d'expériences qu'elles n'auraient pas eu les moyens de s'offrir.

L'aspect le plus délicat consiste à surveiller de près le taux d'utilisation. Si vous n'avez pas suffisamment d'utilisateurs, vous ne pourrez pas rentabiliser votre investissement initial et couvrir les frais courants, notamment les frais d'entretien. Si vous avez trop d'utilisateurs, la qualité de leur expérience sera tellement diminuée qu'ils seront mécontents, cesseront d'utiliser votre ressource et la déconseilleront aux autres, ce qui nuira à votre ***Réputation*** (concept abordé ultérieurement). Trouver le juste milieu entre le « trop » et le « pas assez » d'utilisateurs est la clé du fonctionnement d'une Ressource partagée.

RETROUVEZ CE CONCEPT À L'ADRESSE : **http://book.personalmba.com/shared-resource/**

Forme de valeur n° 4 : l'abonnement

« S'il vous plaît, acceptez ma démission. Je ne veux pas faire partie d'un club qui m'accepte comme membre. »

GROUCHO MARX, COMÉDIEN AMÉRICAIN

Un ***Abonnement*** fournit un avantage prédéfini valable dans la durée en échange d'une cotisation périodique. Les avantages en question peuvent être tangibles ou intangibles. Dans un Abonnement, il y a toujours la perspective
a. que la valeur continuera à être disponible dans le futur
b. que la cotisation sera payée jusqu'à ce que l'abonnement soit résilié.

Pour créer un Abonnement qui fonctionne bien, vous devez :
1. Distribuer une valeur significative à chacun de vos abonnés de manière régulière.
2. Développer une base d'abonnés et attirer continuellement de nouveaux abonnés pour remplacer ceux qui résilient leur abonnement.
3. Facturer périodiquement vos clients.
4. Fidéliser chacun de vos abonnés le plus longtemps possible.

L'abonnement à la télévision par satellite est un bon exemple d'abonnement. Une fois que vous avez signé le contrat, le fournisseur vous autorise à utiliser le satellite, et ce aussi longtemps que vous le souhaitez, à condition que vous continuiez à payer votre cotisation – que ce soit tous les mois, tous les deux mois, tous les six mois ou tous les ans.

L'Abonnement est une forme de valeur plutôt attractive parce qu'il implique des revenus plus prévisibles. Au lieu de devoir solliciter quotidiennement votre clientèle, l'Abonnement vous permet de développer avec le temps une base solide de clients fidèles. Ce modèle vous assure des rentrées d'argent à chaque période de facturation.

La clé du succès ? Faire le maximum pour avoir le moins de résiliations d'abonnements possibles. Tant que vous donnez satisfaction à votre clientèle, vous ne perdez qu'un faible pourcentage de clients à chaque période de facturation, ce qui vous permet d'avoir une meilleure visibilité financière. Chaque abonné perdu peut être compensé par un nouvel abonné.

RETROUVEZ CE CONCEPT À L'ADRESSE : **http://book.personalmba.com/subscription/**

Forme de valeur n° 5 : la revente

« Acheter au plus bas, vendre au plus haut. »

DEVISE DES TRADERS

La ***Revente*** consiste à acheter un bien à un grossiste, puis à le vendre à un détaillant à un prix plus élevé. C'est ainsi que fonctionnent les distributeurs : ils achètent ce qu'ils vendent à d'autres entreprises, puis revendent chaque article plus cher qu'ils l'ont acheté.

Pour créer de la valeur en tant que revendeur, vous devez :

1. Acheter un produit à un prix aussi bas que possible – généralement à un prix de gros.
2. Conserver ce produit en bon état jusqu'à ce que vous le vendiez – les biens endommagés sont invendables.
3. Trouver des acheteurs potentiels aussi rapidement que possible pour limiter les frais de stockage.
4. Vendre le produit à un prix aussi élevé que possible, de préférence plusieurs fois le prix d'achat.

Les revendeurs sont extrêmement utiles parce qu'ils aident les grossistes à vendre leurs produits sans avoir à trouver des acheteurs individuels. Pour un cultivateur, vendre des pommes à des millions de clients serait aussi long qu'inefficace : il a plutôt intérêt à vendre toute sa production à des chaînes de magasins alimentaires et à cultiver davantage de pommes. Ces chaînes assurent le stockage des pommes et leur vente aux clients à un prix plus élevé.

Des géants de la distribution comme Walmart et Carrefour, ou encore Amazon ou La Redoute, fonctionnent selon ce modèle : ils achètent des produits à bas prix directement auprès des fabricants ou des producteurs pour les vendre sans tarder à un prix plus élevé.

S'approvisionner en produits de qualité au meilleur prix et gérer le niveau des stocks sont la clé pour réussir une Revente. Si un distributeur ne peut pas s'assurer d'un approvisionnement régulier de produits à un prix assez bas pour faire des bénéfices, il aura du mal à dégager un revenu suffisant pour poursuivre son activité. C'est pourquoi la plupart des distributeurs tissent des relations très étroites avec leurs fournisseurs : ils sont ainsi assurés de pouvoir continuer à bénéficier d'un approvisionnement fiable en produits de qualité à des prix bas.

RETROUVEZ CE CONCEPT À L'ADRESSE : **http://book.personalmba.com/resale/**

Forme de valeur n° 6 : la location

« L'espèce humaine se compose de deux races distinctes : les hommes qui empruntent et les hommes qui prêtent. »

CHARLES LAMB, ÉCRIVAIN BRITANNIQUE

Dans le cadre d'une ***Location***, une personne acquiert un bien et autorise une autre personne à l'utiliser pendant un certain temps moyennant un certain prix. Tout bien, ou presque, peut faire l'objet d'une Location – voiture, bateau, maison, DVD ou autre – à condition d'être suffisamment durable pour résister à une utilisation pendant une durée suffisante.

Pour créer de la valeur via une Location, vous devez :
1. Acquérir un bien que d'autres personnes veulent utiliser.
2. Donner l'utilisation temporaire de ce bien à un client qui accepte vos conditions.
3. Vous protéger d'événements imprévus ou de circonstances défavorables, notamment de la perte de ce bien ou du dommage qui peut lui être causé.

La Location est un avantage pour le client dans la mesure où il peut utiliser un bien pour un prix inférieur à son prix d'achat. Vous pouvez ne pas avoir les moyens de débourser des dizaines de milliers d'euros pour vous offrir une voiture de luxe ou un bateau à voile, mais pour quelques centaines d'euros par mois, vous pouvez louer la voiture ou le bateau de vos rêves. Le même principe s'applique au logement : la Location vous permet de vivre dans une somptueuse maison pour un prix bien inférieur à ce qu'elle vous coûterait si vous l'achetiez ou la construisiez vous-même. Une fois le bail résilié, la maison peut être louée par son propriétaire à un autre locataire.

Pour réussir à créer de la valeur via une Location, vous devez veiller à ce que les revenus que vous en tirez couvrent le prix d'achat de votre bien avant qu'il soit usé ou devenu inutilisable. La plupart des biens ont une durée de vie utile limitée, c'est pourquoi vous devez appliquer un loyer suffisant pour dégager un revenu supérieur au prix d'achat avant que votre bien ne perde de sa valeur. Veillez également à intégrer dans votre prix des frais de réparation ou des coûts de remplacement au cas où votre bien serait endommagé ou détruit.

RETROUVEZ CE CONCEPT À L'ADRESSE : **http://book.personalmba.com/lease/**

Forme de valeur n° 7 : la représentation commerciale

« Je désire être incinéré et que 10 % de mes cendres soient versées à mon impresario, comme le stipule notre contrat. »

GROUCHO MARX, COMÉDIEN AMÉRICAIN

La ***Représentation commerciale*** implique la commercialisation et la vente d'un bien que vous ne possédez pas. Au lieu de créer de la valeur par vous-même, vous faites équipe avec une personne qui propose de la valeur (produit ou service), puis vous vous efforcez de trouver un acheteur. En échange de la nouvelle relation que vous établissez entre le vendeur et l'acheteur, vous percevez une commission ou des honoraires.

Pour créer de la valeur via une Représentation commerciale, vous devez :

1. Trouver un vendeur qui a quelque chose de valable à vendre.
2. Établir le contact avec des acheteurs potentiels et instaurer une relation de confiance.
3. Négocier jusqu'à trouver un accord sur les conditions de vente.
4. la commission convenue entre le vendeur et vous.

Les vendeurs tirent profit d'une Représentation commerciale parfois appelée aussi agence parce qu'elle génère des ventes qui, autrement, n'auraient probablement pas lieu. Les agents littéraires illustrent à merveille cette relation : un auteur potentiel peut avoir l'idée d'écrire un livre, mais n'avoir aucun contact dans l'édition. En travaillant avec un agent qui entretient des relations suivies avec le secteur de l'édition, l'auteur augmente considérablement ses chances de décrocher un contrat pour son livre. En échange de ses efforts pour trouver un éditeur et négocier le contrat, l'agent perçoit un pourcentage sur l'avance et les droits versés à l'auteur.

Les acheteurs, eux aussi, bénéficient de cette Représentation commerciale, car des agents qui font bien leur travail peuvent les aider à trouver les biens qu'ils recherchent. Dans ce cas, les agents jouent le rôle de filtre auprès d'acheteurs qui leur font confiance pour attirer leur attention sur de bonnes affaires et leur éviter les mauvaises. L'immobilier en est l'exemple parfait : passer par un agent immobilier compétent et expérimenté facilite considérablement l'achat d'une maison dans une ville qu'on ne connaît pas.

Si vous êtes l'agent, faites en sorte de percevoir une commission suffisamment élevée pour que vos efforts en vaillent la peine. La plupart des Représentations commerciales étant subordonnées à la conclusion d'une vente, consacrez-vous à des activités qui aboutissent à une transaction et veillez à ce que la commission que vous touchez couvre largement le temps et l'énergie investis dans la conclusion de l'affaire.

RETROUVEZ CE CONCEPT À L'ADRESSE : **http://book.personalmba.com/agency/**

Forme de valeur n° 8 : l'agrégation d'un public

« Tant que vous avez un jingle dans la tête, la télévision n'est pas gratuite. »

JASON LOVE, RESPONSABLE MARKETING

L'***Agrégation d'un public*** consiste à attirer l'attention d'un groupe d'individus aux caractéristiques similaires, puis à vendre l'accès à ce public à une tierce personne. Puisque l'attention est limitée et possède une valeur, rassembler un groupe d'individus partageant un profil donné est précieux pour des entreprises désireuses de capter leur attention.

Pour créer de la valeur via l'Agrégation d'un public, vous devez :

1. Identifier un groupe d'individus aux caractéristiques ou aux intérêts communs.
2. Trouver un moyen d'attirer constamment et durablement l'attention de ce groupe d'individus.
3. Trouver des tierces personnes qui souhaitent acheter l'attention de ce public.
4. Vendre l'accès à ce public sans l'aliéner.

L'Agrégation d'un public profite à ce public parce qu'elle lui fournit quelque chose qui l'intéresse. Les magazines et les sites Web financés par la publicité en sont de bons exemples : les lecteurs et les internautes bénéficient des informations et du divertissement fournis par ces sources et, en échange, acceptent d'être exposés à une certaine dose de publicité. Si cette dose devient insupportable à leurs yeux, ils abandonnent le magazine ou le site, mais la plupart des individus acceptent d'être exposés à une certaine quantité de messages publicitaires s'ils jugent le contenu du magazine ou du site intéressant.

L'Agrégation d'un public profite à l'annonceur parce qu'elle capte l'attention d'un public, ce qui génère des ventes. Pensez à une conférence ou à un salon professionnel : acheter un stand au centre d'une grande salle où se presse une foule intéressée par ce que vous avez à lui proposer peut être une décision très judicieuse. Une publicité bien conçue attire l'attention, l'attention attire des prospects, et les prospects deviennent des clients. Tant que les ventes rapportent plus d'argent que le coût de la publicité et les ***Frais généraux*** (concept abordé ultérieurement), la publicité peut être un outil précieux pour attirer de nouveaux clients, ce qui signifie que l'annonceur peut continuer à financer celui qui rassemble un public donné en achetant davantage de publicité.

RETROUVEZ CE CONCEPT À L'ADRESSE : **http://book.personalmba.com/audience-aggregation/**

Forme de valeur n° 9 : l'emprunt

« L'argent parle – mais le crédit a un écho. »

BOB THAVES, DESSINATEUR AMÉRICAIN DE BANDES DESSINÉES ET CRÉATEUR DE *FRANK AND ERNEST*

Un ***Emprunt*** est un accord qui autorise un emprunteur à utiliser une certaine quantité de ressources pendant une période donnée. En échange, l'emprunteur doit verser au prêteur des paiements échelonnés sur une période déterminée qui équivalent à la somme prêtée initialement majorée d'un taux d'intérêt fixé d'avance.

Pour créer de la valeur via un emprunt, vous devez :

1. Avoir une certaine somme d'argent à prêter.
2. Trouver des personnes qui souhaitent emprunter cet argent.
3. Fixer un taux d'intérêt qui vous rémunère suffisamment pour le prêt que vous consentez.
4. Envisager la possibilité que l'emprunteur ne rembourse pas son emprunt et vous protéger de cette éventualité.

À condition d'en faire un usage raisonnable, les prêts permettent à des individus de bénéficier d'un accès immédiat à des produits ou des services qu'ils n'auraient pas les moyens de s'offrir à ce moment-là. Les prêts immobiliers permettent de se loger sans avoir des centaines de milliers d'euros disponibles à la banque. Les crédits automobiles permettent de conduire une voiture neuve en échange de traites mensuelles au lieu de devoir payer cash le prix de la voiture. Les cartes de crédit permettent d'acheter des biens et des services sans avoir à les payer immédiatement.

Les prêts bénéficient au prêteur en lui offrant le moyen de tirer profit d'un capital excédentaire. Les intérêts composés qui s'ajoutent au prêt initial (le « capital ») signifient que le prêteur va percevoir beaucoup plus d'argent que la somme initiale – dans le cas de prêts à long terme tels que les prêts immobiliers, souvent deux à trois fois plus.

Une fois l'Emprunt établi, le prêteur n'a plus grand-chose à faire, si ce n'est d'encaisser les paiements – à moins que l'emprunteur cesse de rembourser son Emprunt. C'est pourquoi la procédure qui consiste à apprécier le degré de risque d'un prêt est d'une importance majeure pour les prêteurs qui demandent une garantie (un autre bien de valeur par exemple pour se protéger du risque de défaillance de l'emprunteur). Si l'emprunteur n'honore pas ses remboursements, le prêteur devient ainsi propriétaire du bien donné en garantie et le vend pour récupérer ses fonds.

RETROUVEZ CE CONCEPT À L'ADRESSE : **http://book.personalmba.com/loan/**

Forme de valeur n° 10 : l'option

« C'est à chacun de décider selon ce qu'il veut faire. »

PUNCH, HEBDOMADAIRE SATIRIQUE BRITANNIQUE DU XIXE SIÈCLE – 1846

Une ***Option*** vous donne le droit, et non pas l'obligation, de réaliser quelque chose de défini à l'avance dans une période donnée moyennant le paiement d'une somme. On a tendance à ne voir les Options que sur les marchés financiers, mais elles sont partout : les places de cinéma ou de concert, les bons de réduction, les arrhes ou les droits de licence sont des Options. En payant une certaine somme, l'acheteur a le droit de faire quelque chose – d'assister à un spectacle, d'acquérir un bien ou d'acheter une valeur boursière à un prix donné – jusqu'à une date limite.

Pour créer de la valeur via une Option, vous devez :
1. Identifier quelque chose que les individus pourraient aimer faire dans le futur.
2. Offrir à des acheteurs potentiels le droit de réaliser cette chose dans un délai fixé d'avance.
3. les acheteurs potentiels que l'option justifie le prix demandé.
4. respecter la date limite d'exécution de l'action convenue.

Les Options ont une valeur parce qu'elles donnent à l'acheteur la possibilité de faire quelque chose sans l'obliger à le faire. Par exemple, si vous achetez une place de cinéma, vous avez droit à un siège pour regarder votre film, mais vous n'êtes pas obligé d'aller au cinéma et d'occuper ce siège si vous préférez faire autre chose le moment venu. Lorsque vous achetez votre place, vous achetez uniquement le droit d'exercer l'option de regarder le film à une date et une heure convenues – rien de plus.

Les Options sont souvent utilisées pour se réserver la possibilité de réaliser quelque chose pendant une période donnée. Par exemple, lorsque ma femme et moi avons quitté New York pour nous installer dans le Colorado, nous avons pris une option sur un appartement que nous n'avions pas vu « en vrai ». L'acompte que nous avons versé nous donnait la garantie que le propriétaire ne louerait pas l'appartement à quelqu'un d'autre avant notre arrivée. Finalement, nous avons signé le contrat de location, transformant notre acompte en dépôt de garantie. Si nous avions décidé de ne pas déménager, le propriétaire aurait gardé notre acompte pour nous avoir réservé l'appartement pendant un certain temps et aurait été libre de trouver un autre locataire. Ainsi, l'Option a été profitable aux deux parties.

Les Options sont souvent une forme de valeur négligée – la flexibilité est l'une des ***Trois monnaies universelles*** (concept abordé ultérieurement). Trouvez un moyen de donner davantage de flexibilité aux individus, et vous avez là un business model parfaitement viable.

RETROUVEZ CE CONCEPT À L'ADRESSE : **http://book.personalmba.com/option/**

Forme de valeur n° 11 : l'assurance

« La différence est grande entre prendre des risques calculés et être téméraire. »

LE GÉNÉRAL GEORGE PATTON, COMMANDANT DE LA IIIE ARMÉE AMÉRICAINE PENDANT LA SECONDE GUERRE MONDIALE

L'***Assurance*** implique un transfert de risque de l'acheteur au vendeur. L'assureur accepte de couvrir un risque de dommage à l'assuré moyennant le paiement d'une prime. Si le risque en question se réalise, c'est l'assureur qui doit payer la facture et indemniser l'assuré. Si le risque ne se réalise pas, l'assureur garde l'argent versé par l'assuré.

Pour créer de la valeur via l'assurance, vous devez :
1. Signer un contrat avec l'assuré par lequel vous prenez en charge le risque qu'il subisse un dommage (une perte, par exemple).
2. Évaluer le risque de survenue du dommage à l'aide des données disponibles.
3. Percevoir les sommes définies et versées par l'assuré (les primes).
4. Indemniser l'assuré en cas de réalisation du risque.

L'Assurance a de la valeur aux yeux de l'acheteur parce qu'elle le protège d'un dommage éventuel. Par exemple, une maison peut prendre feu de multiples manières et, si elle est détruite entièrement, la plupart des propriétaires n'ont pas assez d'argent pour en racheter une autre. L'Assurance habitation transfère ce risque à un assureur. Si la maison est réduite en cendres, l'assureur va indemniser le propriétaire et lui permettre d'acheter un nouveau logement. Si la maison ne prend jamais feu, l'assureur continue de percevoir les primes versées par l'assuré.

L'Assurance est un système qui fonctionne parce qu'elle répartit le risque sur un grand nombre d'individus. Si un assureur rédige des polices d'assurance pour des milliers ou des millions d'habitations, il est fort improbable qu'elles brûlent toutes en même temps – il ne devra indemniser que quelques assurés à la fois. Tant que l'assureur touche davantage de primes qu'il ne verse d'indemnisations, il gagne de l'argent. L'Assurance-automobile, l'Assurance-maladie et les garanties sur les biens de consommation fonctionnent à l'identique.

Plus l'assureur touche de primes et moins il verse d'indemnisations, plus ses revenus sont importants. Les assureurs ont tout intérêt à éviter les clients à risques, à maximiser les primes et à minimaliser les indemnisations. Par conséquent, ils doivent faire preuve de vigilance en se préservant des déclarations frauduleuses tout en acquittant correctement les demandes légitimes. Si un assureur refuse de régler un sinistre, il risque de se retrouver au tribunal car l'assuré peut intenter une action en justice pour faire respecter le contrat d'assurance.

RETROUVEZ CE CONCEPT À L'ADRESSE : **http://book.personalmba.com/insurance/**

Forme de valeur n° 12 : le capital

« Le capital est cette partie de richesse consacrée à obtenir davantage de richesse. »

ALFRED MARSHALL, ÉCONOMISTE ET AUTEUR DE *PRINCIPES D'*ÉCONOMIE POLITIQUE

Le ***Capital*** est l'achat d'une participation dans une entreprise. Pour les parties qui ont des ressources à affecter, fournir des Capitaux est un moyen d'aider les propriétaires d'entreprises à développer leur activité ou à pénétrer de nouveaux marchés. Les investissements des business angels, le capital-risque et l'achat d'actions dans des sociétés cotées en Bourse permettent de créer de la valeur via un Capital – un concept que nous aborderons en détail dans la ***Hiérarchie des financements***.

Pour créer de la valeur via un Capital, vous devez :
1. Avoir des ressources disponibles à investir.
2. Trouver une entreprise prometteuse dans laquelle vous seriez prêt à investir.
3. Estimer la valeur actuelle et future de cette entreprise, ainsi que son risque de faillite qui signifierait la perte de votre capital.
4. Négocier la part du capital que vous allez détenir en échange du montant du capital que vous investissez.

Les entreprises tirent profit d'un investissement en capital qui leur permet de réunir les ressources nécessaires pour étendre leur activité ou conquérir de nouveaux marchés. Certains secteurs d'activité tels que l'industrie manufacturière et les services financiers ont besoin de capitaux importants pour leur création ou leur développement. En attirant des investisseurs, les entrepreneurs peuvent se procurer des capitaux suffisants pour développer rapidement leur activité.

Les investisseurs y trouvent leur compte en acquérant une part du capital de l'entreprise, ce qui leur permet de tirer profit des activités de l'entreprise sans s'engager activement. Au lieu de laisser leur argent dormir sur un compte bancaire, ils peuvent l'investir dans des entreprises à l'avenir prometteur et susceptibles de leur procurer un taux de rendement supérieur. Si l'entreprise prospère, les investisseurs pourront percevoir une participation aux bénéfices. Si l'entreprise est rachetée par une autre entreprise ou introduite en Bourse, les investisseurs pourront toucher un pourcentage du prix d'achat, une somme versée en totalité et en une seule fois, ou vendre leurs actions sur le marché pour obtenir une plus-value.

RETROUVEZ CE CONCEPT À L'ADRESSE : **http://book.personalmba.com/capital/**

Le prix de la solution de facilité

« Toutes les situations humaines ont leurs inconvénients. »

BENJAMIN FRANKLIN, HOMME POLITIQUE ET PHYSICIEN

Les êtres humains sont presque toujours prêts à payer pour des choses qu'ils jugent pénibles et dont ils n'ont pas envie de s'occuper eux-mêmes. Et là où il y a un tracas pour les autres, il y a une opportunité commerciale pour vous.

Une tâche peut être jugée ennuyeuse parce qu'elle :
- Prend trop de temps à effectuer.

- Réclame trop d'efforts pour aboutir à un résultat satisfaisant.
- Détourne l'attention d'autres tâches plus importantes ou prioritaires.
- Implique trop de confusion, d'incertitude ou de complexité.
- Nécessite une expérience préalable coûteuse ou intimidante.
- Exige des ressources ou un équipement difficiles à se procurer.

Plus un projet, une action ou une tâche pose problème aux yeux des gens, plus ils sont disposés à payer pour trouver une solution facile ou pour que quelqu'un accomplisse le travail à leur place. Par exemple, le propriétaire d'une maison peut être prêt à débourser 50 € pour un kit de nettoyage piscine ou 100 € par mois pour avoir quelqu'un qui lui nettoie sa piscine.

Le résultat final est identique – sa piscine sera propre –, mais le service de nettoyage représente une solution de facilité qui lui évite d'avoir à nettoyer lui-même sa piscine, ce qui exigerait d'y consacrer du temps et de l'énergie. Par conséquent, le service de nettoyage des piscines privées tire profit du ***Prix de la solution de facilité*** : il empoche 1 200 € par an, ce qui représente pour le propriétaire 1 150 € de plus qu'un kit de nettoyage – mais le tracas en moins.

Il y a quand même une limite : s'il coûtait 10 000 € par mois, un service de nettoyage des piscines n'aurait aucun succès – la grande majorité des propriétaires ne sont pas obsédés à ce point par la propreté de leur piscine. Pour exploiter le Prix de la solution de facilité, vous devez identifier le « degré d'embêtement » qu'une tâche représente aux yeux du prospect. Plus ce dernier rechigne à exécuter cette tâche, plus le Prix de la solution de facilité peut être élevé.

Si vous cherchez une nouvelle idée d'activité à lancer, tournez-vous vers ce que les individus ont le moins envie de faire. Je vous le répète : là où vous identifiez un problème ou un tracas, vous mettez le doigt sur une opportunité commerciale. Plus vous éviterez de problèmes ou de tracas aux clients, plus vous gagnerez d'argent.

RETROUVEZ CE CONCEPT À L'ADRESSE : **http://book.personalmba.com/hassle-premium/**

La valeur perçue

« Les individus n'échangent pas de l'argent contre des choses s'ils accordent davantage de valeur à leur argent qu'à ces choses. »

ROY H. WILLIAMS, AUTEUR DE *THE WIZARD OF ADS*

Toutes les formes de valeur ne sont pas égales. La « valeur » est quelque chose de subjectif.

La ***Valeur perçue*** détermine le prix que vos clients sont disposés à payer pour ce que vous leur offrez. Plus un prospect attache de la valeur à votre offre, plus il sera susceptible de l'acheter et plus il acceptera d'y mettre le prix.

Les offres les plus valables aux yeux des clients possèdent une ou plusieurs des caractéristiques suivantes. Elles :

- Satisfont un ou plusieurs des Besoins humains fondamentaux.
- Ont un ***Résultat final*** (concept abordé ultérieurement) attractif et facile à visualiser.
- Autorisent un Prix de la solution de facilité maximal en minimalisant les tracas à supporter par l'utilisateur final.
- Satisfont la Recherche de statut social du prospect en lui apportant des ***Signaux sociaux*** (concept abordé ultérieurement) désirables qui l'aident à donner une bonne impression aux autres.

Il est important de noter que la Valeur perçue dépend de la situation actuelle, des valeurs, des croyances et de la vision du monde de votre prospect. Si ce dernier juge que votre offre n'a aucune – ou pas assez de – valeur, il ne sera pas ***Réceptif*** (concept abordé ultérieurement) à ce que vous lui proposez.

Faites en sorte de proposer les avantages les plus significatifs et le statut social le plus élevé tout en nécessitant le moins d'efforts et de frustration possibles pour l'utilisateur final, et vous augmenterez la Valeur perçue de votre offre.

RETROUVEZ CE CONCEPT À L'ADRESSE : **http://book.personalmba.com/perceived-value/**

La modularité

> « Les grandes choses ne sont pas réalisées sur un coup de tête, mais sont plutôt un assemblage de petites choses. »
>
> VINCENT VAN GOGH

Gardez à l'esprit que les Douze formes de valeur ne s'excluent pas mutuellement : vous pouvez proposer à vos clients potentiels différentes combinaisons de ces formes et voir celles qu'ils préfèrent.

La plupart des entreprises qui réussissent proposent de la valeur sous de multiples formes. Prenez le secteur de la presse, et plus précisément celui des magazines. Vous payez un Abonnement mensuel ou annuel pour recevoir votre magazine préféré dans votre boîte aux lettres selon une périodicité fixée d'avance. En même temps, les responsables du magazine utilisent l'Agrégation d'un public pour vendre l'accès à leurs abonnés via la publicité, laquelle est incluse dans le magazine.

Des sites de voyage comme Expedia vendent des Produits (billets d'avion), des Assurances annulation et affichent de la publicité (Agrégation d'un public) à laquelle les visiteurs ne peuvent pas échapper. Les cinémas associent projections de films (Ressource partagée), places (Option) et confiseries (Produits).

Dans la plupart des entreprises, les offres sont gérées séparément et le client peut sélectionner celles dont il souhaite bénéficier. En rendant ses offres ***Modulaires***, l'entreprise peut les créer et les améliorer séparément, puis les combiner et les assortir pour les adapter aux besoins de sa clientèle dans le souci de mieux la servir. C'est comme jouer aux Legos : une fois que vous avez les pièces devant vous, vous pouvez les emboîter pour créer des constructions intéressantes.

RETROUVEZ CE CONCEPT À L'ADRESSE : **http://book.personalmba.com/modularity/**

Groupage et dégroupage

« Un peu de ceci, un peu de cela, et voilà comment la nouveauté vient au monde. »

SALMAN RUSHDIE, ÉCRIVAIN BRITANNIQUE

En proposant de petites offres Modulaires, vous tirez profit d'une stratégie appelée ***Groupage***. Le Groupage vous permet de réutiliser de la valeur déjà créée pour en créer encore davantage.

Dans le Groupage, vous associez plusieurs petites offres pour proposer une seule grande offre. Le secteur des téléphones mobiles en est le parfait exemple : un mobile (un Produit matériel) est groupé à une offre de service (un Abonnement mensuel) pour un prix unique. De même, les offres du style « un produit offert pour un produit acheté » sont une forme de Groupage.

En général, plus l'offre groupée contient d'offres, plus la Valeur perçue de l'offre est forte et plus l'entreprise peut proposer un tarif élevé. C'est la raison pour laquelle les opérateurs de téléphonie mobile ajoutent différentes petites offres à leur offre de base comme le report de minutes le mois suivant, les SMS illimités ou un accès Internet. Plus les avantages sont nombreux, plus le client est prêt à payer tous les mois pour une offre complète.

Le ***Dégroupage*** est le contraire du Groupage : il s'agit de prendre une offre globale et de la diviser en offres multiples. Vendre des téléchargements MP3 d'un album au lieu de vendre un CD est un bon exemple de Dégroupage. Les clients peuvent ne pas vouloir débourser 10 € pour un album complet, mais accepter de payer 1 ou 2 € pour les chansons qu'ils préfèrent. Dégrouper l'album en unités individuelles permet de réaliser des ventes qui, autrement, n'auraient pas lieu.

Le Groupage et le Dégroupage peuvent vous aider à créer de la valeur pour différents types de clients sans avoir besoin de créer quelque chose de nouveau. À travers les combinaisons d'offres et de formes de valeur les plus variées, vous pouvez offrir à votre clientèle exactement ce qu'elle veut.

RETROUVEZ CE CONCEPT À L'ADRESSE : **http://book.personalmba.com/bundling-unbundling/**

Le prototype

« C'est aussi simple que cela : si je ne tente jamais rien, je n'apprends jamais rien. »

HUGO PRATHER, AUTEUR DE *NOTES TO MYSELF*

Le modèle de développement typique enseigné dans les MBA classiques est enveloppé de mystère : développez l'offre en privé, obligez les participants au projet à signer un accord de confidentialité*, levez des millions d'euros de capital-risque, passez des années à peaufiner le projet pour le rendre parfait, puis dévoilez votre création aux yeux ébahis du monde entier et au son tonitruant des caisses enregistreuses.

Malheureusement, ce type de mentalité ruine des carrières et vide les comptes bancaires. Une idée n'a guère de valeur en soi, en revanche découvrir si cette idée fonctionne vraiment est la mission prioritaire d'un entrepreneur.

N'hésitez pas à montrer à des clients potentiels ce que vous êtes en train de faire et comment votre travail progresse. À moins de travailler dans un secteur où vos concurrents sont inhabituellement agressifs, compétents et riches, vous n'avez pas à redouter que les autres vous « volent » votre idée. Les idées sont bon marché ; ce qui importe, c'est de pouvoir concrétiser une idée, ce qui est le plus difficile, bien plus que de savoir si l'idée est bonne.

* Un contrat ou une promesse ayant force de loi de ne pas partager avec d'autres des informations sur une entreprise ou un concept.

Fonctionner en « mode masqué » diminue vos possibilités d'apprentissage et vous désavantage énormément dès le départ. Il est presque toujours préférable de s'attacher à recueillir les informations en retour de clients réels aussi rapidement que possible.

Un ***Prototype*** est une première représentation de ce à quoi votre offre ressemblera. Il peut s'agir d'un modèle physique, d'une image de synthèse, d'un graphique ou d'une feuille de papier qui décrit les caractéristiques et les avantages majeurs de l'offre. Un Prototype n'a pas besoin d'être sophistiqué : on lui demande simplement de représenter votre offre de manière concrète pour permettre à vos clients potentiels de comprendre ce que vous êtes en train de faire et de vous donner leur avis.

Pour un résultat optimal, réalisez un Prototype avec le même format que le produit fini. Si vous créez un produit matériel, fabriquez un modèle physique. Si vous créez un site Web, créez une page Web provisoire avec ses éléments fondamentaux. Si vous créez un service, établissez un diagramme ou un graphique de tout ce qui se passe au cours du processus, puis expérimentez-le. Plus votre Prototype sera réaliste, mieux vos clients potentiels comprendront ce que vous essayez de faire.

Le Prototype est votre première tentative pour créer quelque chose d'utile, mais il ne sera pas la dernière. Au départ, il est normal qu'il soit médiocre et incomplet. Si les Prototypes sont aussi précieux, c'est parce qu'ils vous permettent de recueillir les informations en retour d'individus réels avant d'investir massivement votre temps, votre argent et votre énergie dans le projet qui vous tient à cœur. Un Prototype n'a pas à être parfait, mais à vous aider à concentrer rapidement vos efforts dans une création imparfaite destinée à être examinée, évaluée et améliorée.

Lorsque vous montrerez votre Prototype à vos clients potentiels, vous recevrez un flux constant d'idées et de ***Feedbacks*** (concept abordé ultérieurement) grâce auquel vous pourrez continuer d'améliorer votre offre.

RETROUVEZ CE CONCEPT À L'ADRESSE : **http://book.personalmba.com/prototype/**

Le cycle d'itération

« Je n'ai pas échoué. J'ai juste trouvé 10 000 solutions qui ne fonctionnent pas. »

THOMAS EDISON, INVENTEUR PROLIFIQUE

Nul ne réussit du premier coup, aussi intelligent ou talentueux soit-il. Il n'existe pas de meilleure preuve que les chefs-d'œuvre artistiques. Sous la couche finale de peinture de la célébrissime *Joconde*, vous découvririez de multiples couches d'esquisses, de faux départs et de modifications majeures. Le plafond de la Chapelle Sixtine est couvert de centaines de millions de petites touches au pinceau, chacune ayant apporté sa pierre à l'édifice. Et il a fallu à Michel-Ange des millions de coups de marteau pour sculpter son *David* dans un bloc de marbre brut.

Le ***Cycle d'itération*** est un processus que vous pouvez utiliser pour améliorer n'importe quelle offre au fil du temps. Rien n'est à jeter des changements et des retouches inévitables que ces grands maîtres ont apportés à leurs créations : chaque itération a contribué à faire avancer le projet jusqu'à son achèvement.

L'itération comporte six étapes majeures :
1. *Observer* – Que se passe-t-il ? Qu'est-ce qui fonctionne et qu'est-ce qui ne fonctionne pas ?
2. *Réfléchir* – Que pourriez-vous améliorer ? Quelles sont vos possibilités ?
3. *Deviner* – D'après ce que vous avez appris jusque-là, lesquelles de vos idées auraient le plus d'impact à votre avis ?
4. *Décider* – Qu'est-ce que vous allez changer ?
5. *Agir* – Effectuer le changement décidé.
6. *Évaluer* – Que s'est-il passé ? Le changement a-t-il été positif ou négatif ? Allez-vous laisser les choses ainsi ou revenir à ce qui existait précédemment ?

L'itération est un cycle – après avoir évalué les résultats du changement opéré et décidé de le conserver ou de le supprimer, vous revenez à la case départ pour observer ce qui se passe et le cycle se répète.

Pour un résultat optimal, définissez clairement ce que vous essayez d'accomplir à chaque Cycle d'itération effectué. Vous efforcez-vous de rendre votre offre plus attractive ? D'ajouter une nouvelle caractéristique technique que les clients vont apprécier ? De réduire le coût de votre offre sans diminuer sa qualité ? Plus serez clair sur votre objectif, mieux vous comprendrez les ***Feedbacks*** (concept abordé ultérieurement) reçus et plus vous dégagerez de valeur de chaque cycle d'itération.

RETROUVEZ CE CONCEPT À L'ADRESSE : **http://book.personalmba.com/iteration-cycle/**

La vitesse d'itération

« Notre objectif est d'avoir plus de clics par unité de temps et plus d'argent que quiconque. »

ERIC SCHMIDT, PDG DE GOOGLE

Lorsque vous créez une nouvelle offre, votre principal objectif doit être d'enchaîner les Cycles d'itération le plus rapidement possible. L'itération est une forme d'apprentissage structurée qui vous aide à améliorer votre offre ; et plus vite vous apprenez, plus vite vous pouvez améliorer votre offre.

Autrement dit, plus vous parcourez rapidement le Cycle d'itération, c'est-à-dire plus la ***Vitesse d'itération*** est grande, plus votre offre s'améliore. Si vous êtes vraiment bon, vous pouvez répéter ce cycle plusieurs fois par jour. Ce qui est important, c'est que chaque nouvelle itération reste petite, claire et rapide, et qu'elle repose sur ce que vous avez appris via les précédentes.

Le Cycle d'itération représente bel et bien du travail supplémentaire. C'est la raison pour laquelle beaucoup y renoncent. En effet, il est très tentant de supprimer toutes ces étapes additionnelles et d'essayer de créer une offre aboutie d'un seul coup.

Or, l'approche directe est risquée et présente un problème majeur : vous investissez beaucoup de temps, d'énergie et de ressources financières dans la création d'une offre qui peut ne pas se vendre au final. Si votre idée est nulle, autant le comprendre rapidement en recourant à quelques Cycles d'itération rapides.

L'itération peut réclamer quelques efforts supplémentaires au départ, mais après avoir effectué quelques cycles, vous aurez une compréhension plus approfondie du marché, une connaissance directe de ce que les consommateurs veulent vraiment pour être prêts à y mettre le prix et une image très claire de la viabilité ou de la non-viabilité de votre offre.

Si vous découvrez que votre offre répond à de véritables besoins ou désirs, félicitations ! Allez-y à fond. Mais si la demande n'est pas au rendez-vous, vous pouvez passer à l'idée prometteuse suivante.

RETROUVEZ CE CONCEPT À L'ADRESSE : **http://book.personalmba.com/iteration-velocity/**

Le feedback

« Aucun business-plan ne survit au premier contact avec les consommateurs. »

STEVEN GARY BLANK, ENTREPRENEUR À SUCCÈS
ET AUTEUR DE *THE FOUR STEPS TO THE EPIPHANY*

Encore un anglicisme tellement utilisé mais pas toujours compris. Le ***Feedback*** est le retour d'information suite à une action mise en œuvre.

Obtenir un Feedback utile de vos clients potentiels est au cœur du Cycle d'itération. Pourquoi ? Parce qu'il vous aide à comprendre dans quelle mesure votre offre répond à leurs besoins avant même son développement terminé, et de modifier votre offre en conséquence.

Voici quelques conseils pour maximiser la valeur des Feedbacks que vous recevez :

1. *Sollicitez le Feedback de clients potentiels réels et non de vos amis ou de vos proches.* Votre petit cercle amical et familial ne souhaite que votre réussite et souhaite maintenir de bonnes relations avec vous. Par conséquent, vos proches risquent de faire preuve de diplomatie et d'embellir inconsciemment la réalité. Si vous voulez des Feedbacks vraiment constructifs, cherchez-les auprès de personnes qui n'ont aucun lien amical ni affectif avec vous et ne sont pas directement impliquées dans votre projet.

2. *Posez des questions ouvertes.* Lorsque vous recueillez des Feedbacks, attachez-vous à écouter plus qu'à parler. Préparez quelques questions ouvertes pour structurer la conversation, mais sinon encouragez votre interlocuteur à s'exprimer librement. Des questions courtes de type Qui, Quoi, Où, Quand, Comment, Pourquoi sont celles qui, en général, fonctionnent le mieux. Observez leur impact et tirez-en les conséquences.

3. *Gardez votre sang-froid et restez calme.* Il ne faut pas être trop sensible pour solliciter un Feedback sincère (le seul utile). Personne n'aime entendre que son bébé est laid. Essayez de ne pas vous vexer et de ne pas être sur la défensive si quelqu'un n'apprécie pas ce que vous avez créé – il vous rend un grand service.

4. *Prenez ce que vous entendez avec un certain recul.* Même le Feedback le plus décourageant contient des informations essentielles susceptibles de vous aider à améliorer votre offre. La pire réponse que vous puissiez obtenir n'est pas un rejet catégorique ou un dégoût profond, mais une totale indifférence. Si tout le monde semble indifférent à ce que vous avez créé, votre idée n'est pas viable.

5. *Donnez à vos clients potentiels la possibilité de passer une précommande.* L'un des Feedbacks les plus concluants que vous puissiez recevoir au cours du processus d'itération est de voir votre interlocuteur manifester l'envie d'acheter ce que vous êtes en train de créer. C'est une chose de dire qu'on va acheter quelque chose, c'en est une autre de passer commande. Vous pouvez prendre les commandes de vos clients même si votre offre n'est pas encore prête – une tactique appelée ***Test en trompe l'œil*** (concept abordé ultérieurement).

À chaque fois que vous en avez la possibilité, permettez aux personnes qui vous donnent leur avis sur votre offre à passer une commande préalable. Si de nombreux clients potentiels sont prêts à acheter votre création, vous pouvez être certain que vous tenez là un beau succès et vous constituez de suite votre trésorerie.

Si personne n'est prêt à passer commande à l'avance, vous savez que vous devez travailler encore à améliorer votre offre. Et c'est en demandant aux personnes qui vous expliquent pourquoi elles ne sont pas disposées à commander dès aujourd'hui que vous découvrirez ce qui les retient d'acheter, leurs principales ***Barrières à l'achat*** (concept abordé ultérieurement).

RETROUVEZ CE CONCEPT À L'ADRESSE : **http://book.personalmba.com/feedback/**

Les alternatives

« Jusqu'au moment où l'on s'engage, il n'y a qu'hésitation, occasion de revenir en arrière et inefficacité. Concernant tous les actes exigeant initiative et création, il y a une vérité élémentaire dont la méconnaissance a fait avorter des idées innombrables et des projets fabuleux : c'est qu'à l'instant où l'on s'engage pour de bon, la Providence se met en marche à son tour. »

W. H. MURRAY, ALPINISTE ET ÉCRIVAIN

C'est vendredi soir. Vous êtes affamé et envisagez de sortir dîner quelque part. Vous avez déjà décidé que la valeur que vous accordez au fait de ne pas avoir à faire la cuisine justifiait cet extra. Où allez-vous aller dîner ?

Si vous allez à la brasserie du quartier, vous aurez accès à des plats variés de qualité raisonnable pour un prix raisonnable. L'endroit n'est peut-être pas très chic, mais vous savez que vous mangerez plutôt bien, que vous serez servi rapidement et que vous ne vous ruinerez pas.

Si vous allez dans un resto chic et branché, vous bénéficierez d'un cadre attractif, d'un service impeccable et d'une cuisine sophistiquée. Vous êtes tout excité à l'idée de passer une belle soirée en ville et vous vous dites que vous aurez de quoi épater vos amis en leur racontant votre expérience. Mais vous savez que l'addition sera salée.

À moins d'avoir vraiment très faim, vous n'allez pas fréquenter les deux restaurants le même soir – vous allez donc devoir faire un choix de type « l'un ou l'autre ». Tout en sachant qu'il n'y a pas de bonne ni de mauvaise décision. Vous pouvez choisir d'aller à la brasserie du quartier ce vendredi et dans le resto chic le lendemain. Tout dépend de ce à quoi vous attachez le plus de valeur au moment où vous décidez d'aller dîner à l'extérieur.

À présent, inversons les rôles. Vous êtes le propriétaire de la brasserie et vous cherchez des moyens de mieux servir vos fidèles clients et d'en attirer de nouveaux. Qu'est-ce que vous allez améliorer en priorité ? Étoffer la carte des entrées chaudes ? Réduire l'attente des clients ? Créer un nouveau décor ?

Dans un monde parfait, le mieux serait d'améliorer tous ces éléments, mais les affaires ne sont pas florissantes depuis quelque temps et vous ne disposez pas d'un budget illimité. Vous savez que vous devez faire quelque chose, mais vous ne savez pas quoi améliorer précisément pour augmenter vos revenus, si même il faille améliorer quelque chose. Alors que faites-vous ?

Lorsque vous développez une offre, trancher entre différentes ***Alternatives*** est inévitable. Devez-vous ajouter une fonctionnalité ou non ? Optimiser votre offre pour le marché A ? Pour le marché B ? Pour les deux ? Si vous investissez davantage dans votre offre, vos clients seront-ils disposés à payer plus cher ?

Examiner les Alternatives et tenir compte du point de vue des clients aboutit à de meilleurs choix. Lorsque vous prenez des décisions quant à ce que vous devez inclure dans votre offre et ce que vous devez laisser de côté, il est indispensable de prendre en considération les Alternatives de vos clients potentiels qui, de leur côté, doivent décider s'ils achètent ou non votre offre. Une fois que vous êtes conscient de vos possibilités et de celles des clients, vous pouvez envisager de combiner ou de permuter ces Alternatives pour proposer une offre attractive.

RETROUVEZ CE CONCEPT À L'ADRESSE : **http://book.personalmba.com/alternatives/**

Les compromis

« Je ne peux pas vous donner la recette infaillible du succès, mais je peux vous donner la recette de l'échec : essayer de plaire tout le temps à tout le monde. »

HERBERT BAYARD SWOPE, JOURNALISTE AMÉRICAIN
ET LAURÉAT DU PRIX PULITZER

Un ***Compromis*** est une décision qui estime une valeur plus élevée à une possibilité parmi plusieurs autres. Nous vivons dans un monde où l'argent, le temps et l'énergie sont limités. Il n'y a que vingt-quatre heures dans une journée, vous ne possédez pas une énergie inépuisable et à un moment donné il y a une limite à l'argent que vous pouvez dépenser. Que faites-vous si vous ne pouvez pas faire tout ce que vous voulez ?

Vous ne pouvez pas avoir tout le temps tout ce que vous voulez. Même si votre compte bancaire vous permet d'acheter une île privée, vous devez choisir laquelle vous allez acheter. Vous pouvez les vouloir toutes, mais vous ne pouvez pas les avoir toutes, alors vous faites de votre mieux en choisissant celle dont les caractéristiques vous importent le plus au moment de décider.

Chaque jour, à chaque minute, vous et votre entourage faites des compromis. Certains d'entre eux sont économiques : quel pantalon devez-vous acheter ? D'autres sont temporels : allez-vous boire un verre avec des amis ou aller au cinéma ? D'autres encore ont trait à l'effort : devez-vous aller à la réunion avec votre équipe ou terminer un rapport en retard ?

Prédire le Compromis que va choisir une personne est particulièrement délicat – les valeurs changent rapidement, en fonction de l'environnement et du contexte. Les valeurs sont des préférences – dans quelle mesure nous désirons, réclamons ou privilégions un objet donné, une qualité spécifique ou un ***État d'esprit*** particulier (concept abordé au chapitre 7). Ce à quoi vous attachez de la valeur ce matin peut être différent de ce à quoi vous attacherez de la valeur cet après-midi ou ce soir. Ce que vous voulez aujourd'hui peut être différent de ce que vous voudrez demain.

Lorsque vous prenez des décisions sur ce que vous allez inclure dans votre offre, vous avez intérêt à rechercher des Modèles – comment certains groupes d'individus ont tendance à accorder de la valeur à une caractéristique donnée dans un contexte donné. Les décisions que vous prenez quant au contenu de votre offre ne satisferont jamais tout le monde, c'est pourquoi il est inutile de viser la perfection. En étant attentif aux Modèles qui caractérisent ce à quoi vos meilleurs clients attachent de la valeur, vous serez capable d'améliorer votre offre la plupart du temps pour la plupart de vos meilleurs prospects.

RETROUVEZ CE CONCEPT À L'ADRESSE : **http://book.personalmba.com/tradeoffs/**

Les valeurs économiques

« Une entreprise prospère, ou on l'adore ou l'on en a besoin. »

TED LEONSIS, PIONNIER D'INTERNET ET PROPRIÉTAIRE DES ÉQUIPES DE BASKETS ET DE HOCKEY DE WASHINGTON.

À chaque fois que vos clients achètent chez vous, c'est qu'ils considèrent que votre offre a plus de valeur que toutes les autres auxquelles ils ont accès à ce moment précis. Par conséquent, lorsque vous développez votre offre, l'une de vos priorités est de trouver ce qui possède plus de valeur que l'équivalent en euros aux yeux de vos clients.

Tout le monde ne partage pas les mêmes valeurs au même moment, mais quelques tendances se dessinent quand les individus évaluent un achat potentiel. En supposant que l'offre soit attractive, il existe neuf ***Valeurs économiques*** que les individus considèrent au moment d'évaluer un achat potentiel :

1. *L'efficacité* – est-ce que cela fonctionne bien ?
2. *La rapidité* – est-ce que ça fonctionne rapidement ?
3. *La fiabilité* – est-ce fiable ?
4. *La facilité d'utilisation* – quel effort ça nécessite ?
5. *La flexibilité* – combien de fonctions sont proposées ?
6. *Le statut social* – comment ça influence l'image perçue par les autres ?
7. *L'attrait esthétique* – est-ce beau et attrayant esthétiquement ?
8. *L'émotion* – quelle émotion cela me procure-t-il ?
9. *Le coût* – combien dois-je débourser pour l'obtenir ?

Dans son livre *Trade-Off: Why Some Things Catch On, and Others Don't*, Kevin Maney aborde ces valeurs communes sous deux angles fondamentaux : celui de la commodité et celui de la fidélité. Les choses rapides, fiables, faciles et flexibles sont commodes. Les choses qui apportent de la qualité, du statut social, de l'attrait esthétique ou de l'impact émotionnel fidélisent les clients.

Toute amélioration apportée à votre offre peut être pensée en termes d'amélioration de la commodité et de la fidélisation. Il est extrêmement difficile d'optimiser les deux en même temps, c'est pourquoi les offres les plus réussies s'efforcent d'apporter une commodité ou une fidélisation optimale par rapport à l'ensemble des offres concurrentes. Si vous adorez les pizzas, un dîner à la meilleure pizzeria de Paris est susceptible de vous fidéliser, tandis que la livraison à domicile de vos pizzas par Domino's est particulièrement commode. Ainsi, la meilleure pizzeria de Paris cherche surtout à vous faire vivre une expérience inoubliable, Domino's à vous livrer des pizzas le plus rapidement possible.

Les Compromis effectués dans le cadre du développement de nouvelles offres donnent à chaque option une identité unique. Prenons l'exemple du secteur de l'habillement : Old Navy, Banana Republic et Gap appartiennent au même groupe, Gap Inc. Ces trois marques fabriquent le même type de vêtements – chemises, pantalons, etc. –, mais offrent des Compromis différents.

Au lieu de s'efforcer de fabriquer une seule ligne de vêtements destinée à plaire à tout le monde (ce qui est impossible puisque tout le monde veut quelque chose de différent), le groupe a axé chacune de ses trois lignes de vêtements autour d'un Compromis spécifique. Old Navy privilégie le fonctionnel et le bon marché, Gap le côté style et tendance à un prix modéré, et Banana Republic l'esthétique et le statut social à un prix élevé. Chaque ligne possède sa propre identité et séduit une catégorie de client spécifique, même si les vêtements suivent un processus de fabrication identique et si les bénéfices reviennent à une seule société : Gap Inc.

RETROUVEZ CE CONCEPT À L'ADRESSE : **http://book.personalmba.com/economic-values/**

Tester la valeur relative

« Les choses qui importent le plus ne doivent jamais être à la merci de celles qui importent le moins. »

JOHANN WOLFGANG GOETHE, ÉCRIVAIN ALLEMAND DU XIXE SIÈCLE ET ESPRIT UNIVERSEL

Il est très difficile de savoir ce que les gens veulent parce qu'ils veulent tout. La preuve : rassemblez un certain nombre de clients potentiels au sein d'un groupe témoin. Demandez à chaque participant d'évaluer l'importance de chacune des neuf Valeurs économiques pour votre offre sur une échelle de 0 à 10. Quels seront les résultats ?

Quel que soit votre produit ou votre service, les résultats seront identiques : les consommateurs veulent des produits qui fournissent des résultats exceptionnels instantanément, systématiquement et absolument sans aucun effort. En même temps, ils attendent de votre offre qu'elle les rende riches, célèbres, séduisants et éternellement heureux. Ils veulent aussi qu'elle soit gratuite. Si vous leur demandez à quelle Valeur économique ils seraient prêts à renoncer, ils vous répondront que tout est extrêmement important et qu'ils ne seraient pas satisfaits avec moins.

La réalité est toujours assez différente de celle du groupe témoin. Peu après la dissolution du groupe, chacun des participants sort en ville et achète quelque chose qui n'est ni gratuit ni parfait, et pourtant il est satisfait de sa décision. Pourquoi ?

En règle générale, les individus n'acceptent jamais les Compromis à moins d'être forcés à prendre une décision. Si l'option parfaite existait, ils l'achèteraient. Mais comme elle n'existe pas, ils se contentent de la ***Seconde meilleure solution*** (concept abordé ultérieurement).

Le meilleur moyen de découvrir ce à quoi les individus attachent vraiment de la valeur est de leur demander de faire des Compromis très clairs au cours du processus de recherche. Le problème avec les groupes témoins, c'est qu'ils ne demandent pas aux participants de prendre réellement une décision, et comme ils peuvent tout avoir, ils veulent tout.

Le ***Test de la valeur relative*** – un ensemble de techniques d'analyse mises au point par le statisticien Jordan Louviere dans les années 1980* – vous permet de savoir ce que les consommateurs veulent vraiment en leur posant une série de questions simples conçues pour simuler les Compromis auxquels ils ne peuvent échapper dans la réalité. Voici comment ça marche.

Supposons que nous testions la valeur relative pour un dîner au restaurant. Au lieu de demander à chaque participant d'évaluer les avantages sur une échelle de 0 à 10, nous lui montrons ces quatre propositions :

a. Service effectué à table cinq minutes maximum après la commande.
b. Entrées à moins de 20 dollars.
c. Cadre très attractif.
d. Grand choix de menus ou de plats à la carte.

Ensuite, nous lui posons les questions suivantes :

1. Qu'est-ce qui est le plus important pour vous ?
2. Qu'est-ce qui est le moins important pour vous ?

---

* Louviere appelait cette approche “MaxDiff” : http://en.wikipedia.org/wiki/MaxDiff

Une fois que le participant a répondu aux questions, nous lui soumettons quatre autres propositions :

c. E. Des entrées uniques que je ne peux trouver nulle part ailleurs.
d. F. Savoir que mon plat préféré sera toujours à la carte.
e. G. Mon entourage va être impressionné de savoir que je dîne ici.
f. H. Les portions sont copieuses.

Des séries de questions renfermant quatre ou cinq critères sont posées au participant jusqu'à épuisement des combinaisons possibles ou relâchement de l'attention de la personne interrogée, ce qui est généralement le cas au bout de cinq à dix minutes.

Les participants répondent rapidement à chacune de ces questions simples mais aux résultats assez révélateurs. En demandant à chacun participant de faire un réel choix, vous recueillez des informations plus précises sur la réaction probable du participant face à un choix similaire dans la vie réelle. Une fois les résultats agrégés et analysés statistiquement, la valeur relative de chaque avantage devient parfaitement claire. Plus les séries de questions posées sont nombreuses, plus vous évaluez clairement la valeur relative de chaque avantage.

Le Test de la valeur relative peut vous aider à déterminer rapidement sur quels avantages vous devez travailler pour rendre votre offre hautement attractive.

RETROUVEZ CE CONCEPT À L'ADRESSE : **http://book.personalmba.com/relative-importance-testing/**

Les hypothèses déterminantes

« Il vaut mieux avoir à peu près raison que tout à fait tort. »

JOHN MAYNARD KEYNES, ÉCONOMISTE BRITANNIQUE

Imaginez que vous voulez ouvrir une salle de yoga. Votre marché semble avoir un bon potentiel : vous pensez avoir identifié une forte demande – une clientèle dans votre quartier désireuse de pratiquer cette activité et possédant des revenus suffisants pour accepter de payer une cotisation de 100 € par mois. Vous avez une idée précise de la manière dont vous voudriez aménager l'espace, des différents types d'activités que vous souhaitez proposer et des professeurs que vous allez recruter pour donner les cours.

Vous avez trouvé une salle à louer d'environ 10 000 € par mois (si vous signez un bail de douze mois) et vous estimez qu'il vous faudra débourser 12 000 € par mois en plus pour payer les salaires de vos professeurs et couvrir d'autres frais d'exploitation. Vous devez également investir quelque 5 000 € dans l'équipement de base : tapis, blocs et un ordinateur pour gérer les cotisations.

L'agent immobilier vous presse de vous décider rapidement en vous disant que la location que vous convoitez risque de vous passer sous le nez si vous attendez trop. Vos économies suffisent à couvrir les frais initiaux et trois mois de dépenses de fonctionnement. Vous êtes très enthousiaste, mais vous voulez être sûr de prendre la bonne décision. Devez-vous signer le bail ?

Les histoires de ce type sont monnaie courante : un jeune entrepreneur rêve de posséder un restaurant, un bar ou une librairie, alors il investit toutes ses économies et s'endette lourdement pour monter son affaire. Ce sont parfois des succès. Mais le plus souvent, le jeune entrepreneur fait faillite en l'espace de quelques mois et se demande comment il en est arrivé là.

Les ***Hypothèses déterminantes*** sont des faits ou des caractéristiques qui doivent se vérifier dans le monde réel si vous voulez que votre offre et votre entreprise fonctionnent. Toute nouvelle offre ou entreprise va de pair avec un ensemble d'Hypothèses déterminantes, et si l'une de ces hypothèses se révèle fausse, votre projet sera beaucoup moins prometteur que vous ne le pensez.

L'exemple précédent (la salle de yoga) va de pair avec trois Hypothèses déterminantes :
1. Les habitants du quartier seront prêts à payer 100 € par mois pour suivre un cours de yoga près de chez eux.
2. L'entreprise pourra attirer au moins 220 cotisants en l'espace de trois mois.
3. Le chiffre d'affaires mensuel dépassera 22 000 € au cours des douze prochains mois – la durée minimale du bail.

Examinons ce qui arriverait à votre studio de yoga si ces Hypothèses déterminantes étaient erronées :
1. L'enthousiasme initial est fort, mais la plupart des personnes qui fréquentent votre nouveau studio rechignent à payer 100 € par mois, expliquant qu'elles préféreraient faire quelques kilomètres, mais ne payer que 75 €. Vous baissez donc vos prix de 25 €, ce qui signifie que vous avez besoin de 300 pratiquants pour rentrer dans vos frais. Après la baisse du prix, le nombre d'élèves atteint 220, comme prévu, mais ce chiffre est insuffisant.
2. La salle de yoga n'attire pas suffisamment de monde parce que les personnes du quartier passionnées de yoga pratiquent déjà ailleurs, à quelques kilomètres, et se sont engagées pour l'année. Votre studio fait faillite et ferme ses portes.

3. Un autre studio très attractif ouvre ses portes dans le même quartier et à peu près au même moment. Au bout de trois mois, votre studio n'a que 50 % de la clientèle dont il a besoin pour tourner. Et vous vous dites que vous ne tiendrez pas neuf mois de plus dans ces conditions.

Toute offre ou entreprise est associée à des Hypothèses déterminantes pour sa réussite ou son échec. Plus vous serez capable d'identifier précisément et sans tarder ces hypothèses, puis de les tester dans la réalité, moins vous prendrez de risque et plus vous aurez confiance dans vos décisions.

RETROUVEZ CE CONCEPT À L'ADRESSE : **http://book.personalmba.com/critical-assumptions/**

Le test en trompe l'œil

« Un homme averti en vaut deux. »

PROVERBE ROMAIN

Le meilleur moyen de valider vos Hypothèses déterminantes est de les tester directement, mais engager tout le processus nécessaire au démarrage de votre affaire est inutilement risqué et coûteux. Il est beaucoup plus judicieux de réduire les risques en testant votre offre auprès de vrais clients avant de la concrétiser.

Le ***Test en trompe l'œil*** est le processus qui consiste à vendre une offre avant qu'elle n'existe réellement. Si vous jouez franc-jeu avec vos clients potentiels en leur expliquant que l'offre est en cours de développement, vous pouvez utiliser la stratégie du Test en trompe l'œil pour tester sans tarder et sans vous ruiner vos Hypothèses déterminantes auprès de clients réels.

Les clients effectifs sont toujours différents des clients hypothétiques. Le Test en trompe l'œil vous permet de bénéficier d'un Feedback que vous ne pouvez pas obtenir autrement, c'est-à-dire de savoir si oui ou non les consommateurs acceptent de sortir leur carte bancaire ou leur chéquier pour acheter l'offre que vous êtes en train de développer. Si vous voulez vraiment minimaliser les risques, commencez à recueillir des données auprès de vrais clients qui paient le plus rapidement possible.

Fitbit est une entreprise qui connaît la valeur du Test en trompe l'œil. Fondée par Eric Friedman et James Park en septembre 2008, la société Fitbit fabrique de petits appareils électroniques portatifs qui, grâce à des capteurs, mesurent en permanence les mouvements de votre corps. Le Fitbit Ultra (nom sous lequel il est vendu en France) enregistre votre activité physique durant la journée et, la nuit, vos phases de sommeil. Les données sont transférées automatiquement et disponibles sur une page Web. Cet accessoire haut de gamme vous fournit une analyse complète de votre état de santé, de votre forme physique et de votre sommeil.

C'est un concept intéressant, mais créer ce type de gadget high-tech prend du temps, coûte de l'argent et représente un gros risque. Voici donc l'idée géniale des deux fondateurs. Le jour même où ils ont dévoilé leur concept au monde entier, ils ont autorisé des clients à commander un Fitbit sur leur site Web en leur fournissant uniquement une description du fonctionnement de l'appareil et quelques images de ce à quoi il ressemblera. Le système de facturation a enregistré les noms et les adresses des clients et vérifié les numéros des cartes de crédit, mais aucun paiement n'a été effectué puisque le produit n'était pas encore commercialisé. Cela permettait à la société Fitbit de ne pas avoir à rembourser les clients en cas d'échec de son projet.

Les commandes n'ont pas tardé à affluer et, un mois plus tard, les investisseurs avaient suffisamment confiance pour injecter 2 millions de dollars dans la société et faire du Fitbit une réalité. Un an plus tard, le premier vrai Fitbit a été expédié aux clients. C'est le pouvoir du Test en trompe l'œil.

RETROUVEZ CE CONCEPT À L'ADRESSE : **http://book.personalmba.com/shadow-testing/**

L'offre viable minimale

« Si vous lancez la première version de votre produit sans avoir honte, c'est que vous l'avez lancée trop tard. »

REID HOFFMAN, FONDATEUR DE LINKEDLN

Pour réaliser un Test en trompe l'œil, vous devez avoir quelque chose à vendre. Heureusement, vous n'avez pas besoin de créer l'offre entière avant de commencer à la vendre.

Une ***Offre viable minimale*** est une offre qui promet et/ou apporte le minimum de bénéfices nécessaire à la conclusion d'une vente. Une Offre viable minimale est le plus souvent un Prototype qui a été développé jusqu'à un stade permettant à un client de s'engager à l'acheter. Il n'est pas nécessairement complexe : l'Offre viable minimale de la société Fitbit se limitait à un Prototype, une description et quelques images. La seule chose à faire est de fournir suffisamment d'informations sur le futur produit pour convaincre un prospect réel de l'acheter.

S'il est utile de créer une Offre viable minimale, c'est parce qu'il est impossible de savoir d'avance ce qui va marcher. Vous ne voulez pas investir tout votre temps ni toutes vos économies dans un concept qui ne marchera pas, et plus vite vous serez fixé sur les chances de réussite ou d'échec de votre idée, mieux ce sera.

Puisque le Feedback de clients potentiels et les commandes réglées sont deux choses très différentes, créer une Offre viable minimale vous permet de commencer à recueillir des données de vrais clients le plus rapidement possible, de tester directement les Hypothèses déterminantes associées à votre projet et de réduire le risque de prendre une décision d'investissement que vous regretterez par la suite.

Voici comment la salle de yoga en question pourrait utiliser l'Offre viable minimale et le Test en trompe l'œil pour évaluer ses Hypothèses déterminantes :

Étape 1 : Créer un site Web, le plus simple possible, décrivant le studio et ses activités en détail – salle, plan de l'espace, planning provisoire, personnel enseignant, tarifs, etc. Ce site permet aux visiteurs qui le souhaitent d'effectuer une pré-inscription en donnant leurs numéros de carte de crédit. Ainsi, ils s'engagent à s'inscrire pour l'année lorsque le studio ouvrira ses portes, mais ils gardent la possibilité d'annuler leur inscription au cours du premier mois qui suit l'ouverture s'ils ne sont pas satisfaits. Et si le studio n'ouvre pas, toutes les pré-inscriptions sont annulées et le client n'a pas un centime à débourser. Coût total de la création du site : quelques centaines d'euros.

Étape 2 : Inciter les clients potentiels à se rendre sur le site Web. Cela peut se faire de multiples manières et à peu de frais : flyers, porte-à-porte, publipostage et publicité localisée des moteurs de recherche. Coût total de la démarche publicitaire : quelques centaines d'euros.

Étape 3 : Suivre l'évolution du nombre des pré-inscriptions sur le site Web ou les demandes d'informations supplémentaires. Coût total du suivi : quelques heures d'analyse.

Cette méthode est simple, rapide et économique. Passer quelques heures et consacrer quelques centaines d'euros à tester vos Hypothèses déterminantes est un investissement très judicieux, surtout si les résultats indiquent que votre projet risque d'échouer.

L'objectif de commencer par une Offre viable minimale est de prendre un minimum de risques. En investissant des ressources très limitées, étape par étape, pour en tirer des données et des leçons. Vous découvrirez très vite ce qui fonctionne et ce qui ne fonctionne pas. Si votre idée est prometteuse, vous avez toutes les chances de réussir. Si vos hypothèses ne tiennent pas la route, vous limitez vos pertes sans perdre votre chemise et votre dignité.

RETROUVEZ CE CONCEPT À L'ADRESSE : **http://book.personalmba.com/minimum-viable-offer/**

L'augmentation incrémentale

> « Sélectionnez trois attributs ou caractéristiques, réussissez-les parfaitement et oubliez tout le reste... En vous focalisant uniquement sur quelques aspects fondamentaux dans la première version, vous êtes obligé de trouver l'essence même et la vraie valeur du produit. »
>
> PAUL BUCHHEIT, CRÉATEUR DE GMAIL ET DE GOOGLE ADSENSE

Une fois que votre Offre viable minimale se vend et que vous avez validé vos Hypothèses déterminantes, vous êtes sur la bonne voie, mais vous n'avez pas terminé. Si vous voulez vous engager à proposer une offre de qualité optimale, rester compétitif et attirer davantage de clients, vous allez devoir continuer à apporter de petits changements à votre produit ou à votre service pour l'améliorer.

L'***Augmentation incrémentale*** est le processus qui consiste à utiliser le Cycle d'itération pour ajouter de nouveaux avantages à une offre existante. Ce processus est simple : continuer à créer et à tester des améliorations à l'offre principale, poursuivre ce qui marche et arrêter ce qui ne marche pas.

Le processus de customisation des voitures est un bon exemple d'Augmentation incrémentale. En partant d'une voiture de série, le « tuner » remplace et améliore progressivement certaines pièces : moteur plus performant, becquet, vitres teintées, enjoliveurs chromés. Le but de chacun de ces changements est d'améliorer un peu plus la voiture à chaque fois jusqu'à la rendre aussi parfaite que possible. Une fois la voiture achevée, c'est une machine différente.

L'Augmentation incrémentale vous aide à améliorer votre offre tout en réduisant le risque d'échec complet à chaque nouveau Cycle d'itération. Si vous n'y prenez pas garde, des changements drastiques une fois votre offre commercialisée risquent de réduire à néant les qualités qui l'ont rendue attractive ou de détruire les systèmes que vous utilisez pour créer la valeur que vous distribuez à vos clients. En effectuant et en testant vos changements rapidement mais progressivement, vous améliorez continuellement votre offre sans y laisser votre chemise, ce qui vous permet de créer encore plus de valeur pour votre clientèle au fil du temps.

Gardez à l'esprit que l'Augmentation incrémentale a ses limites. Si vous voulez pénétrer un nouveau marché ou innover, vous pouvez être obligé de créer quelque chose de totalement nouveau. Si c'est le cas, créez un nouveau Prototype et reprenez tout le processus de création de valeur. Quand vous aurez fini, sollicitez des Feedback de clients et ***Expérimentez*** (concept abordé ultérieurement) votre nouvelle version pour la comparer à l'ancienne et vérifier qu'elle est effectivement meilleure avant de la commercialiser.

RETROUVEZ CE CONCEPT À L'ADRESSE : **http://book.personalmba.com/incremental-augmentation/**

Les essais sur le terrain

« Un ingénieur qui n'a pas besoin de se laver les mains au moins trois fois par jour est nul. »

SHOICHIRO TOYODA, ANCIEN PRÉSIDENT DE LA TOYOTA MOTOR CORPORATION

Cent cinquante jours par an et depuis cinquante ans, Patrick Smith vit dans la région la plus sauvage du Colorado. Cet homme est le fondateur de la Colorado School of Outdoor Living, littéralement l'École de la vie en plein air, et de deux sociétés prospères qui fabriquent des sacs à dos et des abris de chasse et de randonnée : Mountainsmith, vendue en 1995, et Kifaru International, créée en 1997.

Devenir un fidèle client des produits Kifaru est un moyen rapide de vider son compte en banque. Kifaru fabrique sans doute les meilleurs sacs à dos et protections du monde pour la chasse et la randonnée – extrêmement résistants, légers et ergonomiques. Les sacs à dos Kifaru permettent de porter confortablement un poids de 45 kg, durent des dizaines d'années et coûtent plusieurs centaines d'euros.

Il n'est pas rare de voir des sportifs et des soldats débourser des milliers d'euros pour se procurer du matériel Kifaru sur-mesure, puis attendre impatiemment six à huit semaines, le temps de sa fabrication. Il est extrêmement difficile de tomber sur un client de la marque déçu par la qualité des produits. Le plus souvent, un nouveau client Kifaru est un client à vie.

Le secret de la qualité des produits Kifaru ? Les ***Essais sur le terrain***. Smith crée, utilise et améliore personnellement chacun des produits Kifaru sur des années avant de le proposer aux clients. Une fois le produit fini disponible sur le marché, même les clients les plus exigeants ont du mal à lui trouver des défauts.

Voici ce que dit Smith sur son approche personnelle des Essais sur le terrain :

> *La nature est à la fois ma source d'inspiration et mon laboratoire. J'ai compris comment créer mes modèles en travaillant ici [sur le terrain]. Je fais confiance à cette technique. Je reçois des feedbacks instantanés sur mes créations parce que je suis en pleine nature, passant mes journées à expérimenter et à tester l'environnement et l'usage pour lesquels sont conçus mes produits… Je pense vraiment que c'est un processus de création bien meilleur que de rester assis devant un ordinateur situé dans un bureau en ville. Je pense que c'est une situation gagnant-gagnant.*[*]

Les Essais sur le terrain ont une longue et belle histoire… On leur doit la création de nombreuses entreprises prospères. En 1923 W. H. Murphy, responsable de la Protective Garment Corporation de New York, a demandé à l'un de ses associés de lui tirer dessus en pleine poitrine à trois mètres devant un public pour prouver l'efficacité de son produit – un coup de pub réussi reposant sur de nombreux Essais sur le terrain destinés à vérifier que le gilet était capable d'arrêter les balles. Miguel Caballero, un fabricant colombien de costumes qui a notamment créé des costumes pare-balles pour des chefs d'État comme Barack Obama et Hugo Chavez, a perpétué la tradition en publiant sur YouTube des vidéos qui montrent des hommes vêtus de ses costumes et sur lesquels on tire à bout portant.[**]

La plupart des grands constructeurs automobiles soumettent leurs nouveaux modèles à des parcours d'obstacles sur route et hors route pour tester les performances et le comportement des véhicules dans des conditions réelles. Des sociétés de logiciels comme Microsoft et Google font subir à leurs nouveaux produits de nombreux Essais sur le terrain en interne auprès de leurs salariés avant de les commercialiser. Ces tests internes leur permettent d'éliminer d'éventuels bugs avant de dévoiler leurs créations à la clientèle.

Utiliser quotidiennement les produits que vous fabriquez est le meilleur moyen d'améliorer la qualité de votre offre. Rien ne vous aidera davantage que d'être le client le plus exigeant de vos propres produits.

RETROUVEZ CE CONCEPT À L'ADRESSE : **http://book.personalmba.com/field-testing/**

* http://www.kifaru.net/radio.htm
** http://www.youtube.com/user/miguelcaballerousa

2

LE MARKETING

« Le péché cardinal du marketing est d'être ennuyeux. »

DAN KENNEDY, SPÉCIALISTE DU MARKETING

Créer de la valeur ne suffit pas. Si personne ne sait (ou ne se préoccupe de) ce que vous avez à proposer, la quantité de valeur que vous créez importe peu. Sans le ***Marketing***, aucune entreprise ne peut survivre – les consommateurs qui ignorent votre existence ne peuvent pas acheter ce que vous avez à leur offrir, et s'ils ne sont pas intéressés par votre offre, ils ne deviendront pas vos clients.

Toutes les entreprises qui réussissent trouvent le moyen d'attirer l'attention des bonnes personnes et de susciter leur intérêt pour les transformer en clients. Sans prospects, vous ne vendez rien, et si vous ne vendez rien, votre entreprise tombe à l'eau.

Le Marketing est l'art et la science de trouver des « prospects » – des consommateurs activement intéressés par votre offre. Les meilleures entreprises du monde parviennent à capter l'attention de prospects « prometteurs » très rapidement et sans dépenser trop d'argent. Plus vous séduirez de clients potentiels, mieux votre activité commerciale se portera.

Il ne faut pas confondre le marketing et la ***Vente*** (concept abordé ultérieurement). Même si les stratégies de « marketing direct » s'efforcent souvent de diminuer le temps qui s'écoule entre le moment où vous attirez l'attention d'un prospect et celui où vous concluez la Vente, le Marketing et la Vente sont deux choses différentes.

Le Marketing, c'est chercher à se faire remarquer ; la Vente, sujet que nous traiterons dans le chapitre 3, c'est conclure l'affaire.

RETROUVEZ CE CONCEPT À L'ADRESSE : **http://book.personalmba.com/marketing/**

L'attention

« Dans une économie de l'attention (comme la nôtre), les professionnels du marketing cherchent à tout prix à l'attirer. Et si vous n'avez pas l'attention des gens, vous avez perdu. »

SETH GODIN, AUTEUR À SUCCÈS DE *PERMISSION MARKETING*, *LA VACHE POURPRE* ET *TRIBUS*

La vie moderne sollicite sans cesse votre ***Attention***. À l'excès. Pensez à toutes ces choses qui rivalisent pour attirer votre Attention ici et maintenant : le travail qui attend, telle ou telle personne à appeler, les e-mails à lire, la télévision à regarder, la musique à écouter et d'innombrables sites Web à visiter. Nous avons tous trop de choses à faire et trop peu de temps pour les faire toutes.

Règle n° 1 du Marketing : l'Attention dont dispose pour vous votre client potentiel est limitée par nature. Suivre tout ce qui se passe autour de nous à chaque seconde réclamerait infiniment plus d'Attention. Et comme nous ne pouvons pas prêter Attention à tout, et tout le temps, nous faisons le tri : nous accordons davantage d'Attention aux choses qui nous intéressent et moins à celles qui ne nous intéressent pas. Et tout le monde fait pareil, vos clients potentiels compris. Si vous voulez vraiment susciter leur intérêt, vous devez trouver un moyen de contourner leurs filtres.

Une Attention de la plus haute qualité se mérite. Lorsque vous recherchez l'Attention de quelqu'un, rappelez-vous que vous êtes en concurrence avec toutes les autres choses susceptibles de le faire réagir autour de lui. Si vous voulez vous détacher du lot, vous devez trouver le moyen d'être plus intéressant ou plus utile que vos concurrents dans cette « lutte pour l'Attention ».

L'Attention ne sert à rien si les gens se moquent éperdument de ce que vous faites. Si vous recherchez uniquement à attirer l'Attention, c'est très facile : gambadez dans la rue déguisé en lapin rose en criant à tue-tête, et vous attirerez immédiatement l'Attention des passants. Mais dans le cadre d'une activité commerciale, il n'est pas valable d'attirer l'Attention de n'importe qui : vous avez besoin de l'Attention des prospects qui au final vont vous acheter quelque chose – sinon, vous perdez votre temps.

C'est formidable d'être le point de mire, mais une entreprise est là pour vendre et gagner de l'argent, pas pour remporter un concours de popularité. Qui ne rêverait pas d'être visible dans tous les médias ? Oui, mais ce type de publicité tous azimuts échoue très souvent lorsqu'il s'agit de réaliser des ventes. Si vous dépensez trop de temps et d'énergie à rechercher la popularité à tout prix, c'est autant de ressources que vous ne consacrez pas à la Création de valeur pour vos clients.

Captez l'Attention des personnes susceptibles de vous acheter votre offre, et vous développerez votre entreprise. Les modèles présentés dans ce chapitre vous montreront comment procéder.

RETROUVEZ CE CONCEPT À L'ADRESSE : **http://book.personalmba.com/attention/**

La réceptivité

« Ils disent qu'il faut 7 expositions à une pub pour un produit avant de vouloir l'acheter, mais après avoir reçu 8 473 spams pour du Viagra, je n'ai toujours pas envie d'en acheter ! »

ERIN PAVLINA, BLOGGEUSE SUR ERINPAVLINA.COM

Les gens ignorent ce qui ne les intéresse pas. L'une des principales fonctions du cerveau humain est de filtrer les perceptions, c'est-à-dire de déterminer ce à quoi il faut prêter attention et ce qu'il faut ignorer. Le moyen le plus rapide d'être ignoré par son interlocuteur est de commencer à lui parler de quelque chose dont il se fiche éperdument.

La ***Réceptivité*** mesure le degré d'ouverture d'une personne à votre message. Les inconditionnels de romans à succès, comme par exemple les lecteurs de la saga *Twilight* de Stephenie Meyer, sont des modèles de Réceptivité : ainsi, ils s'intéressent à tout ce qui, de près ou de loin, tourne autour de *Twilight*, notamment aux produits dérivés qu'ils s'empressent d'acheter dès leur commercialisation. Une obsession qui, sur le plan commercial, rapporte gros – difficile de leur proposer quelque chose qu'ils ne plébisciteront pas aussitôt.

En revanche, un végétalien convaincu ne manifestera aucun intérêt à entendre parler des bienfaits de la consommation de viande rouge, aussi convaincants que soient les arguments avancés. Ce sont deux visions du monde qui s'opposent, et même la campagne publicitaire la plus gigantesque ne réussira pas à les réconcilier.

La Réceptivité possède deux aspects fondamentaux : quoi et quand. Les individus ne sont réceptifs qu'à certaines catégories de choses et qu'à certains moments. J'adore entendre parler de nouveaux ouvrages d'économie et de gestion de qualité, mais je déteste être dérangé par l'appel d'un publicitaire à 3 heures du matin.

Si vous voulez que votre message soit entendu, soignez sa forme. La forme de votre message influence considérablement la Réceptivité des destinataires à son contenu. Si la forme de votre message suggère que vous l'avez créé pour eux, rien que pour eux, vous avez davantage de chance d'attirer leur attention.

Voici un exemple : tout le monde, ou presque, ignore le courrier publicitaire qui envahit chaque jour sa boîte aux lettres. Si ce courrier semble purement commercial et diffusé en masse, il y a 99 % de chances que vous le mettiez à la poubelle sans hésiter une seconde. Mais changez la forme, et vous changez la Réceptivité.

La plupart des gens vont au moins faire l'effort d'ouvrir une enveloppe écrite à la main puisque quelqu'un a fait l'effort de la leur envoyer. Si l'on pousse les choses à l'extrême, on peut supposer que tout le monde (y compris les cadres surbookés), ou presque, va ouvrir et regarder le contenu d'une grande enveloppe FedEx écrite à la main – son expédition a réclamé du temps, de l'argent et des efforts. Et pourtant, si son contenu ne vous intéresse pas, vous allez vite ne plus y prêter attention.

RETROUVEZ CE CONCEPT À L'ADRESSE : **http://book.personalmba.com/receptivity/**

Le caractère remarquable

« La publicité, c'est le prix que vous payez pour ne pas être assez remarquable. »

ROBERT STEPHENS, FONDATEUR DE LA SOCIÉTÉ GEEK SQUAD

À chaque fois que je vais faire un tour, les gens remarquent mes chaussures et me demandent où je les ai achetées. Non pas parce qu'elles sont à la mode, mais parce qu'elles sortent de l'ordinaire.

Les Vibram FiveFingers sont des chaussures à orteils séparés, à mi-chemin entre la chaussette et le gant. Avec ces chaussures aux pieds, vous ressemblez un peu à une grenouille et, du coup, vous ne risquez pas de passer inaperçu.

Je me suis offert une paire de FiveFingers pour avoir l'impression de courir pieds nus – la semelle en caoutchouc, extrêmement fine, protège vos pieds sans leur ajouter de soutien inutile, ce qui les laisse libres de faire ce pour quoi ils ont été conçus. Courir ou marcher en FiveFingers vous donne une sensation étonnamment agréable, c'est pourquoi je les quitte rarement.

Les FiveFingers sont suffisamment étranges pour que les gens remarquent vos pieds quand vous les portez ; elles vont à l'encontre de l'idée qu'on se fait d'une chaussure. Je me fais donc arrêter sans arrêt par des passants, même dans un lieu aussi « inamical » que les rues de New York. Au bout de quelques minutes, mes interlocuteurs repartent en sachant ce que sont ces chaussures, pourquoi je les porte, combien elles coûtent et où ils peuvent en acheter.

Les chaussures FiveFingers sont conçues pour surmonter le problème n° 1 de toute nouvelle offre : si personne ne sait que vous existez, personne ne va acheter ce que vous avez à vendre. Chaque consommateur qui porte une paire de FiveFingers fait à la société Vibram toute la publicité dont elle a besoin pour poursuivre sa croissance – et ce gratuitement.

Du point de vue commercial, le design de ces chaussures fonctionne à merveille pour attirer l'Attention. Et les vendeurs confirment qu'elles se vendent comme des petits pains – dès qu'ils font rentrer du stock, celui-ci disparaît presque instantanément. Selon un article du *New York Times* daté du 30 août 2009, les ventes de FiveFingers ont triplé tous les ans depuis leur commercialisation en 2006 et, en 2009, la société Vibram a dépassé la barre des 10 millions de dollars de chiffre d'affaires en Amérique du Nord – sans publicité de masse. Pas mal pour des chaussures de grenouille, non ?

Avoir un ***Caractère remarquable*** est le meilleur moyen d'attirer l'Attention. Dans son livre à succès, *La vache pourpre*, Seth Godin emploie une excellente métaphore pour illustrer ce principe. Un champ rempli de vaches brunes est profondément ennuyeux. Une vache pourpre bouleverse les attentes de l'observateur, attirant naturellement son Attention et son intérêt.

Si vous concevez une offre pour lui donner un Caractère remarquable, suffisamment unique pour piquer la curiosité de vos prospects, vous attirerez l'Attention beaucoup plus facilement.

RETROUVEZ CE CONCEPT À L'ADRESSE : **http://book.personalmba.com/remarkability/**

L'acheteur potentiel

« Il y a 6 milliards de gens sur cette planète. 99,999 % d'entre eux préféreraient ne pas vous donner leur argent. »

HUGH MACLEOD, CARICATURISTE ET AUTEUR DE *IGNOREZ-LES TOUS !*

Partir du principe que la terre entière se soucie de votre offre est une erreur de marketing magistrale. Vous pensez peut-être que ce que vous avez à proposer sur le marché est la plus grande innovation depuis le pain en tranches – et je l'espère pour vous ! Malheureusement, ce n'est pas vrai de toutes les offres. Loin de là. Quel que soit le produit ou le service que vous vendez, je peux vous garantir que la plupart des habitants de cette planète n'en ont que faire. Difficile à entendre, mais vrai.

La bonne nouvelle, c'est que vous n'avez pas besoin de plaire à tout le monde pour réussir. Vous devez simplement attirer suffisamment l'Attention pour réaliser suffisamment de ventes qui vous permettront de dégager un profit suffisant pour continuer d'exister. Et pour y parvenir, cherchez à attirer l'Attention des individus qui vont réellement se soucier de ce que vous faites.

Les marketeurs les plus talentueux ne s'efforcent pas d'attirer l'Attention de tout le monde, mais des bonnes personnes au bon moment. Si vous vendez des Harley-Davidson, inutile d'essayer de décrocher une apparition dans l'émission du dimanche après-midi de Michel Drucker pour présenter vos nouveaux modèles de l'année. De même, le public de Michel Drucker n'étant pas vraiment constitué de types baraqués, moustachus, portant des vestes de cuir et des tatouages sur le bras, ne vous attendez pas à ce que le présentateur vedette pointe son nez au prochain Salon de la Moto.

Votre ***Acheteur potentiel*** est le type de personne qui correspond parfaitement à votre offre. Chez Harley-Davidson, le client le plus rentable possède le profil du « guerrier du week-end » – un homme d'une cinquantaine d'années plutôt aisé qui veut se sentir puissant et dangereux lorsqu'il passe son temps libre à rouler et qui a les moyens de s'offrir cette marque de légende. Si vous voulez vous lancer dans la vente de Harley-Davidson, il est évident que vous n'allez pas cibler les femmes d'une cinquantaine d'années qui dévorent les livres de développement personnel et adorent écouter des confessions intimes à la télévision. Les Acheteurs potentiels ne sont pas interchangeables et, si vous voulez réussir, efforcez-vous de plaire à une clientèle spécifique, c'est-à-dire uniquement à celle qui « colle » à votre offre.

Vouloir plaire à tout le monde est une perte de temps et d'argent. Alors concentrez vos efforts marketing sur votre Acheteur potentiel. En cherchant à toucher des personnes déjà intéressées par le type de produit que vous proposez et en y investissant vos ressources limitées, vous allez maximiser l'efficacité de votre stratégie marketing.

RETROUVEZ CE CONCEPT À L'ADRESSE : **http://book.personalmba.com/probable-purchaser/**

La préoccupation

« Vous ne vous inquiéteriez pas autant de savoir ce que les autres pensent de vous si vous réalisiez à quel point ils pensent rarement à vous. »

ELEANOR ROOSEVELT, ANCIENNE PREMIÈRE DAME DES ÉTATS-UNIS

Pour attirer l'Attention d'un prospect, vous devez le détourner de ce qu'il est en train de faire. Ce qui n'est pas chose facile.

La ***Préoccupation*** est une réalité à laquelle les marketeurs actuels doivent faire face : au début du processus marketing, vos prospects prêtent Attention à autre chose. Si vous voulez qu'ils fassent attention à votre offre, vous devez la rendre plus intéressante que ce qui constitue leur centre d'intérêt du moment.

Le meilleur moyen de faire cesser la Préoccupation pour autre chose d'un client potentiel est de susciter sa curiosité, sa surprise ou son inquiétude. Les cerveaux de nos ancêtres étaient à l'affût des opportunités et des menaces, et « scannaient » leur environnement à la recherche de nouveaux stimuli qui pouvaient les aider ou leur nuire.

Plus les stimuli sont forts et chargés émotionnellement, plus il est facile d'attirer l'Attention. Si les professionnels du marketing utilisent des images, des mots et des sons évocateurs, c'est parce que notre cerveau est configuré pour que nous arrêtions ce que nous sommes en train de faire et prêtions Attention à ces images, ces mots et ces sons.

Ce n'est pas pour autant que vous devez faire une publicité tape-à-l'œil et bruyante : il existe des milliers de moyens subtils d'attirer l'Attention qui peuvent être tout aussi efficaces. Le seuil à partir duquel votre prospect va manifester un intérêt pour votre offre dépend de son environnement ou de son état émotionnel. Il peut être particulièrement bas si la personne s'ennuie, se montre impatiente ou cherche de la distraction. Dans ce cas, il est plus facile d'attirer son Attention.

Il s'avère toujours payant de partir du principe que vos prospects sont dans un état de Préoccupation au départ. Vous n'avez plus qu'à adopter une approche marketing capable de briser cet état et de réorienter leur Attention vers ce que vous leur proposez.

RETROUVEZ CE CONCEPT À L'ADRESSE : **http://book.personalmba.com/preoccupation/**

La finalité

« Les gens n'achètent pas des perceuses, mais les trous qu'ils peuvent faire avec. »

THEODORE LEVITT, ÉCONOMISTE ET ANCIEN PROFESSEUR
À LA HARVARD BUSINESS SCHOOL

La plupart des individus à l'affût d'une opportunité commerciale ne sont pas vraiment intéressés par la gestion quotidienne d'une entreprise. Ils achètent des livres de business et suivent des cours de gestion parce qu'ils recherchent un avenir plus prospère et plus radieux.

La plupart des conducteurs n'achètent pas des véhicules tout-terrain parce qu'ils roulent sur tous les terrains. Ils les achètent pour se sentir une âme d'aventurier et capables de surmonter tous les obstacles qu'ils peuvent rencontrer sur la route.

La plupart des femmes n'achètent pas un tube de rouge à lèvres à 20 € uniquement pour sa couleur, mais parce qu'elles sont convaincues qu'il les rendra plus belles et plus désirables.

La plupart des étudiants ne s'inscrivent pas dans une université prestigieuse juste pour suivre des cours, mais parce qu'ils croient qu'ils en sortiront plus avertis, plus intelligents et plus puissants.

Le marketing le plus efficace se concentre sur la ***Finalité*** souhaitée – en général, une expérience ou une émotion particulière liée à un Besoin humain fondamental. La fonction de l'objet acheté est importante, mais le prospect désire avant tout qu'on lui parle de la Finalité. Il est souvent beaucoup plus facile de se focaliser sur les caractéristiques de l'offre, ses fonctionnalités, ce qu'elle fait. Pourtant il est beaucoup plus efficace de se concentrer sur ses avantages, c'est-à-dire sur ce qu'elle va apporter aux clients.

La Finalité est ce qui importe le plus. En privilégiant la Finalité, vous amenez automatiquement votre prospect à se dire : « C'est pour moi. »

RETROUVEZ CE CONCEPT À L'ADRESSE : **http://book.personalmba.com/end-result/**

La qualification

« Le produit qui ne se vendra pas sans publicité ne rapportera pas plus avec de la publicité. »

ALBERT LASKER, ANCIEN PDG DE LORD & THOMAS
ET PIONNIER DE LA PUBLICITÉ MODERNE

Croyez-le ou non, il est souvent plus sage de refuser des clients prêts à payer. Tous les clients ne sont pas de bons clients : il est inutile d'essayer de séduire ceux qui réclament plus de temps, d'énergie, d'attention ou de prise de risque que ce qu'ils vous rapportent.

La ***Qualification*** est le processus qui consiste à déterminer si un prospect est un bon client avant qu'il vous achète quelque chose. En évaluant un prospect avant qu'il effectue un achat auprès de vous, vous risquez moins de faire affaire avec un client qui ne mérite pas le temps et les efforts que vous lui consacrez.

La compagnie d'assurances américaine Progressive a transformé la Qualification en stratégie commerciale rentable. Lorsque vous demandez un devis pour votre assurance-automobile, on vous pose une série de questions types :

1. Quel type de voiture avez-vous ?
2. En êtes-vous propriétaire ou avez-vous un leasing ? Si vous en êtes propriétaire, l'avez-vous achetée à crédit et, si oui, avez-vous toujours des échéances en cours ?
3. Quel est votre code postal ?
4. Êtes-vous marié(e) ?
5. Avez-vous fait des études supérieures ?
6. Avez-vous eu des accidents à votre tort au cours des cinq dernières années ?

La compagnie exploite ensuite vos réponses pour collecter des données issues de plusieurs bases de données et répondre à deux questions :

a. Êtes-vous le type de personne que la compagnie Progressive est prête à assurer ?
b. Si oui, pour combien accepte-t-elle de vous assurer ?

Si vous êtes le type d'assuré recherché par la compagnie Progressive, elle va vous établir un devis et vous encourager à souscrire à une police d'assurance sans tarder. Si vous ne correspondez pas à son profil, elle va vous dire que vous pouvez obtenir un meilleur tarif ailleurs et vous encourager activement à souscrire une assurance chez l'un de ses concurrents.

Pourquoi diable une entreprise inciterait-elle un prospect à aller chez un concurrent ? Comme il a été dit précédemment à propos de l'Assurance, la rentabilité d'une compagnie d'assurance repose sur la collecte d'un maximum de primes d'assurance et sur le remboursement d'un minimum de sinistres.

La compagnie Progressive ne souhaite pas avoir un maximum de clients, mais assurer uniquement ceux qui sont les plus susceptibles de conduire en toute sécurité et d'avoir le moins d'accidents possible, ce qui signifie attirer des clients qui vont payer des primes le plus longtemps possible sans demander à être indemnisés. La Qualification permet à la société de maximiser le nombre de clients particulièrement rentables tout en envoyant les conducteurs à risque directement chez ses concurrents. Cette stratégie profite également aux clients – s'ils sont de bons conducteurs, ils paient moins cher leur assurance auto.

Sélectionner votre clientèle vous aidera à laisser de côté les mauvais prospects avant qu'ils ne deviennent vos clients. Plus votre définition du client idéal sera claire, mieux vous réussirez à éliminer les prospects qui ne correspondent pas à cette définition et plus vous pourrez vous attacher à encore mieux servir vos meilleurs clients.

RETROUVEZ CE CONCEPT À L'ADRESSE : **http://book.personalmba.com/qualification/**

Le point d'entrée sur le marché

« Il n'y a rien de plus dur que la douceur de l'indifférence. »

JUAN MONTALVO, ÉCRIVAIN ÉQUATORIEN

Si vous n'avez pas d'enfant en bas âge et si l'arrivée d'un enfant au sein de votre foyer n'est pas d'actualité, vous n'êtes probablement pas intéressé(e) par les couches, les poussettes, les berceaux, les jouets, les garderies et les DVD d'éveil de l'intelligence. Toutes les informations ayant trait à l'univers de Bébé sont donc éliminées par votre cerveau, jugées non pertinentes.

Mais dès que vous attendez un enfant, tout ce qui tourne autour de votre future progéniture commence soudain à vous intéresser énormément, et vous recherchez activement des informations dans ce domaine. Avant, vous n'aviez aucune raison de vous y intéresser. Maintenant, c'est différent.

Certains marchés ont clairement défini des points d'entrée et de sortie. Pour une femme, apprendre qu'elle attend un enfant est un exemple de ***Point d'entrée***

sur le marché. Cette nouvelle la rend brusquement beaucoup plus réceptive aux informations sur les produits et les services qui vont l'aider à prendre soin de son bébé. Essayer d'attirer l'Attention de consommateurs qui ne se soucient aucunement de ce que vous faites est une perte de temps, d'argent et d'énergie, c'est pourquoi vous avez tout intérêt à identifier le moment où ils ont envie d'entendre parler de vous avant de vous adresser à eux.

L'idéal est d'attirer l'Attention de votre Acheteur potentiel aussitôt après qu'il a atteint le Point d'entrée sur le marché. Des entreprises telles que Procter & Gamble, Kimberly-Clark, Johnson & Johnson et Fisher-Price accordent énormément d'Attention aux Points d'entrée sur le marché. Pourquoi ? Parce qu'ils exercent une influence considérable sur l'efficacité de toute activité marketing liée aux produits pour bébés. On voit souvent de jeunes parents rentrer de l'hôpital ou de la clinique avec un « kit pour bébé » offert gratuitement par ces entreprises et contenant des échantillons de couches, de pommades pour soulager l'érythème fessier du nourrisson, de laits maternisés et d'autres produits de base destinés aux nouveau-nés.

Si vous parvenez à attirer l'attention d'un prospect dès qu'il se montre intéressé par votre offre, vous devenez la référence par rapport à laquelle les offres concurrentes sont évaluées. Il s'agit d'une position remarquablement puissante qui augmente vos chances de voir votre prospect acheter vos produits ou vos services.

Il est extrêmement utile de découvrir le moment où des Acheteurs potentiels commencent à rechercher de l'information après avoir vu leur intérêt s'éveiller. Avant l'arrivée d'Internet, la plupart des couples qui attendaient un enfant se mettaient aussitôt à dévorer des livres sur le sujet et à discuter avec des proches ou des amis expérimentés. Aujourd'hui, ces futurs parents se jettent d'abord sur le Net, d'où l'importance du marketing en direction des moteurs de recherche (référencement naturel ou payant). Optimisez les mots-clés que vos prospects sont susceptibles de rechercher, et vous aurez la garantie qu'ils vous trouveront en premier.

RETROUVEZ CE CONCEPT À L'ADRESSE : **http://book.personalmba.com/point-of-market-entry/**

L'adressabilité

« Parfois, les routes moins fréquentées sont moins fréquentées pour une bonne raison. »

JERRY SEINFELD, COMÉDIEN AMÉRICAIN

On dit qu'un bon commercial peut vendre un réfrigérateur à un Esquimau. Et c'est vrai, car les Inuits qui vivent au-dessus du cercle polaire arctique utilisent des réfrigérateurs pour empêcher leurs aliments de congeler avec les températures très basses du climat. Le véritable obstacle n'est pas de répondre à leur besoin, mais de trouver ces clients : il faut parcourir des milliers de kilomètres en terrain hostile juste pour attirer leur Attention et, si tout va bien, réaliser la vente et leur fournir le produit.

L'***Adressabilité*** mesure la facilité avec laquelle vous entrez en contact avec les personnes susceptibles d'être intéressées par votre offre. Une clientèle très adressable, atteignable peut être contactée rapidement et facilement. En revanche, une clientèle non adressable ne peut être contactée que très difficilement ou, encore pire, n'est pas réceptive et refuse toute sollicitation.

Le yoga est un bon exemple de marché très accessible. Il est relativement facile de trouver des endroits où les individus prêtent déjà attention à des informations liées à cette activité : salle de yoga, magazines, conférences, sites Web, etc. Le yoga est un marché qui pèse 6 milliards d'euros à l'échelle mondiale et vous pouvez exploiter un de ces vecteurs d'information pour aider les pratiquants à mieux connaître votre offre.

Les sujets sensibles ou délicats ont tendance à avoir un marché peu accessible, même si les besoins sont énormes. Les maladies chroniques en sont le parfait exemple : il est difficile de trouver et de convaincre un grand nombre d'individus souffrant d'une maladie aussi gênante que le psoriasis ou la rectocolite hémorragique (maladie inflammatoire chronique intestinale). Ces personnes ne se rassemblent pas au même endroit et ne lisent pas les mêmes magazines par exemple, et beaucoup évitent même d'être publiquement identifiées comme des personnes malades par les organismes qui luttent contre ces maladies, d'où la difficulté de les rencontrer et de leur parler directement.

Les médecins, eux, sont plus accessibles : ils ont des adresses et des numéros de téléphone figurant dans l'annuaire et sont disposés à rencontrer des visiteurs médicaux. Comme chaque médecin voit un grand nombre de patients et choisit les médicaments délivrés, on comprend aisément pourquoi les laboratoires pharmaceutiques consacrent autant de temps et d'argent à démarcher le corps médical.

Internet a amélioré de façon spectaculaire l'Adressabilité de nombreux marchés. Les personnes souffrant d'une maladie dont elles ont honte ont tendance à chercher anonymement des informations sur des sites Internet, qui eux sont adressables via la publicité. Les blogs, les forums de discussion et certains sites Internet comme Doctissimo.fr facilitent les échanges d'expérience entre malades, ce qui rend ces marchés plus accessibles que jamais.

La question de l'Adressabilité est une préoccupation majeure lorsque vous développez une nouvelle offre. Si vous avez le choix, vous avez tout intérêt à cibler une clientèle accessible plutôt que d'essayer de toucher une clientèle naturellement non accessible ou qui refuse de faire l'objet d'une démarche commerciale.

Si vous choisissez de servir un marché adressable avant de vous engager à développer une offre, il vous sera nettement plus facile de commercialiser votre offre sans vous ruiner.

RETROUVEZ CE CONCEPT À L'ADRESSE : **http://book.personalmba.com/addressability/**

Le désir

« Je le veux vraiment !!! »

UN ENFANT DE 2 ANS, N'IMPORTE OÙ

Un marketing efficace incite votre prospect à vouloir ce que vous lui proposez. Si vous souhaitez qu'il soit prêt à payer pour votre offre, il doit désirer votre produit plus que tout. Si vos activités marketing ne suscitent pas un ***Désir*** viscéral chez vos prospects, vous perdez votre temps et votre argent.

Susciter le Désir est l'aspect du marketing qui rend mal à l'aise la plupart des individus. Ce qui est compréhensible : les professionnels du marketing passent pour être devenus des maîtres dans l'art de la manipulation, hypnotisant les foules pour les inciter à vouloir des choses dont ils n'ont pas vraiment envie ni besoin. Une vision erronée de la réalité.

Car la réalité est la suivante : il est quasiment impossible de pousser quelqu'un à vouloir quelque chose qu'il ne désire pas déjà. Oui, vous pouvez être un escroc et un manipulateur si vous donnez une image fausse de votre offre à vos prospects ou leur faites une promesse que vous ne pourrez pas tenir. Ne prenez pas cela pour du lavage de cerveau : le moyen le plus sûr de gaspiller un budget publicitaire de plusieurs millions d'euros est d'essayer de forcer des gens à vouloir quelque chose qu'ils ne veulent pas déjà. L'esprit humain ne fonctionne tout simplement pas de cette manière et nous n'achetons que ce que nous désirons déjà plus ou moins.

L'essence même d'un marketing efficace est de découvrir ce que les individus veulent déjà, puis de formuler une offre qui aille à la rencontre de ce Désir préexistant. Une des meilleures stratégies marketing est un bon exemple : la ***Vente basée sur l'éducation*** (concept abordé ultérieurement) montre au prospect comment l'offre en question va lui permettre de réaliser ce qu'il désire. En tant que marketeur, votre rôle n'est pas de convaincre vos prospects de vouloir ce que vous leur proposez, mais de les aider à se convaincre eux-mêmes qu'ils vont obtenir ce qu'ils veulent vraiment grâce à votre offre.

Et que veulent les gens ? Nous en avons déjà parlé : les Besoins humains fondamentaux sont un point de départ qui vous permettra de découvrir ce que votre marché veut au niveau le plus fondamental. Plus votre offre satisfera de Besoins humains fondamentaux, plus vos activités marketing atteindront leurs objectifs.

RETROUVEZ CE CONCEPT À L'ADRESSE : **http://book.personalmba.com/desire/**

La visualisation

« Si votre travail parle de lui-même, ne l'interrompez pas. »

HENRY J. KAISER, PIONNIER DE LA CONSTRUCTION NAVALE MODERNE

Dès que vous entrez chez un concessionnaire automobile, le vendeur n'a qu'un seul objectif parfaitement clair : vous convaincre de vous asseoir au volant d'un véhicule pour l'essayer.

Si l'essai sur route est utilisé pour vendre des voitures aux quatre coins du monde, c'est parce que cette stratégie fonctionne. Il constitue l'outil le plus efficace du vendeur pour vous persuader d'acheter une voiture le jour même.

Tant que vous ne conduisez pas réellement la voiture, il vous est beaucoup plus facile de considérer un achat de manière détachée. Vous êtes capable de comparer rationnellement les marques et les modèles, les caractéristiques techniques et les prix. Vous pouvez vous convaincre que vous ne faites que « regarder » et n'avez aucunement l'intention d'acheter une voiture maintenant.

Mais dès que vous êtes au volant, c'est le côté émotionnel de votre cerveau qui prend le dessus. Vous commencez à imaginer à quoi ressemblerait votre vie si vous possédiez cette voiture. Au lieu de comparer froidement des données relatives à la puissance du moteur et aux accélérations, vous sentez « pour de vrai » la puissance du moteur, ainsi que le confort et la facilité de conduite du véhicule. Vous allez même jusqu'à imaginer le respect (ou l'envie) manifesté par vos voisins lorsque vous arriverez chez vous au volant de votre nouvelle voiture.

Vous avez cessé de comparer et commencé à désirer. Et une fois que vous commencez à désirer, vous avez toutes les chances d'acheter – ce n'est qu'une question de temps.

B&H Photo Video utilise une stratégie identique sur un marché différent. Dans son immense magasin de Manhattan fondé en 1973, c'est une expérience sensorielle intense qui vous attend. Vous pouvez sentir le poids de l'appareil photo que vous prenez dans vos mains, voir sa rapidité de mise au point et entendre le bruit sec de l'obturateur. Encore mieux, vous pouvez comparer la sensation que vous procurent des centaines d'autres appareils, tous à portée de main. Rien d'étonnant à ce que B&H soit l'un des magasins photo les plus célèbres du monde – après avoir manipulé quelques appareils, il est extrêmement difficile de résister à l'envie d'en rapporter un chez soi.

Le moyen le plus efficace d'inciter les individus à vouloir quelque chose est de les encourager à ***Visualiser*** ce que serait leur vie s'ils acceptaient votre offre. Comme nous le verrons dans la ***Simulation mentale*** (concept abordé ultérieurement), notre cerveau est conçu pour imaginer automatiquement les conséquences de nos actions. Vous pouvez mettre à profit cette tendance naturelle en aidant vos prospects à se représenter les expériences positives qu'ils auront.

Si vous encouragez vos prospects à Visualiser leur situation après l'achat, vous augmentez vos chances de les voir effectuer un achat chez vous. Et pour les aider à Visualiser, rien de mieux que de les exposer à un maximum d'informations sensorielles – les données que leur cerveau traite pour conclure : « Je veux celui-là. »

RETROUVEZ CE CONCEPT À L'ADRESSE : **http://book.personalmba.com/visualization/**

Le cadrage

« Tout ce que nous entendons est une opinion, et non un fait. Tout ce que nous voyons est une perspective, et non la vérité. »

MARC AURÈLE, EMPEREUR ROMAIN ET PHILOSOPHE

Dans le cadre d'une célèbre expérience menée par les psychologues Amos Tversky et Daniel Kahneman, les participants devaient prendre une décision concernant l'administration d'un traitement médical à 600 malades. Ces participants avaient le choix entre deux traitements : le traitement A sauverait 200 vies. Le traitement B avait 33 % de chances de sauver les 600 malades et 66 % de chances de n'en sauver aucun.

Les traitements A et B sont mathématiquement identiques – statistiquement, l'espérance attendue est la même. Néanmoins, les résultats de l'étude ont révélé une préférence psychologique très nette : 72 % des participants ont choisi le traitement A, 28 % le traitement B.

L'expérience a ensuite été répétée avec deux autres options de traitement possibles. Le traitement C entraînerait le décès de 400 malades. Le traitement D avait 33 % de chances de n'entraîner le décès d'aucun malade, mais 66 % de chances d'entraîner le décès des 600 malades. Cette fois, 78 % des participants ont préféré le traitement D, 22 % le traitement C.

Ce qu'il est intéressant de noter, c'est que les traitements A et C sont identiques, et pourtant les participants ont majoritairement préféré le traitement A. Mettre en avant les vies sauvées plutôt que les vies sacrifiées a fait toute la différence, même si l'issue des deux traitements était la même. Nous reviendrons sur les raisons de cette préférence dans l'***Aversion pour la perte*** (concept abordé ultérieurement), mais pour l'instant intéressons-nous à la forme des différents messages.

Le ***Cadrage*** consiste à faire ressortir les éléments les plus importants et à minorer volontairement ou à laisser de côté les moins significatifs. Une utilisation judicieuse du Cadrage peut vous aider à présenter votre offre de manière convaincante.

Le Cadrage fait partie naturellement de la communication : dans tout message, la compression est inévitable. Lorsque nous communiquons avec les autres, nous n'avons pas le temps d'inclure tous les faits et tous les détails du contexte, alors nous soulignons certains éléments et en négligeons d'autres. Sans Cadrage, transmettre la plus simple des informations nous prendrait un temps incroyable et nous ne pouvons pas nous permettre de passer deux heures pour commander une pizza, par exemple.

Puisque le Cadrage fait partie intégrante de la communication, vous avez tout intérêt à en avoir conscience. En étant attentif à ce que vous faites ressortir et ce que vous minorez, vous pouvez présenter les avantages de votre offre de façon claire et concise, ce qui augmente votre force de conviction.

Le Cadrage n'a rien à voir avec le mensonge ou la tromperie. L'honnêteté reste la meilleure politique, et pas simplement d'un point de vue moral. Donner une fausse image de votre offre peut vous rapporter des ventes supplémentaires à court terme, mais accroître considérablement le risque de décevoir vos clients à long terme et nuire durablement à votre ***Réputation***. (Voir l'***Effet d'attente***, concept abordé ultérieurement.)

Exploiter le Cadrage va vous permettre de présenter les avantages de votre offre à vos Acheteurs potentiels de manière convaincante, sans pour autant passer sous silence des informations que vos clients ont le droit de connaître.

RETROUVEZ CE CONCEPT À L'ADRESSE : **http://book.personalmba.com/framing/**

La gratuité

« Ne rien faire payer à personne garantit l'absence de profit. Il ne faut pas confondre attirer l'attention et se faire payer. »

JOSEPH FERRARA, AVOCAT EN PROPRIÉTÉ INTELLECTUELLE

Si vous voulez attirer rapidement l'Attention, jouez la carte de la ***Gratuité*** : donnez gratuitement quelque chose de valeur.

On adore tous l'idée d'obtenir quelque chose gratuitement. Au supermarché des échantillons gratuits de produits alimentaires sont distribués. Vous avez sûrement déjà reçu une offre pour tester un produit pendant un mois sans obligation d'achat. Et il y a fort à parier que certaines de ces offres gratuites vous ont incité à effectuer un achat que vous n'auriez peut-être pas fait. Si les offres gratuites existent, c'est parce qu'elles fonctionnent, l'offre gratuite est subventionnée par les ventes supplémentaires.

J'ai démarré mon activité de formateur et de consultant en diffusant gratuitement mes travaux de recherche et en écrivant sur mon site Web. Résultat : des centaines de milliers de personnes découvrent Le Personal MBA, apprécie son contenu et me considèrent comme une ressource fiable et utile. Le plus souvent, ils m'autorisent à continuer de leur transmettre gratuitement des informations encore plus utiles par e-mail.

Régulièrement, je propose un entretien gratuit par téléphone à des clients potentiels – il n'y a aucune obligation de leur part et je ne demande aucune contrepartie. À chaque fois que je fais cette offre, je reçois des centaines de demandes et suis en contact avec de nombreuses personnes intéressantes. Parmi ces prospects qui acceptent un « échantillon gratuit » de mon activité de conseil, beaucoup deviennent des clients, contribuant à faire de la Gratuité le fondement de mes activités de formation et de conseil.

En général, proposer de la valeur gratuitement est un moyen rapide et efficace d'attirer l'attention. En offrant à vos prospects quelque chose de valable gratuitement, vous attirez leur Attention et leur donnez la possibilité d'expérimenter concrètement la valeur que vous leur promettez. Menée intelligemment, cette stratégie vous apporte des ventes que vous n'auriez pas conclues autrement.

Certes, donner de la valeur gratuitement attire l'Attention, mais rappelez-vous que l'Attention seule ne vous rapporte pas un sou. De nombreux chefs d'entreprise poussent trop loin le concept de Gratuité en oubliant qu'il est fondamental de générer des revenus pour une entreprise. L'Attention est nécessaire pour attirer des clients, mais si elle n'aboutit jamais à des ventes, elle ne va pas permettre à votre entreprise de survivre.

Pour un résultat optimal, focalisez-vous sur de la valeur que vous pouvez fournir gratuitement mais avec l'objectif clair d'attirer des clients qui vont payer pour votre offre.

RETROUVEZ CE CONCEPT À L'ADRESSE : **http://book.personalmba.com/free/**

La permission

« Vendre à des gens qui veulent entendre parler de vous est plus efficace que d'interrompre des étrangers qui ne s'intéressent pas à vous. »

SETH GODIN

J'ai fait quelque chose d'impensable : j'ai ouvert mon dossier spams qui contenait 1 555 messages non lus, la plupart du style :

« *Des filles russes très chaudes veulent chatter avec vous !* »
« *Achetez du Viagra en ligne !* »
« *Stoppez instantanément votre chute de cheveux !* »

Je n'avais rien demandé – les spammeurs m'ont envoyé ces messages sans se demander s'ils m'intéressaient ou pas. Je n'ai aucune envie de chatter avec des filles de l'Est, aussi chaudes soient-elles, je n'ai pas besoin de Viagra vendu au marché noir et j'aime être chauve.

Dans quelle mesure suis-je susceptible de lire ces messages, voire d'y répondre ? Je n'ai absolument aucune chance de les lire et encore moins d'y répondre – bien au contraire, je vais faire tout mon possible pour passer mon chemin et je n'achèterai jamais ce qu'ils me proposent.

Malheureusement, de nombreuses entreprises pensent que les spams sont le meilleur moyen d'attirer l'attention. Les appels non sollicités, les communiqués de presse, la publicité de masse ou un courrier adressé à votre nom mais, là encore, non sollicité, sont les équivalents légaux les plus répandus des spams : couvrir une population aussi large que possible, indifférenciée avec un message standard dans l'espoir qu'une infime partie d'entre eux y répondent.

Au tout début de la publicité à la radio et à la télévision, les pages de publicité fonctionnaient bien. Lorsqu'il n'y avait que trois chaînes, les téléspectateurs étaient plus susceptibles de prêter Attention aux spots publicitaires. En achetant un seul créneau publicitaire de 30 secondes aux heures de grande écoute sur chacune des trois grandes chaînes, vous pouviez atteindre 90 % des téléspectateurs en une seule journée.

Aujourd'hui, les individus ont la possibilité de laisser de côté tout ce à quoi ils ne veulent pas prêter Attention, soit en ignorant le message, soit en réorientant leur attention ailleurs. Dès que vous commencez à leur parler de quelque chose qui ne les intéresse pas, ils ne vous écoutent plus.

Demander la ***Permission*** d'échanger avec un prospect après qu'il a profité d'une offre gratuite est plus efficace que les interruptions publicitaires. Offrir réellement de la valeur attire l'Attention et demander la Permission vous permet de communiquer avec des gens que vous savez intéressés par ce que vous avez à leur proposer.

La Permission est un véritable atout à posséder. Entrer en contact avec de nouvelles personnes est une démarche souvent difficile et coûteuse. Il est beaucoup plus facile et nettement moins cher de relancer quelqu'un que vous connaissez déjà – il vous suffit d'un e-mail, d'une lettre ou d'un coup de téléphone. Si vous demandez aux prospects que vous rencontrez la Permission de les relancer ultérieurement, vous tirez le meilleur parti de vos activités de prospection.

Le meilleur moyen d'obtenir la Permission est de la demander. À chaque fois que vous distribuez de la valeur à quelqu'un, demandez-lui s'il est d'accord pour que vous continuiez et lui fournissiez davantage de valeur à l'avenir. Au fil du temps, votre liste de prospects va s'allonger, et plus elle sera fournie, plus vous aurez de chance de conclure des ventes.

Tirez profit de la Permission qui vous est accordée, mais n'en abusez pas. Ce privilège ne vous autorise pas à envoyer tout et n'importe quoi à vos prospects. Avant de leur demander la Permission de les relancer, expliquez-leur clairement ce qu'ils vont recevoir et les avantages qu'ils vont en tirer.

Si vous tenez vos engagements, à savoir distribuer toujours plus de valeur à vos prospects et vous abstenir de les inonder d'informations inutiles, vous posséderez un atout considérable qui vous aidera à approfondir vos relations avec des personnes intéressées par vos offres.

RETROUVEZ CE CONCEPT À L'ADRESSE : **http://book.personalmba.com/permission/**

L'accroche

« Si tu peux le faire, ce n'est pas de la frime. »

DIZZY DEAN, CÉLÈBRE JOUEUR DE BASEBALL

Les messages complexes sont ignorés ou oubliés. Vos Acheteurs potentiels sont très occupés – ils n'ont pas le temps de prêter Attention à toutes les informations qui les assaillent au quotidien. Si vous voulez qu'ils se rappellent qui vous êtes et ce que vous proposez, vous devez attirer leur Attention et la maintenir – sachant que vous n'avez que quelques secondes pour y parvenir.

Une ***Accroche*** est une formule ou une phrase qui décrit l'avantage principal d'une offre. Il s'agit tantôt d'un titre, tantôt d'un slogan très court. Dans les deux cas, son but est de dire pourquoi les gens désireraient ce que vous vendez.

Prenez le titre du livre de Timothy Ferriss, *La semaine de 4 heures !* Ce titre nous promet plusieurs avantages qui attisent notre curiosité : 1) quatre heures, c'est beaucoup moins que le temps de travail habituel, et la plupart des individus rêvent de travailler moins ; 2) vous pouvez gagner autant en travaillant quatre heures qu'en bossant quarante heures par semaine ; 3) si vous travaillez moins, vous avez davantage de temps libre. Tout cela en cinq mots… pas mal, non ? Si l'on associe à ce titre accrocheur la couverture originale qui montre un type s'adonnant au farniente sur une belle plage tropicale, les orteils en éventail dans un hamac, on a tout ce qu'il faut pour convaincre des lecteurs potentiels d'acheter et de lire ce livre.

Apple a utilisé une Accroche pour lancer son iPod : « 1 000 chansons dans votre poche. » À l'époque, les baladeurs étaient d'encombrants lecteurs de CD et de cassettes, et la publicité utilisée pour promouvoir les premiers baladeurs MP3 reposait sur la mise en avant de la performance technologique : la taille du stockage en mégaoctets. L'Accroche d'Apple soulignait le principal avantage : au lieu de se trimballer avec des centaines de cassettes ou de CD, on pouvait désormais transporter sa musique préférée dans un tout petit appareil à l'élégance irréprochable.

Le slogan en cinq mots de la marque à la pomme a fait des miracles. En un peu moins d'un an, 236 000 iPods de première génération se sont écoulés – un démarrage foudroyant, surtout si l'on considère que c'était la première percée de l'entreprise sur le marché de la musique en mobilité. L'Accroche a attiré l'attention et la qualité du produit a fait le reste.

Lorsque vous créez une Accroche, concentrez-vous sur l'avantage principal de votre offre. Faites ressortir ce que votre offre a d'unique et pourquoi elle mérite l'Attention. Procédez à une petite séance de brainstorming pour trouver une liste de mots ou de phrases qui décrivent votre avantage principal, puis essayez de les associer pour en faire un slogan. Créer une Accroche est un exercice créatif et plus vous brainstormez d'Accroches différentes, plus vous trouverez rapidement celle qui marche.

Une fois votre Accroche en poche, utilisez-la ! Faites-la figurer sur votre site Web, vos publicités, vos cartes professionnelles. C'est l'une des premières choses que vos prospects doivent voir. L'Accroche attire l'Attention et votre Marketing et vos vendeurs sont là pour conclure la Vente. Meilleure sera votre Accroche, plus vous attirerez l'Attention et plus vos clients satisfaits parleront de vous à leurs amis.

RETROUVEZ CE CONCEPT À L'ADRESSE : **http://book.personalmba.com/hook/**

L'appel à agir

« Ne me faites pas réfléchir. »

STEVE KRUG, EXPERT EN UTILISABILITÉ

Il ne sert à rien d'attirer l'Attention d'un prospect si c'est pour le voir disparaître ensuite : si vous voulez conclure une vente, vous devez inciter vos prospects à agir.

Vos clients potentiels ne peuvent pas lire dans vos pensées. Pour les motiver à passer à l'étape suivante, dites-leur exactement ce qu'ils doivent faire. Les messages publicitaires les plus efficaces incitent les clients à l'action – une action parfaitement claire et nette.

Imaginez un panneau publicitaire au bord de la route qui indique : « Les hamburgers de Tony sont les meilleurs. » Que vont faire les conducteurs qui voient ce message en passant ? Rien, probablement. Selon toute vraisemblance, ce panneau publicitaire est une perte de temps et d'argent.

Donnez à ces prospects un ***Appel à agir*** en leur disant, par exemple : « Prenez la prochaine sortie pour déguster les meilleurs hamburgers de la ville », et Tony ne tardera pas à multiplier ses ventes de hamburgers aux voyageurs affamés.

Un Appel à agir (le terme anglais *call to action* est souvent utilisé également) encourage vos clients à entreprendre une action simple et évidente – visiter un site Web, entrer une adresse électronique, appeler un numéro de téléphone, poster une enveloppe déjà timbrée avec vos nom et adresse, cliquer sur un bouton, acheter un produit ou recommander le produit à un ami, pour citer quelques exemples.

Un Appel à agir efficace doit être clair, simple, évident. Plus votre offre sera présentée clairement, plus vos prospects seront susceptibles de faire ce que vous leur suggérez.

Si vous encouragez quelqu'un à entrer son adresse électronique pour s'inscrire à une newsletter, indiquez-lui clairement Où se trouve le champ à remplir, Pourquoi il doit le remplir, Où cliquer une fois l'opération effectuée et à Quoi il peut s'attendre en cliquant. Si vous pensez être presque trop basique, c'est parfait.

Les meilleurs Appels à agir demandent directement aux prospects, soit qu'ils achètent, soit la Permission de les relancer. L'idéal est de conclure des ventes directement, car cela vous permet de savoir facilement si vos activités marketing sont rentables. Demander la Permission est une bonne chose également, car vous pouvez alors relancer régulièrement vos prospects, ce qui diminue considérablement vos coûts marketing et augmente vos chances de conclure des ventes.

Veillez à ce que chacun de vos messages renferme un Appel à agir parfaitement clair, et l'efficacité de vos activités marketing s'en trouvera nettement améliorée.

RETROUVEZ CE CONCEPT À L'ADRESSE : **http://book.personalmba.com/call-to-action/**

Raconter une histoire

« Tout raconte une histoire. »

WILLIAM WORDSWORTH, POÈTE BRITANNIQUE

Les hommes ont toujours raconté des ***Histoires***. Raconter des Histoires est une expérience humaine universelle, et les Histoires ont toujours été utilisées dans le commerce. Une bonne Histoire rend encore meilleure la meilleure des offres.

La plupart des Histoires les plus convaincantes suivent un schéma commun. Le célèbre mythologue Joseph Campbell appelle ce scénario type le « Voyage du Héros » ou « monomythe ». Cette base narrative universelle parle aux individus du monde entier et vous pouvez l'utiliser pour raconter vos propres Histoires.

Le voyage du héros commence par introduire le héros : un individu normal qui expérimente toutes les épreuves du quotidien. Puis ce héros reçoit un « appel à l'aventure » : un défi à relever, une quête à poursuivre ou une responsabilité à prendre qui lui demande de dépasser ses limites et d'aiguiser ses capacités pour finir par triompher.

Lorsque le héros accepte cet appel, il quitte sa vie de tous les jours pour entrer dans un monde d'incertitude et d'aventure. Son passage dans ce nouveau monde est jalonné de toute une série d'épreuves, d'expériences remarquables qui l'initient à de nombreux mystères et le mènent jusqu'à la réussite finale.

Après avoir persévéré face à l'adversité et vaincu ses ennemis, le héros reçoit un don ou un pouvoir très puissant, puis retourne à sa vie normale pour partager son savoir, sa sagesse ou son trésor avec ses semblables, forçant le respect et l'admiration de tous.

Vos clients veulent être des héros. Ils veulent être puissants, respectés et admirés de tous, et réussir sans jamais baisser les bras. Ils veulent être inspirés par les aventures de leurs semblables qui ont fait preuve de courage et triomphé des forces adverses. Racontez à vos prospects l'Histoire de clients qui ont déjà suivi la voie que vous leur indiquez et vous les encouragerez à leur emboîter le pas.

Les témoignages, les études de cas et d'autres Histoires incitent efficacement vos prospects à accepter votre « appel à l'aventure ». Vous attirez leur Attention avant de leur montrer comment ils peuvent obtenir ce qu'ils veulent. Plus votre Histoire sera vivante, claire et chargée d'émotion, plus les prospects que vous attirerez seront nombreux.

Racontez-leur les histoires qu'ils veulent entendre et vous capterez inévitablement leur attention.

RETROUVEZ CE CONCEPT À L'ADRESSE : **http://book.personalmba.com/narratives/**

La controverse

« Si vous voulez un public, engagez une bataille. »

PROVERBE IRLANDAIS

La ***Controverse*** signifie prendre publiquement une position que tout le monde ne soutient pas ou n'approuve pas. Utilisée de manière constructive, la Controverse peut être un moyen efficace d'attirer l'Attention : les gens commencent à parler, à participer et à prêter attention à votre position, ce qui est une très bonne chose.

Le Personal MBA illustre parfaitement le pouvoir de la Controverse positive. Il traite des concepts fondamentaux du monde des affaires – ce que vous devez comprendre pour réussir dans les affaires. Je suis fermement convaincu que n'importe qui peut apprendre ce qu'il a besoin de savoir sur l'entreprise sans suivre un programme de MBA classique et y engloutir des sommes folles qui hypothèquent son avenir.

Certaines personnes sont en désaccord total avec ma position – notamment les titulaires de MBA sortis des universités américaines les plus prestigieuses. Candidats ou diplômés, ils sont souvent très virulents pour exprimer leur désaccord, dénonçant mon approche de l'enseignement du business sur leurs propres sites Web ou laissant des commentaires sur mon site.

Je trouve que cela n'est pas une mauvaise chose : ce petit courant de Controverse a permis l'approche que je défends de se développer au fil des années sans publicité. Avec leurs prises de position, mes détracteurs répandent progressivement l'idée qu'il existe des alternatives aux programmes traditionnels des écoles de commerce.

La Controverse existante incite de nombreuses personnes à venir découvrir et étudier mon approche avec le Personal MBA et à se faire leur propre idée sur son utilité. Certaines lisent les articles que j'ai écrits sur mon site Web, puis décident d'acheter mon livre, de prendre un cours ou de recourir à mon activité de conseil. Tant que mes détracteurs restent polis, j'accueille volontiers leur désaccord.

Il est normal, et même très sain, d'avoir une opinion et de la défendre. Nous avons naturellement tendance à vouloir que les autres nous apprécient, et le désaccord est souvent inconfortable. Dans le souci d'être acceptés, nous risquons d'édulcorer nos opinions jusqu'à ce qu'elles ne choquent plus personne. Si votre position met tout le monde d'accord, elle devient si ennuyeuse que plus personne ne fait attention à vous.

Par conséquent, n'hésitez pas à soutenir une position que tout le monde ne partage pas. À ne pas être d'accord avec votre interlocuteur ou à prendre position contre quelque chose. Parce que la Controverse suscite le débat. La discussion est une forme d'Attention, et vous avez besoin d'attirer l'Attention pour vendre votre offre.

Ce n'est pas pour autant que toutes les Controverses sont de bonnes Controverses. Il n'est pas toujours facile de distinguer une Controverse constructive d'une Controverse inutile ou immotivée, voire destructrice. La Controverse pour la Controverse ou celle qui rabaisse et dénigre ne sert à rien. La Controverse ne vous aide pas si vous perdez de vue ce qui motive vos actions.

Tant que vous restez conscient de la finalité de ce que vous faites, susciter une Controverse modérée peut être un outil efficace pour encourager les individus à se renseigner davantage sur votre offre.

RETROUVEZ CE CONCEPT À L'ADRESSE : **http://book.personalmba.com/controversy/**

La réputation

« Que ça vous plaise ou non, la perception du marché devient votre réalité. »

HOWARD MANN, ACTEUR ET COMÉDIEN

Selon moi, le concept de « branding », de marque, est employé à toutes les sauces et prend une importance excessive dans le monde actuel. Il n'y a rien de magique ni de complexe dans le développement d'une marque : lorsque des entreprises disent qu'elles veulent « valoriser leur marque » ou « développer leur capital-marque », elles veulent en réalité « améliorer leur réputation ».

La ***Réputation*** représente ce que les individus pensent globalement d'une offre ou d'une entreprise donnée. La question de la Réputation est naturellement évoquée à chaque fois que des gens parlent entre eux. Certains produits ou services valent leur prix, d'autres pas. Certaines expériences méritent d'être vécues, d'autres pas. Certains individus font de bons collègues, d'autres pas. Comme personne ne veut perdre son temps ou son argent, tout le monde est très attentif à ce qui se dit à propos d'un produit ou d'un service qui l'intéresse.

Il est particulièrement précieux de développer une bonne Réputation et les consommateurs sont souvent disposés à payer plus cher le produit ou le service d'une entreprise qui jouit d'une bonne Réputation. Si des marques grand public très connues comme Ariel et Nutella peuvent continuer de faire payer assez cher leurs produits ou leurs services, c'est grâce à la solidité de leur Réputation. Les consommateurs potentiels veulent être certains que l'achat qu'ils envisagent va leur apporter un avantage, que leur entourage va approuver leur décision et qu'ils ne vont pas gaspiller leur argent. Comme le dit un proverbe : « Personne n'a encore jamais été viré pour avoir acheté auprès d'IBM. »

Il est important de noter que votre Réputation n'est pas directement sous votre contrôle – elle représente ce que les autres pensent de ce que vous faites : vos produits, vos publicités, votre service après-vente. Malgré tous vos efforts, vous ne pourrez jamais gérer directement votre Réputation – vous pouvez seulement tenter de l'améliorer au fil des années en vous assurant que vos clients apprécient de vous avoir choisi.

N'oubliez jamais que le marché est l'ultime arbitre de votre Réputation et qu'il vous observe constamment. Si vous jouissez d'une bonne Réputation, vos clients vont continuer d'être vos clients et parler de vous à leur entourage parce qu'ils pensent le plus grand bien de vous (et parce que conseiller de bons produits ou services à leurs proches, leurs amis ou leurs collègues est un moyen de développer leur propre Réputation). Se construire une bonne Réputation exige du temps et des efforts, mais c'est la stratégie marketing la plus efficace qui soit.

RETROUVEZ CE CONCEPT À L'ADRESSE : **http://book.personalmba.com/reputation/**

3

LA VENTE

« Les gens n'aiment pas qu'on leur force la main, mais ils adorent acheter ! »

JEFFREY GITOMER, AUTEUR DU *PETIT LIVRE ROUGE DE LA VENTE*

Toute entreprise doit finir par vendre ce qu'elle propose. Avoir des millions de prospects ne suffit pas si personne ne finit par sortir sa carte bancaire en disant : « J'en prends un. » Le processus de vente commence par un client potentiel et finit par un client qui paie. Pas de vente, pas de business.

Les meilleures entreprises du monde gagnent la confiance de leurs prospects et les aident à comprendre pourquoi leur offre mérite qu'ils l'achètent. Personne ne veut prendre une mauvaise décision ni se faire avoir, c'est pourquoi la vente consiste essentiellement à aider le prospect à comprendre ce qui est important et à le convaincre que vous êtes capable de tenir vos promesses.

Après la vente, un nouveau client est enthousiaste et votre compte bancaire mieux garni.

RETROUVEZ CE CONCEPT À L'ADRESSE : **http://book.personalmba.com/sales/**

La transaction

« Il n'y a qu'un seul patron : le client. Et il peut virer tout le monde dans l'entreprise, du président jusqu'au plus petit employé, simplement en dépensant son argent ailleurs. »

SAM WALTON, FONDATEUR DE WALMART,
GÉANT AMÉRICAIN DE LA DISTRIBUTION

Une ***Transaction*** est un échange de valeur entre au moins deux parties. Si je possède quelque chose que vous voulez et si vous possédez quelque chose que je veux, nous avons tout intérêt à accepter de commercer ensemble.

La Transaction est le moment décisif de tout business. La vente est le seul moment où l'argent affluent dans l'entreprise, ce qui fait de la Transaction une opération de la plus grande importance. Les entreprises survivent en faisant rentrer plus d'argent qu'elles n'en dépensent, et cela est impossible sans vente.

Vous ne pouvez opérer des Transactions qu'avec des choses qui sont ***économiquement valables*** (voir la partie sur les Compétences économiquement valables). Si vous ne possédez rien que vos clients potentiels puissent vouloir, ils ne vont rien vous acheter. Cela peut paraître évident, et pourtant il est étonnant de voir le nombre de chefs d'entreprise qui se lancent sur le marché sans avoir une offre susceptible de répondre à un besoin ou un désir des consommateurs. D'où l'importance de développer et de tester une Offre viable minimale : c'est le meilleur moyen de savoir si vous avez créé un produit ou un service doté d'une Valeur économique suffisante pour engendrer des ventes avant d'y investir toutes vos économies.

Lorsque vous démarrez une nouvelle activité commerciale, votre objectif est d'arriver aussi rapidement que possible au moment où vous réalisez votre première Transaction rentable. Pourquoi ? Parce que c'est le moment où votre projet devient vraiment une entreprise. Les concepts abordés dans ce chapitre vont vous aider à réaliser des Transactions rentables qui satisfont les deux parties.

RETROUVEZ CE CONCEPT À L'ADRESSE : **http://book.personalmba.com/transactions/**

La confiance

« Le secret de la vie est l'honnêteté et la loyauté. Si vous savez les simuler, vous avez gagné ! »

GROUCHO MARX, COMÉDIEN AMÉRICAIN

Voici ma proposition : envoyez-moi dès aujourd'hui un chèque de 100 000 € et dans dix ans je vous donnerai les clés d'une somptueuse villa à Amalfi, sur la côte Méditerranéenne dans le sud de l'Italie. Vous ne pouvez pas voir à quoi elle ressemblera, vous ne pouvez pas visiter de maison-témoin, vous n'entendrez plus parler de moi jusqu'à ce qu'elle soit construite. Si la villa ne vous plaît pas, vous ne pouvez pas vous faire rembourser. Vous signez ?

À moins d'être extrêmement confiant de nature et de ne pas savoir quoi faire de votre argent, vous n'allez probablement pas signer ce contrat. Après tout, comment pouvez-vous être sûr que je puisse vous construire une villa aussi splendide avec vue sur mer pour une somme aussi dérisoire ? Comment pouvez-vous avoir la certitude que je ne vais pas juste prendre l'argent et disparaître ?

Vous ne pouvez pas. C'est pourquoi vous ne signerez jamais un chèque pour une villa que vous n'avez pas vue. À moi ni à personne d'autre, d'ailleurs.

Inversons la situation. Supposons que je sois capable de construire cette villa et que vous soyez intéressé pour l'acheter. Serait-il judicieux de ma part d'acheter le terrain, de réaliser les fondations et de démarrer la construction sans être sûr que vous avez l'argent pour me payer ? Certainement pas – si l'affaire n'aboutit pas, je serais obligé de trouver un autre client ou de supporter les frais.

Sans un minimum de ***Confiance*** entre les parties, une Transaction ne peut pas s'opérer. Quelles que soient les promesses faites et aussi prometteuse que semble l'affaire, aucun client ne sera prêt à dépenser son argent durement gagné s'il n'est pas convaincu que vous êtes capable de tenir vos promesses. De même, il n'est pas raisonnable d'accepter un paiement à crédit d'un client que vous ne connaissez pas.

Se construire une solide Réputation au fil des années en pratiquant des échanges commerciaux équitables et honnêtes est le meilleur moyen de développer la Confiance. Vous pouvez aussi utiliser différents services pour montrer que vous êtes digne de confiance : des organismes tels le Better Business Bureau (une agence qui s'établit comme un intermédiaire de confiance entre acheteurs et vendeurs), les agences de notation et ou d'évaluation de votre situation financière et encore des dispositifs financiers comme les comptes bloqués existent pour contribuer à surmonter un manque de Confiance initial entre les parties dans le cadre d'une Transaction. Ces systèmes lèvent une importante barrière mutuelle à la conclusion d'une vente : sans eux, de nombreuses Transactions n'auraient jamais lieu.

Plus il est facile de prouver que vous êtes digne de Confiance et de vérifier que l'autre partie l'est également, plus la Transaction a de chances de s'opérer et de satisfaire les deux parties.

RETROUVEZ CE CONCEPT À L'ADRESSE : **http://book.personalmba.com/trust/**

La zone d'accord

« L'art du compromis, c'est savoir diviser un gâteau de manière que chacun soit persuadé d'avoir obtenu le plus gros morceau. »

LUDWIG ERHARD, HOMME POLITIQUE
ET ANCIEN CHANCELIER DE LA RFA

La ***Zone d'accord*** désigne la zone où les intérêts des parties coïncident partiellement. Imaginez les possibilités qui s'offrent à vous comme un cercle qui vous entoure. Vos prospects ont, eux aussi, un cercle de possibilités qui les entoure. Votre rôle est de trouver exactement l'endroit où ces cercles se rencontrent, ce qui est beaucoup plus facile si vous comprenez les besoins et les désirs de vos Acheteurs potentiels.

Considérez l'emploi que vous occupez actuellement (ou le dernier que vous avez occupé). Selon toute probabilité, vous avez accepté ce poste parce que vous étiez disposé à assumer certaines fonctions et votre employeur était intéressé par votre candidature. Vous souhaitiez toucher un certain salaire et votre employeur était prêt à vous payer le salaire en question. Vos intérêts coïncidaient en partie, d'où l'emploi que vous avez décroché. C'est ce qu'on appelle une Zone d'accord.

C'est la même chose à chaque fois que vous effectuez un achat en magasin. Le distributeur a un produit que vous désirez ; vous avez une certaine somme d'argent pour laquelle il est disposé à vous le vendre. Si vous ne désirez pas ce produit ou si le distributeur vous en demande un prix trop élevé à vos yeux, la Transaction n'aura pas lieu.

La Zone d'accord est une condition préalable à tout type de Transaction. Si les intérêts ne se recoupent nulle part, même partiellement, un prospect n'a aucune raison de faire affaire avec vous. Après tout, il serait absurde de payer plus pour quelque chose qui ne les vaut pas, d'après vous. Alors pourquoi attendriez-vous de vos prospects qu'ils acceptent votre offre si elle ne vaut pas le prix que vous en demandez ?

L'alignement des intérêts est indispensable pour trouver une Zone d'accord. La vente ne consiste pas à convaincre quelqu'un de faire quelque chose qui n'est pas dans son intérêt. Idéalement, vous devriez vouloir exactement ce que vos prospects veulent, à savoir la satisfaction de leur désir, la solution à leur problème. Plus vos intérêts seront alignés sur ceux de vos prospects, plus ils feront Confiance à votre capacité à leur donner ce qu'ils veulent.

Il existe toujours de nombreuses voies qui mènent à une Transaction, ce qui est l'essence même de la négociation. La négociation est le processus qui consiste à explorer différentes possibilités pour trouver une Zone d'accord : plus vous explorez de voies possibles, plus vous avez de chances d'en trouver une où les intérêts de l'ensemble des parties se rejoignent partiellement. Plus vous serez ouvert à différentes possibilités, plus vous serez susceptible de trouver une Zone d'accord acceptable pour tout le monde.

RETROUVEZ CE CONCEPT À L'ADRESSE : **http://book.personalmba.com/common-ground/**

Le principe d'incertitude du prix

« Tout ce que vous voulez dans la vie a un prix. Il y a un prix à payer pour améliorer les choses, un prix à payer juste pour les laisser telles qu'elles sont, un prix pour tout. »

HARRY BROWNE, AUTEUR DE *FAIL-SAFE INVESTING*

L'un des aspects les plus fascinants de la Vente est ce que j'appelle le ***Principe d'incertitude du prix*** : tous les prix sont arbitraires et malléables. Déterminer un prix est toujours une décision fondamentale. Si vous voulez essayer de vendre une petite pierre pour 270 millions d'euros, vous pouvez. Si vous voulez quadrupler ce prix ou le diviser par 3 000 une heure plus tard, rien, absolument rien ne vous en empêche. N'importe quel prix peut être fixé à n'importe quel niveau à n'importe quel moment, sans restriction.

Le Principe d'incertitude du prix a un corollaire important : vous devez être capable d'étayer le prix que vous demandez avant qu'un client ne l'accepte. En général, les consommateurs préfèrent payer le moins possible pour obtenir ce qu'ils veulent (avec quelques exceptions notables dont nous discuterons ultérieurement dans les ***Signaux sociaux***). Si vous tenez à ce que vos prospects achètent votre offre au prix que vous avez établi, vous devez pouvoir leur fournir une raison qui justifie son prix (voir la ***Justification***, concept abordé ultérieurement).

Il est difficile d'argumenter pour vendre un diamant 270 millions d'euros – à moins qu'il s'agisse du célèbre Hope Diamond, un diamant bleu nuit de 45,52 carats chargé d'une longue et belle histoire.

Le Hope Diamond est actuellement exposé au Muséum d'histoire naturelle de la Smithsonian Institution, à Washington, et il n'est pas à vendre. Mais si cette institution décidait de le vendre, elle pourrait facilement en demander 1 milliard d'euros. Qu'est-ce qui l'en empêche ?

Les ventes aux enchères montrent à l'œuvre le Principe d'incertitude du prix – les prix changent constamment, augmentant en proportion du nombre de personnes intéressées et de la somme que chacune d'entre elles est prête à débourser.

En démarrant par une mise à prix très abordable et en autorisant les acheteurs potentiels à surenchérir, les ventes aux enchères sont un moyen efficace d'établir un vrai prix du marché pour un produit difficile à reproduire et qui ne ressemble à aucun autre déjà en vente. C'est la raison pour laquelle des produits rares comme le Hope Diamond, s'ils sont vendus, le sont généralement aux enchères. Le diamant le plus cher jamais vendu était le diamant du Cullinan Heritage, un diamant brut de 507,5 carats qui a été adjugé à 35,3 millions de dollars. Pas mal pour une pierre.

RETROUVEZ CE CONCEPT À L'ADRESSE : **http://book.personalmba.com/pricing-uncertainty-principle/**

Les quatre méthodes de tarification

« L'argent est préférable à la pauvreté, ne serait-ce que pour des raisons financières. »

WOODY ALLEN, CINÉASTE ET ACTEUR AMÉRICAIN

Supposons que vous possédiez une maison que vous êtes prêt à vendre. Selon le Principe d'incertitude du prix, il n'y a pas de limite – le prix des maisons n'est pas étiqueté dessus, c'est vous qui le fixez. Supposons également que vous souhaitiez vendre votre maison le plus cher possible. Comment allez-vous faire pour fixer le prix le plus élevé qu'un client puisse accepter ?

Il existe quatre méthodes pour déterminer un prix : 1) le coût de remplacement, 2) la comparaison avec le marché, 3) la valeur actualisée et 4) la comparaison de valeur. Ces ***Quatre méthodes de tarification*** vont vous aider à estimer la valeur potentielle de votre offre aux yeux des clients.

La Méthode du ***coût de remplacement*** établit un prix en répondant à la question : « Combien le remplacement de cette chose coûterait-il ? » Dans le cas de la maison, la question devient : « Combien coûterait la construction d'une maison comme celle-ci ? »

Imaginez qu'une météorite tombe sur votre maison et détruit tout. Absolument tout. Combien vous coûterait l'achat d'un terrain similaire, les services d'un architecte qui dessine les plans, l'acquisition de matériaux identiques et l'embauche d'ouvriers du bâtiment pour reconstruire exactement la même maison ? Faites le total, ajoutez une petite marge pour le temps et les efforts que vous consacrez à ce projet, et vous aurez une estimation de la valeur de votre maison.

Appliqué à la plupart des offres, le coût de remplacement est typiquement un calcul déterminant le coût plus une marge : déterminez le coût de création de votre maison, ajoutez la marge que vous souhaitez et fixez votre prix en conséquence.

La Méthode de la ***comparaison avec le marché*** établit un prix en répondant à la question : « Combien se vendent des choses similaires à celle-ci ? » Dans le cas de la maison, la question devient : « Combien se sont vendues récemment des maisons comme celle-ci dans le quartier ? »

Si vous regardez autour de vous, vous constaterez probablement que d'autres maisons similaires à la vôtre se sont vendues au cours des douze derniers mois. Elles ne sont certainement pas la réplique exacte de votre maison, mais lui ressemblent suffisamment pour autoriser la comparaison. Après avoir tenu compte de ces petites différences, vous pouvez utiliser le prix de vente de ces maisons « comparables » pour réaliser une estimation de la valeur de la vôtre.

La comparaison avec le marché est un moyen très répandu de déterminer le prix d'une offre : trouvez des offres similaires et fixez votre prix en conséquence.

La Méthode de la ***valeur actualisée*** détermine un prix en répondant à la question : « Combien cela vaut-il si ça rapporte de l'argent sur la durée ? » Dans le cas de votre maison, la question devient : « Combien cette maison rapporterait-elle tous les mois si vous la louiez pendant une durée déterminée et quelle somme cela représente-t-il aujourd'hui ? »

Vous touchez des loyers tous les mois : vous pouvez utiliser la formule de la VAN (valeur actuelle nette)* pour calculer à quoi correspondent ces rentrées d'argent si vous les perceviez sous la forme d'une somme unique aujourd'hui. Imaginons que vous louez votre maison 2 000 € par mois pendant dix ans avec un taux d'occupation de 95 % et qu'en choisissant la ***Seconde meilleure solution*** (concept abordé ultérieurement) cet argent vous rapporte 7 % d'intérêts annuels, vous obtenez une estimation de la valeur de votre maison.

La valeur actuelle nette n'est utilisée que pour fixer le prix de biens susceptibles de générer des recettes continues, ce qui en fait une méthode très courante pour estimer le prix d'une entreprise à vendre – plus l'entreprise génère de profit au fil des mois, plus elle a de valeur aux yeux de l'acheteur.

La Méthode de ***comparaison de valeur*** établit un prix en répondant à la question : « Aux yeux de qui en particulier cette chose a-t-elle de la valeur ? » Dans le cas de la maison, cette question devient : « Quelles caractéristiques de cette maison lui donneraient de la valeur aux yeux d'une certaine catégorie de personnes ? »

Supposons que votre maison soit située dans un quartier sûr, à proximité d'une école privée très réputée. Ces caractéristiques lui donnent davantage de valeur aux yeux de familles avec des enfants en âge d'aller à l'école, surtout si elles veulent faire inscrire leurs enfants précisément dans cette école.

Autre exemple : supposons qu'Elvis Presley ait possédé cette maison. Aux yeux de certaines catégories de personnes – des gens riches et fans du célèbre rockeur –, cette demeure possède une très grande valeur. Le fait qu'elle ait appartenu à Elvis Presley pourrait vous inciter à en demander facilement trois fois ou quatre fois le prix que vous auriez fixé en l'estimant d'après le coût de remplacement, la comparaison avec le marché ou la valeur actualisée. En considérant les caractéristiques uniques de votre offre et leur valeur aux yeux de certaines personnes, vous pouvez demander des prix beaucoup plus élevés.

La comparaison de valeur est le meilleur moyen de déterminer le prix de votre offre puisque la valeur d'une offre pour un groupe d'individus donné peut être élevée et donc justifier un prix plus élevé. Utilisez les autres méthodes pour commencer, mais attachez-vous à découvrir combien vaut votre offre aux yeux de la catégorie de personnes à laquelle vous espérez la vendre, puis fixez votre prix en conséquence.

RETROUVEZ CE CONCEPT À L'ADRESSE : **http://book.personalmba.com/4-pricing-methods/**

* Vous pouvez trouver la formule de calcul sur la page Web : http://en.wikipedia.org/wiki/Discounted_cash_flow

Le choc du changement du prix

« Si vous voulez devenir un vieux pilote, vous devez savoir quand avancer et quand reculer. »

CHUCK YEAGER, PREMIER PILOTE À AVOIR FRANCHI LE MUR DU SON

Lorsque vous changez le prix de votre offre, les effets ne se limitent pas à votre cible actuelle. Un changement du prix peut changer vos clients-type du jour au lendemain.

La plupart des novices en matière de business partent du principe que le meilleur moyen d'augmenter les ventes est de réduire les prix. Ce n'est pas toujours vrai. Il arrive qu'une augmentation de prix soit une stratégie efficace pour attirer davantage de clients.

Les réductions, remises et autres rabais attirent les clients si l'offre est un produit de base. S'il n'existe aucune différence entre l'essence vendue dans deux stations-service différentes, la station qui réduit le prix de l'essence à la pompe a toutes les chances d'attirer davantage de clients. Puisque la plupart des stations-service s'enrichissent plus avec ce qu'elles proposent dans leurs boutiques qu'en vendant de l'essence, une stratégie de baisse du prix de l'essence peut accroître leurs profits.

Les économistes appellent cela « l'élasticité des prix ». Les offres à forte élasticité des prix subissent des changements importants de la demande lorsque les prix montent ou baissent. Les offres à faible élasticité des prix subissent peu de fluctuations de la demande en cas de modification des prix. Les économistes adorent dessiner une courbe décroissante de la demande pour montrer que la demande augmente lorsque les prix diminuent.

Le problème avec la courbe de la demande traditionnelle, c'est qu'elle peut être trompeuse quand l'offre n'est pas un produit de base. Dans la pratique, augmenter vos prix peut accroître la demande de la part d'un type de client particulier.

Le secteur automobile est un bon exemple de la sensibilité au prix : certaines voitures sont attirantes parce qu'elles coûtent cher. Le client type qui achète une Ferrari est très différent de celui qui s'offre une Citroën C5.

En testant diverses stratégies de prix, vous allez constater qu'il existe certains seuils au-delà desquels vous cessez d'attirer certains types de clients et commencez à attirer des clients aux caractéristiques totalement différentes. Le ***Choc du changement du prix*** peut transformer radicalement votre façon de piloter votre entreprise ; par conséquent, ne le prenez pas à la légère.

Il existe deux aspects majeurs à considérer lorsque vous fixez vos prix en gardant à l'esprit le Choc du changement du prix : 1) la rentabilité potentielle et 2) les caractéristiques du client idéal. La meilleure stratégie consiste à déterminer vos prix pour attirer les prospects les plus désirables aptes à devenir vos clients les plus rentables.

L'équilibre idéal dépend du marché que vous ciblez. Sur certains marchés, il est facile de servir des clients attirés par des prix bas ; sur d'autres, ces clients peuvent être exigeants, insolents et impolis. De même, les prospects qui ne sourcillent pas devant des prix élevés peuvent être agréables et cordiaux ou, au contraire, difficiles, prétentieux et méprisants. L'expérience dépend du secteur et des attentes des clients.

L'une des entreprises pour laquelle j'ai travaillé pendant des années a réussi à doubler la valeur moyenne de ses commandes en éliminant ses offres à bas prix. Du coup, elle a augmenté ses profits. Mais il y a eu un ***Effet secondaire*** (concept abordé ultérieurement), à savoir que le client type de l'entreprise a changé, en mal : les prospects avaient des exigences de plus en plus excessives et se montraient irrespectueux lorsque ces dernières n'étaient pas satisfaites. Le résultat financier à court terme était positif, mais le changement de clientèle a soumis le personnel à un stress inhabituel.

Autre exemple : une société de service que j'ai conseillée, a décidé de quadrupler le prix de ses services et jugé que son nouveau positionnement attirait le client idéal : des personnes qui appréciaient son travail et prenaient ses projets au sérieux. Les anciens clients ont été rebutés par l'envolée des prix et n'ont plus fait appel à la société. Résultat : l'entreprise a gagné d'excellents clients et accru ses profits de plus de 500 %. Les salariés ont été ravis de ce changement : désormais, ils travaillent davantage pour des clients plus rentables et leurs compétences sont mieux rémunérées.

Tout changement du prix va de pair avec un changement de clients. Tant que vous maintenez votre ***Point de suffisance*** (concept abordé ultérieurement), vous pouvez choisir d'attirer la clientèle qui vous plaît.

RETROUVEZ CE CONCEPT À L'ADRESSE : **http://book.personalmba.com/price-transition-shock/**

La vente basée sur la valeur

« Le prix est ce que vous payez. La valeur est ce que vous obtenez. »

WARREN BUFFETT

Imaginez que vous fournissiez un service à l'une des 500 plus grandes entreprises du monde et qu'elle puisse augmenter ainsi son chiffre d'affaires annuel de 100 millions d'euros. Votre service vaut-il 10 millions d'euros par an ? Certainement – après tout, quelle entreprise renoncerait à gagner 90 millions d'euros supplémentaires ?

Supposons également que fournir ce service à cette entreprise ne vous coûte pas cher. Cela a-t-il une importance et doit-il entrer en ligne de compte ? Absolument pas – même si ce service ne vous coûte que 100 € par an, il distribue beaucoup de valeur à l'entreprise et, par conséquent, justifie son prix élevé.

Est-il important de savoir que la plupart des services aux entreprises coûtent 10 000 € par an, voire moins ? Absolument pas – vous fournissez bien plus de valeur que d'autres services sur le marché, ce qui justifie un prix plus élevé.

La ***Vente basée sur la valeur*** est le processus qui consiste à comprendre et à renforcer les raisons pour lesquelles votre offre a de la valeur aux yeux de l'acheteur. Dans le concept précédent, nous avons vu que la Méthode de ***comparaison de valeur*** représente souvent le meilleur moyen de vendre cher une offre donnée. Comment vous justifiez ce prix ? Par la Vente basée sur la valeur. En comprenant et en renforçant les raisons pour lesquelles une Transaction a de la valeur aux yeux du client, vous augmentez à la fois la probabilité de réalisation de cette Transaction et le prix que l'acheteur est prêt à payer.

Dans la Vente basée sur la valeur, il ne s'agit pas de parler, mais d'écouter. Lorsqu'on prononce le mot « vendeur », la plupart des gens imaginent un escroc insistant et enjôleur dont la seule priorité est de conclure l'affaire. Imiter des vendeurs de voitures d'occasion particulièrement louches est le moyen le plus sûr de détruire la Confiance et de donner à vos clients potentiels l'impression que vous vous souciez davantage de votre chiffre d'affaires que de leurs désirs ou de leurs besoins. En réalité, les meilleurs vendeurs sont ceux qui sont à l'écoute de ce que le client veut vraiment.

Poser de bonnes questions permet d'identifier la valeur de votre offre aux yeux de votre prospect. Dans son livre *SPIN Selling*, Neil Rackham décrit les quatre phases d'une vente réussie :

1. comprendre la situation
2. définir le problème
3. clarifier les conséquences à court et à long termes de ce problème
4. quantifier les avantages financiers et émotionnels que le client tirera de la résolution de son problème.

Au lieu d'employer une méthode agressive et de faire du forcing, les meilleurs vendeurs posent des questions précises pour aller à la racine des vrais désirs ou des besoins profonds des prospects.

Si vous encouragez vos prospects à vous parler davantage de ce dont ils ont réellement besoin, vous obtenez deux avantages majeurs. D'abord, vous améliorez leur confiance en vous et en votre capacité à comprendre leur situation et à leur fournir une solution. Ensuite, vous allez découvrir des informations qui vont vous aider à faire ressortir la valeur de votre offre et à déterminer son prix en conséquence.

Si vous découvrez pourquoi, comment et dans quelle mesure votre offre va apporter un avantage au client, vous serez capable de lui expliquer sa valeur dans des termes qu'il va comprendre et apprécier. Comprendre la valeur que vous pouvez fournir à vos clients est la voie royale vers une vente réussie.

RETROUVEZ CE CONCEPT À L'ADRESSE : **http://book.personalmba.com/value-based-selling/**

La vente basée sur l'éducation

> « Améliorez votre utilisateur, pas votre produit. La "valeur" concerne moins les choses en elles-mêmes mais plutôt les choses que ces choses permettent. Ne fabriquez pas de meilleurs appareils photos, mais fabriquez de meilleurs photographes. »
>
> KATHY SIERRA, AUTEUR ET CO-CRÉATEUR DE LA COLLECTION D'OUVRAGES HEAD FIRST

Avant notre déménagement dans le Colorado, Kelsey, mon épouse, était directrice des ventes au sein du Mark Ingram Bridal Atelier de New York, la boutique de robes de mariée la plus chic du monde. Sa mission consistait à conseiller les futures mariées de toute la planète à trouver la robe parfaite pour un mariage de rêve.

Mark Ingram est une figure incontournable du marché des robes de mariée et son atelier abrite le nec plus ultra dans ce domaine – des robes d'Oscar de la Renta, de Monique Lhuillier, de Lela Rose et de Vera Wang. Les vendeurs de Mark Ingram sont si compétents que l'une des trois premières robes qu'ils présentent aux clientes est presque toujours celle que la future mariée choisit pour son mariage. Sans compter la qualité exceptionnelle de l'expérience d'achat et du service après-vente. C'est ce qui explique pourquoi les futures mariées préfèrent acheter leur robe au Mark Ingram Bridal Atelier (MIBA) alors qu'elles en trouveraient une beaucoup moins chère ailleurs. Le prix moyen d'une robe au MIBA s'élève à 5 000 €, soit quatre fois plus que la moyenne nationale. S'ils veulent conclure la vente, les conseillers clientèle doivent aider la future mariée (et ses parents, qui règlent souvent la facture) à comprendre pourquoi une robe achetée chez Mark Ingram vaut son prix.

Il est possible d'acheter une robe de mariée moins chère dans un autre magasin, mais les fabricants rognent sur les coûts : tissus de moins bonne qualité, coupe moins impeccable, dentelles ou broderies perlées produites de manière industrielle. De plus, des retouches sont toujours nécessaires pour que la robe aille comme un gant à la future mariée. L'équipe de couturières de Mark Ingram est la meilleure du monde et vous avez forcément affaire à elle en achetant votre robe chez lui.

Si vous attachez de l'importance à ces différentes petites choses, ce qui est le cas de la plupart des futures mariées soucieuses d'être parfaites le jour de leur mariage, il est facile de comprendre pourquoi acheter une robe de mariée chez Mark Ingram en vaut la peine – à condition d'en avoir les moyens, bien sûr.

La ***Vente basée sur l'éducation*** est le processus qui consiste à éduquer vos prospects et à faire d'eux des clients avertis. En tant que conseiller clientèle, ma femme avait deux objectifs :

1. tout faire pour que sa cliente se sente à l'aise et détendue
2. aider sa cliente à mieux connaître et comprendre toutes les spécificités d'une robe de mariée en lui expliquant comment elles sont fabriquées et à quels points elle doit être attentive lors de l'achat.

Au lieu de mettre la pression à sa cliente pour conclure la vente le plus rapidement possible, mon épouse prenait toujours le temps de lui expliquer la fabrication d'une robe dans ses moindres détails. Elle donnait beaucoup de son temps pour faire de la future mariée une « cliente éclairée », augmentant ainsi ses chances de voir sa cliente acheter une robe chez Mark Ingram. Pourquoi la cliente étaitelle alors plus susceptible d'acheter une robe aussi chère ? Parce qu'elle avait appris à apprécier pleinement la qualité du produit proposé et parce qu'elle était en Confiance.

La Vente basée sur l'éducation vous demande d'investir du temps et de l'énergie dans vos clients, mais le jeu en vaut vraiment la chandelle. Car un client mieux informé est un meilleur client avec lequel vous pouvez développer des rapports de Confiance. À condition, toutefois, de vous assurer que votre offre soit réellement supérieure (sur certains aspects) à celle de vos concurrents.

RETROUVEZ CE CONCEPT À L'ADRESSE : **http://book.personalmba.com/education-based-selling/**

La seconde meilleure solution

> « Quand les autres sentent votre envie de partir, leur poignée de main se durcit... parfois, il vaut mieux ne pas aboutir à un accord. »
>
> ROBERT RUBIN, ANCIEN SECRÉTAIRE D'ÉTAT AMÉRICAIN AUX FINANCES

Lorsque vous négociez, il est toujours utile de connaître comment l'autre partie est susceptible d'agir si aucun accord ne peut être obtenu. Car parfois il n'est tout simplement pas possible de se mettre d'accord. S'il n'y a pas de Zone d'accord, les deux parties acceptent de prendre des chemins séparés. Et ensuite ?

Votre ***Seconde meilleure solution*** est ce que vous allez faire si vous ne trouvez pas de terrain d'entente avec votre interlocuteur. Imaginez que vous cherchez un emploi et que trois sociétés A, B et C sont intéressées par votre candidature. Vous préférez être embauché par l'entreprise A, mais si vous ne parvenez pas à vous mettre d'accord avec son représentant, vous négociez avec une confiance accrue car vous savez que les entreprises B et C souhaitent également vous recruter. Si l'entreprise A est votre seule possibilité et en est parfaitement consciente, vous risquez de ne pas négocier à votre avantage.

L'autre partie a, elle aussi, une seconde meilleure solution, et c'est là tout le problème. Si vous vendez un produit 100 €, vous le vendez au détriment de la deuxième meilleure utilisation de ces 100 € pour vos clients : les économiser, les investir ou les dépenser à autre chose. Si vous essayez d'embaucher un salarié, vous êtes en concurrence avec la deuxième meilleure offre qu'il peut recevoir d'une autre entreprise. Plus l'éventail des possibilités de l'autre partie est large, moins vous êtes en position de force pour négocier.

Comprendre la Seconde meilleure solution de votre interlocuteur vous donne un avantage commercial majeur : vous pouvez structurer votre offre pour la rendre plus attractive que leur deuxième meilleure proposition. Plus vous avez connaissance des différentes possibilités dont l'autre partie dispose, plus vous pouvez structurer votre offre en Groupant/Dégroupant différentes options pour augmenter son attrait.

Posséder une Seconde meilleure solution accélère les négociations. De nombreux sportifs professionnels saisissent l'occasion de renégocier leur contrat avec leur équipe actuelle lorsque d'autres équipes les convoitent. Si l'équipe actuelle ne veut pas perdre son joueur, elle a tout intérêt à conclure rapidement un accord acceptable avec lui.

Dans toute négociation, le pouvoir est détenu par la partie qui est prête à se retirer d'une négociation qui tourne à son désavantage. Dans tous les cas, ou presque, plus vous avez d'alternatives acceptables, meilleure est votre position. Et plus vos solutions de remplacement sont intéressantes, plus vous êtes disposé à laisser tomber une négociation qui ne sert pas vos intérêts, ce qui vous permet de conclure de meilleures affaires.

RETROUVEZ CE CONCEPT À L'ADRESSE : **http://book.personalmba.com/next-best-alternative/**

L'exclusivité

« La meilleure stratégie est toujours d'être très fort. »

CARL VON CLAUSEWITZ, GÉNÉRAL ET THÉORICIEN MILITAIRE

Dans la plupart des situations, vous avez tout intérêt à garder l'***Exclusivité*** : à créer une offre ou une qualité unique avec laquelle vos concurrents ne peuvent pas rivaliser. Si vous êtes la seule personne ou la seule entreprise à répondre aux besoins ou aux désirs de vos clients, vous êtes idéalement placé pour négocier dans des conditions avantageuses.

Si vous voulez acheter un iPhone, Apple est incontournable. La marque à la pomme est le seul fournisseur d'iPhone. Que vous achetiez le produit directement ou auprès d'un revendeur, c'est Apple qui encaisse. Tant que vous souhaitez un iPhone et que vous n'êtes pas disposé à acheter un produit équivalent, Apple a gagné.

L'Exclusivité offre de nombreux avantages. Les offres exclusives facilitent beaucoup le maintien d'une forte Valeur perçue puisqu'il n'y a pas de concurrence directe. Il peut exister des produits substitutifs ou similaires, mais si un prospect est fixé sur votre offre, et uniquement sur votre offre, il est obligé de passer par vous pour l'obtenir, ce qui vous permet plus facilement d'en demander un prix élevé et de conserver des ***Marges bénéficiaires*** (concept abordé ultérieurement) significatives.

Garder l'Exclusivité est plus facile si vous avez créé quelque chose de nouveau, ce qui signifie qu'une stratégie d'Exclusivité s'applique de préférence aux Produits et aux Services. Les distributeurs ont toujours du mal à avoir l'Exclusivité sans intervenir dans la fabrication du produit, ce qui explique pourquoi ils créent souvent leur propre marque.

En résumé, si vous êtes la seule entreprise capable de satisfaire les besoins ou les désirs de vos prospects, vous êtes gagnant.

RETROUVEZ CE CONCEPT À L'ADRESSE : **http://book.personalmba.com/exclusivity/**

Les trois monnaies universelles

« Le temps te prend ton argent, mais l'argent ne peut acheter ton temps. »

JAMES TAYLOR, MUSICIEN

Dans toute négociation, il existe ***Trois monnaies universelles*** : les ressources, le temps et la flexibilité. Toutes ces monnaies peuvent s'échanger les unes contre les autres.

Les *Ressources* sont des biens tangibles tels que l'argent/le capital, l'or, le pétrole, etc. Les ressources sont matérielles : vous pouvez les tenir dans votre main. Si vous voulez acheter quelques meubles, vous pouvez offrir de l'argent en échange. Si vous vendez votre voiture, l'acheteur peut (avec votre accord) vous donner un lingot d'or ou la première édition en parfait état de *Tintin au pays des Soviets* de 1930. Vous échangez simplement une ressource contre une autre.

Le *Temps* est la deuxième monnaie universelle. Si vous avez un travail payé à l'heure, vous échangez une certaine quantité de temps et d'efforts contre une certaine quantité de ressources. Vous pouvez aussi échanger des ressources contre du temps en payant des personnes pour qu'elles travaillent, ce qui est le principe même d'un emploi, qu'il soit salarié ou indépendant.

La *Flexibilité* est la troisième monnaie universelle, souvent sous-estimée. Devenir salarié n'est pas un simple échange de ressources contre des efforts – vous renoncez aussi à une certaine flexibilité. Il existe un accord implicite selon lequel vous n'allez pas travailler à autre chose qu'aux tâches que vous êtes censé accomplir pour votre employeur, ce qui est un ***Coût d'opportunité*** (concept abordé ultérieurement) bien réel. Lorsque vous êtes en train de travailler, vous abandonnez la flexibilité qui vous permettrait de faire autre chose.

Il est tout à fait possible de négocier une flexibilité plus grande ou plus réduite en l'échangeant contre des efforts ou des ressources plus importants ou plus limités. Par exemple, vous diminuez vos efforts et augmentez votre flexibilité en travaillant à temps partiel en échange d'une diminution de vos ressources – ici votre salaire. Acheter une maison réclame moins de temps si vous prenez un crédit sur trente ans au lieu d'épargner pour l'acheter comptant, mais au prix de ressources supplémentaires (intérêts) et d'une flexibilité considérablement diminuée.

Il est possible d'acquérir davantage de ressources, de temps ou de flexibilité en trouvant des Compromis adéquats entre ces trois monnaies. Si vous désirez gagner plus d'argent, par exemple sous la forme d'une hausse de salaire, vous pouvez renoncer à une partie de votre temps ou de votre flexibilité en échange. Au contraire, si vous voulez avoir plus de temps pour vous ou de flexibilité dans votre travail, vous pouvez négocier une baisse de salaire. Si votre employeur ou votre client souhaite que vous travailliez davantage, vous pouvez demander à être mieux rémunéré en contrepartie.

Lorsque vous négociez, gardez à l'esprit les Trois monnaies universelles et vous serez étonné de l'éventail des possibilités que vous pourrez soumettre à l'autre partie. Plus il y a de possibilités, plus il est facile d'en trouver une qui soit acceptable pour l'ensemble des parties.

RETROUVEZ CE CONCEPT À L'ADRESSE : **http://book.personalmba.com/3-universal-currencies/**

Les trois dimensions d'une négociation

« Que faire si votre interlocuteur dit non ? Telle est la première décision à prendre avant d'entamer une négociation. »

ERNEST BEVIN, ANCIEN SECRÉTAIRE D'ÉTAT BRITANNIQUE AUX AFFAIRES ÉTRANGÈRES

La plupart des gens s'imaginent qu'une négociation consiste à être assis en face d'un interlocuteur et à lui soumettre des propositions et contre-propositions. Mais cela n'est que la dernière phase du processus ; les deux autres se déroulent bien avant d'être à la table des négociations.

Les ***Trois dimensions d'une négociation*** sont la préparation, la conception du deal et la discussion. Comme le soulignent David Lax et James Sebenius dans *3-D Negotiation*, chacune de ces phases est déterminante : en créant un ***Environnement*** (concept abordé ultérieurement) favorable à la conclusion d'un marché et en préparant votre stratégie à l'avance, vous pouvez augmenter considérablement vos chances de trouver une solution mutuellement acceptable.

La première phase de toute négociation est la préparation : il s'agit de préparer le terrain pour une issue favorable. Plus vous serez capable de mettre toutes les chances de votre côté avant d'entamer les négociations, meilleur sera l'accord que vous conclurez.

- Qui participe à cette négociation ?
- Votre interlocuteur est-il disposé à échanger avec vous ?
- Avec qui allez-vous négocier et votre interlocuteur sait-il qui vous êtes et comment vous pouvez l'aider ?
- Que lui proposez-vous et en quoi votre offre peut-elle lui procurer un avantage ?
- Quel est le contexte – allez-vous présenter votre offre en personne, par téléphone ou via d'autres moyens ?
- Quels sont les facteurs dans le contexte qui peuvent influencer la négociation – des événements récents rendent-ils cette négociation plus importante ou moins importante aux yeux de votre interlocuteur ?

La préparation est l'équivalent de la ***Structure directrice*** (concept abordé ultérieurement) – l'environnement dans lequel s'inscrit la négociation exerce une influence considérable sur son issue, d'où l'importance de veiller à ce qu'il soit favorable à un accord avant même de se retrouver autour de la table. En réfléchissant à l'organisation, vous saurez si vous négociez avec la bonne personne – celle qui a le ***Pouvoir*** (concept abordé ultérieurement) de vous accorder ce que vous souhaitez. Tout l'intérêt de cette dimension de la négociation réside dans ce travail préparatoire, et mieux vous connaissez l'interlocuteur avec lequel vous négociez, plus vous aurez de pouvoir dans la négociation.

La deuxième dimension de la négociation est la conception du deal : les termes de la proposition. Au cours de cette phase, vous mettez au point votre proposition pour vous donner toutes les chances qu'elle soit appréciée et acceptée :

- Qu'allez-vous proposer exactement, et comment allez-vous formuler votre offre (voir le Cadrage) face à votre interlocuteur ?
- Quels sont les bénéfices de votre proposition pour l'autre partie ?
- Quelle est la Seconde meilleure solution de l'autre partie et en quoi votre offre est-elle meilleure ?

- Comment allez-vous surmonter les objections de votre interlocuteur et les Barrières à l'achat (concept abordé ultérieurement) ?
- Êtes-vous prêt à faire certains Compromis ou certaines concessions pour aboutir à un accord ?

N'oubliez pas que votre objectif est de trouver une Zone d'accord, c'est-à-dire de conclure un accord qui satisfera les deux parties. En réfléchissant à l'avance à la structure de votre proposition, vous pouvez préparer plusieurs options qui, selon vous, ont toutes les chances de plaire à l'autre partie, mais dans des conditions que vous êtes prêt à accepter.

Si, par exemple, vous vous attendez à ce que votre interlocuteur refuse le prix que vous lui proposez, vous devez préparer des arguments capables de le convaincre ou des options plus abordables ou d'autres offres susceptibles de mieux répondre à ses besoins. Au moment où vous entamerez les négociations, vous aurez envisagé tous les possibles.

La troisième dimension d'une négociation est la discussion, c'est-à-dire le moment où vous présentez votre offre à l'autre partie – que ce soit en personne, par téléphone ou par e-mail. Vous avez ainsi l'occasion de clarifier éventuellement certains points que votre interlocuteur ne comprend pas, de répondre à ses objections, de lever les Barrières à l'achat et de l'inciter à acheter votre offre.

Indépendamment de ce qui se passe au cours de la discussion, la Finalité est soit : « Oui, nous concluons l'affaire », « Non, nous ne concluons pas encore l'affaire – voici une contre-proposition ou une autre option à considérer » ou « Non, nous ne concluons pas l'affaire – nous n'avons pas trouvé de Zone d'accord et nous allons donc suspendre les négociations et nous réserver le droit de traiter avec quelqu'un d'autre ». La discussion se poursuit jusqu'à ce qu'un accord final soit obtenu ou que les parties décident d'abandonner les négociations.

Si vous préparez à l'avance les Trois dimensions d'une négociation (préparation, conception et discussion), vous aurez toutes les chances de trouver un accord favorable à votre interlocuteur et à vous-même.

RETROUVEZ CE CONCEPT À L'ADRESSE : **http://book.personalmba.com/3-dimensions-of-negociation/**

L'intermédiaire

« Le zèle sans la connaissance est la sœur de la folie. »

SIR JOHN DAVIES, POÈTE, AVOCAT ET HOMME POLITIQUE BRITANNIQUE

Sauf exception, la Zone d'accord veille à ce que l'accord conclu profite aux deux parties. Toutefois, dans certains aspects de l'accord ou de la discussion, un gain de l'une des parties peut représenter une perte pour l'autre. Si, lors d'un entretien d'embauche, vous essayez d'obtenir un salaire plus élevé et y parvenez, toute augmentation de votre salaire est nécessairement une perte d'argent pour votre employeur.

Selon la situation, ces aspects de la négociation peuvent être tendus. Vous voulez pousser le bouchon le plus loin possible, mais si vous le poussez trop loin, vous risquez de faire échouer la négociation et de détériorer votre relation avec votre interlocuteur. Dans ce cas-là, n'hésitez pas à collaborer avec quelqu'un qui peut vous aider à conclure un accord dans votre intérêt sans compromettre votre relation.

Un ***Intermédiaire*** est une tierce personne habilitée à négocier en votre nom. Les Représentants commerciaux, les avocats, les médiateurs, les courtiers, les comptables et autres experts dans leur domaine sont des Intermédiaires. Les Intermédiaires compétents dans certains types de négociations peuvent vraiment vous aider à conclure le meilleur accord possible. Vous n'avez pas besoin de tout connaître du droit civil ou du droit fiscal si vous sollicitez un Intermédiaire honnête et compétent.

Lorsqu'un sportif professionnel négocie un contrat pour intégrer une équipe, il se fait aider par un agent et un avocat. Le rôle de l'agent est d'obtenir le salaire le plus élevé possible pour l'athlète, ce que savent pertinemment le manager et le propriétaire de l'équipe. Néanmoins, ces derniers peuvent continuer à vouloir recruter cet athlète, même si l'agent négocie ardemment. Au bout du compte, le joueur voit son salaire amélioré malgré la commission versée à l'agent.

C'est la même chose avec l'avocat du joueur qui peut demander ou refuser certaines clauses dans le contrat proposé. Un avocat peut faire entendre sa voix, fort de son savoir, de son expérience et de sa compétence. L'agent et l'avocat peuvent tous les deux collaborer avec le manager et le propriétaire de l'équipe en vue d'aboutir à un accord optimal pour le joueur sans nuire à la Réputation de ce dernier.

Les Intermédiaires peuvent également contribuer à donner aux parties un temps de réflexion supplémentaire dans une négociation particulièrement intense. Il est souvent utile de ne pas être obligé d'avoir le dernier mot et de pouvoir dire : « Je voudrais en discuter avec mon agent/comptable/avocat. » Cela évite bien des décisions précipitées ou déraisonnables.

Soyez particulièrement vigilant à l'égard du ***Biais de la récompense*** (concept abordé ultérieurement) lorsque vous collaborez avec un Intermédiaire. Car les priorités de votre Intermédiaire peuvent être très différentes des vôtres. Par exemple, les agents immobiliers jouent le rôle d'Intermédiaires entre les vendeurs d'un bien immobilier et les acheteurs potentiels. Si vous recherchez un bien immobilier, il peut être utile de travailler avec un agent au service de l'acheteur, c'est-à-dire vous, à condition d'être attentif à son mode de rémunération.

Les agents étant généralement rémunérés à la commission, ils ne touchent de commission que si une Transaction est réalisée. Par conséquent, leur priorité peut être de conclure l'affaire, même si ce n'est pas une bonne affaire pour l'acheteur.

Si possible, travaillez avec un Intermédiaire prêt à accepter une commission forfaitaire en échange des services rendus, que l'affaire soit conclue ou non. Si votre Intermédiaire est rémunéré indépendamment de l'issue de la négociation, il aura davantage intérêt à vous aider à conclure la meilleure affaire possible pour améliorer sa Réputation.

Ne laissez pas votre Intermédiaire remplacer votre propre jugement. L'une des pires choses à faire est d'abandonner tout contrôle sur vos décisions, en particulier si vos intérêts et ceux de votre Intermédiaire ne coïncident pas totalement. Plus d'un investisseur imprudent s'est vu dépouillé de ses économies en donnant carte blanche à des « professionnels de l'investissement » rémunérés à chaque fois qu'un titre est acheté ou vendu. En faisant tourner le compte, le courtier peut toucher des milliers d'euros de commissions. Morale de l'histoire : ne laissez personne décider à votre place, notamment s'il s'agit de décisions concernant votre argent.

Les Intermédiaires peuvent être une ressource extrêmement précieuse, à condition de savoir parfaitement comment ils seront rémunérés, de quoi ils sont responsables et comment vous comptez travailler avec eux.

RETROUVEZ CE CONCEPT À L'ADRESSE : **http://book.personalmba.com/buffer/**

La résistance à la persuasion

« Les ventes dépendent de l'attitude du vendeur, pas de celle du prospect. »

W. CLEMENT STONE, ASSUREUR, PHILANTHROPE ET AUTEUR

Si les clients sont mal à l'aise face aux vendeurs, c'est en partie parce qu'ils ont le sentiment qu'ils vont subir une « vente forcée » ou être dupés, c'est-à-dire amenés malgré eux à accepter quelque chose qui n'est pas dans leur intérêt. D'où leur ***Résistance à la persuasion***. Cette expérience constitue l'une des principales barrières à la vente.

Lorsqu'un prospect sent que quelqu'un tente de le convaincre de – ou contraindre à – faire quelque chose qu'il n'est pas certain de vouloir faire, il résiste et essaie automatiquement de se soustraire à la conversation. Cela vaut particulièrement dans les situations où le vendeur tente de l'obliger à faire un choix ou limite les différentes options dont il dispose.

Les psychologues appellent cette réaction : la « réactance », et elle apparaît dès la petite enfance. Tout parent sait à quoi s'en tenir s'il dit à son enfant qu'il ne « peut pas » ou « doit » faire quelque chose. Un client réagit à l'identique face à un vendeur qui exerce une pression sur lui pour l'obliger à acheter, cherchant instinctivement à préserver son autonomie. Et plus forte sera la contrainte exercée par le vendeur, plus forte sera la résistance du prospect. C'est pourquoi les méthodes de vente agressives ne parviennent pas à engendrer des résultats durables.

La stratégie la plus efficace à en croire le gourou de la vente Zig Ziglar consiste à vous présenter devant le prospect comme un « assistant pour les acheteurs », à savoir quelqu'un qui est là pour l'aider à prendre une décision d'achat éclairée, la meilleure qui soit pour lui. Vous ne le forcez pas à vous donner son argent, mais vous l'aidez à avoir la certitude d'investir ses ressources le plus judicieusement possible. Cette ***Réinterprétation*** (concept abordé ultérieurement) de votre rôle dans le processus de vente fonctionne : elle supprime le sentiment de pression éprouvé par le prospect en le persuadant que vous recherchez avant tout son intérêt.

Les commerciaux doivent être attentifs à deux autres signaux susceptibles de déclencher une Résistance à la persuasion : faire sentir aux clients qu'ils veulent à tout prix conclure la vente et leur courir après. Envoyer l'un de ces signaux durant le processus de vente réduit automatiquement le nombre et l'importance des Transactions que vous réalisez.

Si un prospect sent que vous voulez à tout prix lui « caser » votre produit ou votre service, son intérêt à l'égard de votre offre s'en trouve diminué en quelques secondes. Ce signal est un signal subtil qui indique que vos prospects ne trouvent pas votre offre désirable, et la ***Preuve sociale*** (concept abordé ultérieurement) commence à se retourner contre vous. De la même manière qu'une femme ne veut pas sortir avec un homme qui cherche désespérément une partenaire, les prospects ne veulent pas faire affaire avec un vendeur qui veut leur argent à tout prix.

Vous avez tout intérêt à vous présenter comme quelqu'un qui a confiance en lui et qui croit sincèrement aux avantages de son offre. Si vous n'êtes pas réellement convaincu que votre produit ou votre service convient parfaitement au prospect et représente un bon investissement de son point de vue, trouver quelqu'un d'autre pour vendre à votre place.

Si un prospect sent que vous lui courez après, sa première impulsion sera de s'éloigner de vous. « Pourchasser » et « être pourchassé » sont des schémas comportementaux inscrits dans notre évolution et que notre cerveau primitif reconnaît très vite. Pendant des siècles, les êtres humains ont pourchassé ce qu'ils désiraient et été pourchassés par ce qui les mettait en danger. Même si, dans une situation donnée, nous ne dirions pas consciemment que nous « pourchassons » ou sommes « pourchassés », notre cerveau le remarque et réagit automatiquement.

Courir après un prospect pour conclure une vente est une perte de temps et d'énergie, et va à l'encontre du but recherché. Au contraire, essayez de trouver un Cadrage qui encourage votre prospect à avoir l'impression que c'est lui qui vous court après. En effet, s'il ressent le besoin de se justifier, de montrer qu'il mérite de collaborer avec vous, vous êtes en position de force et avez toutes les chances de conclure la vente.

Nous aborderons les autres manières dont notre cerveau primitif traite notre environnement moderne dans le ***Syndrome de l'homme des cavernes*** (concept abordé ultérieurement). Pour l'instant, il est important de se rappeler que ces signaux sociaux peuvent, au mieux, paraître ridicules et, au pire, manipulateurs, mais cela ne les rend pas pour autant moins réels ou moins importants. En comprenant comment vos prospects évaluent vos offres, vous pouvez préparer votre discours dans le but de réduire au minimum leur Résistance à la persuasion et de les inciter à Désirer ce que vous avez à leur proposer.

Si vous avez envie d'explorer ces signaux plus en détail, je vous recommande de lire *Pitch Anything* d'Oren Klaff.

RETROUVEZ CE CONCEPT À L'ADRESSE : **http://book.personalmba.com/persuasion-resistance/**

La réciprocité

« Les dons ne sont jamais gratuits ; ils lient celui qui donne et celui qui reçoit dans une boucle de réciprocité. »

MARCEL MAUSS, SOCIOLOGUE ET ANTHROPOLOGUE

La ***Réciprocité*** est un désir très fort ressenti par la plupart des individus de « rembourser » des faveurs, des dons, des avantages ou des ressources qu'ils ont obtenus. Si vous avez déjà reçu un cadeau de la part de quelqu'un à qui vous n'avez rien donné, vous savez à quel point cette situation est inconfortable. Si quelqu'un nous procure un avantage ou un bienfait, nous voulons lui en procurer un en retour.

En tant que force sociale, la Réciprocité est l'une des tendances psychologiques fondamentales qui sous-tend la coopération humaine. L'instinct du « donnant-donnant » est extrêmement puissant et constitue le fondement des amitiés et des alliances. Historiquement, offrir des présents permettait aux puissants de garder le ***Pouvoir*** (concept abordé ultérieurement) : en organisant des fêtes somptueuses ou en accordant généreusement des titres et des terres, les seigneurs accroissaient leur influence et accumulaient des faveurs dont ils pouvaient demander le remboursement en cas de besoin.

Voici le problème : le désir de Réciprocité n'est pas nécessairement proportionnel à l'avantage fourni initialement. Dans son livre *Influence et manipulation*, Robert Cialdini prend comme exemple les ventes de voitures. En général, les vendeurs de voitures disent au client. « Que puis-je faire pour vous ? Puis-je vous offrir un café ? Voulez-vous un jus de fruits ? Un peu d'eau ? »

Cela ressemble à un geste d'hospitalité assez banal. Il n'en est rien. Accepter cette petite proposition « qui n'engage à rien » crée, en réalité, un besoin psychologique de Réciprocité. Les dés sont subtilement pipés en faveur du vendeur. Les acheteurs potentiels qui ont volontiers dit oui à cette petite offre gratuite sont beaucoup plus susceptibles d'acheter une voiture, d'ajouter des options et d'accepter des conditions financières moins bonnes. Résultat : ces clients ont dépensé des milliers d'euros de plus que les individus qui n'ont rien accepté du vendeur. Cela n'a rien de rationnel, car le café ou le jus de fruits ne coûtent presque rien au concessionnaire, mais la Réciprocité incite l'acheteur à « rembourser » au centuple la faveur qui lui a été faite.

Plus vous pouvez distribuer de valeur légitime à vos prospects juste avant d'entamer votre argumentaire de vente, plus ils y seront réceptifs. Distribuer de la valeur Gratuitement augmente votre capital sympathie et vos chances de voir votre offre acceptée.

Faire preuve de générosité est l'une des meilleures stratégies de vente. Vos clients vont vous respecter, ce qui va accroître votre Réputation et améliorer vos chances de susciter suffisamment d'intérêt de leur part au moment où vous les Appelez à agir.

RETROUVEZ CE CONCEPT À L'ADRESSE : **http://book.personalmba.com/reciprocation/**

La possibilité de préjudice

> « Nous confessons nos petits défauts pour persuader les autres que nous n'en avons pas de plus grands. »
>
> LA ROCHEFOUCAULD, ÉCRIVAIN ET MORALISTE FRANÇAIS

Lorsque mon épouse et moi avons quitté New York pour nous installer dans les montagnes du Colorado, nos nouveaux propriétaires, Ben et Betty, ont tenu à nous informer de deux faits importants au sujet de notre nouvel appartement :

1. Les éboulements sont très probables.
2. Des ours noirs et des pumas rôdent à proximité.

Ces faits ne nous ont pas empêchés de louer l'appartement, mais nous étions reconnaissants aux propriétaires d'avoir eu l'honnêteté de nous le dire à l'avance. Nous avons évalué les risques, augmenté notre assurance, acheté une bombe répulsive en cas d'attaque d'ours et signé le bail.

Contrairement à ce qu'on pourrait penser, reconnaître la ***Possibilité de préjudice*** peut accroître la Confiance du prospect dans votre capacité à tenir votre promesse.

Puisque nous n'avions pas de voiture à Manhattan, nous avons dû en acheter une en nous installant dans le Colorado. Nous en avons trouvé une qui nous intéressait sur eBay, mais il était risqué d'effectuer un achat aussi important sans voir réellement le véhicule.

Pour apaiser nos inquiétudes, le concessionnaire qui avait mis la voiture en vente sur eBay a accepté de la photographier dans ses moindres détails – y compris une petite éraflure dans la peinture de la carrosserie du côté gauche.

Voyant qu'il était disposé à inclure le moindre petit défaut dans sa description, nous étions davantage en Confiance pour acheter la voiture. Nous l'avons donc achetée et constaté que tout était conforme à la description préalable. S'il n'avait pas reconnu cette Possibilité de préjudice, notre concessionnaire n'aurait pas conclu la vente.

Vos clients savent que vous n'êtes pas parfait, alors ne prétendez pas le contraire. Les gens ont tendance à se montrer méfiants si « c'est trop beau pour être vrai ». Face à une offre trop alléchante, vos prospects risquent de se demander ce qu'elle cache. Alors au lieu de les laisser dans le doute, dites-leur la vérité – toute la vérité sur les défauts possibles et le Compromis qui peut aller de pair. C'est en faisant preuve de franchise à l'égard de vos prospects qu'ils vous feront davantage Confiance et que vous multiplierez vos ventes.

RETROUVEZ CE CONCEPT À L'ADRESSE : **http://book.personalmba.com/damaging-admission/**

Les barrières à l'achat

« La vente commence quand le prospect dit non. »

DICTON DE VENDEUR

Imaginez un instant que vous proposez une offre à un client et qu'il vous répond quelque chose du style : « Non, ce n'est pas pour moi. » Vous remballez et partez ?

Il y a toujours une raison pour laquelle un client dit non. Le simple fait qu'il accepte de parler avec vous montre que votre offre suscite un intérêt minimal de sa part – sinon, la conversation s'arrêterait. Si vous posez les bonnes questions, vous pouvez toujours espérer conclure la vente.

Vendre, c'est identifier et éliminer des ***Barrières à l'achat*** : des risques, des inconnues et des inquiétudes qui empêchent votre prospect d'acheter ce que vous lui proposez. En tant que vendeur, votre rôle principal est d'identifier et de supprimer les obstacles à la réalisation de la Transaction. Levez les barrières et les objections de votre prospect, et vous pourrez conclure la vente.

Dans tout processus de vente, on identifie cinq objections types :
1. « Ça coûte trop cher. » En vertu de l'***Aversion pour la perte*** (concept abordé ultérieurement), toute dépense est ressentie comme une perte – face à un achat à effectuer, le prospect sait qu'il renonce à quelque chose, ce qui le fait natu-

rellement hésiter. (Certaines personnes éprouvent ce sentiment de perte après l'achat, ce qu'on appelle les « remords de l'acheteur ».)

2. « Ça ne va pas marcher. » Si le prospect pense que l'offre risque de ne pas tenir ses promesses, il ne va pas l'acheter.

3. « Ça ne va pas marcher pour moi. » Le prospect peut être convaincu que l'offre est capable de bénéficier à d'autres personnes, mais pas à lui parce qu'il est différent – un cas spécial.

4. « Je peux attendre. » Le prospect peut penser que la résolution de son problème peut attendre, même si pour vous ce n'est pas le cas.

5. « C'est trop difficile. » Si l'offre réclame un effort quelconque de sa part, le prospect peut être persuadé qu'il ne parviendra pas à s'en servir ou à en tirer profit.

Si vous voulez surmonter ces objections le plus rapidement possible, vous devez les intégrer dans la structure de votre offre initiale. Ces objections étant très répandues, vous avez intérêt à les éliminer avant que le prospect considère votre offre pour faciliter le processus de vente.

Vous pouvez supprimer l'objection n° 1 via le Cadrage et la Vente basée sur la valeur. Si vous vendez à une entreprise un logiciel susceptible de lui faire économiser 10 millions d'euros par an, vous pouvez légitimement vendre votre licence 1 million d'euros par an, ce qui n'est pas cher. Il est évident que la valeur de votre offre excède largement le prix demandé. L'objection du prospect est alors discutable.

Vous pouvez supprimer les objections 2 et 3 via la ***Preuve sociale*** (concept abordé ultérieurement) – en commençant par montrer au prospect que les clients apprécient votre offre, tout simplement. Plus vos Histoires et vos Témoignages correspondront au profil de votre client, plus ce sera efficace. C'est la raison pour laquelle les ***Recommandations*** (concept abordé ultérieurement) sont un outil de vente si puissant. Les consommateurs ont tendance à se référer à des personnes aux situations et aux besoins similaires, et les Recommandations suffisent à éliminer ces deux objections.

Vous pouvez supprimer les objections 4 et 5 via la Vente basée sur l'éducation. Il arrive souvent que vos prospects n'aient pas vraiment réalisé qu'ils avaient un problème, notamment en cas de l'***Ignorance de l'absence*** (concept abordé ultérieurement). Si l'entreprise ne réalise pas qu'elle perd 10 millions d'euros, il est difficile de la convaincre que vous pouvez l'aider. Par conséquent, efforcez-vous de rendre vos clients plus avisés en leur montrant que vous connaissez leur situation, puis en les aidant à Visualiser ce qu'ils obtiendraient en acceptant votre offre.

Une fois que vous avez obtenu l'Attention et la Permission du prospect, il vous reste deux tactiques possibles s'il a encore des objections : 1) le convaincre que son objection n'est pas fondée ou 2) le convaincre que son objection n'est pas pertinente. L'approche à utiliser dépend de la nature de l'objection soulevée, mais c'est en associant le Cadrage, la Vente basée sur la valeur, la Vente basée sur l'éducation, la Preuve sociale et la Visualisation que vous obtiendrez les meilleurs résultats.

Si votre prospect n'est toujours pas disposé à effectuer un achat, cela signifie généralement qu'il existe une problématique de Pouvoir – votre interlocuteur peut ne pas avoir le budget ou l'autorité nécessaires pour accepter votre proposition. Dans ce cas, essayez de négocier directement avec le décideur. Et si ce dernier refuse votre offre, passez rapidement à des prospects plus prometteurs.

RETROUVEZ CE CONCEPT À L'ADRESSE : **http://book.personalmba.com/objections-barriers-to-purchase/**

L'inversion du risque

« Si vous voulez une garantie, achetez un grille-pain. »

CLINT EASTWOOD, ACTEUR AMÉRICAIN

Les gens détestent perdre, se sentir stupides, prendre de mauvaises décisions, perdre de l'argent ou prendre des risques.

Lorsque l'on arrive à la conclusion d'un deal, vous, le vendeur, êtes le risque. Dans toute transaction, l'acheteur prend un risque plus ou moins important. Que se passe-t-il si le produit ne fonctionne pas comme prévu ? S'il ne répond pas à ses besoins ? Si cet achat est en fait une pure perte ?

Le client se pose ces questions lorsqu'il considère votre offre. Si vous ne lui proposez pas de solutions pour y répondre, vous avez peu de chance de conclure la vente.

L'***Inversion du risque*** est une stratégie qui transfère tout ou partie du risque lié à une Transaction de l'acheteur vers le vendeur. Au lieu de faire supporter à l'acheteur le risque d'une mauvaise Transaction, le vendeur s'engage par avance à trouver une solution satisfaisante pour l'acheteur si, pour une raison ou pour une autre, les choses ne se passent pas comme prévu.

Prenez le secteur de la literie. Les professionnels du secteur font souvent dans la surenchère. Vous pouvez essayer un lit pendant douze mois, décider qu'il ne vous plaît pas et appeler le magasin pour qu'il le reprenne et vous rembourse intégralement sans avoir à vous justifier. Incroyable, non ?

Non, cela n'a rien d'incroyable. Cette stratégie élimine le risque perçu par l'acheteur, une Barrière à l'achat importante. Si un consommateur effectue un achat dont il n'est pas satisfait, il ne se sentira pas idiot d'avoir gaspillé son argent ni ne sera en colère contre l'entreprise ou contre lui-même d'avoir pris une mauvaise décision. Il n'a qu'à profiter de la garantie et la retourner. Résultat : il ne réfléchit pas longtemps avant d'effectuer son achat – pourquoi se méfierait-il puisqu'il ne risque rien ?

C'est comme prendre un chiot chez soi à l'essai, ce que proposent certaines animaleries. Si vous craquez pour un chiot adorable, mais hésitez à vous engager, le vendeur vous propose de le prendre à l'essai. « Si ça ne fonctionne pas entre vous, vous pouvez toujours le rapporter », vous dit le vendeur.

Bien sûr, il est extrêmement rare qu'on rapporte un chiot au magasin. Mais sans cette promesse, le vendeur aurait moins de clients.

Naturellement, cette stratégie d'Inversion du risque n'est pas toujours agréable pour le vendeur qui, lui aussi, déteste « perdre ». Aucun vendeur n'aime se sentir exploité ou refait, ce qui peut être le cas si un client tire profit d'une offre mais réclame néanmoins son remboursement.

La différence, c'est que l'acheteur achète à un vendeur, tandis que le vendeur vend à de nombreux acheteurs. Les clients prennent un risque à chaque achat d'être insatisfait ; tandis que vous, en vendant à de nombreux clients, vous pouvez répartir le risque de demandes de remboursement sur de nombreux clients.

Certes, vous perdez de l'argent sur des clients qui, visiblement, exploitent votre générosité, et ce n'est jamais agréable. Mais en contrepartie, en éliminant le risque qui fait hésiter tout client, vous réalisez un plus grand nombre de ventes et vous êtes largement gagnant en termes de chiffre d'affaires et de profit au final.

Si vous voulez augmenter vos ventes, adoptez une politique active d'Inversion du risque et une extension de la garantie. Si vous ne proposez aucune garantie, mettez un tel système rapidement en place et vos ventes ne tarderont pas à s'envoler.

RETROUVEZ CE CONCEPT À L'ADRESSE : **http://book.personalmba.com/risk-reversal/**

La réactivation

« La clientèle représente l'actif principal de toute entreprise, parce que sans clients, il n'y a pas d'entreprise. »

MICHAEL LEBŒUF, PROFESSEUR DE BUSINESS ET AUTEUR DE *COMMENT SÉDUIRE DE NOUVEAUX CLIENTS ET LES GARDER POUR LA VIE*

La vente est un processus qui consiste à convaincre des prospects de devenir des clients. Toutefois, gagner de nouveaux clients est souvent long et coûteux. N'y a-t-il pas un autre moyen d'augmenter son chiffre d'affaires sans coût supplémentaire, ou presque ?

La ***Réactivation*** est un processus qui consiste à convaincre d'anciens clients d'effectuer un nouvel achat chez vous. Si votre entreprise existe depuis un certain temps, vous avez inévitablement des clients qui ne sont plus actifs – des personnes qui ont déjà acheté chez vous, mais n'ont pas effectué de nouvel achat depuis un certain temps. Vous savez que vos offres les intéressent et avez sans doute gardé leurs coordonnées pour pouvoir les joindre. Pourquoi ne pas leur présenter une nouvelle offre pour qu'ils redeviennent des clients actifs ?

La société californienne Netflix, qui a révolutionné la vidéo à la demande, utilise brillamment la Réactivation. Si vous suspendez votre abonnement, trois à six mois plus tard vous recevez une carte postale et/ou un email avec une offre de réabonnement à un tarif préférentiel. Si vous ne répondez pas, la société vous relance tous les deux à trois mois jusqu'à ce que vous vous réabonniez ou demandiez à être supprimé définitivement de son fichier. Netflix tirant ses revenus de l'Abonnement, tout ancien client relancé avec succès permet une nouvelle rentrée d'argent tous les mois, ce qui augmente considérablement la ***Valeur du cycle de vie*** (concept abordé ultérieurement) de chaque client.

La Réactivation est une approche plus rapide, plus simple et plus efficace pour accroître son chiffre d'affaires que celle qui consiste à attirer de nouveaux clients. Vos anciens clients vous connaissent déjà, vous font confiance et sont conscients de la valeur que vous leur fournissez. Vous avez leurs coordonnées et n'avez donc pas besoin de les chercher. Le ***Coût d'acquisition d'un client*** (concept abordé ultérieurement) est alors extrêmement faible – vous n'avez qu'à contacter ces clients et leur présenter une offre attractive.

La Réactivation est beaucoup plus simple si vous avez la Permission de relancer vos clients. Votre liste de clients potentiels est un actif précieux, mais celle de vos anciens clients l'est tout autant. En obtenant la Permission de vos clients de les relancer, vous augmentez vos chances de Réactivation si, pour quelque raison que ce soit, ils cessent d'acheter chez vous.

La plupart des points de vente gardent les données des clients – qui a effectué un achat, et quand. Il est relativement simple d'établir une liste de clients qui n'ont pas acheté chez vous depuis un certain temps, puis de leur présenter une offre de Réactivation par e-mail, par téléphone ou par courrier. Les campagnes de Réactivation sont les campagnes de marketing les plus faciles et les plus rentables.

Donnez-vous comme priorité de relancer vos clients tous les trois à six mois avec une nouvelle offre pour les encourager à effectuer un nouvel achat chez vous, et vous serez étonné des résultats.

RETROUVEZ CE CONCEPT À L'ADRESSE : **http://book.personalmba.com/reactivation/**

4

DÉLIVRER LA VALEUR

« Un client satisfait est la meilleure stratégie d'entreprise qui soit. »

MICHAEL LEBŒUF, PROFESSEUR DE BUSINESS ET AUTEUR DE *COMMENT GAGNER DES CLIENTS ET LES GARDER POUR LA VIE*

Toute entreprise qui fonctionne donne à ses clients ce qu'elle leur a promis. Il existe un terme pour désigner une personne qui prend l'argent des autres sans leur donner de valeur équivalente : un escroc.

Délivrer la valeur comprend tout ce qui est nécessaire pour s'assurer de la satisfaction du client : traitement des commandes, gestion des stocks, livraison, dépannage, service après-vente, etc. Sans distribuer la valeur, vous n'avez pas d'entreprise.

Les meilleures entreprises du monde délivrent la valeur promise à leur client en dépassant même leurs attentes. Tout client apprécie de tirer une satisfaction maximale de ses achats de façon rapide, fiable et de la même façon à chaque fois.

Plus l'entreprise rend ses clients satisfaits, plus elle augmente ses chances de les voir renouveler leurs achats auprès d'elle. Des clients satisfaits sont également plus susceptibles de parler autour d'eux de leur expérience, ce qui améliore votre Réputation et vous attire de nouveaux clients.

Les entreprises qui réussissent donnent satisfaction à leurs clients, même dans un environnement qui évolue sans cesse. Les entreprises en difficulté et qui ne parviennent pas à satisfaire leurs clients, les perdent et finissent par faire faillite.

RETROUVEZ CE CONCEPT À L'ADRESSE : **http://book.personalmba.com/value-delivery/**

La chaîne de valeur

« Le top du design, c'est d'éliminer tous les détails superflus. »

MINH D. TRAN, TECHNOLOGUE ET DESIGNER

Quand je travaillais chez Procter & Gamble, j'adorais comprendre comment les produits étaient créés et arrivaient jusqu'au consommateur. Voici un bref aperçu de la fabrication d'un liquide vaisselle :

1. Les matières premières sont livrées à l'usine.
2. Ces différentes matières premières sont mélangées pour créer le liquide vaisselle, lequel est stocké dans de grandes cuves.
3. Les bouteilles en plastique sont fabriquées à l'aide de moules, puis remplies de liquide vaisselle et fermées par un bouchon.
4. Des étiquettes adhésives sont appliquées sur chaque bouteille.
5. Chaque bouteille est vérifiée, emballée et chargée sur une palette.

Voilà l'exemple d'un processus de Création de valeur qui commence avec des matières premières et s'achève avec des Produits finis, prêts à être livrés. Voici ce qui se passe ensuite :

1. Les palettes sont emballées dans un plastique de protection, empilées et stockées dans un entrepôt, prêtes à être livrées.
2. Lorsque les commandes arrivent, les palettes sont déplacées, prêtes à être chargées.
3. Les palettes sont chargées dans un camion qui les livre au centre de distribution le plus proche du client.
4. Le client charge les palettes dans un camion de livraison.
5. Le camion livre les palettes à un magasin qui a besoin de stock supplémentaire.
6. Le magasin enlève le plastique de protection des palettes, puis déballe le produit et le met en rayon où il reste jusqu'à ce qu'il soit acheté par le consommateur.

Cela fait beaucoup d'étapes pour une petite bouteille de liquide vaisselle – des étapes qui méritent d'être étudiées.

Une ***Chaîne de valeur*** est l'ensemble des étapes et des processus, depuis la Création de valeur initiale jusqu'à la livraison du résultat final au consommateur. Comprendre à quoi ressemble la Chaîne de valeur de votre offre est capital pour distribuer de la valeur à vos clients de façon rapide, fiable et systématique.

Vous pouvez vous représenter la Chaîne de valeur comme l'association des processus consistant à créer la valeur et à Délivrer la valeur. Très souvent, votre offre passe directement du premier au second. Même si les objectifs de ces processus fondamentaux sont très différents, les considérer comme un seul et même processus peut vous aider à améliorer vos aptitudes à délivrer la valeur que vous créez.

Le Système de Production de Toyota fut le premier processus industriel à grande échelle à examiner systématiquement et régulièrement l'ensemble de sa Chaîne de valeur. Et cette analyse détaillée du système de production a ouvert la voie à toute une série d'améliorations incrémentales : les ingénieurs de Toyota effectuent plus d'un million d'améliorations par an. Résultat : le constructeur améliore considérablement et constamment la vitesse et la fiabilité de ses véhicules, ce qui a beaucoup contribué à améliorer sa Réputation – jusqu'à ce que le ***Paradoxe de l'automatisation*** (concept abordé ultérieurement) ne la détruise.

Le meilleur moyen de comprendre votre Chaîne de valeur est de la représenter sous forme graphique. En effet, un graphique permet de voir les étapes que votre offre subit du début à la fin, ce qui est très éclairant et vous aide à apprécier l'efficacité de votre processus pour délivrer la valeur. Il arrive très souvent que les processus incluent des étapes inutiles ou des transitions malheureuses. Certes, créer un diagramme complet de l'ensemble de votre Chaîne de valeur réclame des efforts importants, mais cela peut vous aider à la rationaliser et, par conséquent, à avoir un système de production plus performant.

En règle générale, le Chaîne de valeur doit être aussi simple et efficace que possible. Comme nous le verrons plus tard lorsque nous aborderons la question des systèmes, plus le processus est long, plus le risque de dysfonctionnement est important. Plus votre Chaîne de valeur sera courte et rationalisée, plus elle sera facile à gérer et mieux vous distribuerez la valeur créée.

RETROUVEZ CE CONCEPT À L'ADRESSE : **http://book.personalmba.com/value-stream/**

Le circuit de distribution

> « À moins d'être un ramasseur de palourdes, un trappeur ou un chercheur de l'ancien temps muni de sa pelle et de sa pioche, il est quasiment impossible aujourd'hui de réussir tout seul. »
>
> BENJAMIN F. FAIRLESS, ANCIEN DIRIGEANT DE U.S. STEEL

Une fois la vente conclue, vous devez tenir votre promesse et livrer le produit à votre client. Un ***Circuit de distribution*** décrit la manière dont la valeur créée est délivrée à l'utilisateur final.

Il existe deux grands types de Circuits de distribution : la distribution directe, et la distribution par des intermédiaires.

La distribution directe utilise un seul circuit – le Produit ou le Service passe directement de l'entreprise à l'utilisateur final. Le secteur des Services en est un bon exemple : lorsque vous vous faites couper les cheveux, la valeur est produite par le coiffeur et vous est distribuée directement, sans intermédiaire.

La distribution directe est simple et efficace, mais elle a ses limites – vous devez contrôler totalement l'ensemble du processus, et vous ne pouvez pas servir plus de clients que vos ressources vous le permettent – votre temps et votre énergie étant, par définition, limités. Dès que la demande dépasse votre capacité à distribuer votre offre, vous risquez de décevoir vos clients et de ternir votre Réputation.

La distribution indirecte utilise de nombreux circuits. Lorsque vous achetez un produit dans un magasin, le magasin joue le rôle du Revendeur (voir concept de la ***Revente***). Dans la plupart des cas, le magasin ne fabrique pas les produits – il les achète à une autre entreprise.

L'entreprise qui a créé le Produit peut le vendre à autant de magasins qu'elle le souhaite en se constituant un réseau de distribution. Plus un produit est distribué, plus l'entreprise a des chances de le vendre – autrement dit, plus le nombre de magasins qui vendent le produit est important, plus le nombre de ventes potentielles est élevé.

Vous pouvez accroître vos ventes en choisissant un circuit de distribution avec des intermédiaires, mais à condition de renoncer à contrôler totalement votre processus pour délivrer la valeur. Faire confiance à une autre entreprise pour distribuer votre offre à vos clients vous fait économiser du temps et de l'énergie, mais accroît également le ***Risque de contrepartie*** (concept abordé ultérieurement) – le risque que votre partenaire remplisse mal sa mission et porte atteinte à votre Réputation.

Imaginez que vous vendez au supermarché de votre quartier les cookies que vous fabriquez. Le supermarché vous achète vos cookies, les met en rayon et les vend à sa clientèle plus cher qu'il ne vous les a achetés. Au lieu de vous acheter directement vos cookies, les clients les achètent par l'intermédiaire du supermarché.

Il est facile de voir les avantages de cette approche, mais il y a des inconvénients. Supposons que vos cookies soient détériorés pendant leur transport jusqu'au magasin : ils sont écrasés et réduits en mille morceaux. Les clients du supermarché ne vont pas savoir exactement ce qui s'est passé, mais si cela se reproduit, ils vont penser que vous créez un produit de mauvaise qualité, ce qui nuit à votre Réputation.

Il peut être utile de se constituer un réseau de distribution, mais gardez un œil sur vos intermédiaires. La distribution n'est pas une stratégie qui permet de se désintéresser du sujet une fois qu'on l'a mise en place – si vous travaillez avec des Circuits de distribution multiples, consacrez du temps et de l'énergie à vérifier qu'ils donnent une bonne image de vous.

RETROUVEZ CE CONCEPT À L'ADRESSE : **http://book.personalmba.com/distribution-channel/**

L'effet d'attente

« Ne promettez pas ce que vous ne pourrez pas tenir. »

PUBLILIUS SYRUS, APHORISTE SYRIEN DU IER SIÈCLE AV. J.-C.

L'entreprise américaine Zappos a perfectionné l'art de la vente de chaussures en ligne.

Vendre des chaussures sur Internet est un métier difficile – on ne peut pas les essayer, et qui voudrait se retrouver avec des chaussures qui ne lui vont pas, ne lui plaisent pas et qu'il ne portera jamais ? Personne. C'est pourquoi Zappos applique une Inversion du risque à chaque commande – il propose une livraison gratuite et un retour gratuit également, sans justification nécessaire, si vous n'aimez pas le produit que vous avez commandé. Ces deux mesures suppriment le risque de faire un mauvais achat, ce qui incite davantage les clients à tester Zappos.

Toutefois, ce n'est pas pour cette raison que Zappos s'est bâti une solide Réputation sur ce marché. Son secret réside dans une prestation inattendue pour le client.

Lorsque vous commandez auprès de Zappos, vous avez toutes les chances d'avoir une agréable surprise : vos chaussures arrivent le lendemain, plusieurs jours avant la date prévue. Zappos pourrait très bien communiquer sur le fait que la livraison gratuite est ultra-rapide, mais ils ne le font pas. Car une agréable surprise a un meilleur impact.

La façon dont un client perçoit la qualité d'un produit repose sur deux critères : ses attentes et la performance. Vous pouvez poser ce principe sous la forme d'une équation que j'appelle l'***Effet d'attente :***

Qualité = Performance - Attentes

Les attentes d'un client qui achète chez vous sont généralement très élevées. Mais une fois l'achat effectué, la prestation doit dépasser ses attentes si vous voulez que votre client soit satisfait. Si la performance est supérieure aux attentes, le client percevra votre produit comme de grande qualité. Si la prestation est inférieure aux attentes, il le jugera médiocre – aussi bonne que soit la qualité de votre offre dans l'absolu.

L'iPhone de première génération d'Apple a été un succès planétaire : les consommateurs s'attendaient à un bon produit et ils ont été satisfaits au-delà de leurs attentes. Son iPhone de deuxième génération, le 3G, n'a pas reçu un accueil aussi favorable – les attentes avant son lancement sur le marché étaient si élevées que l'entreprise pouvait difficilement les dépasser. De plus quelques soucis dans le lancement ont terni l'image du produit.

L'iPhone 3G était un meilleur produit dans l'absolu – non seulement il était plus rapide et moins cher, mais il était doté de nouvelles fonctions et d'une mémoire accrue. Toutefois, de nombreux clients n'avaient pas l'impression qu'il était meilleur – Apple n'a pas réussi à être à la hauteur de leurs attentes et la Réputation de l'entreprise en a pâti. Il s'est passé la même chose avec le lancement de l'iPhone 4 – un petit problème d'antenne a déçu de nombreux clients, même si la nouvelle version était réellement meilleure que l'ancienne.

Le meilleur moyen de dépasser systématiquement les attentes de vos clients est de leur donner un bonus inattendu en plus de la valeur attendue. Pour délivrer la valeur en satisfaisant les clients, il faut veiller au minimum à répondre à leurs attentes et les dépasser à chaque fois que vous en avez la possibilité.

Faites tout ce que vous pouvez pour leur apporter un petit quelque chose en plus auquel ils ne s'attendaient pas et qui les ravit. Le succès commercial de la livraison de chaussures plus rapide que prévu offerte par Zappos tient largement à son effet de surprise – si elle faisait partie du contrat, elle perdrait beaucoup de son impact émotionnel.

Offrez un produit ou un service bien supérieur aux attentes de vos clients et ils seront satisfaits de l'expérience.

RETROUVEZ CE CONCEPT À L'ADRESSE : **http://book.personalmba.com/expectation-effet/**

La prévisibilité

« J'ai toujours eu la conviction que pour bien marcher, un produit ou un service devait fournir de la qualité. Un produit ou un service de qualité est son propre argument de vente, et le meilleur qui soit. »

VICTOR KIAM, ANCIEN PROPRIÉTAIRE DE REMINGTON ET DE L'ÉQUIPE DE FOOT DES PATRIOTS DE NOUVELLE-ANGLETERRE

Aaron Shira, l'un de mes meilleurs amis d'enfance, a lancé une entreprise de peinture avec son frère, Patrick, à Columbus, dans l'Ohio, sans recourir à des capitaux extérieurs – un ***Autoarmorçage*** (concept abordé ultérieurement). La société Shira Sons Painting est spécialisée dans les projets de peinture de grande envergure – elle a peint les murs d'universités, de bases militaires, d'églises gigantesques et de maisons de plusieurs millions d'euros. Partis de rien, les frères Shira sont aujourd'hui à la tête de l'entreprise de peinture préférée de plusieurs grands entrepreneurs en bâtiment dans la région de Columbus.

Comment deux frères ont-ils réussi à pénétrer un marché aussi concurrentiel face à des entreprises qui ont démarré alors qu'ils n'étaient même pas nés ? Très simple : lorsque vous sollicitez les services des frères Shira, vous pouvez être absolument certain que le travail va être fait correctement et dans le temps imparti.

Les artisans du bâtiment sont réputés imprévisibles : ils arrivent souvent en retard, ne respectent pas les délais, bâclent leur travail et ont des comportements incorrects. Le secret de la réussite des frères Shira est leur ***Prévisibilité*** – ils font du très bon travail, le livrent dans les délais prévus et sont toujours agréables à côtoyer. Pas étonnant, donc, que leur carnet de commandes soit plein. Un succès impressionnant, surtout dans un marché de la construction plutôt atone.

Lorsqu'ils achètent quelque chose de valeur, les clients veulent savoir exactement à quoi s'attendre. Autrement dit, ils veulent que leur expérience soit prévisible. Des surprises inattendues peuvent leur procurer une expérience encore meilleure, mais si vous n'êtes pas capable de leur apporter ce qu'ils attendent au départ, ils n'auront que faire de vos surprises, aussi agréables soient-elles. Les gens adorent les surprises agréables, mais détestent être pris au dépourvu.

Trois facteurs majeurs influencent la Prévisibilité d'une offre : l'uniformité, la constance et la fiabilité.

L'uniformité signifie proposer à chaque fois des caractéristiques identiques. Coca-Cola a été l'une des premières grandes entreprises à associer une stratégie publicitaire convaincante et une uniformité de ses produits à grande échelle. L'uniformité des produits dans l'industrie des boissons est une véritable prouesse : créer, embouteiller et distribuer un soda est un processus logistique incroyablement complexe. Un peu trop de sucre ou d'arômes, un peu plus d'air ou l'introduction d'une bactérie peut changer complètement le produit final.

Qui voudrait que son soda favori ait un goût différent à chaque fois ? Quand vous ouvrez une canette de Coca, vous vous attendez à avoir exactement le même produit que la dernière fois, et ce dans n'importe quel pays du monde. Si seulement 0,1 % des canettes de Coca vendues sur la planète avaient un goût aigre ou insipide, les consommateurs cesseraient rapidement d'en acheter.

La constance signifie délivrer une valeur identique au cours du temps. Si le « New Coke » a échoué au milieu des années 1980, c'est en partie parce que les clients s'attendaient à ce que leur Coca ait un certain goût, le goût habituel, et certainement pas à ce que l'entreprise leur propose quelque chose d'entièrement nouveau sous le même nom. Cette violation du principe de constance a entraîné une chute des ventes rapide suivie d'une remontée tout aussi rapide dès que la société a rétabli sa formule d'origine.

Violer les attentes de clients fidèles n'est pas la clé du succès – si vous proposez quelque chose de complètement différent, présentez-le comme complètement nouveau.

La fiabilité signifie pouvoir compter sur une valeur délivrée sans erreur ni retard. Demandez aux utilisateurs de Microsoft Windows ce qu'ils détestent le plus dans leur système informatique et ils vous répondront « les plantages ». Le manque de fiabilité est une frustration terrible pour l'utilisateur, notamment si l'entreprise fait payer cher sa Prévisibilité. Que ressentiriez-vous si vous construisiez une maison et que l'un des entrepreneurs n'arrivait pas à l'heure ? De la frustration, bien sûr.

Améliorer la Prévisibilité améliore considérablement la Réputation et la Valeur perçue. Plus votre offre habituelle sera prévisible, plus vous pourrez accroître la qualité perçue de vos Produits et de vos Services.

RETROUVEZ CE CONCEPT À L'ADRESSE : **http://book.personalmba.com/predictability/**

Le flux sortant

« Que la stratégie soit belle est un fait, mais n'oubliez pas de regarder le résultat. »

WINSTON CHURCHILL, PREMIER MINISTRE BRITANNIQUE
DURANT LE SECONDE GUERRE MONDIALE

Le ***Flux sortant*** est la vitesse à laquelle un système atteint son objectif. Comprendre et améliorer le processus utilisé pour créer et délivrer la valeur promise vous permet d'accroître la qualité de votre offre et la satisfaction de vos clients.

Le Flux sortant est une mesure de l'efficacité de la Chaîne de valeur. On le mesure par la formule : nombre sortant d'unités/temps

Pour mesurer le Flux sortant, il vous faut un objectif clairement défini :

La mesure du Flux sortant en *euros* mesure la vitesse à laquelle votre système crée un euro de chiffre d'affaires. Prenez une unité de temps standard – une heure, une journée, une semaine ou un mois – et calculez combien d'euros vous générez en moyenne en une heure, en une journée, en une semaine ou en un mois. Plus vous engendrez des revenus rapidement, mieux votre entreprise se porte.

La mesure du Flux sortant en *unité* donne la vitesse à laquelle vous produisez une unité prête à être vendue. Combien de temps vous faut-il pour passer des matières premières à un produit fini ? Plus vous produisez rapidement une unité à vendre, plus vous en avez à mettre en vente et plus vous pouvez réagir rapidement à une nouvelle demande.

La mesure du Flux sortant en *satisfaction* détermine la vitesse à laquelle vous créez un client satisfait. Certains restaurants n'ont besoin que de trois minutes entre l'instant où le client franchit le seuil de la porte et le moment où il passe commande. Moins il faut de temps pour créer un client satisfait, plus vous pouvez servir de clients en une heure et donc plus vous créez chaque jour de clients satisfaits. En revanche, plus les clients doivent attendre, moins vous pouvez en servir en une heure et moins ils seront satisfaits de leur expérience.

Le meilleur moyen d'augmenter le Flux sortant est de commencer à le mesurer. Combien de temps mettez-vous à produire un euro de revenu ? Une unité supplémentaire ? Un nouveau client satisfait ?

Si vous ignorez votre Flux sortant, vous ne pourrez jamais l'améliorer. Alors mesurez-le sans tarder !

RETROUVEZ CE CONCEPT À L'ADRESSE : **http://book.personalmba.com/throughput/**

La duplication

« Les problèmes de ce monde ne sont vraiment résolus que de deux manières : par l'extinction ou par la duplication. »

SUSAN SONTAG, AUTEURE ET ACTIVISTE AMÉRICAINE

La ***Duplication*** est la capacité à reproduire fidèlement quelque chose de valeur. La production industrielle est un exemple parfait de Duplication : un modèle, de nombreuses copies. Au lieu de réinventer sans cesse la roue, la Duplication vous permet de la créer une fois pour toutes, puis d'en fabriquer autant que vous voulez.

Plus vous serez capable de Dupliquer votre offre, plus vous distribuerez de valeur. Plus il faut de temps et d'efforts pour fabriquer un produit, moins il est disponible. Grâce à la Duplication, vous fabriquez des copies de votre offre rapidement et à bon marché, ce qui augmente sa disponibilité sur le marché à bon marché.

Prenez l'exemple de ce livre. Autrefois, les livres étaient copiés et reliés à la main. Un copiste mettait des mois (parfois des années*) pour recopier un seul ouvrage, et encore, à condition de travailler à plein temps. Ce qui explique pourquoi les livres étaient si chers et si difficiles à obtenir.

Les temps ont changé. Je n'ai écrit ce livre qu'une fois, mais grâce aux performances extraordinaires des presses modernes, il peut être reproduit rapidement, fidèlement et à bas coût. Des dizaines de millions de copies peuvent être réalisées et distribuées aux quatre coins du monde, et achetées pour quelques euros. C'est la magie de la Duplication.

Internet a encore facilité la Duplication de certaines formes de valeur. Comme le faisait remarquer Kevin Kelly dans son article "Better Than Free"**, Internet est fondamentalement une photocopieuse aussi gigantesque que bon marché. Lorsque j'écris un article pour mon site Web, il peut être Dupliqué par mon serveur sans frais (ou presque) et lu par un lecteur à l'autre bout du monde presque instantanément.

La Duplication de l'information, qu'il s'agisse de texte, d'image, de musique ou de vidéo, est largement gratuite. Ce n'est pas pour autant que sa valeur ne peut pas être élevée.

---

* Avant l'invention de l'imprimerie, les bibles étaient copiées et enluminées (décorées et illustrées) par des moines qui passaient des années sur une seule copie.
** http://www.kk.org/thetechnium/archives/2008/01/better_than_fre.php

Si vous souhaitez créer quelque chose que vous pouvez vendre sans vous impliquer directement, la capacité de Duplication de votre offre est essentielle. Si vous deviez être impliqué personnellement avec chaque client, vous ne pourriez servir qu'un nombre limité de clients dans un laps de temps donné. Associer l'***Automatisation*** (concept abordé ultérieurement) à la Duplication vous permet de distribuer de la valeur à un nombre accru de clients et, par conséquent, de conclure davantage de ventes.

RETROUVEZ CE CONCEPT À L'ADRESSE : **http://book.personalmba.com/duplication/**

La multiplication

« Toute croissance dépend d'une activité. Il n'y a pas de développement physique ou intellectuel sans effort, et l'effort signifie le travail. »

CALVIN COOLIDGE, 30E PRÉSIDENT DES ÉTATS-UNIS

McDonald's sait comment Dupliquer ses Big Macs. Starbucks ses frappuccino. Ce que McDonald's et Starbucks ont en commun ? La capacité à Dupliquer des magasins entiers, d'où leurs milliers de magasins à travers le monde.

La ***Multiplication*** est la Duplication d'un processus ou d'un ***Système*** entier (concept abordé ultérieurement). McDonald's a commencé par un seul restaurant en Californie, Starbucks par un seul café à Seattle. En apprenant à Dupliquer l'ensemble du système d'entreprise que représente un magasin McDonald's ou Starbucks, chacune de ces deux sociétés s'est créé de nouvelles possibilités de croissance.

Walmart a fait la même chose. Le géant de la distribution américain a commencé avec un seul magasin à Fayetteville, dans l'Arkansas, avant de se Multipler à un rythme étourdissant, s'implantant dans le Midwest, puis à l'échelle nationale, et enfin à l'échelle internationale.

La réussite de Walmart réside dans la Multiplication de deux systèmes interconnectés : les magasins et les centres de distribution. Les centres de distribution Multiplient la capacité à recevoir les stocks des fournisseurs et à les livrer aux magasins. Les magasins reproduisent un système qui a fait ses preuves – recevoir, exposer et vendre ce stock aux clients.

La Multiplication est ce qui sépare les petites des très grandes entreprises. Chaque organisation d'entreprise a ses limites. En créant des entreprises identiques fondées sur un modèle éprouvé, la Multiplication peut étendre la capacité d'une entreprise à délivrer de la valeur à ses clients. C'est l'avantage majeur de la franchise : au lieu de réinventer l'organisation d'une entreprise, ouvrir un magasin franchisé contribue à Multiplier un modèle qui fonctionne déjà.

Plus vous aurez de facilité à Multiplier l'organisation de votre d'entreprise, plus vous pourrez délivrer de valeur.

RETROUVEZ CE CONCEPT À L'ADRESSE : **http://book.personalmba.com/multiplication/**

La scalabilité (la variabilité d'échelle)

« *Ut sementem feceris, ita metes.* (On récolte ce que l'on sème.) »

CICÉRON, HOMME POLITIQUE ET ORATEUR ROMAIN

Imaginez un artisan plein de talent qui se spécialise dans les couvertures en patchwork fabriqués à la main. À supposer qu'il faille une semaine pour produire une couverture, avoir un client actif par semaine est l'idéal : créer et livrer une seule couvertyre à un seul client ne pose aucun problème.

Avoir deux clients à la fois devient problématique : le second client doit attendre que le premier client soit servi. Et si cet artisan reçoit un millier de commandes en une seule journée, son activité devient impossible à gérer – impossible de répondre à la demande sans faire attendre les clients, ce qui crée un niveau de ***Rareté*** (concept abordé ultérieurement) peu souhaitable.

La ***Scalabilité*** est la capacité à Dupliquer ou à Multiplier un processus avec fiabilité lorsque le volume augmente. La Scalabilité détermine votre volume potentiel de travail maximal. Plus il est facile de Dupliquer ou de Multiplier la valeur distribuée, plus l'entreprise est Scalable.

Comparez le commerce des couvertures faites à la main avec le cas de Starbucks. Supposez qu'un magasin Starbucks puisse servir cent boissons à l'heure. Si la demande augmente, le magasin va vite être bondé. La solution ? Construire un autre magasin Starbucks – même s'il est en face du premier, ce qu'on voit souvent dans des villes comme New York.

La Scalabilité est typiquement limitée par la quantité de capital humain nécessaire au processus. Starbucks est capable d'augmenter sa capacité à Dupliquer ses cafés au lait via l'***Automatisation*** (concept abordé ultérieurement). Les employés de l'entreprise participent à la fabrication des boissons, mais le processus est semi-automatique : c'est une machine qui fait le café, de nombreux ingrédients sont préparés à l'avance, etc. Le degré d'attention ou d'intervention humaine nécessaire pour faire une boisson appréciée par les clients est, en réalité, assez faible, ce qui explique pourquoi Starbucks peut servir autant de boissons à l'heure.

Si votre objectif est de créer une activité commerciale qui ne réclame pas votre intervention directe au quotidien, considérez sa Scalabilité. Un Produit est ce qu'il y a de plus facile à Dupliquer, tandis que des Ressources partagées (un club de gym, par exemple) sont ce qu'il y a de plus facile à Multiplier.

Les êtres humains ne sont pas Scalables, extensibles. Chaque individu dispose chaque jour d'un temps et d'une énergie limités – une ***Contrainte*** (concept abordé ultérieurement) qui reste inchangée quel que soit le volume de travail à effectuer. Au contraire, comme nous le verrons avec le ***Seuil d'incompétence*** (concept abordé ultérieurement), l'efficacité d'un individu a tendance à diminuer lorsque les exigences à son égard augmentent.

Par conséquent, la Scalabilité des Services est particulièrement faible puisqu'ils reposent largement sur une intervention humaine directe. En règle générale, moins il faut d'implication humaine pour créer et distribuer de la valeur, plus l'entreprise est Scalable.

RETROUVEZ CE CONCEPT À L'ADRESSE : **http://book.personalmba.com/scale/**

L'accumulation

« Parfois, en considérant les conséquences terribles que peuvent avoir des petites choses, je suis tenté de penser qu'il n'y a pas de petites choses. »

BRUCE BARTON, RESPONSABLE PUBLICITAIRE ET CRÉATEUR DE LA MARQUE BETTY CROCKER POUR GENERAL MOTORS

À l'instant où j'écris cette phrase, un ingénieur de chez Toyota est en train d'effectuer un tout petit changement au système de production de l'entreprise, l'un des ***Systèmes*** (concept abordé ultérieurement) de production industrielle les plus efficaces du monde.

À lui seul, ce petit changement ne paie pas de mine – une légère modification, une pièce économisée, un effort en moins. Mais réunis, les effets de ces petits changements sont considérables : les salariés de chez Toyota réalisent plus d'un million d'améliorations au système de production Toyota chaque année. Rien d'étonnant à ce que Toyota soit devenu le premier constructeur automobile du monde.*

Des petites idées ou des petits comportements, qu'ils soient bénéfiques ou nuisibles, ont tendance à s'**Accumuler** avec le temps et à produire des résultats spectaculaires. Selon James Womack et Daniel Jones, auteurs du livre *Système Lean : penser l'entreprise au plus juste*, l'approche de Toyota est basée sur le concept japonais du *kaizen* qui met l'accent sur l'amélioration continue d'un système en éliminant les gaspillages grâce à une multitude de changements minimes. En effet, de nombreuses petites améliorations systématiques aboutissent inévitablement à une amélioration globale assez impressionnante.

L'Accumulation n'est pas toujours positive. Pensez à ce qu'il adviendrait de votre corps si vous ne consommiez que des hamburgers, des barres chocolatées et des sodas pendant dix ans. Manger une barre chocolatée de temps en temps ne pose pas de problème, mais en avaler des centaines nuit gravement à la santé. Heureusement, le contraire vaut également : si vous apportez de petites améliorations à votre régime alimentaire, si vous faites un peu plus d'exercice et si vous augmentez votre temps de sommeil, vous serez en bien meilleure santé au fil des années.

L'Augmentation incrémentale est un exemple du pouvoir de l'Accumulation. Si votre offre s'améliore à chaque Cycle d'itération, elle ne tardera pas à acquérir une valeur beaucoup plus grande qu'auparavant aux yeux de vos clients. De petits changements apportés à votre processus délivrant la valeur peuvent vous épargner à la longue beaucoup de temps et d'efforts.

Plus vous effectuerez de petits changements au fil du temps, meilleurs seront vos résultats.

RETROUVEZ CE CONCEPT À L'ADRESSE : **http://book.personalmba.com/accumulation/**

* Nous parlerons ultérieurement des malheurs de Toyota avec ses rappels de véhicules dans « Le paradoxe de l'automatisation ».

L'amplification

« Dans la nature, il n'y a ni récompense ni punition, mais des conséquences. »

ROBERT G. INGERSOLL, LEADER POLITIQUE ET ORATEUR AMÉRICAIN

Prenez une canette de soda. Les premières canettes fabriquées pour vendre des boissons étaient cylindriques, en acier et dotées d'un couvercle plat. Avec le temps, l'aluminium a remplacé l'acier, l'opercule d'ouverture a été intégré au couvercle et la canette a pris une forme légèrement effilée vers le haut.

Effiler une canette produit deux grands effets : d'abord, il est plus facile d'y boire, ce que les utilisateurs apprécient. Ensuite, cela diminue la quantité de métal nécessaire pour produire une canette suffisamment solide – aujourd'hui, l'épaisseur d'une canette est de l'ordre de 90 micromètres (contre environ 2 millimètres auparavant), ce qui permet une économie de matières premières considérable.

Selon le Can Manufacturers Institute, ce sont quelque 131 milliards de canettes qui sont fabriquées chaque année aux États-Unis. Si vous calculez les économies réalisées sur des milliards de canettes et sur plusieurs décennies grâce au modèle moderne de canette, vous constatez que des changements mineurs ont permis à l'industrie des boissons d'économiser des centaines de milliards d'euros.

C'est ce qui s'appelle de l'***Amplification*** : apporter un changement mineur à un ***Système*** (concept abordé ultérieurement) scalable produit un résultat important. L'effet de toute amélioration ou de toute optimisation du Système est Amplifié par la taille du Système. Plus le Système est grand, plus le résultat est conséquent.

Lorsque McDonalds commercialise un nouveau hamburger, il ne le vend pas dans un seul magasin, mais dans l'ensemble de ses magasins aux quatre coins du monde. Lorsque Starbucks lance une nouvelle boisson, il peut la rendre très rapidement accessible à ses clients dans chacun de ses coffee-shops.

La meilleure façon d'identifier des opportunités d'Amplification est de rechercher des produits systématiquement Dupliqués ou Multipliés. Si Starbucks trouvait le moyen de produire des expressos en utilisant moins de grains de café, il pourrait réduire considérablement ses achats de café. S'il découvrait un processus lui permettant de les fabriquer plus rapidement, il mettrait moins de temps à servir ses clients et pourrait en servir un plus grand nombre à l'heure dans chacun de ses magasins.

Les Systèmes scalables amplifient les résultats de petits changements qui produisent des résultats massifs.

RETROUVEZ CE CONCEPT À L'ADRESSE : **http://book.personalmba.com/amplification/**

Les barrières à la concurrence

« N'entrez pas en compétition avec vos rivaux, rendez-les insignifiants. »

W. CHAN KIM, AUTEUR DE *LA STRATÉGIE OCÉAN BLEU*

Quelle attention prêtez-vous à ce que font vos concurrents ? Plus vous consacrez de temps et d'énergie à guetter les faits et gestes de vos rivaux, moins vous en avez pour développer votre activité.

Pensez à une entreprise comme Apple : sur le marché des nouvelles technologies, vous ne trouverez pas d'autre entreprise aussi peu attachée à suivre l'évolution des offres concurrentes. Non, Apple se concentre sur le développement de Produits entièrement nouveaux et Remarquables, puis travaille à les améliorer au maximum.

En revanche, ses concurrents semblent être pris dans une course-poursuite sans fin pour rattraper Apple. Après le lancement de l'iPhone en 2007, BlackBerry a immédiatement répliqué en créant le Storm qui possédait de nombreuses caractéristiques identiques. Mais au moment où le Storm est arrivé sur le marché, l'iPhone avait déjà subi plusieurs Cycles d'itération et BlackBerry a eu beaucoup de mal à rivaliser. À ce jour, Apple a vendu plus de 50 millions d'iPhones dans le monde.

Sur le même principe, au lieu d'essayer de concurrencer directement des fabricants d'ordinateurs portables grand public comme Asus, HP ou Dell dans la catégorie des netbooks (des ordinateurs portables de petite taille et de faible puissance à la portabilité maximale), la marque à la pomme a préféré éviter ce marché pendant des années. La situation a changé lorsque l'iPad a été lancé en 2010 – une offre qui a redéfini le marché au lieu de rivaliser sur les caractéristiques techniques avec les netbooks existants. En deux mois, Apple a vendu plus de deux millions d'iPads. En préférant l'innovation à la compétition, Apple s'est taillé la part du lion sur un marché hautement concurrentiel.

Chaque amélioration apportée à votre Chaîne de valeur complique la tâche de vos concurrents. Si vous augmentez votre capacité à créer et à distribuer efficacement de la valeur, vos concurrents auront plus de mal à rivaliser avec vous et à faire ce que vous faites – c'est ce qui s'appelle une ***Barrière à la concurrence***.

À chaque avantage que vous offrez et à chaque client que vous servez, vous donnez un peu plus de fil à retordre à vos rivaux. Alors ne cherchez pas la compétition, mais attachez-vous à fournir toujours plus de valeur. Et laissez vos concurrents se débrouiller comme ils peuvent.

RETROUVEZ CE CONCEPT À L'ADRESSE : **http://book.personalmba.com/barriers-to-competition/**

Le multiplicateur de force

« L'homme est un animal qui utilise des outils. Sans outils il n'est rien, avec des outils il est tout. »

THOMAS CARLYLE, ESSAYISTE ET HISTORIEN BRITANNIQUE

Ce qui nous rend uniques, nous les êtres humains, c'est notamment notre capacité à créer et à utiliser des outils. Les outils sont importants parce qu'ils Multiplient les effets de la force physique, de la pensée ou de l'attention. Plus un outil Amplifie ou concentre vos efforts, plus il est efficace.

Si vous essayez d'enfoncer un clou les mains nues, vous réussirez certainement à exercer une certaine force, mais qui sera insuffisante pour enfoncer le clou dans le mur. (De plus, vous risquez de vous blesser.)

Si vous prenez un marteau, vous Multipliez la force que vous exercez et la concentrez à un endroit précis. Du coup, vous enfoncez votre clou en une seule frappe. Les scies, les tournevis et d'autres outils fonctionnent à l'identique – ils Amplifient et concentrent la force que vous générez pour améliorer le résultat.

Les outils les plus efficaces sont ceux qui Amplifient le plus la force exercée. Une scie électrique est beaucoup plus efficace pour Multiplier la force qu'une scie à main. Un camion peut transporter plus de choses qu'une brouette. Une fusée peut lancer une charge plus loin qu'un lance-pierres.

Investir dans des ***Multiplicateurs de force*** permet d'en faire plus pour un effort identique. Si vous avez besoin de creuser le sol pour construire les fondations de votre nouvelle maison, vous pouvez vous contenter d'une pelle à 10 € achetée dans votre magasin de bricolage le plus proche, mais une excavatrice vous permettra de travailler plus facilement et plus vite. Si la construction de maisons est votre métier, acheter ou louer une excavatrice en vaut largement la peine.

Les Multiplicateurs de force peuvent coûter cher – plus ils sont efficaces, plus leur prix est élevé. La production industrielle et les systèmes de distribution sont des Multiplicateurs de force à grande échelle car ils permettent de distribuer de la valeur à des milliers (voire des millions) de clients dans un délai très court. Ils coûtent souvent des milliers (voire des millions) d'euros, mais ils vous donnent les moyens de faire des choses qui, sinon, seraient impossibles à faire pour vous.

Un de mes principes est que le seul motif justifiant de s'endetter ou de recourir à des capitaux extérieurs est d'investir dans un Multiplicateur de force auquel vous n'auriez pas accès autrement. Si vous devez acheter de l'outillage pour faire tourner votre usine, vous n'avez probablement pas 10 millions d'euros sur votre compte. Emprunter est certainement la meilleure solution, à condition d'utiliser ces fonds pour acheter et entretenir vos Multiplicateurs de force et non pour payer le loyer exorbitant de votre bureau ou vous enrichir personnellement.

Choisissez toujours les meilleurs outils possibles. Des outils de qualité vous assurent une production maximale avec un minimum de facteurs. En investissant dans des Multiplicateurs de force, vous économisez du temps, de l'énergie et de l'attention, ce qui vous permet de vous consacrer pleinement au développement de votre entreprise et pas simplement à son exploitation.

RETROUVEZ CE CONCEPT À L'ADRESSE : **http://book.personalmba.com/force-multiplier/**

La systématisation

« Si vous ne pouvez pas décrire ce que vous faites sous la forme d'un processus, vous ne savez pas ce que vous faites. »

W. EDWARDS DEMING, SPÉCIALISTE EN GESTION DE PRODUCTION ET PIONNIER DU CONTRÔLE DES PROCESSUS STATISTIQUES

Même si vous improvisez au fur et à mesure, il y a toujours un processus qui s'opère, sachant que plusieurs étapes sont nécessaires pour aller d'un point A à un point B. Par conséquent, clarifier votre processus peut vous procurer quelques avantages majeurs.

Un ***Système*** est un processus rendu explicite et répétable – une série d'étapes qui ont été plus ou moins formalisées. Les Systèmes peuvent être représentés textuellement ou graphiquement, mais ils sont toujours ***Extériorisés*** (concept abordé ultérieurement) d'une manière ou d'une autre.

Le premier avantage lié à un Système est de pouvoir examiner les processus et effectuer des améliorations. En explicitant chaque étape du processus, vous pouvez comprendre comment fonctionnent les processus fondamentaux, comment ils sont structurés, comment ils affectent d'autres processus et Systèmes, et comment vous pouvez améliorer votre Système au fil du temps.

Google illustre à merveille le pouvoir des Systèmes. À chaque fois que vous utilisez le moteur de recherche Google, des milliers d'ordinateurs s'activent automatiquement pour vous fournir des résultats. L'algorithme (un terme de programmation assimilable à un Système) du moteur de recherche de Google définit la manière dont ces ordinateurs fonctionnent ensemble et les salariés de l'entreprise améliorent constamment le fonctionnement du Système dans ses moindres détails. Chaque année, les ingénieurs de chez Google apportent plus de 550 améliorations à l'algorithme de base du moteur de recherche* pour améliorer la pertinence des résultats.

Conséquence : cet algorithme est devenu si efficace que vos résultats de recherche apparaissent sur votre écran en 0,2 seconde environ, et ce sans aucune intervention humaine. Une prouesse extraordinaire, non ? Si Google n'avait pas consacré initialement l'essentiel de son temps et de ses efforts à définir et à Systématiser le processus de recherche, l'entreprise n'existerait tout simplement pas.

Les Systèmes aident également les équipes à communiquer efficacement. Comme nous le verrons dans le chapitre 8, la communication est indispensable au travail d'équipe, et plus votre équipe est importante, plus vous avez besoin de communiquer. Développer des Systèmes et clarifier les processus liés à certains événements ou à certaines tâches peut aider tous les membres de l'équipe à remplir la mission qui est la leur en réduisant au maximum les malentendus et les sources de stress.

Si vous ne pouvez pas Systématiser votre processus, vous ne pouvez pas l'***Automatiser*** (concept abordé ultérieurement). Imaginez ce qui se passerait si Google devait compter sur une équipe de bibliothécaires pour générer des résultats de recherche : ce serait un vrai cauchemar et vous seriez obligé d'attendre des jours (voire des semaines ou des mois) pour obtenir vos résultats.

La clé de la qualité et de la rapidité de Google est l'***Automatisation*** (concept abordé ultérieurement) : en définissant clairement les règles de fonctionnement du Système, les programmeurs du moteur de recherche sont capables d'Automatiser son fonctionnement au quotidien. Ce qui laisse les développeurs libres de concentrer leurs efforts sur l'amélioration continue du Système et pas seulement sur son exploitation.

---

* "Inside the Box", *Wired*, Mars 2010.

La plupart d'entre nous rechignent à créer des Systèmes sous prétexte qu'il s'agit d'un travail supplémentaire. Comme nous sommes déjà très occupés, nous affirmons que nous n'avons pas le temps de créer des Systèmes et de les améliorer. Alors qu'en réalité des Systèmes bien conçus vous facilitent la tâche. Morale de l'histoire : si vous vous sentez surchargé de travail, passez le temps qu'il faut à créer de bons Systèmes.

La Systématisation et l'Automatisation présentent quelques inconvénients majeurs que nous étudierons en détail dans les chapitres 10 et 11. Pour le moment, reconnaissez que des Systèmes efficaces sont le moteur d'une entreprise – ils vous permettent de créer, de commercialiser et de vendre votre offre en distribuant de la valeur à votre clientèle.

Meilleurs seront vos Systèmes, meilleure sera votre entreprise.

RETROUVEZ CE CONCEPT À L'ADRESSE : **http://book.personalmba.com/systematization/**

5

LA FINANCE

« Il avait entendu des gens parler de l'argent avec mépris ; il se demandait s'ils avaient déjà essayé de s'en passer. »

W. SOMERSET MAUGHAM, AUTEUR DE *LA SERVITUDE HUMAINE*

D'après mon expérience, les gens ont plaisir à en apprendre davantage sur la Création de valeur, le Marketing, la Vente et pour délivrer la valeur – ce sont des concepts faciles à comprendre et à visualiser.

En revanche, lorsque j'aborde la ***Finance***, les regards fuient. Les gens associent immédiatement à ce mot la comptabilité, c'est barbant, plein de formules mathématiques et de tableaux remplis de chiffres incompréhensibles. Or, la Finance est quelque chose d'assez facile à comprendre si vous focalisez votre attention sur l'essentiel.

La Finance est l'art et la science de comprendre les entrées et sorties d'argent d'une entreprise, de décider de son affectation et de déterminer si vous obtenez les résultats escomptés. La comptabilité est le processus qui consiste à vérifier que les données que vous utilisez pour prendre des décisions financières sont aussi complètes et exactes que possible. En vérité, ce n'est pas plus compliqué que cela. Certes, il existe des modèles sophistiqués et un jargon de spécialistes, mais en fin de compte vous utilisez des chiffres pour déterminer si votre entreprise fonctionne conformément à vos attentes et si les résultats sont satisfaisants ou non.

Toute entreprise prospère doit avoir des revenus suffisants pour continuer à fonctionner. Si vous créez de la valeur, commercialisez des produits ou des services, les vendez à vos clients et leur distribuez de la valeur, vous avez de l'argent qui rentre et qui sort au quotidien. Pour être pérenne, toute entreprise doit dégager des revenus suffisants (voir le concept de ***Point de suffisance*** abordé ultérieurement) lui permettant de rentabiliser le temps et les efforts engagés dans son exploitation.

Tout le monde a des factures à régler et des achats à réaliser, c'est pourquoi l'entreprise doit faire rentrer suffisamment d'argent de façon pérenne, pour justifier le temps et l'énergie investis. Si ce n'est pas le cas, elle n'a qu'à abandonner et faire autre chose. Toute entreprise doit donc capter une partie de la valeur qu'elle crée sous forme de revenus, puis utiliser cet argent pour couvrir ses dépenses et payer les salaires des personnes qui la font fonctionner.

Les meilleures entreprises créent un cercle vertueux : elles dégagent une valeur extrêmement élevée tout en maintenant un niveau de dépenses durablement faible, ce qui leur donne plus d'argent qu'il ne faut pour continuer à fonctionner sans capter trop de valeur. Résultat : elles sont capables à la fois d'avoir un compte en banque bien garni et d'améliorer la vie de leurs clients.

La Finance vous aide à avoir un regard averti sur votre argent.

RETROUVEZ CE CONCEPT À L'ADRESSE : **http://book.personalmba.com/finance/**

Le profit

« Rappelez aux gens que le profit est la différence entre les recettes et les dépenses. Cela vous donne l'air intelligent. »

SCOTT ADAMS, DESSINATEUR ET CRÉATEUR DE « DILBERT »

Quel intérêt que votre activité vous rapporte 100 000 000 € par an si vous en dépensez 100 000 001 ? L'important n'est pas l'argent qui rentre, mais l'argent que vous conservez.

Le ***Profit*** est un concept très simple : il s'agit de faire rentrer plus d'argent que vous n'en dépensez. Pour qu'une entreprise continue d'exister, les recettes qu'elle perçoit doivent dépasser les dépenses qu'elle accumule, à court ou à moyen terme. Si ce n'est pas le cas, elle va rapidement manquer de ressources et mettre la clé sous la porte ou devenir un projet subventionné par les profits d'une autre entreprise. Rien ne peut fonctionner durablement à perte.

Le Profit, aussi appelé bénéfice, est important parce qu'il permet aux entreprises de continuer de tourner. Si elle ne génère pas de Profit, une entreprise ne peut pas rétribuer ses propriétaires qui, souvent, y investissent beaucoup de temps, d'argent et d'énergie. Et si les propriétaires jugent que leur investissement n'est pas rentable, ils vont fermer l'entreprise, tout simplement.

Le Profit sert également de garantie contre des événements inattendus. Si l'entreprise a déjà du mal à couvrir ses dépenses, et si ces dépenses augmentent soudainement, la situation devient très critique. Plus une entreprise dégage de Profit, mieux elle saura gérer l'***Incertitude*** et le ***Changement*** (concepts abordés ultérieurement) et plus elle aura de ressources pour répondre à l'imprévisible.

Certes, le Profit est très important, mais il n'est pas le but suprême d'une entreprise. Certaines personnes sont convaincues que l'objectif d'une entreprise est de maximiser le Profit généré, mais les entreprises n'ont pas été créées uniquement pour cela. Pour d'autres personnes (comme moi), l'entreprise est plutôt une aventure créatrice – un moyen d'explorer les possibles, d'aider les autres et, en même temps, de subvenir à ses propres besoins. De ce point de vue, tant que vous générez suffisamment de Profit, votre entreprise va continuer à bien se porter.

Les concepts que vous allez découvrir dans ce chapitre vont vous aider à vérifier que votre entreprise dégage suffisamment de Profit pour continuer à tourner.

RETROUVEZ CE CONCEPT À L'ADRESSE : **http://book.personalmba.com/profit/**

La marge bénéficiaire

« Je n'ai jamais perdu d'argent en faisant des bénéfices. »

BERNARD BARUCH, FINANCIER ET PHILANTHROPE AMÉRICAIN

La ***Marge bénéficiaire*** (ou couramment la Marge) est la différence entre l'argent que vous gagnez et celui que vous dépensez pour le gagner, et elle est exprimée en pourcentage. Sa formule est la suivante :

Si vous dépensez 1 € pour en gagner 2, vous touchez une Marge de 50 %. Si vous êtes capable de créer un Produit avec 100 € et de le vendre 150 €, vous dégagez un Profit de 50 € et une Marge de 33 %. Si vous pouvez vendre ce même Produit 300 €, votre Marge représente 66 %. Plus le prix de vente est élevé et le prix de revient bas, plus la Marge est importante. Dans tous les cas, votre Marge ne peut jamais excéder 100 %, ce qui n'arrive que si vous êtes capable de vendre quelque chose qui ne vous coûte rien.

La Marge ne doit pas être confondue avec le coefficient multiplicateur qui est le rapport entre le prix de vente et son coût (ou encore son prix de revient). La formule du coefficient multiplicateur est la suivante :

Si le coût d'une offre s'élève à 1 € et que vous la vendez 2 €, votre coefficient multiplicateur est de 100 %, alors que votre Marge n'est que de 50 %. Les Marges bénéficiaires ne peuvent jamais dépasser les 100 %, mais les coefficients multiplicateurs peuvent s'élever à 200 %, 500 % ou 10 000 % selon le prix de vente et le prix de revient. Plus le prix est élevé et le coût bas, plus le coefficient multiplicateur est important.

La plupart des entreprises tentent de conserver une Marge la plus élevée possible sur chacune de leurs offres, ce qui est tout à fait logique : plus la Marge est élevée, plus l'entreprise garde d'argent sur chaque vente. Toutefois, de nombreuses pressions du marché peuvent entraîner une baisse dans le temps des Marges bénéficiaires : une politique de prix agressive pratiquée par la concurrence, de nouvelles offres qui diminuent la demande des anciennes ou encore une hausse des coûts.

Les entreprises se servent souvent de la Marge pour comparer leurs offres. Si une entreprise a lancé plusieurs offres sur le marché, elle a tendance à favoriser celles qui dégagent la plus forte Marge. Si une entreprise doit réduire ses coûts, elle commence souvent par éliminer les offres qui dégagent la Marge la plus faible.

Lorsque vous examinez une entreprise, soyez très attentif à la Marge. Plus elle est élevée, plus l'entreprise est solide.

RETROUVEZ CE CONCEPT À L'ADRESSE : **http://book.personalmba.com/profit-margin/**

Capter la valeur

« Vous pouvez obtenir tout ce que vous voulez dans cette vie si vous aidez suffisamment de gens à obtenir ce qu'ils veulent. »

ZIG ZIGLAR, GOUROU DE LA VENTE

Toute entreprise doit capter un certain pourcentage de la valeur qu'elle crée sous forme de Profit. Sinon, elle va avoir des difficultés à générer suffisamment de ressources dans le temps pour continuer à fonctionner.

Capter la valeur est le processus qui consiste à retenir un certain pourcentage de la valeur produite à chaque Transaction. Si vous êtes capable d'offrir à une autre entreprise quelque chose qui va lui permettre d'augmenter son chiffre d'affaires de 1 million d'euros et que vous lui facturez 100 000 €, vous capturez 10 % de la valeur dégagée par la Transaction.

Capter la valeur est un équilibre difficile à trouver. Si vous voulez faire prospérer votre entreprise, vous devez Capter assez de valeur pour rentabiliser le temps et l'énergie que vous investissez, mais pas au point de dissuader votre clientèle de traiter avec vous. Si les clients achètent, c'est parce qu'ils sont persuadés de gagner plus de valeur dans la Transaction qu'ils n'en dépensent.

Plus vous Captez de valeur, moins votre offre devient attractive. Si vous en captez trop, vos prospects ne vont pas s'embêter à acheter chez vous. Le cinéma, c'est chouette, mais seriez-vous prêt à payer 5 000 € pour deux heures de divertissement ?

Il existe deux philosophies dominantes derrière le processus pour Capter la valeur : la maximisation et la minimalisation.

La maximisation (l'approche enseignée dans la plupart des écoles de commerce) signifie qu'une entreprise doit tenter de capturer un maximum de valeur. Par conséquent, elle doit essayer de tirer autant d'argent que possible de chaque Transaction – capter moins que le maximum de valeur possible est inacceptable.

À court terme, il est facile de voir le bon côté de la maximisation : des Profits supplémentaires ravissent les actionnaires de l'entreprise. Malheureusement, cette approche a tendance à faire disparaître les raisons pour lesquelles un client achète chez vous en priorité.

Seriez-vous disposé à dépenser 999 999 € pour obtenir 1 million ? Ce serait logique (après tout, vous gagnez 1 €), mais la plupart des gens ne vont même pas s'en donner la peine. Si vos clients sont vos clients, c'est parce qu'ils reçoivent davantage de valeur qu'ils n'en laissent dans leur achat. Moins ils reçoivent de valeur, moins ils ont envie de vous acheter de Produits ou de Services.

L'approche de la minimalisation signifie que les entreprises doivent capturer le minimum de valeur, à condition de conserver leur ***Point de suffisance*** (concept abordé ultérieurement). Bien que cette stratégie ne rapporte pas autant d'argent à court terme que celle de la maximisation, elle préserve la valeur que les clients reçoivent en faisant affaire avec vous et ce qui est nécessaire à la réussite à long terme de votre entreprise.

Quand quelque chose est « une bonne affaire », les clients ont tendance à continuer d'acheter auprès de cette entreprise et de la recommander à leur entourage. En revanche, quand une entreprise tente de maximiser son chiffre d'affaires en lésinant sur la qualité de son offre ou en voulant Capturer trop de valeur, les clients fuient.

Tant que vous faites rentrer suffisamment d'argent dans vos caisses pour continuer à faire ce que vous faites, vous n'avez pas besoin de récupérer de l'argent jusqu'au dernier centime. Créez autant de valeur que possible, puis Capturez-en suffisamment pour que votre entreprise vaille la peine de continuer à être exploitée.

RETROUVEZ CE CONCEPT À L'ADRESSE : **http://book.personalmba.com/value-capture/**

Le point de suffisance

« Sache te satisfaire et tu ne subiras pas de disgrâce ; sache quand t'arrêter et tu ne rencontreras pas de danger. »

LAO TSEU, PHILOSOPHE CHINOIS

Un jour, un chef d'entreprise très reconnu prit des vacances – ses premiers congés en quinze ans. Alors qu'il marchait sur la jetée dans un petit village de pêcheur, il vit un pêcheur de thon mettre son bateau à quai. Lorsque le pêcheur arrima son bateau à l'appontement, le dirigeant s'avança vers lui et le complimenta sur la taille et la qualité de son poisson.

« Combien de temps avez-vous mis pour capturer ces poissons ? »

« Oh, pas très longtemps. »

« Pourquoi ne restez-vous pas plus longtemps au large pour pêcher davantage de poissons ? »

« J'en ai suffisamment pour nourrir ma famille. »

« Mais que faites-vous le reste du temps ? »

« Je me lève tard, pêche un peu, joue avec mes enfants, fais la sieste avec ma femme et me promène tous les soirs dans le village où je bois un petit verre de vin en jouant de la guitare avec mes amis. J'ai une vie bien remplie. »

Le dirigeant était sidéré. « Je suis diplômé d'un MBA de Harvard et je peux vous aider. Vous devriez passer plus de temps à pêcher. Avec l'argent supplémentaire, vous pourriez vous acheter un bateau plus grand. Un bateau plus grand vous permettrait de pêcher plus de poissons ce qui vous ferait des revenus plus importants et vous permettrait d'acheter plusieurs bateaux. Et vous finiriez propriétaire d'une flotte entière.

Au lieu de vendre votre prise à un intermédiaire, vous pourriez la vendre directement aux clients, ce qui améliorerait votre marge. Plus tard, vous pourriez ouvrir votre propre usine et vous contrôleriez la production, la transformation et la distribution. Bien sûr, vous seriez obligé de quitter ce village et de vous installer en ville pour y diriger votre activité en pleine expansion. »

Le pêcheur resta silencieux un moment, puis demanda : « Combien de temps mettrais-je pour faire tout cela ? »

« Quinze, vingt ans. Vingt-cinq ans au plus. »

« Et ensuite ? »

Le dirigeant éclata de rire. « C'est là que ça devient intéressant. Le moment venu, vous introduiriez votre entreprise en Bourse et vendriez toutes vos actions. Vous gagneriez des millions. »

« Des millions ? Et après ? »

Le dirigeant fit une courte pause. « Vous pourriez prendre votre retraite, vous lever tard, pêcher un peu, jouer avec vos enfants, faire la sieste avec votre femme, vous promener tous les soirs dans le village et boire un petit verre de vin en jouant de la guitare avec vos amis. »

Le dirigeant secoua la tête et dit adieu au pêcheur. De retour de vacances, il se dépêcha de donner sa démission.

Je ne connais pas l'origine exacte de cette histoire, mais le message est clair : faire du business, ce n'est pas nécessairement maximiser ses Profits. Les Profits sont importants, mais ils ne sont qu'un moyen de créer de la valeur, de couvrir ses frais, de rémunérer son personnel et de subvenir à ses propres besoins et à ceux de sa famille. Dégager des Profits n'est pas une fin en soi. L'argent est un outil et l'utilité de cet outil dépend de ce que vous avez l'intention de faire avec.

Votre entreprise n'a pas besoin de rapporter des millions, voire des milliards pour être prospère. Si vous dégagez suffisamment de Profit pour faire tourner votre entreprise et vous permettre de rentabiliser le temps que vous y investissez, on peut dire que votre entreprise est une réussite, quels que soient vos revenus.

Le ***Point de suffisance*** est l'instant où une entreprise dégage suffisamment de Profit pour que ses dirigeants jugent qu'elle mérite de continuer à tourner. Paul Graham, capital-risqueur et fondateur de Y Combinator (une entreprise américaine qui accompagne et finance des startups) affirme que le Point de suffisance d'un individu est atteint lorsqu'il a suffisamment d'argent pour payer son loyer, subvenir aux dépenses courantes et acheter des aliments bon marché comme les nouilles. Vous pouvez ne pas gagner des millions, mais avoir des revenus suffisants pour continuer à développer votre entreprise sans faire faillite.

Vous ne pouvez pas créer de valeur si vous ne pouvez pas régler vos factures. Si vos recettes ne suffisent pas à couvrir vos frais d'exploitation, c'est un problème majeur. Pour continuer à faire tourner votre entreprise, vous devez avoir les moyens de payer les salariés et les actionnaires pour le temps, les efforts et l'attention qu'ils lui consacrent. Si ces personnes jugent que leur investissement n'est pas assez rentable, ils vont cesser de faire ce qu'ils font et se mettre à faire autre chose.

Vous pouvez suivre l'évolution de votre Suffisance financière à l'aide d'un chiffre appelé « objectif de revenu mensuel ». Puisque votre personnel et vos collaborateurs sont payés au mois, il est relativement simple de calculer ce que vous devez verser tous les mois. Votre objectif de revenu mensuel vous aide à déterminer si vous avez atteint le Point de suffisance : tant que vos recettes dépassent votre objectif de revenu mensuel, vous avez une Suffisance financière. Dans le cas contraire, vous avez des efforts à fournir.

Le Point de suffisance est subjectif. À partir de quelle somme jugez-vous que c'est assez pour continuer de faire marcher votre entreprise ? Vous seul pouvez en juger. Si vos besoins financiers sont modestes, vous n'avez pas besoin de revenus très élevés. En revanche, si vous avez des coûts salariaux exorbitants, des bureaux au loyer faramineux et des systèmes très coûteux, vous aurez besoin de recettes beaucoup plus importantes pour assurer votre Suffisance.

Plus vous atteindrez rapidement le Point de suffisance, plus votre entreprise aura de chances de survivre et de prospérer. Plus vos recettes sont élevées et vos dépenses faibles, plus ce point sera atteint rapidement.

Une fois que vous atteignez le Point de suffisance, vous pouvez considérer que votre entreprise se porte bien, indépendamment de ce qu'elle vous rapporte.

RETROUVEZ CE CONCEPT À L'ADRESSE : **http://book.personalmba.com/sufficiency/**

La valorisation

« La valeur globale d'une pièce de monnaie est de savoir quoi en faire. »
RALPH WALDO EMERSON, ESSAYISTE, POÈTE ET PHILOSOPHE AMÉRICAIN

Nous avons parlé de l'estimation de la valeur d'une offre, mais comment calcule-t-on la valeur d'une entreprise ?

La ***Valorisation*** est une estimation de la valeur totale d'une entreprise. Plus ses revenus sont conséquents, plus sa Marge est forte, plus sa trésorerie est importante, plus son avenir est prometteur et plus sa Valorisation est élevée.

De nombreuses entreprises fondent leurs décisions financières sur ce qui est susceptible d'augmenter leur Valorisation. Des estimations élevées de la valeur d'une entreprise sont souhaitables pour plusieurs raisons. Pour une entreprise privée, avoir une Valorisation élevée facilite ses emprunts. Si l'entreprise est cotée en Bourse, une Valorisation élevée entraîne une hausse du cours de l'action et une opportunité de profit pour les actionnaires. Et si une autre entreprise cherche à l'acquérir, une Valorisation élevée sera intéressante pour les actionnaires le jour de la vente.

La Valorisation joue également un rôle important si vous avez l'intention de faire appel à des investisseurs. Le montant des Capitaux que vous mobilisez et la participation que vos investisseurs acquièrent en échange dépendent de la Valorisation de l'entreprise au moment de l'investissement. Plus cette dernière est élevée, plus vous pourrez vendre cher chacune de vos actions aux investisseurs.

Il est important de noter que la Valeur perçue s'applique autant aux entreprises qu'aux offres commerciales. Si tout le monde pense qu'une entreprise a un avenir prometteur, sa Valorisation augmente. Au contraire, si tout le monde pense que l'entreprise est en difficulté, sa Valorisation diminue. Cette dynamique explique pourquoi le cours de l'action de certaines entreprises comme Amazon.com est près de cent fois supérieur à leur bénéfice, tandis que des entreprises mal en point se vendent à un prix inférieur à la valeur de l'ensemble de leurs actifs disponibles.

La Valorisation est importante à considérer si vous envisagez de vendre des actions de votre entreprise à des investisseurs ou même de la céder à plus ou moins long terme. Si vous êtes propriétaire de votre entreprise et n'avez pas l'intention de la vendre, sa Valorisation a moins d'importance. Si vous dirigez une entreprise cotée en Bourse, si vous développez une entreprise dans le but de la vendre un jour ou si vous investissez vos propres fonds dans une entreprise, vous devez absolument tenir compte de la Valorisation.

RETROUVEZ CE CONCEPT À L'ADRESSE : **http://book.personalmba.com/valuation/**

Les flux de trésorerie

« Le manque d'argent est la racine de tout mal. »

MARK TWAIN

Pour comprendre la situation financière d'une entreprise, il n'y a rien de tel que d'examiner les rapports financiers qui reflètent l'évolution de ses performances. Par quoi commencer ?

Je vous conseille d'étudier en premier les ***Flux de trésorerie*** (*cash flow* en anglais) avant de vous pencher sur les autres états financiers majeurs.

Les Flux de trésorerie sont un concept d'une simplicité enfantine : il s'agit d'examiner le compte bancaire d'une entreprise sur une période donnée. Imaginez-le comme le relevé de votre compte-courant : vous inscrivez les dépôts dans la colonne des recettes et les retraits dans la colonne des dépenses. Idéalement, il y a plus d'argent qui rentre que d'argent qui sort et le solde n'est jamais négatif.

Chaque tableau de Flux de trésorerie couvre une période donnée : un jour, une semaine, un mois ou un an. La période examinée dépend de l'objectif visé. Des périodes courtes (jours ou semaines) sont utiles pour vérifier que l'entreprise n'est pas à court d'argent, de liquidités. Des périodes longues (mois ou années) servent davantage à suivre l'évolution des performances dans le temps.

L'argent d'une entreprise alimente trois domaines majeurs : *l'exploitation* (ventes des produits et achats courants), *l'investissement* (percevoir des dividendes et couvrir les dépenses d'investissement) et le *financement* (emprunter de l'argent et le rembourser). En général, les Flux de trésorerie enregistrent ces sources séparément pour mieux les distinguer.

L'avantage de la trésorerie, c'est qu'elle ne ment pas et exclut toute fraude : soit l'argent est sur le compte bancaire, soit il ne l'est pas. Si l'entreprise engage de grosses dépenses sans avoir de rentrées équivalentes, la situation de sa trésorerie, de « son compte en banque » va diminuer avec le temps. Cela laisse peu de place à « l'interprétation créative ».

De nombreux investisseurs utilisent le « Flux de trésorerie disponible » (en anglais le *free cash flow*) pour évaluer les entreprises. Il est équivalent aux recettes issues de l'exploitation auxquelles sont soustraites les dépenses d'investissement dans des équipements et les actifs (le fonds de roulement par exemple) nécessaires pour faire fonctionner l'entreprise. Plus le Flux de trésorerie disponible est élevé, mieux c'est : cela signifie que l'entreprise n'a pas besoin de continuer à investir des capitaux importants pour continuer à générer des revenus.

Dans toute entreprise, l'utilisation de la trésorerie fait l'objet de différentes alternatives : créer de nouvelles offres, investir dans le marketing et la vente, embaucher du personnel, acheter des équipements, acquérir une autre entreprise, etc. En règle générale, plus l'entreprise a d'argent en trésorerie, plus elle a de possibilités et plus elle devient ***Résiliente*** (concept abordé ultérieurement).

RETROUVEZ CE CONCEPT À L'ADRESSE : **http://book.personalmba.com/cash-flow-statement/**

Le compte de résultat

« Quand j'étais jeune, je pensais que l'argent était la chose la plus importante dans la vie. Maintenant que je suis vieux, je sais que c'est vrai. »

OSCAR WILDE, ÉCRIVAIN BRITANNIQUE

L'argent qui rentre est important, mais ne reflète pas tout. L'argent qui rentre et qui est en trésorerie n'est pas le Profit, et c'est le Profit que l'entreprise recherche. Il est possible d'avoir une trésorerie confortable pendant un moment, mais de perdre de l'argent à chaque vente.

Imaginez un revendeur (voir concept de la ***Revente***) qui achète à crédit des produits à un fabricant : il reçoit des stocks mais paie son fournisseur 90 jours plus tard. Trois mois durant lesquels les ventes marchent bien. Du coup, la situation de la trésorerie du revendeur ne cesse d'augmenter. Pour un œil non averti, les choses semblent fonctionner à merveille.

Les 90 jours écoulés, la facture du fabricant doit être payée. Lorsque vous faites le total du coût des produits et des frais d'exploitation du détaillant, vous découvrez la vérité : l'entreprise a perdu de l'argent, même si le solde de trésorerie a été largement positif pendant trois mois. Si le détaillant ne fait rien, il va finir par être à court d'argent et fermer boutique. Les entreprises ne durent pas longtemps sans Profit.

L'erreur du détaillant a été de se fier aux Flux de trésorerie sans comprendre ses limites. Pour de nombreux types d'entreprises, la comptabilité basée sur la trésorerie est la formule idéale, car simple et facile à comprendre. Tant que vous faites rentrer plus d'argent dans les caisses que vous n'en dépensez et que vous n'êtes pas à sec, la vie est belle. J'ai géré mes entreprises en utilisant la comptabilité basée sur la trésorerie pendant des années. Je suis payé immédiatement quand je fournis des Produits ou des Services et je n'ai pas de stocks à gérer. Mon entreprise n'est pas compliquée, alors pourquoi ma comptabilité et le suivi de mes résultats financiers le seraient-ils ?

Pour d'autres types d'entreprises, se fier aux Flux de trésorerie ne suffit pas. Si l'entreprise doit gérer des stocks ou accorder des crédits aux clients, une simple analyse de la situation de la trésorerie peut être trompeuse. Pour déterminer si vos ventes sont rentables, vous devez pouvoir identifier le lien qui existe entre telle vente et telle dépense. En faisant correspondre chaque vente avec les dépenses engagées dans le processus de vente, vous pouvez voir aussitôt si vous dégagez un Profit et vous évitez les mauvaises surprises.

D'abord, l'entreprise doit changer la façon dont elle rend compte de ses dépenses. Au lieu d'enregistrer une recette quand l'argent entre en caisse et une dépense quand cet argent sort, l'entreprise commence à suivre l'évolution de ses recettes et de ses dépenses sur la base des activités engagées.

Dans ce qu'on appelle la comptabilité d'engagement (la comptabilité la plus largement utilisée dans les entreprises), les revenus sont comptabilisés dès l'instant où une vente est réalisée (c'est-à-dire au moment où un produit est livré, un service rendu, etc.), et les dépenses associées à cette vente sont engagées dans la même période.

Les comptables appellent cela « le principe de rattachement ». L'une des principales missions du comptable est justement de faire concorder les revenus et les dépenses aussi précisément que possible. Ce qui est plus difficile qu'il n'y paraît : il faut beaucoup de discernement et les ambiguïtés sont monnaie courante. (Si vous vous êtes déjà demandé ce que les comptables font toute la journée, sachez que le recoupement des recettes et des charges aux exercices correspondants est un aspect essentiel de leur travail.)

Le résultat final de cet effort est le **Compte de résultat**, parfois appelé « compte de pertes et profits » (en anglais *Profits and Loss statement* qui donne le terme P&L souvent utilisé) ou « compte d'exploitation ». Le Compte de résultat fait apparaître le bénéfice dégagé par l'entreprise sur une période donnée une fois que les revenus ont été rattachés aux dépenses (charges) correspondantes.

La formule d'un Compte de résultat est la suivante :
Revenu de la vente – Coût des biens vendus – Frais divers – Impôts = Bénéfice net

Les Comptes de résultat sont très utiles : ce n'est pas pour rien que les entreprises se donnent le mal de les établir. En rattachant les revenus et les dépenses, il est plus facile d'avoir une idée précise de la rentabilité de l'entreprise et de prendre les décisions qui amélioreront son compte bancaire dans les semaines et les mois à venir.

Cela dit, il est important de reconnaître que les Comptes de résultat incluent, par nature, de nombreuses estimations et hypothèses. Ce n'est pas possible autrement : certaines dépenses importantes, par exemple l'achat d'équipement, peuvent représenter une sortie d'argent énorme, mais le Compte de résultat fait apparaître une petite partie de cette somme dans chaque exercice, une pratique appelée ***Amortissement*** (concept abordé ultérieurement). L'Amortissement contribue à rattacher la dépense au revenu associé. Observer un Flux de trésorerie largement négatif sur la période en question serait trompeur.

En dépit de tous ses avantages, le principe de rattachement introduit de nombreux biais potentiels dans le Compte de résultat. En modifiant le moment où les revenus sont comptabilisés et la manière dont les dépenses sont rattachées à ces revenus, les comptables et les professionnels de la finance peuvent faire varier le « bénéfice » net dans un sens ou dans l'autre. Il suffit de changer quelques hypothèses et formules.

Explorer les différentes sources de biais potentiel dans le Compte de résultat dépasse largement le propos de ce livre. Si le sujet vous intéresse, je vous recommande de lire *Comprendre la finance* de Karen Berman, Joe Knight et John Case.

Si vous pensez que votre entreprise a besoin d'une comptabilité d'engagements pour produire un Compte de résultat exact, ne vous en chargez pas vous-même : parlez-en à un expert-comptable. Plus votre Compte de résultat sera exact et fiable, mieux vous saurez gérer votre entreprise et mieux votre argent sera dépensé.

RETROUVEZ CE CONCEPT À L'ADRESSE : **http://book.personalmba.com/income-statement/**

Le bilan

« Si vous voulez savoir la valeur de l'argent, essayez donc d'en emprunter. »

BENJAMIN FRANKLIN, HOMME POLITIQUE, PHYSICIEN ET PUBLICISTE AMÉRICAIN

Un ***Bilan*** est un instantané de ce qu'une entreprise possède et doit à un moment donné. Vous pouvez vous le représenter comme une estimation de la valeur nette de l'entreprise au moment où il est établi.

La formule du Bilan est la suivante :

Actif – Passif = Capitaux propres

L'actif est l'ensemble de ce qu'une entreprise possède : produits, stocks, équipement, titres de participation, etc. Le passif est l'ensemble des dettes et des engagements dont l'entreprise ne s'est pas encore acquittée – prêts à rembourser notamment. Lorsque l'entreprise s'acquitte de tous ses éléments du passif, il reste la part des actionnaires, en anglais on parle d'*equity*, ses capitaux propres correspondant à sa propre valeur.

Pour les petites et moyennes entreprises, le Bilan est assez simple : vous comptabilisez les fonds en trésorerie, ajoutez la valeur marchande estimée des actifs que vous possédez et soustrayez l'ensemble des dettes et des engagements que vous avez. Vous obtenez un Bilan assez basique.

Pour les grandes entreprises, le Bilan est plus complexe et le nombre de postes à examiner plus important. L'actif comprend les liquidités, les créances clients (c'est-à-dire les crédits que vous avez accordés à vos clients), les stocks, les titres de participation, les terrains, les bâtiments et les machines ou équipements. Le passif comprend les dettes à court et à long terme, les créances fournisseurs (les crédits que vos fournisseurs vous ont accordés, par exemple en vous permettant de payer à 60 jours) et d'autres engagements. Les capitaux propres équivalent au capital de départ de l'entreprise, à la valeur des actions en Bourse ou aux capitaux investis et aux bénéfices non distribués aux actionnaires.

Ce qui fait l'équilibre du Bilan, c'est une seconde formule, qui est un réarrangement de la première équation :

Actif = Passif + Capitaux Propres

Ce calcul paraît étrange à première vue : pourquoi voudriez-vous additionner le passif qui correspond aux dettes et les Capitaux propres ?

Voilà pourquoi : lorsqu'une entreprise emprunte de l'argent, il apparaît dans les Flux de trésorerie comme de l'argent supplémentaire sur le compte. Cet afflux d'argent pourrait nous donner l'impression – trompeuse – que l'entreprise a réalisé des ventes excellentes durant cette période. Or, cet argent est de l'argent emprunté. En réfléchissant à la situation, vous vous rendez compte que la situation financière de l'entreprise n'a pas vraiment changé : son actif est plus important (elle possède des fonds en caisse plus conséquents), mais également son passif puisqu'elle a une dette supplémentaire. En réalité, sa situation nette est identique.

La seconde formule est utile parce qu'elle reflète cette relation. Supposons que vous lanciez votre affaire et que vous empruntiez 10 000 €. Avant l'emprunt, votre Bilan se présente ainsi :

0 € = 0 € (vous n'avez ni actifs, ni dettes ni capitaux propres)

Après votre emprunt, votre Bilan se présente ainsi :

10 000 € = 10 000 € + 0 €

(vous avez 10 000 € d'actifs et 10 000 € de dettes, et n'avez toujours pas de capitaux propres)

Les deux colonnes du Bilan sont équivalentes et votre Bilan présente toujours un équilibre financier. Si ce n'est pas le cas, c'est que vous avez commis une erreur.

Puisque les Bilans sont des instantanés à un moment donné, il est fréquent d'en examiner plusieurs en même temps. Par exemple, une entreprise peut inclure des Bilans calculés sur le dernier jour de son exercice comptable des deux ou trois dernières années. En comparant les bilans, il est facile de voir l'évolution de l'actif, du passif et des capitaux propres.

Les Bilans sont utiles parce qu'ils répondent à de nombreuses questions importantes sur la santé financière d'une entreprise. En examinant le Bilan d'une entreprise, vous pouvez savoir si elle est solvable (c'est-à-dire si son actif est supérieur à son passif), si elle a des difficultés à régler ses factures et si sa valeur a changé au cours du temps.

Tout comme le Compte de résultat, le Bilan repose sur des hypothèses et estimations susceptibles d'introduire un biais dans les chiffres. Quelle est la valeur d'une marque ou d'une réputation ? Quel pourcentage des crédits accordés aux clients sera remboursé ? Quelle est la valeur du stock ? Ne sautez pas les notes de bas de page : en examinant les hypothèses qui sous-tendent les postes du Bilan, vous vous ferez une idée plus précise de la solidité de l'entreprise.

RETROUVEZ CE CONCEPT À L'ADRESSE : **http://book.personalmba.com/balance-sheet/**

Les ratios financiers

« Dans le monde réel, les tests se font au vu et au su de tous, et votre réussite est inexorablement déterminée par les leçons que vous tirez du marché. »

JONATHAN ROSENBERG, ANCIEN VICE-PRÉSIDENT
DE LA GESTION PRODUIT CHEZ GOOGLE

Après avoir établi vos principaux rapports financiers, vous pouvez les examiner de nombreuses manières différentes. L'une des stratégies les plus efficaces consiste à calculer un ***Ratio financier*** : une comparaison de deux éléments importants de votre activité.

L'intérêt des Ratios financiers est de vous permettre d'établir des comparaisons très rapidement. Au lieu de scruter à la loupe les données de vos rapports financiers, il vous suffit de jeter un coup d'œil à un Ratio financier pour évaluer d'emblée la bonne (ou la mauvaise) santé de certains aspects de votre activité. Examiner l'évolution de ces Ratios vous donne une idée de l'évolution de votre entreprise. Et comparer vos Ratios aux moyennes de votre secteur d'activité vous permet de voir facilement si votre entreprise affiche les performances d'une entreprise type du secteur ou si quelque chose ne tourne pas rond.

Les *ratios de rentabilité* indiquent la capacité d'une entreprise à générer du Profit. Plus votre chiffre d'affaires est important et plus vos coûts sont faibles, plus vos ratios de rentabilité sont élevés. Nous avons déjà évoqué la Marge qui est un ratio de rentabilité très basique. Quant à la rentabilité des actifs (ROA, *Return on Assets*, en anglais), calculée en divisant le bénéfice net par le total des actifs, il vous indique le taux de rendement de l'actif investi (si vous avez investi 500 euros dans vos actifs et que cela vous permet de faire un bénéfice de 100, cela signifie que votre ROA est de 20 %).

Les *ratios d'endettement* indiquent la manière dont votre entreprise utilise l'endettement pour mener ses activités. Le ratio dettes/fonds propres vous indique combien une entreprise a emprunté pour chaque euro de capitaux propres investi. Si le ratio est élevé, il indique que l'entreprise est endettée, ce qui peut être un mauvais signe. D'autres ratios, tel le « ratio de couverture des intérêts », vous indiquent le pourcentage des bénéfices qui sert à rembourser les intérêts de la dette.

Les *ratios de liquidité* indiquent la solvabilité à court terme d'une entreprise et plus basiquement si elle peut payer ses factures. Le ratio de liquidité générale (*current ratio* en anglais) calculé en divisant les actifs à court terme par les dettes à court terme ou *le quick ratio*, en bon français ratio de liquidité immédiate (actifs à court terme moins les stocks divisés par les dettes à court terme), vous indique rapidement si une entreprise est proche de la faillite ou si elle laisse dormir ses liquidités au lieu d'investir dans son développement.

Les *ratios de gestion* mesurent l'efficacité avec laquelle l'entreprise gère ses actifs et son passif. L'usage le plus fréquent concerne la gestion des stocks : il n'est pas bon d'avoir des stocks insuffisants, mais des stocks excédentaires ne sont guère plus favorables. Calculer le nombre de jours où un article reste en moyenne en stock, et le « délai moyen de recouvrement », soit le temps qui s'écoule entre le moment de la vente et le paiement du client, peut vous aider à opérer des changements dans le domaine de la production, à mieux gérer les stocks ou à planifier les futurs investissements.

Il existe des milliers de Ratios financiers et vouloir les aborder tous dépasse le propos de ce livre. Les analystes financiers ont tendance à sélectionner un petit nombre de ratios particulièrement pertinents pour un secteur d'activité donné : il est absurde de calculer la rotation des stocks d'un salon de coiffure. Chaque secteur d'activité doit considérer quelques ratios particulièrement significatifs – n'hésitez pas à effectuer quelques recherches pour découvrir ceux qui sont les plus importants dans votre secteur d'activité.

Nous aborderons d'autres Ratios dans le chapitre 10, car ils sont utiles dans de nombreux domaines, et pas seulement dans la finance. Pour l'instant, rappelez-vous que les Ratios financiers sont utiles pour suivre facilement vos Profits, votre endettement, votre trésorerie et l'efficacité de votre entreprise.

RETROUVEZ CE CONCEPT À L'ADRESSE : **http://personalmba.com/financial-ratios/**

L'analyse coûts/avantages

« Je dois étudier les faits matériels eux-mêmes, voir ce qui serait possible et ce qui paraît être sage et légal. Le sujet est difficile, et les braves ne sont pas d'accord. »

ABRAHAM LINCOLN

Le but de l'analyse financière n'est pas de produire des tableaux impressionnants, mais de prendre les bonnes décisions. Si les données que vous examinez n'apportent pas des changements susceptibles d'améliorer votre activité, vous perdez votre temps. La finance vous sert essentiellement à envisager une action potentielle, à consulter les données disponibles et à décider ce que vous allez faire (ou ne pas faire).

L'***Analyse coûts/avantages*** est le processus qui consiste à étudier des changements potentiels au sein de votre entreprise et à voir si les avantages ou les bénéfices apportés sont supérieurs aux coûts engendrés. Au lieu d'effectuer un changement sur un coup de tête, vous prenez du recul pour évaluer le véritable coût de votre action et vous demander si c'est la meilleure solution à appliquer au vu de votre temps, de votre énergie et de vos ressources, par essence limités.

Lorsque vous réalisez une Analyse coûts/avantages, il est important d'inclure des coûts et des avantages qui ne soient pas purement financiers. Des coûts non économiques comme le plaisir ou l'amusement peuvent largement déterminer l'intérêt de poursuivre un projet ou de l'abandonner. La cafétéria de Google en est un bon exemple : l'entreprise permet à ses salariés de se restaurer gratuitement et à toute heure, et en plus avec des produits d'excellente qualité. Cette politique semble avoir un coût énorme jusqu'à ce que vous considériez ses avantages, encore bien supérieurs : elle encourage les salariés à passer un maximum de temps sur leur lieu de travail, ce qui augmente leur productivité et la cohésion des équipes.

Éliminer les frustrations chroniques et les petites inefficacités peut se révéler tout aussi bénéfique. Récemment, j'ai dépensé quelques centaines d'euros pour remplacer l'ancien disque dur de mon ordinateur par un nouveau, beaucoup plus puissant et six fois plus rapide. Désormais, mes programmes sont lancés instantanément, et je n'ai plus à attendre cinq à dix secondes. Cinq à dix secondes ? Cela ne semble pas long, pourtant. Oui, mais les petites améliorations s'Accumulent avec le temps. Je travaille presque exclusivement sur ordinateur, et pour moi, cela fait une différence énorme. Je suis plus heureux et j'abats davantage de travail : c'est ce qu'on appelle un bon investissement.

Avant de prendre une décision, évaluez l'ensemble des coûts et des avantages. Une petite estimation qui vous donnera l'assurance de dépenser votre argent à bon escient.

RETROUVEZ CE CONCEPT À L'ADRESSE : **http://book.personalmba.com/cost-benefit-analysis/**

Quatre méthodes pour augmenter son chiffre d'affaires

« L'argent est abondant pour ceux qui comprennent les lois simples qui gouvernent son acquisition. »

GEORGE CLAYTON, AUTEUR DE *THE RICHEST MAN IN BABYLON*

Croyez-le ou non, il n'existe que ***Quatre méthodes pour améliorer votre chiffre d'affaires :***

- Augmenter le nombre de clients.
- Augmenter le panier moyen de chaque achat en vendant davantage à chaque fois.
- Augmenter la fréquence des achats par client.
- Augmenter vos prix.

Imaginez que vous gériez un restaurant et que vous souhaitiez augmenter son chiffre d'affaires. Voici comment appliquer ces quatre stratégies :

Augmenter le nombre de clients signifie essayer d'attirer davantage de clients dans votre restaurant. Une stratégie relativement simple : plus de personnes qui entrent dans votre restaurant = plus d'additions à la sortie = une augmentation du chiffre d'affaires (à supposer que le panier moyen de la transaction demeure identique).

Augmenter le panier moyen de chaque transaction signifie essayer d'inciter chaque client à acheter davantage. Comment ? Par un processus appelé vente complémentaire. Avant même que votre client commande un plat, vous lui proposez un apéritif, une entrée, et ensuite des boissons et un dessert. Et plus il achètera de produits supplémentaires, plus vos revenus augmenteront.

Augmenter la fréquence d'achat par client signifie encourager vos clients à acheter plus souvent chez vous. Si votre client moyen vient déjeuner ou dîner dans votre restaurant une fois par mois, le convaincre de venir une fois par semaine va accroître votre chiffre d'affaires (à supposer que le montant de chaque transaction demeure identique).

Augmenter vos prix signifie que chaque transaction produit un chiffre d'affaires plus élevé. À supposer que le panier moyen de chaque transaction et la fréquence des transactions demeurent identiques, augmenter vos prix vous permet de dégager un chiffre d'affaires plus important sans vous donner plus de mal.

Rappelez-vous la Qualification : tous les clients ne sont pas de bons clients. Certains sapent votre temps, votre énergie et vos ressources sans produire les résultats escomptés. Si vous déployez beaucoup d'efforts pour servir des clients qui ne fréquentent pas souvent votre établissement, qui ne prennent qu'un plat, qui ne font pas jouer le bouche-à-oreille et qui se plaignent du prix, inutile de vouloir attirer davantage ce type de consommateur non rentable.

Veillez à concentrer l'essentiel de vos efforts sur les clients idéaux. Ce sont des clients qui viennent souvent, dépensent beaucoup à chaque repas, recommandent votre établissement et acceptent de mettre le prix pour la valeur que vous leur distribuez.

Plus vous attirerez de clients idéaux, plus votre chiffre d'affaires augmentera.

RETROUVEZ CE CONCEPT À L'ADRESSE : **http://book.personalmba.com/4-methods-to-increase-revenue/**

Le pouvoir sur les prix

> « Dès l'instant où vous faites une erreur pour fixer vos prix, vous nuisez à votre réputation ou à vos profits. »
>
> KATHARINE PAINE, FONDATRICE DU GROUPE DELAHAYE

Imaginez que vous doubliez vos prix actuels. Si vous perdez moins de la moitié de vos clients, vous avez pris une bonne décision, semble-t-il.

Le ***Pouvoir sur les prix*** est votre capacité à augmenter vos prix dans le temps. Moins vous captez de valeur, plus votre Pouvoir sur les prix est grand. Servir les clients réclame du temps, de l'énergie et des ressources, alors plus vous gagnez d'argent par client servi, plus votre affaire est profitable. Changer vos prix peut vous aider à maximiser vos résultats avec un minimum d'efforts.

Le Pouvoir sur les prix est lié au concept de l'élasticité des prix. Si les clients sont très sensibles au prix de votre offre, vous allez en perdre beaucoup même si vous ne pratiquez qu'une légère augmentation de vos prix, ce qui signifie que la demande est « élastique ». Les produits de base comme le dentifrice sont de bons exemples : à moins d'être capable de créer quelque chose de nouveau et d'unique dont vos clients ont très envie, appliquer une forte hausse de prix vous assure de perdre vos clients qui vont aller tout droit chez vos concurrents.

Si vos clients ne sont pas sensibles au prix de votre offre, vous pouvez quadrupler vos prix sans grand effet sur le volume de vos ventes. Prenez les produits de luxe, par exemple : les clients les achètent parce que ce sont des ***Signaux sociaux*** (concept abordé ultérieurement) qui coûtent cher et que tout le monde ne peut pas se payer. Augmenter le prix des sacs à main, des vêtements et des montres de grands créateurs a toutes les chances de rendre ces produits encore plus convoités.

Les économistes aiment passer du temps à représenter graphiquement et à calculer l'élasticité des prix, mais ce n'est pas nécessaire – à moins d'avoir déjà des ***Normes*** (concept abordé ultérieurement) précises, vous pouvez vraiment connaître le Pouvoir sur les prix dans votre secteur seulement en modifiant vos prix pour voir ce qui se passe. Heureusement, si vous n'êtes pas un acteur établi sur un marché aussi vaste qu'actif (auquel cas vous disposez de Normes avec lesquelles travailler) et si vos prix ne sont pas examinés à la loupe, vous pouvez les modifier sans trop de conséquences. ***Expérimentez*** (concept abordé ultérieurement) ce qui fonctionne pour vous.

Le Pouvoir sur les prix est important parce qu'en augmentant vos prix, vous évitez les effets négatifs de l'inflation et de la hausse des coûts. Comme le montre l'histoire, une monnaie émise par un État, quel qu'il soit, a tendance à perdre de sa valeur avec le temps – les dirigeants sont fortement incités à augmenter la masse monétaire, ce qui diminue le pouvoir d'achat de la monnaie.

Conséquence : il vous faut plus d'argent pour acheter les mêmes produits et services nécessaires au maintien de votre activité, ce qui élève votre Point de suffisance. Sans un Pouvoir sur les prix suffisant, votre entreprise peut être incapable de maintenir son Point de suffisance face à des dépenses plus importantes.

Plus vous pouvez pratiquer des prix élevés, plus vous êtes capable de maintenir votre Point de suffisance. Si vous avez le choix, choisissez un marché sur lequel vous détenez un Pouvoir sur les prix et vous verrez que ce sera beaucoup plus facile de conserver votre Point de suffisance au cours du temps.

RETROUVEZ CE CONCEPT À L'ADRESSE : **http://book.personalmba.com/pricing-power/**

La valeur du cycle de vie

« Le but d'un client n'est pas d'obtenir une vente. Le but d'une vente est d'obtenir un client. »

BILL GLAZER, EXPERT EN PUBLICITÉ

Imaginez que vous tenez un stand de limonade sur le trottoir d'une ville très touristique. Chaque verre de limonade coûte 1 €. Vous avez beaucoup de clients à servir, mais uniquement des clients de passage que vous ne reverrez probablement jamais.

Maintenant, prenez le cas du secteur des assurances. Supposez qu'un client moyen débourse 200 € par mois pour son assurance auto – soit 2 400 € par an.

Si ce client moyen reste fidèle à la même compagnie d'assurances pendant dix ans, il rapporte 24 000 € à son assureur tout le temps que dure leur relation. Ça fait une grosse différence.

La ***Valeur du cycle de vie*** est la valeur totale qu'un client représente pour une entreprise pendant toute la durée de leur relation. Plus un client vous achète de Produits ou de Services et plus il reste longtemps chez vous, plus ce client a de la valeur pour vous.

Si les Abonnements sont si rentables, c'est en partie parce qu'ils maximalisent naturellement la Valeur du cycle de vie. Au lieu de réaliser une seule vente avec un client, la société qui offre des Abonnements s'efforce de fournir de la valeur – et de percevoir un revenu – le plus longtemps possible. Plus un client reste longtemps abonné et plus il génère du chiffre d'affaires.

Et plus la Valeur du cycle de vie du client moyen est élevée, mieux votre entreprise se porte. En calculant le panier moyen votre client et la durée pendant laquelle il achète vos Produits ou vos Services, vous pouvez attribuer une valeur à chaque nouveau client, ce qui vous aide à prendre de bonnes décisions. Perdre un client sur un stand de limonade n'est pas bien grave. En revanche, perdre un assuré l'est beaucoup plus.

Par conséquent, mieux vaut évoluer sur des marchés où la Valeur du cycle de vie des clients est élevée. Plus la Valeur du cycle de vie de votre client est forte, plus vous avez intérêt à vous efforcer de le servir comme il faut et de le satisfaire. Maintenez une relation à long terme avec des clients rentables et vous serez gagnant.

RETROUVEZ CE CONCEPT À L'ADRESSE : **http://book.personalmba.com/lifetime-value/**

Le coût d'acquisition client

« Toute entreprise peut acheter des produits avec une marge négative, mais il est plus simple de se tenir au coin d'une rue et de distribuer des billets de 20 € jusqu'à faire faillite. »

MORRIS ROSENTHAL, AUTEUR DE *PRINT-ON-DEMAND BOOK PUBLISHING*
ET BLOGGER SUR FONERBOOKS.COM

Revenons à notre stand de limonade : combien dépenseriez-vous pour attirer un nouveau client ? Pas beaucoup – vous ne gagnez que 1 € par verre de limonade vendu et ne pouvez donc pas vous permettre d'investir beaucoup dans la publicité.

Comparez avec la compagnie d'assurances : si la Valeur du cycle de vie d'un client s'élève à 24 000 €, combien dépenseriez-vous pour en attirer ne serait-ce qu'un seul ? Beaucoup plus, n'est-ce pas ?

Attirer l'attention de nouveaux prospects dans le but de les transformer en clients coûte du temps, de l'énergie et de l'argent. Si vous comprenez la Valeur du cycle de vie d'un client, vous pouvez calculer la quantité maximale de ressources et d'argent que vous êtes prêt à dépenser pour en acquérir un nouveau.

Le ***Coût d'acquisition client*** est la composante marketing de la Valeur du cycle de vie. Plus la Valeur du cycle de vie du client moyen est élevée, plus vous pouvez dépenser d'argent pour attirer un nouveau client, ce qui vous permet de promouvoir votre offre autrement.

Bénéficier d'une Valeur du cycle de vie élevée vous autorise même à perdre de l'argent sur la première vente. Le laboratoire Guthy-Renker vend un traitement contre l'acné appelé Proactiv via de longues publicités à la télévision qui décrivent le produit et tous ses détails techniques. Ces pubs lui coûtent des millions d'euros, car il fait appel à des célébrités comme Jessica Simpson pour vanter les mérites de son produit. Au premier abord, de telles dépenses pour produire et diffuser ces pubs à la télé sont absurdes : la première vente ne lui rapporte que 20 €. Alors comment diable le laboratoire gagne-t-il de l'argent rapidement ?

Grâce à l'Abonnement. Lorsqu'un client achète Proactiv, il n'achète pas seulement un flacon de produit – il accepte de recevoir un flacon tous les mois en échange d'un paiement périodique. La Valeur du cycle de vie de chaque nouveau client Proactiv est si élevée que Guthy-Renker se moque bien de perdre de l'argent sur sa première vente – la société pharmaceutique enregistre un chiffre d'affaires mirobolant, même si elle perd de l'argent sur quelques clients qui ne poursuivent pas le traitement.

La première vente peut être un « produit d'appel » – une offre alléchante destinée à établir une relation avec un nouveau client et à développer la base d'abonnés. Des magazines comme *Sports Illustrated* offrent des gadgets tels que des téléphones en forme de ballon de foot et dépensent une fortune dans leur Swimsuit Edition (numéro spécial avec des stars du sport en maillot de bain) annuelle pour attirer de nouveaux abonnés.

Ces incitations peuvent engloutir jusqu'à l'équivalent d'une année de chiffre d'affaires, mais l'entreprise s'en sort bien au vu de la Valeur du cycle de vie de chacun de ses clients. Chaque nouvel abonné permet au magazine d'imposer des tarifs plus élevés à ses annonceurs et de tirer l'essentiel de ses revenus de ses recettes publicitaires.

Si vous voulez calculer le Coût d'acquisition client acceptable pour votre marché, prenez la Valeur du cycle de vie de votre client moyen et soustrayez les coûts liés à la Chaîne de valeur – ce qu'il faut pour créer et distribuer la valeur promise à ce client pendant toute la durée de votre relation avec lui. Puis soustrayez vos ***Frais généraux*** (concept abordé ultérieurement) divisés par le nombre total de clients pour trouver les ***Coûts fixes*** (concept abordé ultérieurement) que vous êtes contraint de supporter pour poursuivre votre activité durant cette période. Multipliez le résultat par 1 moins la Marge attendue (si vous visez une Marge de 60 %, vous allez avoir 1 - 0,60 = 0,40) et vous obtenez votre Coût d'acquisition client maximal acceptable.

Exemple : si votre Valeur du cycle de vie moyenne est de 2 000 € sur une période de 5 ans et si le coût de la Création et pour délivrer la valeur est de 500 €, il vous reste 1 500 € par client servi. À supposer que vos Frais généraux s'élèvent à 500 000 € sur 5 ans et que vous avez 500 clients, vos Coûts fixes représentent 1 000 € par client, ce qui vous laisse 500 € pour vos dépenses publicitaires. Si vous souhaitez obtenir une Marge de 60 % minimum, vous pouvez vous permettre de dépenser 40 % de ces 500 € en publicité, ce qui vous donne un Coût d'acquisition client maximal de 200 € par client. Sachant cela, vous pouvez tester différentes formes de publicité et voir si elles fonctionnent – si vos hypothèses sont correctes, tout client que vous attirerez pour 200 € ou moins sera rentable.

Plus la Valeur du cycle de vie de vos clients est élevée, plus le Coût d'acquisition client peut être élevé. Plus un nouveau client possède de valeur à vos yeux, plus vous pouvez investir pour le satisfaire durablement.

RETROUVEZ CE CONCEPT À L'ADRESSE : **http://book.personalmba.com/allowable-acquisition-cost/**

Les frais généraux

« Méfiez-vous des petites dépenses ; une petite fuite peut faire sombrer un grand navire. »

BENJAMIN FRANKLIN, HOMME POLITIQUE, SCIENTIFIQUE ET ESPRIT UNIVERSEL

Plus votre loyer ou le remboursement de votre prêt immobilier est élevé, plus vous devez avoir d'argent chaque mois pour couvrir vos dépenses. Le même principe général s'applique aux entreprises.

Les ***Frais généraux*** correspondent aux ressources minimales indispensables au fonctionnement d'une entreprise. Ils incluent toutes les dépenses auxquelles vous ne pouvez pas échapper pour faire fonctionner votre entreprise tous les mois, indépendamment de vos ventes. Il s'agit des salaires, du loyer, des abonnements en eau, gaz et électricité, des réparations de matériel, etc.

Moins vos Frais généraux sont élevés, moins vous avez besoin de générer de recettes pour faire marcher votre entreprise et plus vous atteignez rapidement le Point de suffisance financière. Si vous ne dépensez pas beaucoup, vous n'avez pas besoin de gagner beaucoup d'argent pour couvrir vos frais.

Les Frais généraux sont particulièrement importants lorsque vous créez votre entreprise, avec un capital déterminé. Les capital-risqueurs, par exemple, peuvent vous apporter une mise de fonds initiale, c'est-à-dire une somme d'argent qui vous permettra de démarrer votre activité. Plus les capitaux que vous vous procurez sont conséquents et plus vous les dépensez lentement, plus vous avez de temps pour développer votre entreprise.

En revanche, plus vous « consommez » vite votre capital, plus vous avez besoin de collecter des fonds importants et plus vous devez rapidement faire rentrer de l'argent dans vos caisses en vendant vos Produits ou vos Services. Si vous dépensez tout l'apport initial et êtes incapable de recueillir des fonds supplémentaires, vous ne pouvez plus faire tourner votre entreprise. C'est la raison pour laquelle les investisseurs et les entrepreneurs avisés surveillent de près le « burn rate », c'est-à-dire le rythme auquel vous « brûlez » votre capital de départ – plus il est lent, plus vous avez de temps devant vous pour rencontrer le succès.

Plus vos Frais généraux sont bas, plus vous aurez de flexibilité et plus il vous sera facile d'assurer à votre entreprise une réussite durable.

RETROUVEZ CE CONCEPT À L'ADRESSE : **http://book.personalmba.com/overhead/**

Les coûts fixes et les coûts variables

« Surveillez les coûts, et les profits se feront d'eux-mêmes. »

ANDREW CARNEGIE, INDUSTRIEL DU XIXE SIÈCLE

Un vieux proverbe dit : « Tu dois dépenser de l'argent pour gagner de l'argent. » Certes, il y a du vrai là-dedans, mais toutes les dépenses n'ont pas été créées égales.

Vous devez supporter les ***Coûts fixes***, quelle que soit la valeur que vous créez. Vos Frais généraux constituent un Coût fixe : quel que soit le chiffre d'affaires que vous dégagez par mois, vous êtes obligé de rémunérer vos salariés et de payer le loyer de vos locaux professionnels.

Les ***Coûts variables*** dépendent directement de la valeur que vous créez. Supposons que vous fabriquez des T-shirts en coton. Plus vous fabriquerez de T-shirts, plus vous aurez besoin de coton. Les matières premières, les dépenses d'eau, de gaz et d'électricité, ainsi que les ouvriers payés à l'heure sont des Coûts variables.

Les baisses de Coûts fixes s'Accumulent ; les baisses de Coûts variables sont Amplifiées par le volume. Si vous pouvez économiser 50 € par mois sur votre facture de téléphone mobile, ces économies s'Accumulent pour représenter 600 € par an. Si vous réussissez à économiser 0,50 € sur chaque T-shirt fabriqué, vous économiserez 500 € pour 1 000 T-shirts produits.

Mieux vous comprendrez vos Coûts, plus vous trouverez des moyens de produire un maximum de valeur sans dépenser tout ce que vous gagnez.

RETROUVEZ CE CONCEPT À L'ADRESSE : **http://book.personalmba.com/costs-fixed-variable/**

La dégradation progressive

« La qualité, encore la qualité, toujours la qualité : ne vous en éloignez jamais, même si vous ne voyez pas comment vous pouvez vous y tenir. Si vous transigez, vous devenez un produit de base et vous mourrez. »

GARY HIRSHBERG, FONDATEUR DE STONYFIELD FARM
ET LEADER DES YAOURTS BIO AUX ÉTATS-UNIS

Croyez-le ou non, la plupart des chocolats que vous trouvez au rayon bonbons et confiseries des supermarchés américains ne sont plus du « chocolat », mais des « bonbons aromatisés au chocolat ». Alors, que se passe-t-il ?

Pour fabriquer du chocolat de très bonne qualité, vous devez acheter des fèves de cacao de très bonne qualité, puis les broyer pour en faire du beurre de cacao. Le beurre de cacao est ensuite mélangé à du sucre, de l'eau et des émulsifiants qui aident les graisses présentes dans le beurre de cacao à « adhérer » au sucre saturé d'eau. Le chocolat liquide ainsi obtenu est chauffé, versé dans des moules et refroidi pour se transformer en chocolat solide.

Au fil des années, les grands fabricants de chocolat industriel ont décidé d'utiliser des ingrédients meilleur marché pour réduire leurs coûts et accroître leurs profits. Au lieu d'acheter des fèves de cacao de bonne qualité, ils ont acheté des fèves moins chères provenant de sources médiocres. Après tout, qui le remarquerait ? Puis ils ont remplacé le beurre de cacao par des huiles végétales – à tel point que les autorités alimentaires ne les ont plus autorisés à appeler leur produit « chocolat ». Ils ont ajouté des émulsifiants en plus grande quantité, des conservateurs et d'autres additifs chimiques pour maintenir la cohérence d'un chocolat dénaturé et lui permettre de se conserver indéfiniment.

Appétissant, non ?

Ce phénomène s'appelle la ***Dégradation progressive***. Économiser de l'argent n'est pas un bon calcul si vous dégradez la qualité de votre offre. À l'époque, ces mesures d'économie ne semblaient pas avoir des conséquences importantes sur la qualité du chocolat et les fabricants y voyaient là un Compromis qui valait la peine d'être fait. Malheureusement, avec le temps, les effets Accumulés ont détérioré le goût et la qualité du produit. Les consommateurs l'ont remarqué, et donc les fabricants : vous pouvez désormais acheter des chocolats qui contiennent les ingrédients d'origine.

Les directeurs financiers sont vus avant tout comme des « réducteurs de coûts » impitoyables dont le seul objectif est de réduire les dépenses pour accroître la rentabilité d'une offre ou d'une entreprise. Certes, réduire vos coûts peut vous aider à augmenter votre marge, mais à quel prix.

Si vous avez pour objectif principal d'augmenter votre Profit, vous pouvez réduire vos coûts, mais dans une certaine limite. Créer et distribuer de la valeur a toujours un coût, aussi faible soit-il, et vous ne pouvez pas diminuer vos coûts jusqu'à être contraint de diminuer la valeur que vous distribuez à votre clientèle. Réduire des coûts superflus est certainement une bonne idée, mais prenez garde à la ***Loi des rendements décroissants*** (concept abordé ultérieurement) et faites attention de ne pas jeter le bébé avec l'eau du bain.

Créer et distribuer davantage de valeur est une solution nettement meilleure pour augmenter vos Profits. Vous ne pouvez pas comprimer vos dépenses à l'infini. En revanche, il n'y a pas de limite à la valeur que vous pouvez délivrer à vos clients ni aux revenus que vous pouvez percevoir.

Contrôlez vos coûts, mais ne diminuez pas la qualité de votre offre au point que votre clientèle se demande pourquoi elle continue de l'acheter.

RETROUVEZ CE CONCEPT À L'ADRESSE : **http://book.personalmba.com/incremental-degradation/**

Le seuil de rentabilité

« Il est inhabituel, et même anormal, qu'une entreprise gagne de l'argent durant ses premières années d'existence. Le produit initial et l'organisation de départ ne sont jamais réussis. »

HARVEY S. FIRESTONE, FONDATEUR DU FABRICANT DE PNEUS FIRESTONE

Supposons que votre entreprise vous rapporte 100 000 € par mois et que vous dépensez 50 000 € par mois en frais d'exploitation. Gagnez-vous de l'argent ? Ça dépend.

Lorsque vous créez entreprise, il vous faut généralement un moment avant de pouvoir gagner plus d'argent que vous n'en dépensez. Il faut créer des Systèmes, recruter et former des salariés, et investir dans le marketing avant de toucher un seul centime. À mesure que votre entreprise prend forme, vos dépenses s'ajoutent.

Supposons à présent que votre entreprise a eu besoin de 50 000 € par mois pendant 12 mois pour démarrer, soit 600 000 €. Maintenant qu'elle vous rapporte 50 000 € par mois en soustrayant les frais d'exploitation, vous pouvez commencer à récupérer votre investissement initial.

Le ***Seuil de rentabilité*** (le *breakeven* en anglais) est le moment où la somme de vos revenus à ce jour est égale à vos dépenses totales à ce jour, c'est-à-dire le moment où votre entreprise commence à créer de la richesse au lieu de consommer de l'argent. À supposer qu'elle continue à vous rapporter 100 000 € par mois et que vos dépenses demeurent identiques, il va vous falloir douze mois pour rentrer dans vos frais. Passé ce seuil, votre affaire va *réellement* vous faire gagner de l'argent – avant ce moment-là, même si les affaires semblent aller bien, ce n'est pas encore le cas.

Votre Seuil de rentabilité va changer constamment. Les revenus, comme les dépenses, fluctuent naturellement. Tenir une comptabilité pour savoir à combien s'élèvent vos dépenses et vos revenus dès la mise en route de votre entreprise est le seul moyen de vérifier si vous avez gagné – ou perdu – de l'argent.

Plus votre entreprise vous rapportera d'argent et moins vous en dépenserez, plus vous atteindrez rapidement le Seuil de rentabilité à partir duquel vous êtes autosuffisant.

RETROUVEZ CE CONCEPT À L'ADRESSE : **http://book.personalmba.com/breakeven/**

L'amortissement

« Avant toute action, demandez-vous : le résultat de mon action sera-t-il une bénédiction ou un lourd fardeau ? »

ALFRED ARMAND MONTAPERT, AUTEUR DE *THE SUPREME PHILOSOPHY OF MAN: THE LAWS OF LIFE*

Vous avez créé le jouet du siècle : un animal en peluche qui ressemble et agit exactement comme un vrai chien mais n'a pas besoin d'être nourri ni sorti au beau milieu de la nuit. Les enfants raffolent de votre Prototype et les parents sortent déjà leur carte de crédit pour être sûrs d'en avoir un à la minute où il sera disponible. Tout porte à croire que vous allez en vendre des millions.

Il n'y a qu'un seul problème : pour que l'on vous achète vos faux chiens, vous allez devoir investir dans une usine et son équipement, ce qui va vous coûter au moins 100 millions d'euros. Et, bien évidemment, vous n'avez pas cette somme sur votre compte bancaire. Comment une entreprise peut-elle se permettre d'acheter un bien aussi cher qu'une usine tout en gagnant de l'argent ?

L'***Amortissement*** est le processus qui consiste à étaler la dépense initiale d'investissement sur la durée de vie probable de cet investissement. Supposons que votre usine de fabrication de chiens en peluche est capable de produire 10 millions d'unités tout au long de sa vie utile. Cela ramène le coût unitaire de l'usine à 10 € par chien en peluche. Si vous vendez chaque unité produite 100 €, vous dégagez une Marge très confortable.

Le calcul de l'Amortissement va vous aider à déterminer l'intérêt d'un investissement. À condition de pouvoir estimer de façon fiable le coût total et la quantité produite, l'Amortissement vous permet de savoir si investir d'importants Capitaux dans votre projet en vaut la peine ou non.

Par exemple, un fabricant de livres peut choisir d'acheter une copie d'Adobe InDesign, le logiciel couramment utilisé par les professionnels de l'édition. Comparé à la plupart des autres logiciels, InDesign est cher : une licence d'utilisation coûte 700 €. Le jeu en vaut-il la chandelle ?

La réponse dépend du nombre de livres que l'éditeur va réaliser avec ce logiciel. S'il n'achève jamais un projet, c'est de l'argent gaspillé. S'il utilise le logiciel pour composer dix livres qui lui rapportent 1 000 € chacun, il a gagné 10 000 € pour un investissement de 700 €, ce qui n'est pas mal du tout. Amorti sur dix projets, le coût du logiciel n'est que de 70 € par projet, soit 7 % du chiffre d'affaires dégagé par chaque projet. Certes, la carte de crédit de l'éditeur en prend un coup au moment de l'achat, mais cet outil logiciel lui offre la possibilité de gagner plus d'argent qu'il n'en gagnerait autrement.

L'Amortissement dépend aussi du degré d'exactitude de l'évaluation de la durée de vie – qui n'est qu'une prévision. Cette hypothèse ne sera pas valable si vous ne vendez pas ce que vous produisez ou si votre équipement s'use plus vite que prévu. Les prévisions représentent un art extrêmement difficile et si vous vous trompez dans vos estimations, le coût unitaire de votre investissement peut être beaucoup plus élevé que vous le pensiez au départ.

Crocs fabrique des chaussures en caoutchouc drôles et originales. Après un succès aussi colossal qu'inattendu, la société s'est mise à produire des quantités énormes : elle a ouvert une usine en Chine et commencé à fabriquer des millions de chaussures dans la perspective de continuer à vendre chaque unité produite. Malheureusement, l'engouement n'était qu'un effet de mode et les ventes n'ont pas tardé à s'effondrer, laissant l'entreprise avec une capacité de production excédentaire et des stocks énormes impossibles à écouler. L'Amortissement n'a pas pu empêcher Crocs de faire faillite.

Calculer l'Amortissement pour déterminer le bien-fondé d'un investissement important est une approche judicieuse – simplement, n'oubliez pas qu'il ne s'agit que d'une prévision et agissez en conséquence.

RETROUVEZ CE CONCEPT À L'ADRESSE : **http://book.personalmba.com/amortization/**

Le pouvoir d'achat

« Le rôle de l'entrepreneur, c'est de s'assurer que son entreprise n'est pas à sec. »

BILL SAHLMAN, PROFESSEUR
À LA HARVARD BUSINESS SCHOOL

Un vieux proverbe dit : « L'argent est roi. »

C'est vrai. Votre carnet de commandes peut être plein, archi-plein, mais sans argent à la banque, vous ne pouvez rien faire. Tous les « Je vous dois » du monde ne règlent pas vos factures, et si vous êtes dans l'impossibilité de payer vos salariés ou vos factures d'électricité, vous êtes dans l'impuissance totale.

Le ***Pouvoir d'achat*** constitue l'ensemble des liquidités à la disposition d'une entreprise – trésorerie, crédits et tout financement extérieur disponible. Il est toujours préférable de disposer d'un maximum de Pouvoir d'achat, de trésorerie, à condition de l'utiliser à bon escient.

Le Pouvoir d'achat est l'argent que vous dépensez pour payer vos Frais généraux et vos fournisseurs. Tant que vous continuez à les payer, votre entreprise tourne. Mais dès que vous êtes à court de Pouvoir d'achat, votre entreprise ne peut plus fonctionner et c'est terminé.

Surveillez constamment le Pouvoir d'achat dont vous disposez. Que vous reste-t-il sur votre compte bancaire ? À quel niveau de crédit avez-vous accès ? Plus vous avez de Pouvoir d'achat, mieux c'est.

Suivre l'évolution du Pouvoir d'achat et de la trésorerie dont vous disposez facilite beaucoup la gestion de votre affaire. Au lieu de vivre dans l'inquiétude de ne pas pouvoir payer vos factures, savoir que vous avez suffisamment de Pouvoir d'achat vous permet de respirer et de vous tranquilliser l'esprit et de vous consacrer à autre chose – envisager des projets pour votre entreprise, par exemple.

Ne perdez jamais de vue votre Pouvoir d'achat, car il fait la différence entre une entreprise qui perdure et une entreprise qui ferme.

RETROUVEZ CE CONCEPT À L'ADRESSE : **http://book.personalmba.com/purchasing-power/**

Le cycle de la trésorerie

« La vérité se trouve sur le compte en banque. »

CHARLIE BAHR, CONSEIL EN MANAGEMENT

L'argent circule dans une entreprise de manière prévisible. Si vous comprenez comment les revenus, les dépenses, les créances et les crédits fonctionnent, vous pouvez vous assurer d'avoir toujours suffisamment de Pouvoir d'achat à votre disposition pour continuer de faire tourner votre entreprise et maximiser vos possibilités.

Le ***Cycle de la trésorerie*** décrit les ***Flux*** (concept abordé ultérieurement) des liquidités qui circulent au sein d'une entreprise. Imaginez que votre compte bancaire est une baignoire. Si vous voulez remplir davantage votre baignoire, vous ajoutez de l'eau et l'empêchez de s'écouler. Plus il rentre d'eau dans votre baignoire et moins il en sort, plus le niveau d'eau est élevé. Les recettes et les dépenses fonctionnent à l'identique.

Les *créances* sont des promesses de paiement que vous avez acceptées des autres. Les créances aux clients sont attractives, vous avez l'impression d'avoir réalisé la vente – quelqu'un vous a promis de vous donner de l'argent en échange de votre produit. Mais attention ! Les créances clients ne se transforment en argent disponible que si le client tient sa promesse. Les reconnaissances de dettes ne sont pas de l'argent frais disponible dans les caisses. Plus la promesse faite se transformera rapidement en paiement effectif, plus vous aurez d'argent disponible. De nombreuses entreprises ont mis la clé sous la porte avec un carnet de commande de plusieurs millions d'euros.

La *dette* est la promesse que vous faites à quelqu'un de le payer ultérieurement. Et elle est attractive parce que vous avez la possibilité d'effectuer un achat maintenant sans avoir à débourser un centime sur-le-champ. Et plus vous payez tard, plus vous avez d'argent à votre disposition. Une bonne affaire, certes, mais là encore, attention ! En général, les dettes vous coûtent de l'argent supplémentaire sous forme d'intérêts. Vous devez rembourser les intérêts en plus du capital que vous avez emprunté, ces intérêts doivent être considérés comme une dépense. Si vous ne pouvez pas les payer, vous êtes en difficulté.

La meilleure stratégie ? Maximiser vos liquidités. Augmentez vos revenus d'argent et réduisez vos coûts. Accroître vos marges, multiplier vos ventes et diminuer vos dépenses améliorera nécessairement votre trésorerie.

Négocier avec vos créanciers pour différer ou étaler davantage vos remboursements peut également vous aider à éviter la pénurie de liquidités. Si l'un de vos fournisseurs ou partenaires accepte de vous laisser payer plus tard les matières premières ou des équipements dont vous avez besoin aujourd'hui, cela vous permet de garder davantage d'argent sur votre compte. Dites-vous bien que les dettes peuvent facilement devenir incontrôlables si vous ne suivez pas de près les sommes que vous devez et les délais de remboursement qui les accompagnent. Mais si vous tenez vos engagements vis-à-vis de vos créanciers, il peut vous être très utile de différer vos paiements, notamment lorsqu'il s'agit des dépenses marketing. Emprunter 1 € pour en gagner 10 est une bonne affaire, et c'est encore mieux si vous pouvez tenir cet avantage pendant des mois avant que le premier remboursement débute.

Pour faire rentrer de l'argent plus rapidement, il est préférable d'accélérer le recouvrement des créances et de limiter l'accord de crédit. Plus vite vous serez payé, plus vous aurez de liquidités. Dans l'idéal, essayez d'obtenir un paiement immédiat, même avant d'acquérir des matières premières et de délivrer la valeur.

Dans de nombreux secteurs d'activité, il est assez courant d'accorder des crédits à ses clients, mais ce n'est pas pour autant que vous devez adhérer à cette politique. N'oubliez jamais que vous êtes une entreprise, pas une banque (à moins que votre activité principale consiste justement de proposer des Prêts), et essayez de recouvrer vos créances dans les meilleurs délais.

Si nécessaire, vous pouvez augmenter votre Pouvoir d'achat en contractant de nouvelles dettes ou en ouvrant de nouvelles lignes de crédit. Certes, il est préférable de l'éviter si vous n'en avez pas absolument besoin, mais cela vous permet d'accroître votre Pouvoir d'achat. Considérez les dettes ou les crédits que vous contractez comme une source de financement à utiliser uniquement en cas d'urgence.

Plus vous disposez de Pouvoir d'achat, plus votre entreprise est ***Résiliente*** (concept abordé ultérieurement) et mieux vous pouvez gérer l'imprévu.

RETROUVEZ CE CONCEPT À L'ADRESSE : **http://book.personalmba.com/cash-flow-cycle/**

Le coût d'opportunité

« Le business, plus que toute autre activité, est une gestion de l'avenir continuelle ; c'est un calcul perpétuel, un exercice instinctif qui consiste à tout le temps prévoir. »

HENRY R. LUCE, ÉDITEUR ET FONDATEUR DE TIME INC.

Supposons que vous décidiez de renoncer à un job qui vous rapporte 50 000 € par an pour monter votre propre affaire. Bien sûr, la création d'une entreprise a un coût propre, mais dans votre cas, elle va aussi vous coûter les 50 000 € que vous auriez continué de gagner si vous aviez gardé votre emploi.

Le ***Coût d'opportunité*** est la valeur à laquelle vous renoncez en prenant une Décision. Nous ne pouvons pas tout faire en même temps – nous ne pouvons pas être à deux endroits à la fois ni dépenser le même euro pour acquérir simultanément deux choses différentes.

À chaque fois que vous investissez du temps, de l'énergie ou des ressources dans quelque chose, vous choisissez implicitement de ne pas investir ce temps, cette énergie ou ces ressources ailleurs. La valeur qui aurait été créée par la Seconde meilleure solution est le Coût d'opportunité de cette décision.

Le Coût d'opportunité est important parce qu'il y a toujours différentes options possibles. Si vous travaillez pour une entreprise qui vous rémunère 30 000 € par an et que vous avez la possibilité d'être embauché par une entreprise qui vous propose 200 000 € par an pour le même travail, pourquoi resteriez-vous là où vous êtes ? Si vous payez vos employés ou vos sous-traitants moins que ce qu'ils pourraient obtenir ailleurs pour un travail identique, pourquoi continueraient-ils de travailler pour vous ? Si vos clients peuvent avoir pour 20 € un produit que vous leur vendez 200 €, pourquoi effectueraient-ils leur achat chez vous ?

Le Coût d'opportunité a de l'importance parce qu'il est caché. Comme nous en discuterons plus tard dans l'***Ignorance de l'absence***, les êtres humains ont du mal à prêter attention à ce qui n'est pas présent. Prêter attention à ce à quoi vous renoncez en prenant une décision vous aide à étudier minutieusement l'ensemble de vos possibilités avant de décider.

Toutefois, la prise en compte du Coût d'opportunité ne doit pas devenir une obsession, au risque de tourner à la folie. Si vous avez tendance à vouloir toujours tout maximiser (comme moi), il est tentant d'étudier minutieusement chacune des décisions que vous envisagez de prendre pour être sûr de choisir la meilleure solution. Mais vous risquez de pâtir de la ***Loi des rendements décroissants*** (concept abordé ultérieurement). Alors ne vous perdez pas dans toutes les options possibles et considérez uniquement celles qui vous apparaissent comme les meilleures solutions de remplacement au moment de décider.

Si vous faites attention aux Coûts d'opportunité de vos décisions, vous ferez bien meilleur usage des ressources dont vous disposez.

RETROUVEZ CE CONCEPT À L'ADRESSE : **http://book.personalmba.com/opportunity-cost/**

La valeur temporelle de l'argent

« Ils disent toujours que le temps change les choses, mais en réalité vous devez les changer vous-même. »

ANDY WARHOL, ARTISTE AMÉRICAIN

Préférez-vous avoir un million d'euros aujourd'hui ou un million d'euros dans cinq ans ?

La réponse est claire : pourquoi attendre ? Si vous avez l'argent maintenant, vous pouvez le dépenser maintenant ou l'investir maintenant. Un million d'euros investi à un taux d'intérêt composé de 5 % fera 1 276 281,56 € dans cinq ans. Pourquoi renoncer à ces 276 281,56 € supplémentaires ?

Un euro aujourd'hui vaut plus qu'un euro demain. Combien de plus ? Tout dépend de ce que vous choisissez de faire avec cet euro. Plus vous l'investissez dans une affaire rentable, plus il possède de valeur.

Calculer la ***Valeur temporelle de l'argent*** est un moyen de prendre des Décisions en considérant les Coûts d'opportunité. À supposer que vous ayez différentes possibilités d'investissement accompagnées de différents rendements, la Valeur temporelle de l'argent peut vous aider à déterminer lesquelles choisir et combien y investir compte tenu des autres options possibles.

Revenons à notre exemple. Supposons que quelqu'un vous propose un investissement qui vous rapportera 1 million d'euros au bout d'un an et sans risque. Quelle est la somme maximale que vous devriez accepter de payer aujourd'hui pour bénéficier de ce million demain ?

À supposer que la Seconde meilleure solution soit un autre investissement sans risque offrant un taux d'intérêt de 5 %, vous ne devriez pas payer plus de 952 380 € aujourd'hui. Pourquoi ? Parce que si vous preniez cette somme et l'investissiez dans votre Seconde meilleure solution, vous toucheriez 1 million d'euros : 1 000 000 divisé par 1,05 (le taux d'intérêt de 5 %) = 952 380 €. Si vous pouvez opter pour le premier investissement pour moins de 952 380 €, vous êtes gagnant.

La Valeur temporelle de l'argent est une idée très ancienne – elle a été expliquée pour la première fois au début du XVIe siècle par le théologien espagnol Martin de Azpilcueta. L'idée phare selon laquelle un euro aujourd'hui vaut plus qu'un euro demain peut s'appliquer aux situations financières les plus variées.

Par exemple, la Valeur temporelle de l'argent peut vous aider à calculer la somme maximale que vous devriez être disposé à payer pour une entreprise qui vous rapporte 200 000 € de bénéfices par an. En partant sur la base d'un taux d'intérêt de 5 %, d'une croissance nulle et d'une perspective sur dix ans, la « valeur actuelle » de cette série de bénéfices futurs s'élève à 1 544 347 €. Si vous payez cette entreprise moins que cette somme, vous allez être gagnant, à condition que vos hypothèses soient correctes, bien sûr. (Note : il s'agit de la Méthode de la valeur actualisée dont nous avons parlé dans Les quatre méthodes de tarification.)

La Valeur temporelle de l'argent est un concept extrêmement vaste dont l'exploration approfondie ne rentre pas dans le cadre de ce livre. Si vous souhaitez en savoir plus, je vous conseille de lire *The McGraw-Hill 36-Hour Course in Finance for Nonfinancial Managers* de Robert A. Cooke.

Les intérêts composés

« Vous vous améliorez de 1 % par jour, et en seulement 70 jours vous êtes deux fois mieux. »

ALAN WEISS, CONSEIL EN MANAGEMENT ET AUTEUR DE *GETTING STARTED IN CONSULTING* ET *MILLION DOLLAR CONSULTING*

Voici le moyen le plus sûr de devenir millionnaire : épargnez 10 € par jour pendant quarante ans à un taux d'intérêt de 8 %. Il n'est pas difficile de mettre de côté 10 € par jour – vous pouvez économiser 300 € par mois en éliminant les dépenses superflues et gagner 8 % en effectuant un placement simple et sûr. (Si vous désirez connaître les stratégies d'investissement les moins risquées et les plus rentables, je vous recommande la lecture de *Fail-Safe Investing* de Harry Browne et de *Devenez riche !* de Ramit Sethi.)

Mais voici le plus étonnant : vous n'allez débourser que 146 110 € au cours de ces quarante ans et vous retrouver au final avec plus d'un million d'euros en poche. Comment ?

Les ***Intérêts composés*** sont l'Accumulation des gains au cours du temps. À chaque fois que vous pouvez réinvestir vos gains, votre investissement s'accroît tout seul de façon exponentielle – une ***Boucle de rétroaction*** positive (concept abordé ultérieurement).

Un compte d'épargne est l'exemple des Intérêts composés le plus simple qui soit. Supposons que votre épargne vous rapporte 5 % d'intérêts annuels. Si vous épargnez 1 €, vous vous retrouvez avec 1,05 € au bout d'un an. La deuxième année, vous ne partez pas avec 1 €, mais avec 1,05 €. Au bout de la troisième année, vous disposez de 1,10 €. Au bout de quatre ans, vous avez 1,15 €. Et au bout de quatorze ans, vous possédez 2 €.

Cela semble bien peu, sauf si vous considérez la Scalabilité. Car si vous démarrez avec une épargne d'un million d'euros, vous possédez 2 millions au bout de quatorze ans. Pas mal, non ?

Les Intérêts composés sont un concept important et surprenant parce qu'ils permettent des gains importants dans un laps de temps court. Si vous réinvestissez vos bénéfices et que votre entreprise connaît une croissance rapide, vous pouvez accroître la somme initialement investie de façon exponentielle. Les Intérêts composés expliquent pourquoi de petites entreprises qui réinvestissent leurs profits deviennent de grandes entreprises en quelques années.

L'Accumulation des gains aboutit inévitablement à un gain final assez fabuleux. Seule condition : faire preuve de patience pour attendre la récompense au bout.

RETROUVEZ CE CONCEPT À L'ADRESSE : **http://book.personalmba.com/compounding/**

L'effet de levier

> « Nous avons été critiqués pour ne pas avoir compris l'effet de levier... Nous savons très bien ce que signifie l'effet de levier, et avoir quelques millions de dollars de liquidités sur nos comptes est largement préférable à un endettement massif. »
>
> KENNETH H. OLSEN, FONDATEUR DE LA DIGITAL EQUIPMENT CORPORATION (DEC), ENTREPRISE RACHETÉE PAR COMPAQ EN 1998

Utiliser « l'argent des autres » semble être un bon moyen de s'enrichir. Emprunter de l'argent, faire fortune, rembourser son prêteur et garder le reste : le scénario idyllique.

Gagner de l'argent en empruntant aux autres peut être un bon plan, à condition d'être conscient des risques.

L'***Effet de levier*** est la pratique qui consiste à emprunter de l'argent pour accroître ses gains potentiels. Exemple : supposons que vous avez 20 000 € que vous aimeriez investir dans l'immobilier. Vous pouvez utiliser cet argent comme apport – il représente 20 % du bien qui vous intéresse et dont le prix de vente a été fixé à 100 000 € – et emprunter les 80 000 € restants, mais vous mettez tout votre argent dans un seul investissement.

Vous pourriez investir ces 20 000 € dans quatre biens immobiliers à 100 000 €, soit un acompte de 5 000 € par bien. Cette nouvelle stratégie vous demande d'emprunter quatre fois 95 000 €, soit 380 000 € au total.

Et c'est là que la magie se produit : supposons que vos biens immobiliers voient leur valeur doubler et que vous décidiez de les vendre. Dans le premier scénario, vous gagnez 100 000 € sur un investissement initial de 20 000 € – soit un rapport multiplié par 5. Dans le second scénario, vous gagnez 400 000 € sur ce même investissement initial de 20 000 € – soit un rapport multiplié par 20. L'Effet de levier dans toute sa splendeur…

Pas si vite. Que se passe-t-il si la valeur de chacun des biens immobiliers s'effondre et que vous les vendez tous pour récupérer un maximum d'argent ? À supposer que la valeur de chaque bien soit divisée de moitié, vous perdez 50 000 € dans le premier scénario et… 200 000 €, soit quatre fois plus, dans le second scénario – l'Effet de levier amplifiant vos pertes.

L'Effet de levier est une forme d'Amplification financière – il augmente les gains comme les pertes potentiels. Si votre investissement est rentable, l'Effet de levier le rend encore plus rentable. Si votre investissement n'est pas rentable, vous perdez encore plus d'argent.

Un usage excessif de l'endettement par les banques d'affaires a largement contribué à la récession de 2008-2009. À l'époque, il n'était pas rare de voir des banques appliquer un Effet de levier de 30 ou 40. Des millions (voire des milliards) d'euros étaient gagnés ou perdus lorsque la valeur d'une action donnée montait ou baissait d'un seul point. Au moment où les marchés se sont effondrés, les pertes des banques ont été amplifiées avec l'Effet de levier qu'elles avaient appliqué à leurs investissements, ce qui menaçait même leur existence.

Utiliser l'Effet de levier est jouer avec le feu : employé correctement, cet outil peut être utile, mais mal employé, il peut se révéler terriblement destructeur. N'y recourez que si vous êtes pleinement conscient des conséquences éventuelles et prêt à les accepter. Sinon, vous compromettez votre situation financière et la survie de votre entreprise.

RETROUVEZ CE CONCEPT À L'ADRESSE : **http://book.personalmba.com/leverage/**

La hiérarchie des financements

« L'argent coûte souvent trop cher. »

RALPH WALDO EMERSON, ESSAYISTE ET POÈTE

Imaginez que vous avez inventé un appareil antigravitationnel capable de faire léviter des objets solides sans réclamer beaucoup de puissance. Votre invention va révolutionner les transports et l'industrie, et rendre possible la création d'une foule de nouveaux produits. Les commandes affluent et tout ce que vous avez à faire, c'est de produire suffisamment d'appareils pour satisfaire la demande.

Toutefois, il y a un problème : selon les estimations, l'équipement nécessaire à l'installation d'une usine de fabrication va vous coûter 1 milliard d'euros. Et, malheureusement, vous n'avez pas cette somme. Apparemment, votre appareil résout un problème majeur, mais pas le vôtre. Que faites-vous ?

Un Financement peut vous aider à entreprendre des choses que vous ne pourriez pas faire avec le budget dont vous disposez actuellement. Si votre entreprise a besoin d'un équipement coûteux ou d'une masse salariale importante pour créer et délivrer la valeur, vous allez probablement devoir recourir à un Financement externe. Rares sont les entrepreneurs à pouvoir puiser dans d'énormes sommes d'argent qui dorment sur leur compte bancaire, mais il est étonnamment facile de s'adresser à ceux qui peuvent vous en donner.

Le Financement est l'équivalent financier du carburant pour les fusées. Si votre entreprise a besoin de capacités supplémentaires et se dirige dans la bonne direction, un usage judicieux du Financement peut vous aider à accélérer sa croissance. En revanche, si votre entreprise souffre de problèmes structurels, elle va exploser en vol.

Pour accéder à un Financement externe, il est souvent nécessaire de renoncer à une partie du contrôle de son entreprise. Les financiers ne vont pas vous donner de l'argent pour rien – ils vous demandent toujours quelque chose en retour.

N'oubliez pas que permettre l'accès au Capital est une Forme de valeur pour de nombreuses entreprises. En échange de leurs ressources, vos prêteurs ou investisseurs vous demandent de la valeur – des intérêts ou une participation aux bénéfices. Ils vont également chercher à diminuer leur risque de tout perdre si votre entreprise fait faillite. Et pour réduire ce risque, ils vous demandent de pouvoir exercer un certain contrôle sur le fonctionnement de votre entreprise. Plus vous leur demandez d'argent, plus ils réclament de contrôle.

Je pense qu'il est utile de comprendre la ***Hiérarchie des Financements*** comme une échelle des options disponibles. Tout entrepreneur démarre en bas de l'échelle et grimpe aussi haut que nécessaire. Mais rappelez-vous que plus vous monterez haut, plus vous obtiendrez un Financement important et plus vous devrez abandonner du contrôle sur votre entreprise.

Examinons en détail cette Hiérarchie des Financements en commençant par le bas de l'échelle :

Votre propre argent est la meilleure forme de financement. Investir l'argent qu'on possède déjà est facile et rapide – pas besoin d'approbation et pas de paperasseries ! La plupart des entrepreneurs commencent par se financer au maximum sur leurs liquidités personnelles.

Votre *carte de crédit* est une autre forme de Financement à faible coût. À condition de ne pas avoir besoin de plus de quelques milliers d'euros, il est facile de financer ses dépenses via votre carte de crédit à paiement différé (plus utilisée aux États-Unis). En général, l'accord est facile à obtenir en particulier si vous avez une bonne Réputation auprès de votre banque. Attention tout de même à cette Réputation si vous êtes dans l'impossibilité de payer, mais le risque vaut la peine d'être pris aux yeux de nombreux entrepreneurs.

J'ai financé mon activité commerciale par mes liquidités personnelles et le crédit. Si vos besoins restent modestes, le recours au crédit pour financer vos frais d'établissement est une bonne idée, à condition de surveiller votre budget.

Les *prêts personnels* sont généralement accordés par la famille et les amis si les liquidités personnelles et le crédit ne suffisent pas. Mais attention : le risque de ne pas pouvoir rembourser vos proches ou vos amis est bien réel et peut avoir un effet dévastateur sur vos relations personnelles avec eux. C'est pourquoi je vous déconseille de demander à vos parents ou grands-parents de miser leurs économies sur votre idée, aussi géniale qu'elle vous paraisse !

Les *prêts non garantis* sont octroyés par les banques. Vous remplissez un dossier, demandez une certaine somme d'argent et la banque évalue votre capacité à rembourser le prêt (intérêts et capital) sur une période donnée. Le prêt peut se présenter sous la forme d'une somme globale ou d'une ligne de crédit que vous pouvez utiliser à tout moment. La banque ne demande pas de garantie pour des sommes faibles (quelques milliers d'euros), d'où un taux d'intérêt probablement un peu plus élevé que pour une carte de crédit ou un prêt garanti.

Les *prêts garantis* nécessitent une garantie. Les prêts immobiliers et les prêts automobiles sont de bons exemples de prêts garantis : si vous ne remboursez pas votre prêt selon les modalités déterminées à l'avance, le prêteur est autorisé à saisir le bien laissé en garantie et à le vendre pour récupérer ses fonds. En général, les prêts garantis concernent des sommes plus importantes et peuvent concerner des dizaines, voire des centaines de milliers d'euros.

Les *obligations* sont une dette vendue à des prêteurs individuels. Au lieu de demander un prêt à une banque, l'entreprise demande à des particuliers ou à d'autres entreprises de lui prêter de l'argent directement. Les acheteurs d'obligations donnent l'argent directement à l'entreprise qui s'engage à les rembourser à un taux d'intérêt fixe et dans un délai déterminé à l'avance. À l'échéance, l'entreprise doit rembourser le montant initial de l'emprunt (prix nominal de souscription) en plus des paiements déjà effectués (intérêts versés). Les procédures réglementaires qui encadrent le marché obligataire peuvent être extrêmement complexes, c'est pourquoi les émissions d'obligations sont généralement effectuées par une banque d'investissement.

L'*affacturage* constitue un type particulier de prêt garanti réservé aux entreprises qui permet de se faire payer de manière anticipée les créances en cours. L'affacturage permet de disposer de liquidités supplémentaires qui peuvent être considérables mais il présente un coût : la garantie du prêt se fait par un contrôle des créances à recouvrer par l'entreprise. Puisque la banque contrôle les créances à recouvrer, elle se paie en priorité, avant même les salariés ou les fournisseurs. Vous disposez de sommes conséquentes, mais en échange vous cédez un contrôle important au prêteur.

Le *capital apporté par un Business Angel*, parfois appelé « Angel Capital » correspond au moment où on passe des Emprunts au Capital dans la Hiérarchie des financements. Un Business Angel est un particulier qui a les moyens d'investir dans une entreprise privée, pour des montants généralement entre 10 000 et 1 million d'euros. En échange de ces capitaux, cet investisseur obtient de 1 à 10 % du capital de l'entreprise, il devient propriétaire d'une partie de votre entreprise. Certains Business Angels peuvent fournir des conseils, mais ils n'ont généralement pas le pouvoir de prendre des décisions relatives à la gestion de l'entreprise.

Les *investisseurs en capital-risque* (en anglais *Venture Capital* ou *VC*) vont plus loin que les Business Angels : ce sont des investisseurs extrêmement riches (ou des groupes d'investisseurs qui mettent leurs fonds en commun) qui acceptent de vous apporter d'importants capitaux – des dizaines, voire des centaines de millions d'euros en un seul investissement. Le financement via le capital-risque se fait lors de différentes phases d'investissement appelées « tours de table », d'abord faibles, puis qui augmentent à mesure que les besoins en capitaux grandissent. Chaque tour de table dilue le pourcentage de l'entreprise possédé par les actionnaires d'origine, ce qui implique des négociations souvent longues et difficiles. Les capital-risqueurs exigent également un pouvoir de contrôle important en échange des capitaux apportés – contrôle qui se traduit par le droit de siéger au conseil d'administration de l'entreprise.

Une *offre publique de vente d'actions* implique de vendre une part du capital de l'entreprise à des investisseurs sur le marché. Et ce sont généralement les banques d'investissement qui se chargent d'organiser une telle opération qui va permettre de réunir d'énormes capitaux pour l'entreprise qui, en échange, vend ses actions sur le marché boursier. Une introduction en Bourse est simplement la première offre publique de vente d'actions d'une entreprise.

Tout investisseur qui achète des actions possède légalement une part du capital de l'entreprise, ce qui l'autorise à participer aux décisions managériales via l'élection du conseil d'administration. L'investisseur qui possède le plus d'actions dans l'entreprise la contrôle, c'est pourquoi l'introduction en Bourse crée le risque d'une OPA, c'est-à-dire l'achat massif d'actions dans le but de contrôler l'entreprise.

Les offres publiques d'actions sont le plus souvent utilisées par les Business Angels et les capital-risqueurs pour échanger la part du capital qu'ils possèdent contre de l'argent. Les investisseurs peuvent percevoir de deux manières de l'argent : soit en touchant des dividendes (une part des bénéfices dégagés par l'entreprise), soit en vendant leurs actions à un autre investisseur. Les offres publiques d'actions permettent aux investisseurs de vendre leurs actions contre de l'argent, d'où l'intérêt des Business Angels et des capital-risqueurs à encourager l'introduction en Bourse ou le rachat par une autre entreprise le plus rapidement possible pour récupérer leur mise.

Plus vous devez abandonner de contrôle en échange de chaque euro obtenu, moins la source de financement est intéressante pour vous. Plus vous devez consulter de monde avant de prendre des décisions, plus votre entreprise est lente à fonctionner. Les investisseurs augmentent les ***Coûts de communication*** (concept abordé ultérieurement), ce qui peut entraver votre capacité à agir rapidement.

De plus, il arrive que des investisseurs se débarrassent des dirigeants d'une entreprise aux résultats médiocres, même si ces dirigeants sont les fondateurs de l'entreprise. Dans les années 1990, à l'époque où Apple enregistrait de mauvaises performances, le conseil d'administration a renvoyé Steve Jobs de l'entreprise qu'il avait créée. Alors avant d'accepter des financements importants, prenez le temps de mesurer le ***Pouvoir*** (concept abordé ultérieurement) que le conseil d'administration de votre entreprise exercera sur sa gestion.

Le financement externe peut être utile, mais méfiez-vous du contrôle que vous abandonnez. Cette décision ne doit pas être prise à la légère ni aveuglément.

RETROUVEZ CE CONCEPT À L'ADRESSE : **http://book.personalmba.com/hierarchy-of-funding/**

L'autoarmorçage

« *Felix qui nihil debet.* (Heureux celui qui ne doit rien à personne.) »

PROVERBE ROMAIN

L'importance du financement dont vous avez besoin dépend largement de ce que vous souhaitez faire. Si vous voulez décrocher le gros lot et devenir immensément riche en créant une grande entreprise cotée en bourse, vous allez probablement avoir besoin d'un financement externe. En revanche, si vous désirez simplement assurer votre autosuffisance et rester libre de prendre vous-même vos décisions, évitez de recourir au financement externe et gardez le contrôle total de votre entreprise.

L'***Autoarmorçage*** (ou *bootstrapping* en anglais), est l'art de créer et de gérer une entreprise sans Financement externe. Ne partez pas du principe que le seul moyen de créer une entreprise prospère est de lever des millions d'euros de capital-risque, car c'est faux. En vous limitant à votre apport personnel associé aux bénéfices réinvestis de votre entreprise et une bonne dose d'ingéniosité vous pouvez développer une affaire qui marche très bien sans recourir à aucun financement externe. Mon entreprise opère avec un compte en banque, un compte d'épargne et une carte de crédit, et elle se porte très bien ainsi.

L'Autoarmorçage vous permet de développer votre entreprise en gardant un contrôle total des opérations. Vous n'avez pas besoin de l'approbation de quiconque pour prendre les décisions que vous jugez les meilleures. Le seul inconvénient, c'est que votre entreprise peut mettre beaucoup plus de temps à prendre son essor, et c'est là qu'un financement utilisé à bon escient peut accélérer favorablement les choses.

Si vous acceptez un financement externe, assurez-vous de l'employer à faire des choses que vous ne pourriez pas faire autrement – par exemple, acquérir des équipements onéreux pour accroître votre capacité de production. Car n'oubliez pas que les Multiplicateurs de force sont utiles mais coûteux.

Par conséquent, contentez-vous d'un Autoarmorçage le plus longtemps possible et, si vous le jugez insuffisant à un moment donné, faites appel à un Financement externe en commençant par les premiers échelons de la Hiérarchie des financements. Détenir et contrôler 100 % d'une entreprise durablement rentable par ses propres ressources est la solution idéale.

RETROUVEZ CE CONCEPT À L'ADRESSE : **http://book.personalmba.com/bootstrapping/**

Le retour sur investissement

> « Sages sont ceux qui apprennent que les bénéfices ne doivent pas toujours être la priorité. »
>
> WILLIAM A. WARD, APHORISTE AMÉRICAIN

Lorsque vous investissez dans quelque chose, vous espérez en tirer une valeur supérieure au prix que vous avez payé pour l'obtenir. Il est très utile de savoir estimer combien cet investissement va vous rapporter compte tenu de la somme que vous avez déboursée.

Le ***Retour sur investissement*** (en anglais *Return On Investment* souvent abrégé en *ROI*) est la valeur créée par un investissement. La plupart des gens pensent au Retour sur investissement en termes monétaires : si vous investissez 1 000 € pour dégager un bénéfice de 100 €, c'est un retour sur investissement de 10 % : (1 000 + 100) / 1 000 = 1,10 ou 10 %. Si votre Retour sur investissement s'élève à 100 %, votre investissement initial a été multiplié par deux.

Le Retour sur investissement peut vous aider à faire un choix entre plusieurs possibilités. Si vous déposez de l'argent sur un compte, votre Retour sur investissement sera égal au taux d'intérêt que la banque vous verse pour détenir votre argent. Pourquoi déposer vos économies sur un compte qui vous rapporte 1 % si vous pouvez les déposer sur un compte qui vous rapporte 2 % ?

L'utilité du Retour sur investissement s'étend au-delà de l'argent : vous pouvez l'utiliser aussi pour d'autres Monnaies universelles. Le « retour sur le temps investi » est un très bon moyen d'évaluer les fruits de vos efforts. Si vous étiez obligé de travailler 24 heures sur 24 pendant un an en échange d'un million d'euros, le feriez-vous ? Si vous comparez le bénéfice obtenu sur le plan financier au coût que ce travail représente en termes de temps et de santé, le jeu n'en vaut pas la chandelle.

La rentabilité de tout investissement est toujours directement liée à son coût. Plus vous investissez de temps, d'argent ou d'énergie, moins la rentabilité est élevée. Même des « valeurs sûres » comme un achat immobilier ou un diplôme universitaire ne valent pas le coup si vous y investissez trop de temps, d'argent ou d'énergie. Toute estimation de la rentabilité reste toujours hypothétique, car vous ne savez jamais comment les choses vont tourner. Le calcul de la rentabilité est un exercice de prévision de l'avenir, et donc fondamentalement impossible.

Toute estimation du Retour sur investissement futur est une supposition à demi éclairée. Vous ne pouvez être sûr de votre retour sur investissement qu'après avoir réalisé cet investissement et avoir vraiment obtenu les résultats. Dans ce monde, aucun pari n'est garanti et il faut toujours compter avec des difficultés potentielles avant d'effectuer l'investissement prévu, aussi élevée que vous paraisse sa rentabilité.

RETROUVEZ CE CONCEPT À L'ADRESSE : **http://book.personalmba.com/return-on-investment/**

Les coûts irrécupérables

« Si au début vous ne réussissez pas, essayez, essayez encore. Mais au bout d'un moment, laissez tomber. Il ne faut pas non plus être idiot. »

W. C. FIELDS, COMÉDIEN AMÉRICAIN

De retour de la guerre, mon grand-père a monté la Kaufman Construction Company et s'est lancé dans la construction de commerces, de maisons, d'appartements et de foyers pour étudiants à Akron, dans l'Ohio. En 1965, après 25 ans passés à construire à tour de bras, il a démarré son projet le plus ambitieux : un immeuble de 5 étages et de 26 appartements sur Portage Path.

Le « Baranel » devait être construit à l'emplacement de deux maisons anciennes qui avaient été achetées et démolies pour permettre à l'immeuble de voir le jour. Les matériaux de construction ont été commandés et les travaux d'excavation ont commencé. Le coût du projet était estimé à 300 000 €, soit l'équivalent de 2,4 millions d'euros en 2010.

Tout s'est bien déroulé jusqu'à ce que les excavateurs tombent sur d'immenses dépôts d'argile bleue susceptibles de rendre les fondations de l'immeuble extrêmement instables. Si l'on voulait poursuivre le projet, il fallait déblayer des mètres cubes et des mètres cubes de terre pour atteindre un sol plus dur, puis couler du béton armé pour combler le trou. Cette découverte inattendue faisait grimper en flèche le coût du projet. Mais de combien ? Nul ne le savait exactement.

Au lieu de faire marche arrière, mon grand-père a décidé d'aller au bout de son idée – il avait déjà dépensé tellement d'argent, de temps et d'énergie dans ce projet qu'il n'envisageait pas de l'arrêter – cela était impensable et aurait représenté un gaspillage monstrueux à ses yeux. Il a donc trouvé quelques investisseurs, mis en hypothèque un autre immeuble et la maison familiale, et mené à terme son projet.

Résultat : la construction de cet immeuble lui a coûté au moins trois fois plus cher que prévu – environ 1 million d'euros, soit approximativement 8 millions actuels en monnaie constante. L'immeuble n'en valait pas tant. Mon grand-père a passé le reste de sa vie professionnelle à devoir gérer le mécontentement des investisseurs. C'est une triste histoire, mais dont il faut tirer les leçons.

Les ***Coûts irrécupérables*** sont des investissements en temps, énergie et argent qu'il est impossible de récupérer par la suite. Continuer d'investir dans un projet pour récupérer les ressources déjà perdues est stupide – ce qui compte, c'est de savoir combien vous devez encore investir et si la récompense que vous espérez obtenir en vaut la peine.

Les Coûts irrécupérables sont faciles à comprendre en théorie, mais beaucoup plus difficiles à mettre en pratique. Lorsque vous investissez des années de travail dans une carrière qui, finalement, ne vous satisfait pas ou des millions d'euros dans un projet qui, au bout du compte, en réclame des millions supplémentaires, il est difficile de faire marche arrière. Votre investissement est tellement élevé que vous ne voulez pas avoir travaillé ou dépensé cet argent pour rien. En réalité, vous ne pouvez pas agir sur l'investissement déjà effectué, car il appartient au passé. Tout ce que vous pouvez faire, c'est agir en fonction de ce que vous savez à présent.

Faire des erreurs est inévitable et nul n'est parfait. Vous allez prendre des décisions que vous allez – avec le recul – regretter d'avoir prises. Si vous pouviez revenir en arrière, vous feriez autrement. Malheureusement, c'est impossible. Il y aura d'autres projets, à condition de ne pas tout miser dans un projet risqué pour récupérer vos pertes.

Ne continuez pas à couler votre béton dans un puits sans fond. Si l'investissement supplémentaire n'en vaut pas la peine, faites marche arrière. Si la récompense n'est pas à la hauteur de l'argent, du temps ou de l'énergie que vous avez investis pour l'obtenir, abstenez-vous d'investir.

RETROUVEZ CE CONCEPT À L'ADRESSE : **http://book.personalmba.com/sunk-cost/**

Le contrôle interne

« Si quelque chose ne peut pas durer éternellement, elle va s'arrêter. »

HERBERT STEIN, ÉCONOMISTE AMÉRICAIN

Suivre l'évolution dans le temps de vos données financières et opérationnelles vous permet de repérer certaines tendances dans vos revenus, vos coûts et votre chaîne de valeur. Au fil des mois, voire des années, ces tendances vous servent à établir des budgets, superviser les opérations, respecter les lois et règlements, et prévenir les vols et les fraudes.

Le ***Contrôle interne*** est un ensemble de ***Procédures standard*** (concept abordé ultérieurement) utilisées par l'entreprise pour recueillir des informations précises, assurer son bon fonctionnement et identifier les problèmes le plus rapidement possible. Plus le Contrôle interne est efficace, plus les rapports financiers sont fiables et plus vous pouvez avoir confiance dans la qualité des opérations de cette entreprise. Le Contrôle interne est particulièrement utile dans quatre domaines :

La *budgétisation* est l'acte qui consiste à estimer les coûts futurs et à prendre des mesures pour veiller à ce que ces estimations ne soient pas dépassées sans raison valable. Les budgets sont très importants dans le contrôle des Marges bénéficiaires, du Cycle de la trésorerie et de l'Effet de levier. Si un département de votre entreprise fait exploser son budget à une période donnée, vous pouvez agir pour corriger la situation.

La *supervision* joue un rôle majeur dans les entreprises qui possèdent une masse salariale importante ou travaillent régulièrement avec des partenaires extérieurs. En contrôlant les délais de livraison, la qualité, les coûts et les défaillances fonctionnelles, on peut mener des évaluations et opérer les changements nécessaires si l'on constate que les normes ne sont pas respectées ou que les objectifs de performance ne sont pas atteints.

Le *respect des lois* est incontournable dans les secteurs soumis à des réglementations. L'entreprise peut alors être obligée de recueillir et de rendre compte de certaines données. Le Contrôle interne vérifie l'exhaustivité et l'exactitude de ces informations, ce qui permet de prévenir les risques, les pertes financières et les problèmes juridiques potentiels.

La *prévention des vols et des fraudes* assure une protection contre d'éventuelles pertes financières imputables à des individus sans scrupule. Là encore, la qualité du Contrôle interne permet de voir plus facilement s'il y a quelque chose qui cloche, d'identifier le (ou les) responsable(s) et de résoudre le problème sans faire trop de vagues.

Dans tous ces domaines, il est utile d'avoir une tierce personne parfaitement objective pour vérifier vos données et contrôler vos processus. L'audit permet de repérer et de corriger des erreurs, notamment dans les grandes entreprises. Il assure la qualité des informations internes et peut améliorer la confiance des prêteurs, des investisseurs, des actionnaires et des autorités de contrôle dans les pratiques de l'entreprise. Dans tous les cas, l'auditeur ne doit pas être intéressé au résultat : cette « séparation des intérêts » contribue à l'exactitude des résultats financiers, surtout s'ils ne sont pas bons.

Les contrôles financiers vous aident également à comparer les performances de votre entreprise à celles de vos concurrents. Chaque année, la Risk Management Association (RMA) rassemble une énorme masse de données provenant d'entreprises de tous secteurs. Ces données permettent de savoir plus facilement ce que des entreprises solvables de différentes tailles dépensent sur une période donnée (dépenses marketing, gestion des ventes, frais d'exploitation, capitaux, etc.).

Les banques et les investisseurs se fient aux données de la RMA pour savoir si l'entreprise qu'ils étudient possède des caractéristiques comparables au secteur. S'ils constatent que ce qu'elle dépense est cohérent avec ce qu'elle gagne, ils se disent qu'elle possède un profil de risque assez bas. En revanche, si son budget vente et marketing est trois fois plus élevé que la moyenne de ses concurrents, cela peut signaler des difficultés, une inefficacité ou des irrégularités comptables.

Enfin, les associations professionnelles dans chaque secteur d'activité recueillent et diffusent des informations relatives au secteur qui représente une source de données précieuse. En comparant vos données financières à celles de vos concurrents, vous pouvez avoir une idée plus juste de vos performances et des domaines à améliorer.

RETROUVEZ CE CONCEPT À L'ADRESSE : **http://book.personalmba.com/internal-controls/**

6

L'ESPRIT HUMAIN

« 90 % de ce jeu est à moitié mental. »

YOGI BERRA, ANCIEN JOUEUR DE BASE-BALL PROFESSIONNEL
ET SPÉCIALISTE DES IMPROPRIÉTÉS DE LANGAGE

Maintenant que vous savez l'essentiel du fonctionnement des entreprises, je vous invite à étudier le fonctionnement des individus.

Les entreprises sont créées par des individus et pour des individus. Comme nous l'avons vu dans les chapitres La création de valeur et Délivrer la valeur, si les individus n'avaient pas de besoins ni de désirs, les entreprises n'existeraient pas. De même, s'il n'y avait personne pour satisfaire ces besoins et ces désirs, les entreprises ne pourraient pas fonctionner.

Par conséquent, si vous souhaitez créer une entreprise et la faire grandir, vous devez comprendre comment les individus perçoivent et traitent l'information, comment ils prennent des décisions et comment ils les appliquent en décidant d'agir ou de ne pas agir. Une fois que vous aurez une vision plus claire du fonctionnement de l'***Esprit humain***, vous n'aurez aucun mal à améliorer votre façon de faire et à travailler plus efficacement avec les autres.

RETROUVEZ CE CONCEPT À L'ADRESSE : **http://book.personalmba.com/human-mind/**

Le syndrome de l'homme des cavernes

« Tout homme est une citation tirée de ses ancêtres. »

RALPH WALDO EMERSON, ESSAYISTE,
POÈTE ET PHILOSOPHE AMÉRICAIN

Reportez-vous 100 000 ans en arrière et imaginez la vie à cette époque. Vos sens sont en éveil alors que vous marchez le long d'un cours d'eau à la recherche de nourriture – des poissons à attraper, des plantes comestibles à cueillir ou des mammifères à chasser. Il est bientôt midi, le soleil est près de son zénith, et vous avez déjà parcouru une dizaine de kilomètres. Si tout va bien, vos pieds calleux vous permettront de marcher encore une dizaine de kilomètres avant la fin de la journée.

Dans quelques heures, vous allez vous arrêter pour trouver de l'eau et un peu d'ombre : le soleil de l'après-midi est brûlant et le repos vous aidera à ***Conserver votre énergie*** (concept abordé ultérieurement).

Alors que vous marchez, votre regard se pose soudain sur un petit arbuste éloigné d'environ six mètres. Votre cœur cogne dans votre poitrine, car vous reconnaissez la forme des feuilles et savez que les racines et le feuillage de cet arbuste sont comestibles. Vous commencez à creuser le sol autour de la base de la plante pour mettre au jour les racines, bien décidé à déraciner ce petit arbuste et à le mettre dans le panier tressé que vous portez sur le dos.

Brusquement, vous sentez que quelque chose a bougé tout près de vous. À un mètre, un énorme cobra s'est dressé, prêt à attaquer ; vous voyez sa capuche, aux motifs aisément reconnaissables, et ses crochets acérés. Pas le temps de réfléchir : votre taux d'adrénaline grimpe en flèche et votre pouls s'accélère… vous faites un saut sur le côté et prenez la fuite le plus vite possible, laissant derrière vous la source de nourriture que vous aviez trouvée.

Vous courez jusqu'à ce que la menace soit définitivement écartée, puis vous vous arrêtez pour reprendre votre souffle, encore sous le coup du stress que vous avez subi. Votre taux d'adrénaline redescend lentement. Vous êtes déçu d'avoir perdu votre repas, mais il ne valait pas la peine que vous risquiez votre vie.

Après vous être remis de cette émotion, vous repartez en quête de nourriture et d'un endroit ombragé pour vous protéger du soleil qui tape. Ce soir, vous retournerez dans votre tribu pour partager la nourriture que vous aurez trouvée.

Vous connaissez tout le monde, car votre groupe, extrêmement soudé, se compose d'une quarantaine de personnes. Si votre tribu s'est constituée, c'est surtout pour se protéger des animaux sauvages et des autres tribus qui, périodiquement, tentent de vous voler vos ressources.

Tous ensemble, vous fabriquez des harpons et des filets pour attraper le poisson, des couteaux et des haches en silex pour chasser et vous défendre, ainsi que des paniers et des pots en terre cuite pour stocker votre nourriture. Une antilope que des chasseurs de votre tribu ont pourchassée sans relâche est en train de rôtir sur le feu que vous avez allumé.

Dans la soirée, vous vous assiérez tous autour du feu de camp pour faire cuire vos aliments et tenir les prédateurs à distance. Vous parlerez ensemble de la journée que vous avez passée et vous vous raconterez des histoires jusqu'à vous endormir. Demain, le même programme vous attend.

La biologie humaine est optimisée pour des conditions de vie qui existaient il y a 100 000 ans, et non pour le monde dans lequel nous vivons actuellement. Aujourd'hui, la nourriture est partout et les prédateurs ne rôdent pas autour de nous. Vous n'avez plus besoin d'être constamment en mouvement ; d'ailleurs, vous passez certainement l'essentiel de vos journées assis derrière un bureau à fixer l'écran de votre ordinateur, ou en tout cas à des activités sédentaires. Du coup, ce sont de nouvelles menaces auxquelles votre cerveau et votre organisme doivent faire face, à savoir l'obésité, les pathologies cardiaques, le diabète, la maladie d'Alzheimer et la fatigue chronique.

Pourquoi ? Tout simplement parce que votre cerveau et votre corps ne sont pas faits pour la vie moderne ; ils sont optimisés pour la survie physique et sociale, et pas pour travailler toute la journée devant un écran. Le travail en entreprise n'existe pas depuis suffisamment longtemps pour que notre biologie se soit adaptée aux nouvelles exigences que nous lui imposons.

Par conséquent, ne soyez pas trop dur avec vous-même – vous n'avez tout simplement pas été conçu pour le type de travail que vous exercez actuellement. Et personne ne l'est. Nous essayons tous de faire fonctionner de nouveaux programmes particulièrement exigeants sur du matériel ancestral.

RETROUVEZ CE CONCEPT À L'ADRESSE : **http://book.personalmba.com/caveman-syndrome/**

Les besoins physiques

« À présent, plus de joie mais un manque de sel/plus de douleur, mais de la lassitude et de la culpabilité. »

ROBERT FROST, POÈTE AMÉRICAIN DU XXᴱ SIÈCLE

Vous doper au Red Bull et faire la fête toute la nuit ne va pas vous mener très loin. Si vous voulez faire du bon travail, vous devez prendre soin de vous. Si vous ne donnez pas à votre organisme ce dont il a besoin pour fonctionner, vous serez à court de carburant bien avant d'atteindre vos objectifs.

Votre mental est avant tout un système physique. Souvent, ce que nous prenons pour de la fatigue mentale ou des perturbations émotionnelles est simplement un signal émis par notre corps pour nous dire que nous manquons physiquement de nutriments, d'exercice ou de repos.

Si vous voulez être opérationnel, vous ne pouvez pas tourner à vide – le corps humain a des ***Besoins physiques***. Tout comme une voiture ne peut pas rouler avec un réservoir vide ou une bougie cassée, votre organisme ne peut pas fonctionner longtemps sans quelques sources d'énergie. Lorsque vous avez beaucoup de travail à accomplir, vous avez tendance à vous dire qu'il est accessoire de prendre soin de vous. Or, c'est tout le contraire : prendre soin de vous doit être la priorité si vous voulez mener à bien votre mission sans vous épuiser.

L'alimentation, l'exercice et le repos sont les ressources que votre organisme transforme en énergie productive. Des ressources médiocres ou insuffisantes diminuent automatiquement le volume et la qualité de votre production. Voici quelques principes de base pour vous aider à optimiser vos journées :

Mangez des aliments de qualité. La qualité des données à la sortie dépend de la qualité des données à l'entrée (voir ***Qualité d'entrée, qualité de sortie***, un concept abordé ultérieurement), alors faites attention à ce que vous avalez. Si vous consommez de la viande, des œufs ou des produits laitiers, évitez ceux qui renferment des antibiotiques ou des hormones. Évitez également le sucre raffiné et les aliments transformés dans la mesure du possible – si vos ancêtres ne les auraient pas immédiatement identifiés comme des aliments, ne les mangez pas.

Consommer un petit en-cas ou une collation toutes les deux heures et demie environ contribue à stabiliser votre glycémie et vous évite les fringales dans la journée. Comme il m'arrive parfois d'oublier de manger, j'ai toujours sur moi des aliments simples – une poignée d'amandes ou un fruit, par exemple. Consommez du café avec modération et sachez que les tisanes remplacent avantageusement les sodas. Enfin, veillez à boire de l'eau régulièrement pour vous hydrater tout au long de la journée.

Faites régulièrement de l'exercice. Selon John Medina, auteur de l'excellent ouvrage *Les douze lois du cerveau*, même une activité physique de faible intensité accroît l'énergie, améliore le fonctionnement cérébral et augmente la capacité de concentration. N'hésitez pas à aller vous promener, à faire du jogging, à sauter à la corde ou à pratiquer un peu de yoga pour vous remettre les idées en place et refaire le plein d'énergie pour le reste de la journée. Je soulève régulièrement une masse de sept kilos pour faire travailler mon cœur – un outil d'haltérophilie bon marché, efficace et peu encombrant.*

Dormez au moins sept à huit heures par jour. Le sommeil contribue à consolider les résultats de la ***Combinaison de schémas*** et de la ***Simulation mentale***, ainsi qu'à contrecarrer les effets de l'***Épuisement de la volonté*** (concepts abordés ultérieurement). Par conséquent, ne vous privez pas de repos. Personnellement, je fais sonner mon réveil pour me rappeler qu'il est temps d'aller me coucher et j'essaie de me détendre avant de dormir. Aller se coucher tôt permet de se lever tôt, ce qui est très utile dans tout travail de création ; personnellement, je trouve qu'il est préférable d'écrire ou de se livrer à d'autres activités créatives avant que la journée commence pour éviter d'être distrait par autre chose et de manquer de temps.

Prenez suffisamment le soleil, mais pas trop. La vitamine D participe à de nombreuses réactions chimiques et notre organisme ne peut la synthétiser que si notre peau est exposée au rayonnement solaire direct, sans filtre. (Prendre le soleil à travers une vitre ne compte pas.) Bien sûr, ne vous exposez pas exagérément si vous voulez éviter les coups de soleil et les cancers de la peau.

La lumière solaire contribue à réguler votre rythme circadien et indirectement votre sommeil. J'utilise régulièrement la luminothérapie** pour être sûr de recevoir suffisamment de lumière, notamment l'hiver. Dix minutes de lumière le matin est un moyen très simple d'améliorer à la fois votre sommeil et votre humeur.

Donnez à votre cerveau les matières premières qu'il réclame. Si vous vous sentez toujours en colère, triste, apathique ou léthargique sans raison, c'est peut-être parce que votre organisme ne reçoit pas toutes les matières premières dont il a besoin pour fabriquer les neurotransmetteurs responsables de la bonne humeur

---

* Pour des exercices d'entraînement détaillés avec une masse, consultez le site http://www.shovelglove.com/

** Pour des séances de luminothérapie, j'utilise la lampe goLITE BLU de chez Philips et je la recommande fortement. Elle est petite, très lumineuse, facile à transporter et elle fait des miracles.

et du sentiment de bien-être. Dans son livre *Libérez-vous des fringales*, Julia Ross explique que votre cerveau a besoin de certains composants pour produire des neurotransmetteurs responsables de l'humeur comme la dopamine et la sérotonine. Et sans les matériaux indispensables à la fabrication de ces substances chimiques, vous allez vous sentir mal, même si tout va bien dans votre vie.

Les changements opérés dans notre alimentation moderne rendent nécessaire l'apport de certaines de ces substances sous forme de compléments alimentaires. Un complexe vitaminé, de l'huile de poisson, du magnésium et les acides aminés essentiels fournissent à votre cerveau ce qui lui manque pour fonctionner efficacement. Veillez simplement à ce que les produits que vous achetez soient biodisponibles – en effet, un complément alimentaire ne sert à rien s'il traverse votre organisme sans avoir été assimilé.*

J'Expérimente sans cesse de nouvelles façons d'améliorer mon énergie, ma productivité et mon humeur, et je vous recommande de faire de même. Une ***Structure directrice*** (concept abordé ultérieurement) peut faciliter largement ces changements de mode de vie – changer la structure de mon environnement m'a aidé à opérer de nombreux changements presque sans effort, y compris à adopter un régime végétalien (absence de produits animaux) pendant trois ans. N'ayez pas peur de tester quelque chose de nouveau pour voir si vous constatez une amélioration. Prenez simplement garde à ne pas mettre votre vie en danger.

En cas de doute, prenez modèle sur le mode de vie de vos ancêtres.

RETROUVEZ CE CONCEPT À L'ADRESSE : **http://book.personalmba.com/performance-requirements/**

Le cerveau multicouche

« Les points de vue exprimés ici ne reflètent pas nécessairement le point de vue unanime de toutes les parties de mon cerveau. »

MALCOLM MCMAHON, ÉVÊQUE DE NOTTINGHAM

La plupart d'entre nous s'identifient à leur petite voix intérieure qui commente sans cesse le monde qui les entoure. Cette petite voix est parfois pleine d'excitation et d'enthousiasme, mais le plus souvent incertaine, hésitante, inquiète ou effrayée.

* Vous pouvez aussi compléter vos apports en vitamine D3 si vous êtes carencé – comme c'est le cas de la plupart des gens. Une simple prise de sang prescrite par votre médecin permet d'identifier d'éventuelles carences en nutriments essentiels. Demandez toujours un avis médical avant de changer votre alimentation ou de prendre des compléments alimentaires.

Heureusement, « vous » n'êtes pas cette petite voix.

« Vous » n'êtes qu'une petite partie de votre cerveau. La voix que vous entendez n'est qu'un commentateur qui commente ce que fait votre cerveau. En réalité, votre conscience est ce que votre cerveau utilise pour résoudre des problèmes qu'il ne peut pas gérer en pilotage automatique.

Puisque le comportement humain prend racine dans le cerveau, vous avez tout intérêt à comprendre la structure et le fonctionnement du cerveau. En voici un petit aperçu (simplifié à l'extrême).

Imaginez le cerveau comme un oignon avec de nombreuses strates. La première couche, appelée cerveau postérieur, est essentiellement responsable de votre survie. Cette structure assure l'ensemble des fonctions physiologiques nécessaires à la survie : rythme cardiaque, sommeil, état de veille, réflexes, mouvements musculaires, pulsions sexuelles, etc.

Situé à la base du cerveau, le cerveau postérieur est parfois surnommé « cerveau reptilien », cette structure neurologique de base étant présente chez tous nos ancêtres biologiques dont les reptiles et les amphibiens. Le cerveau reptilien génère des signaux transmis à travers la moelle épinière et les nerfs jusqu'aux différentes parties du corps et est responsable de vos actions physiques.

Au-dessus du cerveau postérieur se trouve le cerveau moyen. Cette structure est responsable du traitement des données sensorielles, des émotions, de la mémoire et de la ***Combinaison de schémas*** (concept abordé ultérieurement). Notre cerveau moyen est constamment (et automatiquement) en train d'anticiper ce qui va arriver, transmettant l'information au cerveau postérieur qui prépare notre organisme à l'action. Le cerveau moyen est le commentateur alors que le cerveau postérieur est la radio.

Une couche fine et plissée, à savoir le cerveau antérieur, est située juste au-dessus du cerveau moyen. Cette mince couche de tissu cérébral est responsable de nos facultés cognitives, c'est-à-dire de ce qui fait de nous des êtres humains : la conscience, la logique, la réflexion, l'***Inhibition*** et la ***Décision*** (concepts abordés ultérieurement).

Sur le plan phylogénétique, le cerveau antérieur est très récent et s'est développé pour nous aider probablement à gérer l'ambiguïté. La plupart du temps, ce sont nos cerveau moyen et cerveau postérieur qui s'occupent de tout, et nous fonctionnons d'instinct. Toutefois, la donne change lorsque nous sommes face à quelque chose d'inattendu ou d'inhabituel qui déconcerte le cerveau moyen et le rend incapable de prédire ce qui va se passer. C'est là que le cerveau antérieur entre en scène pour collecter des données et considérer les différentes options possibles.

Après réflexion et analyse, le cerveau antérieur décide ce qu'il faut faire en fonction de ce qui lui apparaît comme la meilleure solution à cet instant. Une fois que la Décision est prise, le cerveau moyen et le cerveau postérieur reprennent leur fonctionnement normal et mettent en œuvre la Décision.

Les neuroscientifiques pourraient faire de nombreux commentaires supplémentaires, mais ce modèle cérébral très basique est suffisamment exact pour être utile.* Mon ami et mentor P. J. Eby, pour lequel le cerveau n'a plus aucun secret, emploie une analogie très pertinente pour expliquer la relation entre les différentes parties du cerveau : votre cerveau est un cheval et « vous » êtes le cavalier. Votre « cheval » est intelligent – il se déplace tout seul, est capable d'identifier les obstacles et recule devant ce qui lui paraît dangereux ou effrayant. « Vous », son cavalier, êtes là pour le diriger et le rassurer en lui disant qu'il peut avancer sans crainte.

La meilleure chose à faire pour commencer est de séparer ce que vous êtes de votre petite voix intérieure. Le commentateur possède la capacité de concentration d'un enfant de 2 ans qui a bu un triple expresso. Son rôle est de vous signaler les éléments de votre environnement auxquels vous devez prêter attention – des éléments susceptibles de satisfaire l'un de vos Besoins humains fondamentaux ou de présenter un danger. Ce n'est pas pour autant que cette voix a toujours raison ou que vous devez prendre tout ce qu'elle vous dit pour parole d'évangile.

La méditation est une pratique simple qui peut vous aider à séparer ce que vous êtes de votre petite voix intérieure. Elle n'a rien de mystique ni de magique ; vous vous contentez de respirer et d'observer ce que fait votre esprit sans vous associer à lui. Au bout d'un moment, la voix se tait, améliorant votre capacité à continuer dans la direction que vous avez choisie.

Quelques moments de méditation silencieuse au quotidien peuvent faire la différence entre vous sentir effrayé et submergé et vous sentir maître de votre destin. Si vous souhaitez apprendre à méditer, je vous recommande deux ouvrages : *Méditer au quotidien* par Bhante Henepola Gunaratana et *Où tu vas, tu es – Apprendre à méditer pour se libérer du stress et des tensions profondes* par Jon Kabat-Zinn.

RETROUVEZ CE CONCEPT À L'ADRESSE : **http://book.personalmba.com/onion-brain/**

* Pour en savoir plus sur la neurophysiologie du cerveau, lisez *Kluge: The Haphazard Construction of the Human Mind* by Gary F. Marcus (Faber & Faber, 2008).

Le contrôle de la perception

« Le comportement d'un organisme est le résultat des systèmes de contrôle et il se manifeste dans le but de contrôler les perceptions par rapport à des valeurs de référence souhaitées. Le comportement est le contrôle de la perception. »

WILLIAM T. POWERS, THÉORICIEN DES SYSTÈMES DE CONTRÔLE ET AUTEUR DE *MAKING SENSE OF BEHAVIOR : THE MEANING OF CONTROL*

La présence invisible de B. F. Skinner se fait sentir dans les entreprises (et les écoles de commerce) du monde entier.

Skinner, l'un des intellectuels qui a porté le mouvement comportementaliste en psychologie, défendait l'idée que les systèmes biologiques ont un mode de réaction définie à des stimuli donnés. Contrôlez les stimuli et vous contrôlez le comportement. « Conditionnez » l'organisme avec des récompenses et des punitions et il saura exactement comment se comporter.

Au fil des décennies, le comportementalisme est passé de mode en psychologie. De nombreux travaux de recherche ont établi clairement que le comportement n'était pas qu'une simple affaire de bâton et de carotte. Malheureusement, ces études n'ont pas gagné les pratiques commerciales – dans les entreprises et les écoles de commerce du monde entier, la quête de l'incitation magique qui poussera les individus à faire exactement ce que les entreprises veulent leur faire faire est toujours d'actualité.

En réalité, le comportement humain ressemble davantage à un thermostat. Un thermostat d'ambiance est un système très simple constitué d'un capteur de température, d'une consigne et d'une commande. Le capteur mesure la température. Si la température ambiante est au-dessus de la température de la consigne, le thermostat ne fait rien. Si la température est inférieure à la température de la consigne, la commande déclenche la mise en marche du chauffage. Et dès que la température de consigne est dépassée, la commande arrête le chauffage.

Cette relation est appelée ***Contrôle de la perception*** – le thermostat contrôle la température de la pièce en comparant la température mesurée et la température de la consigne, puis se déclenche si, et uniquement si cette perception est hors limite. Dès que le déclenchement de l'action met la perception sous contrôle, le système s'arrête – jusqu'à la prochaine fois.

Les organismes vivants, y compris les êtres humains, sont fondamentalement des systèmes de Contrôle de la perception très complexes : nous agissons de manière à garder nos perceptions du monde dans des limites acceptables. Nous n'enfilons pas un manteau parce que le froid nous y oblige, mais parce que nous avons froid et refusons d'avoir froid. Si nous sommes aveuglés par la lumière, nous trouvons de l'ombre, baissons les stores ou mettons des lunettes de soleil – l'action contrôle la perception et dépend de l'***Environnement*** (concept abordé ultérieurement) où nous nous trouvons à ce moment-là.

Dans son livre *Making Sense of Behaviour : The Meaning of Control*, William T. Powers emploie l'exemple suivant pour expliquer comment les systèmes de contrôle rendent compte du large éventail de comportements que les êtres humains manifestent : imaginez un navire au milieu de l'océan pris dans une violente tempête. Le bateau plonge et remonte dangereusement ballotté dans les vagues. Un caillou sur le pont du navire n'est pas un système de contrôle. Le caillou ne veut rien et n'a donc rien à contrôler ; il roule là où les forces physiques l'entraînent. En revanche, un être humain sur le pont d'un navire veut rester debout et va donc prendre différentes mesures pour tenter de rester debout envers et contre tout : modifier son équilibre, se déplacer, se tenir à la rambarde, etc. S'il trébuche et tombe, il va faire tout son possible pour se relever.

L'environnement nous dicte les actions qu'il est possible d'effectuer pour contrôler la perception. Le contrôle n'est pas de prévoir, mais de s'ajuster aux changements s'opérant dans notre environnement. L'être humain pris dans la tempête n'est pas capable de prédéterminer les mesures qu'il va prendre pour rester debout – ses actions vont suivre les changements de son environnement et dépendre des ressources et des possibilités dont il disposera à ce moment-là.

Le Contrôle de la perception explique pourquoi un même stimulus produit souvent des réponses différentes. L'incitation traditionnellement utilisée par les employeurs pour pousser leurs employés (payés à l'heure) à travailler davantage, à savoir augmenter la rémunération par des heures supplémentaires, est un bon exemple. Vous pensez qu'elle est efficace ? Eh bien pas forcément. Les employés qui souhaitent contrôler au maximum leurs revenus (ils jugent qu'ils ne gagnent pas assez et veulent gagner davantage) vont probablement accepter de faire des heures supplémentaires, mais qu'en est-il de ceux qui jugent leur salaire suffisant et ont d'autres priorités que leur travail ? Certains d'entre eux vont travailler exactement le même nombre d'heures, et quelques-uns vont même travailler moins – ils veulent avoir le contrôle sur un certain niveau de revenus mais, en dehors de cela, consacrer suffisamment de temps à des activités qui leur tiennent à cœur, par exemple passer du temps avec leur famille ou poursuivre un projet personnel. Augmenter la rémunération des heures supplémentaires va leur permettre d'atteindre le niveau de revenu qu'ils souhaitent plus rapidement et donc de passer moins de temps à leur travail.

L'incitation en question produit trois résultats différents, dont deux radicalement opposés – travailler plus et travailler moins. C'en est trop pour le comportementaliste !

Le Contrôle de la perception représente un changement fondamental dans la compréhension du comportement des individus. Une fois que vous aurez compris que les êtres humains agissent pour contrôler leurs perceptions, vous saurez mieux comment influencer leur comportement.

RETROUVEZ CE CONCEPT À L'ADRESSE : **http://book.personalmba.com/perceptual-control/**

Le niveau de référence

« L'action se produit si et seulement si nous jugeons qu'il existe une divergence entre ce que nous expérimentons et ce que nous voulons expérimenter. »

PHILIP J. RUNKEL, PROFESSEUR DE PSYCHOLOGIE
À L'UNIVERSITÉ DE L'OREGON

Au cœur de tout système de Contrôle de la perception se trouve un ***Niveau de référence*** – une gamme de perceptions qui indique que le système est « sous contrôle ». Si une perception correspond au Niveau de référence du système, rien ne se passe. Mais si la perception est au-dessus ou en dessous du Niveau de référence, le système se déclenche pour ramener la perception sous contrôle.

Il existe trois types de Niveaux de référence : les consignes, les plages de valeur et les erreurs.

Une consigne est une valeur minimale ou maximale. Le thermostat est un exemple de consigne – à chaque fois que la température diminue en dessous d'une valeur donnée, le chauffage se met en marche. La production de mélatonine de votre organisme est un autre point de consigne – dès qu'elle atteint un certain seuil, elle provoque l'endormissement.

Le contrôle financier des entreprises est géré comme une consigne : tant que vos revenus sont supérieurs à une valeur donnée et que vos dépenses sont inférieures à une valeur définie, tout va bien. Si vous vous mettez soudain à dépenser trois fois plus ou que vos revenus chutent sous votre Point de suffisance, vous ne tardez pas à agir – à chercher pourquoi vous avez dépensé tant et comment retrouver le contrôle de vos dépenses.

Une plage de valeur est une étendue de valeurs acceptables. La différence entre une plage et une consigne tient à l'existence d'une limite inférieure et d'une limite supérieure à la perception contrôlée. Avec une consigne, la perception doit être au-dessus ou en dessous d'un certain niveau pour être sous contrôle, alors qu'avec une plage de valeur la perception doit être entre deux points de consigne pour être contrôlée.

Exemple : votre organisme possède un système lui permettant de réguler sa glycémie, le glucose étant une substance qu'il utilise pour vous donner de l'énergie. Un taux glycémique trop bas ou trop élevé peut être dangereux, c'est pourquoi votre organisme fait en sorte de maintenir ce niveau dans une plage acceptable en libérant de l'insuline, une hormone destinée à réguler votre taux de sucre dans le sang. Tant que votre glycémie demeure dans cette fourchette, rien ne se passe. Mais quand la fourchette de référence n'est pas respectée, votre organisme met tout en œuvre pour retrouver le contrôle de la situation.

Une erreur est une consigne définie par une valeur nulle – toute perception qui n'est pas égale à zéro échappe au contrôle. Pensez aux récepteurs de la douleur situés sous votre peau. La plupart du temps, ils n'ont rien à faire, ce qui signifie que tout est sous contrôle. Mais si vous vous coupez ou vous brûlez, ces récepteurs envoient le signal qu'il s'est passé quelque chose et vous allez agir pour remédier à la situation. Le service des réclamations est un bon exemple aussi. Si vous ne recevez pas de réclamations de la part de vos clients, tout va bien. Mais dès que votre boîte de réception croule sous les plaintes, vous savez qu'il faut agir pour remédier à la situation.

Si vous souhaitez modifier un comportement, vous devez changer, soit le Niveau de référence du système, soit l'***Environnement*** (concept abordé ultérieurement) dans lequel ce système fonctionne. Je reprends l'exemple du thermostat d'ambiance : si vous voulez arrêter le chauffage, vous pouvez régler le point de consigne à une température plus basse. Si vous avez conscience que vos dépenses seront trois fois supérieures à ce qu'elles étaient le mois dernier parce que vous lancez une campagne marketing de grande envergure, votre budget n'est plus hors contrôle. Si vous êtes en train de vous faire tatouer, il est normal que vos récepteurs de la douleur se manifestent et, là encore, vous contrôlez la situation.

Les perceptions elles-mêmes n'ont pas changé, mais vous n'allez plus tenter de les contrôler parce qu'elles sont déjà sous contrôle. Modifier le Niveau de référence change le comportement du système.

Définir et redéfinir consciemment vos Niveaux de référence peut vous aider à changer votre comportement. Si vous craignez que vos dépenses deviennent incontrôlables, vous pouvez créer un budget destiné à vous informer sur le revenu mensuel que vous devez percevoir pour maintenir votre Point de suffisance. Si vous avez peur de grossir ou de maigrir, une visite chez le médecin peut vous aider à déterminer vos attentes et votre perception de vous-même par des données médicales. De même, si vous avez toujours travaillé douze heures par jour et décidez de ne plus travailler que huit heures, vos habitudes de travail vont changer.

Modifiez le Niveau de référence et votre comportement changera automatiquement.

RETROUVEZ CE CONCEPT À L'ADRESSE : **http://book.personalmba.com/reference-level/**

La conservation de l'énergie

« Le principe fondamental de l'action humaine est que les hommes cherchent à satisfaire leurs désirs en appliquant la loi du moindre effort. »

HENRY GEORGE, AUTEUR DE *THE SCIENCE OF POLITICAL ECONOMY*, 1898

Voici une vérité universelle sur la nature humaine : les individus sont généralement paresseux. Et leur paresse est un fonctionnement normal et non pas un défaut.

Imaginez ce qui se passerait si vos ancêtres préhistoriques couraient toute la journée sans raison valable pour finir par s'écrouler, épuisés ? S'ils étaient soudainement attaqués par un prédateur ou un ennemi, il ne leur resterait plus de force pour répondre à cette menace et ils se retrouveraient dans une situation particulièrement critique. C'est pourquoi l'être humain a appris, au fil de l'évolution, à éviter de dépenser son énergie inutilement, autrement dit à la dépenser uniquement en cas d'absolue nécessité – c'est ce que j'appelle la ***Conservation de l'énergie***.

Au cours des dernières décennies, des chercheurs ont étudié des marathoniens et des « ultra-marathoniens » (des individus qui courent entre 80 et 160 kilomètres d'affilée) pour mieux comprendre comment leur corps réagissait à la douleur. Et voici les résultats de leurs recherches : lorsque vous êtes épuisé au point d'avoir l'impression que vous allez y rester à chaque seconde qui passe, vous n'êtes pas du tout sur le point de mourir sur le plan physiologique, mais alors pas du tout ! Les signaux que votre cerveau envoie à votre corps ne sont qu'un stratagème de mise en garde destiné à vous inciter à garder un peu d'énergie en réserve au cas où vous en auriez besoin ultérieurement.

Sauf en cas de non-respect d'un Niveau de référence, les individus ont tendance à Conserver leur énergie en ne faisant rien. Imaginez deux colocataires qui ne partagent pas les mêmes critères de propreté. L'un ne supporte pas de voir de la vaisselle sale dans l'évier (la situation n'est pas sous contrôle), ce qui le pousse à agir pour remédier à la situation. L'autre juge que la situation est sous contrôle tant que l'évier ne déborde pas – mais dès qu'il déborde, il entreprend de dépenser un peu d'énergie à faire la vaisselle. Différents Niveaux de référence, différentes actions.

Si vous jugez que votre poids, votre état de santé et votre physique sont tout à fait acceptables, vous n'allez probablement pas modifier votre alimentation ni vous mettre à l'exercice. Si vous pensez que vous avez suffisamment confiance en vous et que votre vie sociale est satisfaisante, vous n'allez certainement pas chercher à améliorer vos compétences sociales ni à étendre votre cercle relationnel. Si vous trouvez que vous gagnez assez d'argent, vous n'allez pas faire d'efforts supplémentaires pour en gagner davantage.

La Conservation de l'énergie explique pourquoi certaines personnes restent pendant des dizaines d'années dans un travail sans perspectives d'avenir, même si elles savent qu'elles pourraient trouver mieux ailleurs. Si leur travail leur convient, leur permet de régler leurs factures et ne devient jamais stressant ou frustrant au point de les pousser à se remettre en question, ces personnes ne vont pas dépenser leur énergie à obtenir une promotion, à changer d'emploi ou à lancer leur propre affaire. Les êtres humains ne font des efforts que si leur Niveau de référence n'est plus respecté. Par conséquent, si ce qu'ils font correspond à leurs attentes, ils s'abstiennent d'agir, tout simplement.

Les sources d'information qui changent votre Niveau de référence sont utiles pour vous pousser à l'action. Ce qui m'a encouragé à donner des cours et à offrir du conseil, c'est que j'ai découvert que des auteurs de livres d'économie et des consultants étaient capables de passer leurs journées à apprendre aux autres et à les aider, et que leurs compétences étaient très bien rémunérées. Il n'en fallait pas plus pour remettre en question mon Niveau de référence sur le travail à l'époque – si je pouvais bien gagner ma vie en faisant ce que j'adorais faire, pourquoi devrais-je me contenter d'un travail satisfaisant, mais sans plus ? Plus je me documentais sur ce qu'il fallait faire pour y parvenir, plus j'étais prêt à consacrer toute mon énergie à la concrétisation de ce projet.

Avant le record battu par Roger Bannister en 1954, courir le mile en moins de quatre minutes était considéré comme impossible au vu des limites physiologiques du corps humain. Mais l'exploit de Bannister a fait tomber une barrière psychologique : fin 1957, seize coureurs avaient accompli cette prouesse. Rien n'avait changé, si ce n'est le Niveau de référence : ces athlètes savaient que c'était désormais possible, ont voulu le faire et l'ont fait.

Les livres, les magazines, les blogs, les documentaires et même la concurrence sont utiles s'ils repoussent les limites de ce que vous croyez possible. Lorsque vous découvrez que certaines personnes réussissent quelque chose que vous jugiez irréaliste ou impossible, votre Niveau de référence s'en trouve changé, et de manière positive. L'essentiel à comprendre, c'est que quelque chose que vous rêvez de réaliser est possible à réaliser. À partir de là, vous trouverez un moyen de le concrétiser.

RETROUVEZ CE CONCEPT À L'ADRESSE : **http://book.personalmba.com/conservation-of-energy/**

La structure directrice

« Votre environnement va manger vos objectifs et vos projets pour le petit déjeuner. »

STEVE PAVLINA, AUTEUR DE *PERSONAL DEVELOPMENT FOR SMART PEOPLE* ET BLOGGEUR SUR STEVEPAVLINA.COM

Pendant trois ans, mon épouse et moi avons expérimenté le régime végétalien (qui bannit tout produit d'origine animale). Pas de viande, pas d'œufs, pas de fromage, pas de lait.

La plupart de nos amis et de nos proches ont eu deux réactions : « Mais vous êtes fous ! » et « Ça doit être difficile, je ne pourrais jamais faire ça. » Nous avions opéré un changement de mode de vie tellement radical que les gens s'émerveillaient de notre volonté.

J'aimerais vous avouer quelque chose : ce ne fut absolument pas difficile. Ce changement de cap nous a demandé très peu d'efforts et de volonté. Notre secret ? Au lieu de faire appel à la volonté pour résister à l'envie de manger un bon steak ou de commander une pizza avec œuf, épaule et mozzarella, nous avons changé la structure de notre ***Environnement*** (concept abordé ultérieurement) pour le faire concorder avec nos choix de vie.

Nous nous sommes débarrassés de tous les aliments que nous ne voulions pas manger et les avons remplacés par une nourriture plus saine et tout aussi goûteuse. Nous avons fait nos courses ailleurs – au lieu d'aller au supermarché, nous avons commencé à fréquenter un petit magasin de produits naturels, bio de préférence. Et nous avons cessé d'aller dans des grills, leur préférant les restaurants végétariens et/ou végétaliens.

Par conséquent, nous n'avons pas eu besoin de beaucoup de volonté pour agir conformément à nos choix. Lorsque j'avais un petit creux, je mangeais une pomme ou des carottes avec du houmous, des aliments que nous avions toujours au réfrigérateur. Commander une pizza ou acheter et faire cuire un steak réclamaient davantage d'efforts et, du coup, je m'en passais. En modifiant la structure de notre Environnement, ma femme et moi n'avons eu aucune difficulté à agir comme nous l'avions décidé.

La ***Structure directrice*** signifie que la structure de votre Environnement détermine largement votre comportement. Si vous souhaitez réussir à changer l'un de vos comportements, n'essayez pas de le changer directement. Changez plutôt la structure qui influence ou encourage ce comportement, et votre comportement changera automatiquement. Si vous ne voulez pas manger de glaces, commencez par ne pas en acheter.

Dans l'*Odyssée* d'Homère, Ulysse et son équipage rencontrent les Sirènes, des êtres fabuleux à la tête et au buste de femme et au corps d'oiseau qui vivent sur des rochers escarpés et dont le chant est si beau que les marins perdent la tête en l'écoutant et font naufrage. Au lieu de compter sur la force de sa volonté pour résister à la tentation d'écouter le chant des Sirènes, Ulysse a changé la structure de son Environnement en bouchant les oreilles de ses coéquipiers avec de la cire et en leur demandant de l'attacher au mât du navire. La tentation fut ainsi évitée et le navire continua sa route.

Changez la structure de votre Environnement et vous changerez automatiquement votre comportement. Ajoutez un peu de ***Frottement*** (concept abordé ultérieurement) ou éliminez complètement certaines possibilités, et vous aurez beaucoup moins de mal à vous concentrer sur ce que vous essayez d'accomplir.

La *Sterile Cockpit Rule* que la Federal Aviation Administration (FAA) a instaurée en 1981 est un bon exemple de Structure directrice. La plupart des accidents aériens ont lieu sous la barre des 3 000 mètres d'altitude, une zone où la moindre distraction peut être fatale. Au-dessus de 3 000 mètres, l'équipage peut parler autant qu'il veut, mais en dessous, le seul sujet de discussion autorisé concerne des informations directement liées au vol en cours. En éliminant les distractions, cette loi a diminué les erreurs et les accidents.

Changez la structure de votre Environnement et vous serez étonné de constater un changement radical de votre comportement.

RETROUVEZ CE CONCEPT À L'ADRESSE : **http://book.personalmba.com/guiding-structure/**

La réorganisation

« Tous ceux qui s'égarent ne sont pas perdus. »

J. R. R. TOLKIEN, AUTEUR DU *SEIGNEUR DES ANNEAUX*

À chaque fois qu'une perception sort du Niveau de référence du système, une action se met en place pour ramener cette perception sous contrôle. Cette réponse est parfois bien définie – par exemple, votre organisme sait exactement ce qu'il doit faire pour réguler votre glycémie. Malheureusement, il vous arrive souvent de ne pas savoir exactement ce qui « cloche » – ou comme y remédier.

Pensez à une perception aussi abstraite que la « satisfaction professionnelle ». Il existe un point de consigne dans votre esprit qui correspond à « quel degré de satisfaction je devrais tirer de mon travail » et votre perception de la satisfaction professionnelle est une moyenne de vos expériences professionnelles. Les expériences positives font grimper la moyenne, tandis que les expériences négatives la font baisser.

Si votre perception de la satisfaction professionnelle est inférieure à ce qu'elle devrait être à vos yeux (votre Niveau de référence), votre cerveau va entrer en action en se disant : « Je ne suis pas aussi heureux que je devrais l'être... Quelque chose doit changer. »

Et voilà le problème : quelque chose doit changer, oui, mais quoi ? Seriez-vous plus heureux si vous changiez de poste, de patron, d'entreprise ? Ou si vous vous mettiez à votre compte ? Comment le savoir ? C'est là que la ***Réorganisation*** intervient.

La Réorganisation est une action aléatoire qui se met en place quand un Niveau de référence n'est plus respecté mais que vous ignorez quelle mesure prendre pour ramener cette perception sous contrôle. La crise de la cinquantaine en est l'exemple parfait. Vous ne savez pas vraiment comment supprimer l'angoisse que vous éprouvez, alors vous vous mettez à faire des choses que vous n'avez pas l'habitude de faire, comme quitter votre travail pour parcourir l'Europe en sac à dos ou vous faire tatouer et acheter une moto.

La Réorganisation vous donne l'impression d'être perdu, déprimé ou devenu fou, et c'est parfaitement normal. Votre cerveau produit toutes sortes d'idées loufoques en s'efforçant de trouver une solution à votre problème. Parfois, lorsque je suis vraiment stressé, je me dis que le métier de concierge n'est pas si mal que ça, finalement – le travail n'est pas difficile, ne réclame pas une grande capacité de réflexion et est correctement rémunéré. Cela ne veut pas dire que cette idée est une bonne idée, mais ce type de processus mental est absolument normal – mon cerveau teste juste des idées au hasard pour retrouver le contrôle de certains systèmes.

La Réorganisation est la base neurologique de l'apprentissage. Comme nous le verrons dans la ***Combinaison de schémas***, notre cerveau est une machine à apprendre qui associe certaines causes à certains effets. S'il ne sait pas encore comment réagir à une situation donnée, le meilleur moyen de résoudre le problème est de tester de nouvelles choses dans le but de recueillir des informations. Et la Réorganisation est ce qui nous pousse à considérer ou essayer de nouveaux comportements ou de nouvelles idées pour voir ce qui marche.

Ce qu'il faut retenir d'essentiel à propos de la Réorganisation, c'est qu'il est préférable de ne pas lutter contre elle. Même s'il est parfois tentant d'essayer de se convaincre que tout va bien, résister à – ou réprimer – l'impulsion qui nous porte à Expérimenter quelque chose de différent ne fait que ralentir l'apprentissage.

Broyer du noir ou avoir des idées saugrenues n'a rien d'étrange ni d'anormal – ce processus mental vous signale que vous ne contrôlez plus une perception et qu'une Réorganisation est nécessaire pour rassembler davantage de données sur le meilleur moyen d'en reprendre le contrôle. Une fois que vous apprenez à retrouver le contrôle de cette perception, la Réorganisation cesse naturellement.

Lorsque vous vous sentez perdu, ne vous découragez pas : c'est juste votre cerveau qui collecte les données dont il a besoin pour prendre une bonne décision. Accepter la nouveauté au lieu de lui résister, nager avec le courant plutôt qu'à contre-courant va contribuer à accélérer le processus de Réorganisation et donc à ce qu'il s'arrête plus vite.

RETROUVEZ CE CONCEPT À L'ADRESSE : **http://book.personalmba.com/reorganization/**

Le conflit

> « Les problèmes importants auxquels nous faisons face ne peuvent pas être résolus au même niveau de pensée que nous étions lorsque nous les avons créés. »
>
> ALBERT EINSTEIN

Prenons le temps de nous pencher sur le défaut favori de tous les êtres humains : la procrastination.

Tout le monde se livre peu ou prou à la procrastination. Lorsque nous sommes débordés, nous avons naturellement tendance à remettre à plus tard des tâches non urgentes jusqu'à ce qu'elles deviennent urgentes. Comment pouvez-vous vous concentrer sur quelque chose que vous devez faire demain s'il y a quelque chose que vous devez faire maintenant ?

Les plus frustrants sont les moments où nous savons que nous avons largement le temps de faire quelque chose, mais n'avons pas envie de le faire maintenant. Une partie de nous veut travailler, tandis que l'autre refuse. Si vous essayez de vous forcer à travailler, vous vous apercevez que vous êtes si facilement distrait que vous n'êtes pas très productif. Et si vous essayez de vous reposer, une partie de vous culpabilise de ne pas travailler et, du coup, vous ne vous reposez pas vraiment.

Il peut se passer des jours durant lesquels vous êtes ni complètement dans le travail ni complètement dans le repos, mais épuisé de l'effort de n'arriver à rien. Que se passe-t-il ?

Un ***Conflit*** se produit quand deux systèmes de contrôle tentent de modifier une même perception. Lorsque vous tombez dans la procrastination, l'un des sous-systèmes de votre cerveau tente de contrôler « faire telle ou telle chose », tandis qu'un autre tente de contrôler « se reposer suffisamment ». Puisque les deux systèmes s'efforcent de contrôler la même perception, à savoir l'action physique, ils sont en conflit pour faire bouger cette perception dans le sens qu'ils veulent.

La situation est comparable à celle d'un chauffage et d'un climatiseur en conflit pour contrôler la température d'une pièce. Tant que leurs Niveaux de référence s'opposent, aucun des deux systèmes ne sera sous contrôle – le chauffage et le climatiseur vont continuer à s'efforcer de faire bouger les choses dans le sens où ils veulent les faire aller. Même si l'un des deux réussit à ramener provisoirement la perception sous contrôle, l'autre ne tardera pas à tout faire pour qu'elle soit de nouveau hors contrôle.

La procrastination est un exemple de Conflit intérieur, mais les Conflits surgissent aussi entre individus. Il peut se produire un Conflit entre deux personnes qui veulent obtenir des résultats différents à partir d'une même ressource. Imaginez deux enfants qui se battent pour le même jouet. C'est une situation identique à celles de la procrastination et de la régulation de la température. Simplement, les systèmes de contrôle sont des êtres humains. Tant que l'un des enfants possède le jouet tant convoité, l'autre pleure. Par conséquent, le jouet passe sans cesse de l'un à l'autre et les deux enfants pleurent.

Pensez aux dirigeants dans une grande entreprise qui se disputent à propos de l'affectation d'un budget limité et vous aurez une idée plus précise de l'origine des Conflits. Si un budget d'un million d'euros est attribué à l'un des directeurs adjoints, les autres ne peuvent pas en bénéficier et protestent contre cette décision.

Si les Conflits interpersonnels sont aussi difficiles à gérer, c'est avant tout parce que nous ne pouvons jamais contrôler totalement les actions de nos semblables. Nous pouvons influencer, persuader, inspirer ou négocier, mais nous ne pouvons jamais agir directement sur les perceptions d'autrui ni modifier directement ses Niveaux de référence.

Les Conflits ne peuvent être résolus qu'en changeant de Niveau de référence, c'est-à-dire la manière dont les parties impliquées définissent le succès. Tenter de résoudre un Conflit en se contentant d'attirer l'attention de l'autre sur son comportement inacceptable est inefficace, tout comme la volonté ne peut pas changer directement un comportement. Ce qu'il faut, c'est s'attaquer à la cause du Conflit.

Chacune des parties impliquées dans le Conflit possède son propre Niveau de référence, essentiellement déterminé par la situation ou l'***Environnement*** (concept abordé ultérieurement). Le seul moyen de résoudre le conflit est de modifier le Niveau de référence de chaque partie. Comment ? En changeant la structure de la situation.

Dans le cas de la procrastination, le Conflit peut être résolu en prévoyant de consacrer suffisamment de temps au travail et au repos, et en s'engageant à ne pas y déroger. Dans *The Now Habit*, Neil Fiore recommande de privilégier le repos par rapport au travail. Si votre cerveau sait que vous allez recevoir toute la détente et la distraction dont vous avez besoin et que vous disposez d'un temps limité pour abattre le travail qui vous attend, il va être plus productif.

Dans le cas du chauffage et du climatiseur, la situation continuera d'exister aussi longtemps que les thermostats ont des consignes qui s'opposent. Changez le Niveau de référence et vous résoudrez le Conflit.

Enfin, dans le cas des deux enfants (ou des directeurs adjoints) qui se chamaillent, vous pouvez changer la situation en veillant à ce qu'ils possèdent à peu près le même jouet, ne possèdent aucun jouet ou modifient leur critère de réussite en passant du « c'est à moi » au « c'est à nous ».

Changez la situation qui crée le Niveau de référence utilisé par chacune des parties comme critère de succès et vous éliminerez le Conflit.

RETROUVEZ CE CONCEPT À L'ADRESSE : **http://book.personalmba.com/conflict/**

La reconnaissance de modèle

« Votre mémoire est un monstre ; vous oubliez ; elle, non. Elle se contente de tout enregistrer à jamais. Elle garde les souvenirs à votre disposition ou vous les dissimule, pour vous les soumettre à la demande. Vous croyez posséder une mémoire ; mais c'est elle qui vous possède ! »

JOHN IRVING, ROMANCIER ET OSCAR
DU MEILLEUR SCÉNARIO EN 2000

Longtemps avant de comprendre ce qu'est la gravité, vous saviez qu'une balle tombe sur le sol si vous la lâchez. Après avoir lâché une balle plusieurs fois de suite, vous avez constaté qu'elle tombait toujours par terre. Vous n'aviez pas besoin d'autres expériences de ce type pour apprendre que tout objet en chute libre tombe par terre. La gravité n'est qu'un nom pour désigner quelque chose que votre cerveau a appris tout seul.

L'une des facultés les plus étonnantes du cerveau est celle d'apprendre et d'identifier des schémas automatiquement. Pensez aux célèbres chiens de Pavlov : une sonnerie retentit et ils se mettent à saliver. Pavlov leur a appris un schéma comportemental : à chaque fois que la sonnerie retentit, la nourriture va bientôt arriver. Les chiens n'ont pas tardé à apprendre ce schéma et à réagir avant que la nourriture ne leur soit apportée.

Notre cerveau est une machine naturellement conçue pour ***Reconnaître des modèles***. Il tente constamment de dégager des schémas, des structures ou des tendances dans ce qu'il perçoit, puis d'associer ces configurations à d'autres configurations stockées dans sa mémoire. Ce processus s'opère automatiquement, sans effort conscient. Il suffit à notre cerveau de prêter attention au monde qui l'entoure, et le voilà en train d'identifier de nouvelles configurations et de les ajouter aux plus anciennes.

Les êtres humains apprennent ces modèles essentiellement par l'***Expérimentation*** (concept abordé ultérieurement). Si un jeune enfant veut être porté par sa maman, il ne met pas longtemps à tester plusieurs approches différentes, puis à identifier et mémoriser celle qui produit le résultat souhaité. En général, c'est : « Si je pleure, maman va me prendre dans ses bras. » Dorénavant, l'enfant va recourir à ce schéma comportemental – « pleurer – être pris dans les bras » – à chaque fois qu'il veut être porté par sa mère.

Vous pouvez vous représenter votre mémoire comme une base de données renfermant les modèles que vous avez appris à travers vos expériences. Ces modèles sont stockés dans votre mémoire à long terme et attendent d'être utilisés pour déterminer vos réactions à des situations nouvelles ou inhabituelles. La réactivation des souvenirs est optimisée pour la vitesse et non pour l'exactitude – le cerveau stocke des informations de manière contextuelle, ce qui vous aide à vous rappeler rapidement des modèles lorsque vous en avez besoin. C'est la raison pour laquelle le moyen le plus sûr de retrouver vos clés est de parcourir en pensée tous les endroits où vous êtes passé – la « mise en contexte » vous permettra de vous rappeler plus facilement où vous pouvez les avoir oubliées.

Plus les modèles que vous avez appris sont précis, plus vous avez de solutions pour résoudre de nouveaux problèmes. La Reconnaissance de modèle explique en partie pourquoi des individus expérimentés ont tendance à prendre de meilleures décisions que les individus inexpérimentés – ils ont appris davantage de modèles précis au fil de leurs expériences. Les experts tirent leurs compétences de leur grande base de données mentale dans laquelle ils peuvent puiser.

La Reconnaissance de modèle constitue l'une des facultés fondamentales de notre cerveau et de son fonctionnement. Plus vous avez stocké de schémas précis dans votre mémoire, plus vous réagirez rapidement et pertinemment aux événements de la vie.

RETROUVEZ CE CONCEPT À L'ADRESSE : **http://book.personalmba.com/pattern-matching/**

La simulation mentale

« J'ai vu un ange dans le marbre et j'ai seulement ciselé jusqu'à l'en libérer. »

MICHEL-ANGE, SCULPTEUR, PEINTRE, ARCHITECTE ET POÈTE ITALIEN

Sans réfléchir, imaginez-vous en train de sauter au milieu d'un volcan en activité. Est-ce une bonne idée ?

Vous n'avez mis qu'une fraction de seconde pour répondre à cette question, même si vous n'avez jamais sauté dans un volcan ni vu personne le faire. Ce que vous avez fait est assez extraordinaire : comment est-il possible de connaître immédiatement la réponse à une question qui ne vous est jamais venue à l'idée ?

La ***Simulation mentale*** est la capacité de notre cerveau à s'imaginer exécuter une action donnée, puis à simuler le résultat probable avant de décider d'agir ou de ne pas agir. Notre mental tente constamment de prédire ce qui va se passer ultérieurement en fonction de ce qui est en train de se passer autour de nous et des actions que nous envisageons de réaliser. Pourvoir anticiper les résultats de nos actes est un avantage considérable : notre aptitude à résoudre des problèmes inédits s'en trouve terriblement améliorée.

La Simulation mentale repose sur notre mémoire – la base de données de modèles que nous avons constituée à travers nos perceptions et nos expériences. Lorsque vous vous imaginiez en train de sauter au fond d'un volcan, votre cerveau n'a pas pu trouver cette expérience dans sa base de données, mais il a trouvé des ***Associations mentales*** (concept abordé ultérieurement) pertinentes : la lave est une matière brûlante, les matières brûlantes provoquent des brûlures, les brûlures sont douloureuses et dangereuses, les choses douloureuses et dangereuses sont mauvaises et donc à éviter. Ces Associations mentales sont utilisées pour simuler le résultat probable en une fraction de seconde et induire un jugement immédiat : « très mauvaise idée ! ».

La Simulation mentale est extrêmement puissante et polyvalente – vous pouvez l'utiliser pour tester les actions les plus arbitraires sans aucun risque. Prenez n'importe quel objectif ou scénario, et la Simulation mentale est ce dont votre cerveau se sert pour relier un point A à un point B, sachant que le point A est l'endroit où vous êtes actuellement et le point B ce que vous êtes en train d'imaginer. La seule limite à la Simulation mentale est votre imagination.

Par exemple, comment allez-vous procéder si vous avez envie d'aller visiter l'Antarctique ? En gardant à l'esprit la Finalité pendant quelques secondes, votre cerveau se met automatiquement à relier les points en fonction des schémas que vous avez appris. « Je pourrais appeler une agence de voyage… Il y a assez souvent des croisières en Antarctique… Je devrais passer par l'Argentine… Il faudrait que je m'achète un manteau bien chaud, etc. » Toutes ces pensées s'enchaînent sans effort conscient de votre part, car votre cerveau est configuré pour accomplir ce type de travail.

La Simulation mentale ne fonctionne que si vous fournissez un point B à votre cerveau, même si l'action ou l'objectif que vous envisagez est totalement arbitraire. Vous pouvez parfaitement simuler le trajet vers la destination la plus absurde et la plus irréaliste qui puisse exister. Imaginez que vous utilisiez Google Maps ou un GPS : le système peut vous donner des directions précises, mais il ne marchera pas si vous n'entrez pas une destination. Cette destination peut être la maison de votre meilleur ami ou Albuquerque, une ville du Nouveau-Mexique. De toute façon, sans ***Objectif*** (concept abordé ultérieurement), le système est inopérant. Le même principe vaut pour la Simulation mentale – pas de destination, pas de simulation.

La Simulation mentale est particulièrement puissante si vous apprenez à l'exploiter consciemment, ce que nous étudierons en détail dans la ***Simulation prospective***.

RETROUVEZ CE CONCEPT À L'ADRESSE : **http://book.personalmba.com/mental-simulation/**

Interprétation et réinterprétation

« Nous ne voyons pas les choses telles qu'elles sont. Nous les voyons tels que nous sommes. »

ANAÏS NIN, AUTEURE AMÉRICAINE

Avez-vous déjà reçu un e-mail qui vous a mis très en colère avant que vous vous rendiez compte que vous avez mal interprété le ton ou l'intention du message ? Votre cerveau a tiré une conclusion erronée basée sur ce que vous avez cru percevoir avant de découvrir une autre façon, tout aussi valable, d'interpréter le message en question.

Notre cerveau simule sans cesse différentes actions possibles, mais parfois il manque des informations pour valider un schéma. L'omniscience n'étant pas le propre de l'être humain, votre cerveau ne dispose jamais de toutes les données, c'est pourquoi il complète automatiquement les pièces manquantes en interprétant ce que vous percevez via les modèles stockés dans votre mémoire. En l'absence d'autres informations susceptibles d'infirmer ce que vous pensez, vous tirez immédiatement des conclusions en vous fiant à l'interprétation créée par votre cerveau.

Cette capacité à combler les vides s'applique aussi au niveau physiologique. Dans notre champ de vision, nous avons deux points aveugles – là où notre nerf optique est relié à nos yeux. Nous sommes incapables de voir à l'endroit de ces deux points aveugles, mais notre cerveau recueille automatiquement l'ensemble des informations environnantes pour combler les manques avec une cohérence optimale. Résultat : nous avons l'impression d'avoir un champ de vision complet, sans points aveugles, alors qu'il s'agit d'une illusion créée par la faculté de notre cerveau à interpréter l'information.

Le cerveau humain se fie sans cesse à des modèles et à des informations antérieurs pour faire des ***Interprétations*** en l'absence d'informations. Prenez le dossier spam de votre messagerie électronique : il se fie à un ensemble de spams précédents pour évaluer la probabilité que tout nouveau message soit un spam lui aussi. Comment ? À l'aide d'un processus appelé inférence bayésienne. Le message ne s'identifie pas lui-même comme spam, mais le filtrage bayésien du spam peut l'identifier comme tel.

Votre cerveau fait à peu près la même chose à chaque fois que vous décidez que vous appréciez quelqu'un juste après l'avoir rencontré – votre cerveau se fie à des schémas acquis par des expériences antérieures avec d'autres personnes pour porter un jugement rapide.

Ces Interprétations rapides peuvent aussi être modifiées – un processus appelé ***Réinterprétation***. Imaginez que vous rencontriez une personne séduisante qui devient automatiquement silencieuse et distante quand vous approchez. Au premier abord, son comportement peut vouloir dire qu'elle est timide ou qu'elle ne vous aime pas beaucoup. Toutefois, si l'un de vos amis vous confie que cette personne est amoureuse de vous, votre Interprétation de son comportement peut changer instantanément.

La Réinterprétation est possible parce que votre mémoire est fondamentalement fugace. Nos souvenirs ne sont pas des disques durs – à chaque fois que nous faisons ressurgir un souvenir, il n'est pas sauvegardé au même endroit, mais à un endroit différent, et avec une distorsion : le nouveau souvenir va inclure toutes les modifications que nous lui avons apportées.

Vous pouvez modifier consciemment vos croyances et vos Simulations mentales en vous rappelant des événements passés et en les Réinterprétant activement. La Simulation mentale et l'Interprétation reposent sur des schémas stockés dans la mémoire, alors si vous voulez changer les résultats des simulations de votre cerveau, commencez par modifier la base de données mentale sur laquelle se fondent ces simulations. La Réinterprétation est la manière dont vous modifiez cette base de données.

Dans son livre *Re-Create Your Life*, Morty Lefkoe enseigne un processus qui peut être utilisé pour Réinterpréter les événements passés de manière simple et utile :

1. Identifiez le modèle indésirable.

2. Nommez la croyance qui le sous-tend.
3. Identifiez la source de cette croyance dans votre mémoire avec un maximum d'informations sensorielles.
4. Décrivez d'autres Interprétations possibles de ce souvenir.
5. Réalisez que votre croyance initiale est une Interprétation et non la réalité.
6. Choisissez consciemment de rejeter la croyance initiale en la jugeant « erronée ».
7. Choisissez consciemment d'accepter votre Réinterprétation en la jugeant « vraie ».

Voici un exemple de la manière dont j'ai utilisé personnellement le processus de Lefkoe : une façon d'Interpréter ma carrière chez Procter & Gamble, où je travaillais dans la gestion des marques, était de me dire que j'étais nul – j'étais promis à une promotion rapide, mais je ne me sentais pas à la hauteur et je me dénigrais. Pendant un moment, j'ai cru que c'était vrai, et cette croyance m'a plutôt desservi. Lorsque j'ai tenté d'explorer d'autres voies, mon cerveau simulait naturellement que ma « nullité » s'appliquerait aussi à mes nouveaux projets. Tant que mon esprit se fiait à cette Interprétation pour simuler l'avenir, j'étais prisonnier d'un cycle infernal.

Il existe une autre manière d'Interpréter mon parcours chez P&G : mon expérience m'en a appris beaucoup sur le fonctionnement des grandes entreprises, sur mes compétences, sur ce que je n'aimais pas faire et sur la manière dont je voulais investir mon temps. Travailler chez P&G m'a aidé à découvrir une voie qui ne me convenait pas, alors j'ai arrêté de la suivre et je me suis orienté vers des domaines qui correspondaient mieux à mes points forts et à mes désirs jusqu'à trouver ma voie – une victoire majeure et un pas de géant dans l'amélioration de ma vie.

Quelle Interprétation est « vraie » ? Les deux sont valables. Mon cerveau ne dysfonctionnait pas lorsqu'il a créé la première Interprétation, mais cette Interprétation n'a pas joué en ma faveur. Réinterpréter la situation et accepter la seconde version comme LA vraie version m'a été bien plus utile – sans elle, vous ne seriez probablement pas en train de lire ce livre.

Réinterprétez votre passé et vous améliorerez votre capacité à réaliser de belles choses dans le présent.

RETROUVEZ CE CONCEPT À L'ADRESSE : **http://book.personalmba.com/interpretation/**

La motivation

« Mais je veux paaaaas !!! »

UN ENFANT DE 2 ANS

La ***Motivation*** est une chose à laquelle vous pensez probablement tout le temps en vous disant, par exemple : « Je me sens vraiment motivé pour accomplir cette tâche » ou « Je ne me sens pas très motivé pour faire cela maintenant. » Puisque nous sommes si nombreux à employer ce terme pour rendre compte de notre expérience quotidienne, il est utile de comprendre de quoi il s'agit exactement.

La Motivation est un état émotionnel qui relie les parties de notre cerveau responsables du ressenti et celles responsables de l'action. Si nous prenons modèle sur le Cerveau multicouche, la Motivation est le lien entre le cerveau moyen (qui perçoit le monde) et le cerveau postérieur (qui signale à notre corps qu'il doit agir). Dans la plupart des cas, la Motivation est automatique – notre cerveau perçoit une différence entre ce que les choses sont et ce que nous voudrions qu'elles soient, et notre corps agit automatiquement pour supprimer ce décalage.

Vous pouvez décomposer l'expérience de la Motivation en deux désirs fondamentaux : celui d'aller vers des choses que vous jugez désirables et celui de vous éloigner de choses que vous jugez indésirables. Les choses qui satisfont nos Besoins humains fondamentaux nous apparaissent souhaitables, d'où notre envie spontanée d'aller vers elles. Celles qui nous semblent dangereuses, effrayantes ou menaçantes ne sont pas souhaitables, d'où notre tendance instinctive à nous en écarter.

En général, la priorité va au mouvement de recul. Cette réaction remonte au Syndrome de l'homme des cavernes – s'enfuir à toutes jambes en voyant un lion s'approcher est clairement plus important que de préparer à manger.

Imaginons que vous avez l'occasion de créer votre entreprise. Un sentiment d'excitation peut vous inciter à aller vers cette opportunité et à la saisir. En même temps, si cela signifie quitter un emploi bien rémunéré et prendre un risque, vous pouvez être enclin à reculer et à ne pas saisir cette opportunité, d'où un Conflit. Tant que le risque pèse davantage en vous que l'excitation, vous allez hésiter, même si le risque d'échec est minime si vous franchissez le pas. Ce mécanisme de sécurité interne s'est mis en place pour de très bonnes raisons mais, aujourd'hui, la plupart des décisions que nous prenons ne sont pas une question de vie ou de mort.

La Motivation est une émotion et non une activité logique et rationnelle. Ce n'est pas parce que votre cerveau antérieur pense que vous devriez être motivé à faire telle ou telle chose que vous allez être motivé à la faire. (Si seulement c'était aussi simple !) Très souvent, les Simulations mentales, la Reconnaissance de schémas, les Conflits et les Interprétations dissimulés dans le cerveau moyen peuvent faire obstacle à ce que nous souhaitons accomplir. Tant que des signaux de recul, d'éloignement ou de fuite nous seront envoyés, nous aurons du mal à être motivés pour aller vers ce que nous désirons.

De même, vous ne pouvez pas motiver d'autres personnes en leur criant dessus pour qu'elles travaillent plus vite – vous ne faites que renforcer leur désir de s'éloigner de vous. Ces personnes peuvent vous obéir temporairement si elles se sentent menacées de ne pas le faire, mais soyez sûr qu'elles vous fuiront à la moindre occasion.

Supprimez les conflits intérieurs qui vous obligent à fuir les menaces potentielles et vous serez motivé pour vous rapprocher de ce que vous voulez vraiment.

RETROUVEZ CE CONCEPT À L'ADRESSE : **http://book.personalmba.com/motivation/**

L'inhibition

« L'inhibition est la capacité à s'arrêter : à différer notre réponse jusqu'à ce que nous soyons prêts à agir. »

MICHAEL GELB, AUTEUR DE *LE CORPS CONJUGUÉ – UNE INTRODUCTION À LA TECHNIQUE ALEXANDER* ET *PENSEZ COMME LÉONARD DE VINCI*

Croyez-le ou non, mais la plupart de nos actions quotidiennes font très peu intervenir la pensée consciente.

La plupart du temps, notre corps et notre esprit fonctionnent en pilotage automatique – notre cerveau perçoit ce qui nous entoure, compare notre ***Environnement*** (concept abordé ultérieurement) et nos actions à des Niveaux de référence internes et agit en conséquence. Imaginez que vous conduisiez une voiture : avec la pratique, votre corps fait le nécessaire pour assurer la conduite et la pensée consciente entre à peine en jeu.

Néanmoins, il faut de temps en temps ignorer le pilotage automatique et procéder autrement. Si vous tombez sur un ours en vous promenant dans la forêt, la dernière chose à faire est de vous mettre à courir, même si c'est ce que votre instinct vous dit de faire. Si vous fuyez au pas de course, l'animal va vous prendre pour une proie et vous pourchasser.

Au lieu de prendre ses jambes à son cou, il est plus efficace de rester sur place et d'essayer d'impressionner l'adversaire en se faisant aussi grand, bruyant et menaçant que possible. Apparaître comme une menace aux yeux de l'ours vous demande d'inhiber consciemment votre réponse naturelle, mais c'est le seul moyen pour que l'animal perçoive en vous une menace et décide de vous laisser tranquille.

L'***Inhibition*** est la capacité à surmonter temporairement nos tendances naturelles. Si vous avez toujours supporté l'un de vos frères et sœurs (ou collègues) qui n'arrêtait pas de vous embêter, de vous nuire ou d'avoir un comportement immature, l'Inhibition vous a empêché de faire quelque chose que vous auriez regretté par la suite.

La ***Volonté*** (concept abordé ultérieurement) est le carburant de l'Inhibition. Comme nous l'avons dit dans le Cerveau multicouche, le rôle du cerveau antérieur est la résolution de l'ambiguïté, la prise de décision et l'Inhibition. À chaque fois que nous inhibons nos réactions naturelles à l'Environnement, la Volonté est à l'œuvre. Le cerveau moyen et le cerveau postérieur sont le pilotage automatique, et le cerveau antérieur est ce qui annule le pilotage automatique.

La capacité à inhiber certaines décisions ou réponses peut nous être utile, mais elle a ses limites, comme nous allons le voir dans le prochain concept.

RETROUVEZ CE CONCEPT À L'ADRESSE : **http://book.personalmba.com/inhibition/**

L'épuisement de la volonté

« Si vous ne voulez pas glisser, n'allez pas là où c'est glissant. »

DICTON DES ALCOOLIQUES ANONYMES

Dans les années 1960 le professeur Walter Mischel, chercheur à l'Université de Columbia, a systématiquement torturé de jeunes enfants.

Voici comment il a procédé : il a placé l'enfant dans une petite pièce avec une table et une chaise. Au milieu de la table, il a posé un énorme chamallow, puis dit à l'enfant : « Si tu attends que je revienne, tu peux en avoir deux. » Puis il est sorti de la pièce.

Et voici ce qui s'est passé : certains enfants ont avalé le chamallow quelques secondes après le départ du chercheur. D'autres ont fait des efforts surhumains pour détourner leur regard de l'objet de la tentation et prêter attention à autre chose, cherchant désespérément à tenir assez longtemps pour pouvoir accéder à la récompense suprême : deux chamallows.

Le professeur Mischel a établi une relation entre la ***Volonté*** et la réussite : les enfants dotés d'une capacité plus grande à « différer la gratification » réussissaient davantage à l'école et dans leur vie adulte. Surmonter nos instincts peut nous permettre d'obtenir de plus belles récompenses, à condition de pouvoir attendre – s'il est facile de dépenser, économiser de l'argent l'est beaucoup moins, même si l'épargne offre plus d'avantages dans la durée.

La Volonté peut être pensée comme la neutralisation de nos instincts, comme un moyen d'interrompre nos processus automatiques pour faire autre chose. À chaque fois que nous sommes dans une situation où nous avons intérêt à Inhiber nos tendances innées, nous avons besoin de Volonté pour y parvenir. C'est pourquoi la Volonté est un outil utile, en dépit de ses limites.

Nos réserves de Volonté sont très limitées et s'***Épuisent*** à l'usage. Le professeur Roy Baumeister, chercheur à l'Université de l'État de Floride, a découvert que notre capacité à utiliser notre Volonté avec succès pour exercer un contrôle sur nous-mêmes dépendait d'un carburant physiologique : la glycémie. Les actes nécessitant beaucoup de Volonté épuisent de grandes quantités de glucose, et quand nos stocks sont au plus bas, nous avons du mal à faire preuve de Volonté pour Inhiber un comportement. C'est la raison pour laquelle il vous est difficile de résister à un grand pot de crème glacée à 20 h 30 si vous êtes au régime – à cette heure-là, vos réserves de Volonté sont épuisées depuis longtemps.

Le meilleur moyen d'employer raisonnablement vos réserves limitées de Volonté est d'utiliser une Structure directrice pour changer la structure de votre ***Environnement*** (concept abordé ultérieurement) et non votre comportement lui-même. Par exemple, si vous décidez que vous voulez cesser de manger des glaces, il serait stupide d'en garder un pot dans votre congélateur et de compter sur la force de votre Volonté pour résister à la tentation d'y goûter. Cette situation mène inévitablement à la déception, et lorsque votre Volonté défaille, il vous est facile d'interpréter votre écart de conduite comme un défaut de caractère, une faiblesse de votre personnalité – vous tombez là dans le piège de l'***Erreur d'attribution*** (concept abordé ultérieurement).

N'est-il pas plus efficace de faire preuve d'un peu de Volonté pour supprimer totalement les glaces de votre congélateur, soit en les donnant à quelqu'un, soit en les jetant. Éliminer les glaces de votre Environnement vous dispense d'avoir de la Volonté – c'est la solution de facilité, à mon avis. Et si vous avez faim, vous mangez autre chose – une pomme, par exemple.

Internet est une grande tentation pour moi. J'adore apprendre de nouvelles choses et la Toile contient suffisamment d'informations intéressantes pour me tenir indéfiniment occupé, les yeux rivés à mon écran. Il m'est plus facile de passer du temps à lire qu'à écrire, mais j'écris sur mon ordinateur, ce qui est l'équivalent de garder des glaces dans son congélateur. La tentation de surfer sur le Web au lieu d'écrire est omniprésente.

Au lieu de compter sans cesse sur la force de ma Volonté pour écrire ce livre, je n'ai eu besoin d'utiliser qu'une petite dose de Volonté pour modifier mon Environnement en installant une application baptisée Freedom* sur mon Mac. Ce programme désactive temporairement ma connexion à Internet sur mon ordinateur portable, ce qui m'empêche d'aller sur le Web pendant quelques heures. (Les utilisateurs de Windows obtiendront le même résultat à l'aide d'un programme appelé LeechBlock.**) La tentation supprimée, j'écris. Et je peux vous avouer que sans Freedom vous ne seriez pas en train de lire ce livre aujourd'hui.

Économisez votre Volonté : utilisez-la pour changer votre Environnement et vous en aurez suffisamment en réserve à chaque fois qu'une Inhibition sera nécessaire.

RETROUVEZ CE CONCEPT À L'ADRESSE : **http://book.personalmba.com/willpower-depletion/**

L'aversion pour la perte

« Nos doutes sont des traîtres et c'est parce qu'ils engendrent en nous la crainte d'entreprendre qu'ils nous font perdre le bénéfice des victoires. »

WILLIAM SHAKESPEARE, *MESURE POUR MESURE*

Récemment, mon épouse Kelsey a décidé de retirer des fonds d'un compte d'investissement. Lorsque le courtier a versé l'argent sur son compte bancaire, il a déposé 10 000 € supplémentaires par erreur. Du point de vue rationnel, ce n'était pas bien grave – une simple erreur facilement corrigée. Mais sur le plan émotionnel, ma femme a eu l'impression de « perdre » cette somme alors que l'argent ne lui appartenait pas.

* http://macfreedom.com
** http://www.proginosko.com/leechblock.html

L'***Aversion pour la perte*** traduit l'idée que les individus détestent plus perdre qu'ils n'aiment gagner. Rares sont les relations que la psychologie parvient à quantifier, mais l'Aversion pour la perte en fait partie : les êtres humains réagissent deux fois plus fort à une perte potentielle qu'à un gain potentiel. Si vous remarquez que votre portefeuille d'investissement a enregistré une hausse de 100 %, vous allez vous sentir plutôt bien. Mais si vous constatez qu'il a baissé de 100 %, vous allez vous sentir très mal. Vraiment très mal.

L'Aversion pour la perte explique pourquoi les menaces prennent le pas sur les opportunités lorsqu'il s'agit de Motivation. Chez nos ancêtres, une menace de perte réclamait une attention immédiate parce que les pertes coûtaient très cher – et pouvaient même coûter la vie. Mourir ou voir un proche mourir de faim, de froid, de maladie ou tué par un prédateur est une expérience horrible pour tout être humain, c'est pourquoi nous sommes faits pour éviter cela à tout prix. Aujourd'hui, les pertes potentielles auxquelles nous devons faire face sont rarement aussi graves, mais notre cerveau continue de leur donner automatiquement la priorité.

L'Aversion pour la perte explique également pourquoi l'incertitude nous apparaît risquée. Selon l'étude que vous considérez, entre 80 et 90 % des adultes pensent qu'ils auraient envie de posséder leur propre affaire et de travailler à leur compte. Si c'est vrai, pourquoi n'y a-t-il pas plus de gens qui créent leur entreprise ? L'Aversion pour la perte les empêche d'agir : leur attention est davantage focalisée sur la peur de perdre un emploi stable (et plutôt prévisible) que sur l'opportunité de se lancer dans une activité nouvelle plus aléatoire. Dans leur esprit, démarrer une entreprise agite le spectre d'une perte potentielle et les empêche de concrétiser leur envie.

L'Aversion pour la perte est particulièrement prononcée en période de récession ou de dépression. Perdre son emploi, son logement ou une part importante de sa retraite ne met pas la vie en danger, et pourtant la plupart des individus le vivent très mal. Résultat : ils ont tendance à devenir plus frileux et à éviter les risques susceptibles d'aggraver leur situation. Malheureusement, certains de ces risques – comme créer sa propre entreprise – peuvent représenter une occasion inestimable d'améliorer les choses.

La meilleure façon de surmonter l'Aversion pour la perte est de Réinterpréter le risque de perte en se disant que ce n'est pas une affaire d'État et que l'enjeu n'est pas si grand, finalement. Les casinos en ont fait leur fonds de commerce – en un sens, on peut dire que les bâtiments ostentatoires de Las Vegas sont de superbes monuments dédiés à la bêtise humaine. Si l'Aversion pour la perte était aussi difficile à surmonter, comment les casinos encourageraient-ils les gens à jouer à des jeux où ils sont mathématiquement assurés de perdre de l'argent ?

Les casinos réussissent ce tour de force en rendant la perte abstraite. Au lieu d'avoir des joueurs qui parient avec des espèces sonnantes et trébuchantes, le casino convertit la monnaie en jetons ou en cartes de débit dont la valeur est perçue comme moins élevée. Au fur et à mesure que le joueur perd cet argent « virtuel », le casino lui fournit des « récompenses » telles que boissons gratuites, T-shirts et autres avantages destinés à apaiser tout reste de sentiment de perte. Par conséquent, perdre ne devient « pas si grave que ça » et les joueurs continuent de jouer – et de perdre de l'argent soir après soir.

L'Aversion pour la perte explique pourquoi l'Inversion du risque est si importante lorsque vous présentez une offre à un client potentiel. Les gens détestent perdre parce qu'ils ont le sentiment d'être stupides et de se faire avoir. Du coup, ils se donnent beaucoup de mal pour être assurés de ne pas perdre, et le meilleur moyen pour eux d'être certains de ne pas prendre de décision stupide est de ne pas acheter votre offre d'emblée. Si vous devez faire du chiffre, c'est un problème majeur. Alors supprimez la perception du risque en proposant une garantie satisfait, remboursement possible ou une offre d'Inversion du risque similaire. Ainsi, vos clients auront l'impression que leur décision est moins risquée et achèteront votre Produit ou votre Service, ce qui multipliera vos ventes.

RETROUVEZ CE CONCEPT À L'ADRESSE : **http://book.personalmba.com/loss-aversion/**

La concentration sur la menace

« Il ne peut se faire grand-chose sous l'emprise de la peur. »

FLORENCE NIGHTINGALE, PIONNIÈRE DES SOINS INFIRMIERS MODERNES

Vous étiez sur le point de vous endormir quand vous entendez un bruit qui transperce le silence. Aussitôt, vous êtes en éveil – votre rythme cardiaque s'accélère, vos pupilles se dilatent pour mieux voir et des hormones du stress (adrénaline et cortisol) se libèrent dans votre circulation générale. Votre cerveau identifie automatiquement la source probable du bruit, les endroits par où s'échapper et des armes de défense potentielles. En une fraction de seconde, vous êtes prêt à vous défendre contre cette menace, quelle qu'elle soit.

Lorsque votre cerveau perçoit une menace potentielle, réelle ou imaginaire, votre organisme se prépare aussitôt à réagir. Cette réponse physiologique instinctive est là pour vous aider à éliminer la menace par trois voies possibles : la lutte, la fuite ou l'immobilité. Tant que vous êtes en « mode protection », vous avez du mal à détourner votre attention de cette menace. Et tant que vous ne fouillerez pas toute la maison, vous ne pourrez pas vous rendormir. Votre organisme ne sortira du mode protection qu'une fois que vous aurez la certitude que la menace a disparu.

Le choix inconscient de lutter, de fuir ou de s'immobiliser dépend largement de la Simulation mentale de la situation effectuée automatiquement par votre cerveau. Si votre cerveau vous dit que vous pouvez gagner en luttant, vous allez lutter. S'il vous dit que vous pouvez gagner en fuyant, vous allez fuir. S'il vous dit que vous n'avez aucun moyen de vous échapper, vous allez vous immobiliser dans l'espoir que la menace cessera. L'immobilité fait entrer votre cerveau dans un mode de protection appelé ***Concentration sur la menace***. Dans cet état, vous pouvez difficilement faire autre chose que de fixer toute votre attention sur la menace.

La Concentration sur la menace est une réponse constructive conçue pour vous aider à vous défendre, mais comme de nombreux instincts archaïques, elle est souvent sujette à des dysfonctionnements dans notre monde moderne. Les menaces actuelles sont nettement moins aiguës, mais souvent chroniques.

Aux temps jadis, lorsque la menace prenait la forme d'un prédateur ou d'un chef de tribu en colère, la réponse de concentration était constructive puisqu'elle mobilisait toute notre énergie pour assurer notre survie et/ou celle des membres de notre tribu. Même si nos pensées quotidiennes (le programme) sont très éloignées de celles de nos ancêtres, la configuration de notre cerveau (le matériel) demeure largement identique et à l'affût de menaces très anciennes dans un environnement très nouveau. Par conséquent, nous mangeons trop et ne faisons pas suffisamment d'exercice, et nos comportements instinctifs de lutte, d'immobilité ou de fuite ne sont pas très constructifs lorsqu'il s'agit de faire face à un patron en colère ou à un impayé.

La tempête récente qui a secoué les marchés boursiers est un exemple parfait de la concentration sur la menace en action. Le krach boursier de fin 2008 a fait souffler un vent de panique, même parmi les individus qui ne risquaient pas de perdre leur maison ou leur emploi. La simple possibilité de survenue d'événements défavorables immobilise les entreprises au moment même où une productivité accrue est justement nécessaire pour garder le cap. Au lieu de penser seulement à faire du bon travail, les salariés dépensent leur temps et leur énergie à s'inquiéter de l'avenir et à se demander qui sera le prochain à avoir la tête sur le billot, ce qui fait baisser la valeur créée et alourdit la menace qui plane sur l'entreprise.

La concentration sur la menace peut facilement devenir un cercle vicieux. Si vous êtes dans l'obligation de licencier du personnel, faites-le rapidement, proprement et en une seule fois. Il est préférable de procéder à des coupes claires sans tarder, puis de rassurer le personnel restant en lui disant qu'il n'y aura pas d'autres vagues de licenciements. Les rumeurs de licenciement ou les salariés qui se demandent constamment « Est-ce que je vais être le prochain sur la liste ? » sont le meilleur moyen d'induire une Concentration sur la menace.

Si vous expérimentez personnellement ce mode de protection, n'essayez pas de réprimer le signal de menace. De nombreuses études ont montré qu'une répression active ne supprime pas la perception mais, au contraire, renforce progressivement le signal. Pensez à ce que fait un petit enfant lorsqu'il veut attirer votre attention alors que vous l'ignorez : il va renforcer ses cris ou ses pleurs jusqu'à ce que vous fassiez attention à lui. Votre cerveau fait exactement la même chose. Un moyen simple et étonnamment efficace de ne plus rester fixé sur le problème et de pouvoir envisager des solutions adéquates est d'envoyer consciemment le signal mental « message reçu, je peux avancer sans crainte ».

La clé pour gérer la Concentration sur la menace est de convaincre votre esprit que la menace n'existe plus. Et vous pouvez le faire de deux manières : 1) soit en persuadant votre cerveau qu'il n'y a jamais vraiment eu de menace, 2) soit en le persuadant que la menace est passée. La première solution est l'équivalent de fouiller votre maison dans l'obscurité à minuit – cette démarche va vous apporter la preuve qu'il n'y a aucune menace et que vous pouvez sans danger abandonner votre mode de protection. La seconde solution aboutit à un résultat identique – la menace est passée et vous ne risquez plus rien, donc vous pouvez supprimer la concentration.

Il est parfois difficile de désactiver le mode Concentration sur la menace, notamment s'il est activé depuis longtemps. Ce mode de protection étant physiologique, il est souvent préférable d'utiliser des moyens physiologiques pour vous apaiser. L'exercice, le sommeil et la méditation peuvent contribuer à calmer votre mental en métabolisant ou en neutralisant les hormones du stress de votre organisme. Lorsque vous vous sentez dépassé, rien de tel que d'aller faire un petit jogging ou de faire un peu de musculation.

Remarquez le signal de menace, puis faites le nécessaire pour prouver à votre cerveau que la menace n'existe plus. Vous pourrez ainsi désactiver la Concentration sur la menace.

RETROUVEZ CE CONCEPT À L'ADRESSE : **http://book.personalmba.com/threat-lockdown/**

Les limites cognitives

« Un mort est une tragédie. Un million de morts est une statistique. »

KURT TUCHOLSKY, SATIRISTE ALLEMAND

Si vous avez un jour la chance d'aller à New York et de vous promener à Times Square durant la saison touristique, vous allez vite vous rendre compte qu'aux yeux de la plupart des gens que vous croisez, vous n'êtes pas une personne, mais un objet, c'est-à-dire un obstacle entre l'endroit où ils se trouvent et l'endroit où ils veulent aller. Résultat : ils vous écrasent en toute impunité.

Aussi intelligent que soit un individu, il existe une limite à la quantité d'informations que son cerveau peut traiter et stocker, et à laquelle il peut répondre. Au-delà de ce seuil, l'information est stockée de manière abstraite et traitée différemment de l'information liée à l'expérience personnelle ou aux préoccupations de cet individu.

Le « nombre de Dunbar » est une limite cognitive théorique au nombre de relations sociales stables qu'un être humain peut maintenir à un moment donné de sa vie. Selon Robin Dunbar, un anthropologue britannique, les êtres humains ont la capacité cognitive de rester en contact étroit avec quelque 150 personnes. Au-delà de ce cercle limité, nous commençons à traiter les gens moins comme des individus que comme des objets, et les groupes d'individus commencent à se fractionner pour former des sous-groupes.

Le nombre de contacts sociaux à partir duquel les ***Limites cognitives*** s'appliquent reste sujet à polémique (selon la moyenne établie par Bernard et Killworth, ils s'élèveraient à 231), mais il ne fait aucun doute qu'il existe bel et bien des limites. Lorsqu'une catastrophe naturelle frappe des millions de personnes à un endroit du globe, nous pouvons être touchés, mais nous sommes un million de fois moins touchés que si cette catastrophe frappait un ami proche ou un membre de la famille. Plus la relation est éloignée, moins nous sommes touchés individuellement.

Les touristes de Times Square ne me veulent aucun mal, ils sont juste submergés d'informations. Ce sont plus de 364 000 personnes qui traversent Times Square chaque jour* et notre cerveau est tout simplement incapable de gérer autant d'informations à la fois. Sur le plan théorique, ces personnes réalisent encore que vous êtes un être humain, mais elles sont tellement débordées d'informations qu'elles ont du mal à vous traiter comme un être humain. Débordé, le cerveau s'en sort en simplifiant la réalité.

Il en va de même pour les responsables de grandes entreprises. Théoriquement, ils sont conscients d'être responsables de centaines de milliers d'employés et de millions d'actionnaires, mais aussi intelligents qu'ils soient, leur cerveau n'est tout simplement pas capable de traiter l'ampleur colossale de cette réalité. Du coup, ils peuvent heurter ou blesser de nombreuses personnes sans s'en apercevoir. Le directeur général d'une multinationale peut ne pas se sentir vraiment concerné par le licenciement de milliers d'ouvriers – après tout, il ne les connaît pas personnellement.

À chaque fois que vous voyez un responsable prendre une décision aussi stupide que déverser des déchets toxiques dans une rivière dont des millions de personnes boivent l'eau ou détruire des milliers d'emplois tout en distribuant des millions d'euros de primes, ce n'est probablement pas parce qu'ils sont pourris jusqu'à la moelle. Aussi terrifiant que cela puisse paraître, c'est probablement parce qu'ils n'y ont pas trop réfléchi – l'ampleur de ce qu'ils ont à gérer se révélant trop complexe, leur cerveau traite la décision de manière abstraite et non émotionnelle.

Personnaliser un problème est un moyen de briser cette limite universelle. En l'absence de « mise à jour » de notre cerveau, il est impossible d'étendre directement la quantité d'informations qu'il est capable de traiter. En revanche, il est possible de personnaliser les décisions et les problèmes en imaginant qu'ils affectent l'un de nos proches.

Dans le cas du directeur général, il verrait autrement les choses si l'eau de sa mère était polluée ou si sa fille perdait son emploi. Au lieu de considérer le problème de manière abstraite, le personnaliser permet de mesurer émotionnellement les effets d'une décision et, si nécessaire, de chercher une meilleure solution.

Dans leur ouvrage *Green to Gold*, Daniel Esty et Andrew Winston décrivent plusieurs méthodes permettant de mieux intérioriser les résultats de décisions importantes. La « règle du journal » et la « règle des petits-enfants » sont des moyens efficaces de personnaliser les résultats de vos décisions. La « règle

* http://www.timessquarenyc.org/facts/PedestrianCounts.html

du journal » est une simulation : supposez que votre décision soit publiée en première page du *New York Times* de demain et que vos parents et/ou d'autres personnes dont l'avis compte pour vous le lisent. Qu'en penseraient-ils ? Imaginer les conséquences personnelles de vos décisions de cette manière permet de mieux apprécier l'impact de vos décisions à court terme.

La « règle des petits-enfants » permet de mesurer les conséquences de vos décisions à long terme. Imaginez que dans trente ou quarante ans vos petits-enfants vous donnent leur opinion sur les résultats de votre décision. Vont-ils vous louer pour votre sagesse ou vous blâmer pour votre stupidité ?

Personnalisez les résultats de vos décisions et de vos actions, et vous échapperez, du moins en partie, aux Limites cognitives.

RETROUVEZ CE CONCEPT À L'ADRESSE : **http://book.personalmba.com/cognitive-scope-limitation/**

L'association mentale

« En général, c'est de ce que notre cerveau fait le mieux que nous avons le moins conscience. »

MARVIN MINSKY, SPÉCIALISTE DES SCIENCES COGNITIVES ET CHERCHEUR SUR L'INTELLIGENCE ARTIFICIELLE AU MIT

Qui se soucie des clubs de golf que Tiger Woods utilise ? Qui se préoccupe des chaussures que porte Michael Jordan ? Qui s'intéresse au sac à main de Paris Hilton ?

Votre cerveau. N'oubliez pas qu'il recueille des informations à longueur de journée et qu'il les utilise pour créer et reconnaître des modèles qui décrivent le fonctionnement du monde. Du point de vue rationnel, ces choses n'ont pas beaucoup d'importance – vous savez aussi bien que moi que ce n'est pas parce que vous utiliserez les mêmes clubs de golf que Tiger Woods que votre slice s'améliorera comme par magie. Cependant, au moment d'acheter des clubs de golf, votre cerveau sera attiré vers les clubs qui lui sembleront les plus agréables à manier et il y a de fortes chances que ce soit ceux que Tiger Woods utilise.

Le cerveau humain stocke des informations de manière contextuelle, y compris des indices tels que l'Environnement et la corrélation. Et parce que le cerveau est une machine de Reconnaissance de modèle, il tente constamment d'identifier « quoi est associé à quoi ». Par conséquent, il établit naturellement des ***Associations mentales***, même entre des choses qui n'ont aucun lien logique.

Pendant des décennies, la Coca-Cola Company a associé le Coca à une seule émotion : le bonheur. Si vous recherchez les spots publicitaires pour Coca-Cola sur YouTube, vous ne trouverez pas d'images de licenciements ou d'enterrements, mais une suite ininterrompue de moments heureux.

Il est possible d'influencer le comportement en induisant des Associations mentales, même dénuées de tout sens logique. Les publicités pour Coca-Cola ne cherchent pas à convaincre les consommateurs de sodas que le Coca est meilleur pour la santé (imaginez une pub qui dirait « *Maintenant avec 37 % de sucre en plus !* »), mais à ce que les gens se sentent bien à chaque fois qu'ils pensent au Coca. Lorsqu'un consommateur est au supermarché en train de se demander quel soda acheter, ce sentiment fait toute la différence dans sa décision d'achat finale.

Prenez les publicités pour la bière qui mettent souvent en scène des femmes séduisantes et des hommes assurés. Votre cerveau rationnel sait pertinemment que boire telle ou telle marque de bière ne va pas vous rendre plus séduisante si vous êtes une femme ou plus assuré si vous êtes un homme, mais la ***Corrélation*** (concept abordé ultérieurement) est puissante et l'Association mentale se fait automatiquement. On peut donc dire que les publicités pour la bière influencent le comportement, même si personne ne prend au sérieux les images qu'elles contiennent.

Montrer des Associations mentales positives à vos clients potentiels peut influencer favorablement l'idée qu'ils se font de votre Produit ou de votre Service. Si les publicités où des célébrités apparaissent fonctionnent aussi bien, c'est parce qu'elles font appel à des Associations mentales que les consommateurs font déjà avec ces stars, des associations qui « déteignent » sur le Produit ou le Service dont la star en question vante les mérites. Tout le monde sait que James Bond est un personnage fictif, mais quand Daniel Craig apparaît en smoking élégant dans une publicité pour montre, l'Association mentale s'opère automatiquement entre le célèbre espion et le Produit.

Cultivez les bonnes Associations mentales et vous séduirez vos clients potentiels.

RETROUVEZ CE CONCEPT À L'ADRESSE : **http://book.personalmba.com/association/**

L'ignorance de l'absence

« Les faits ne cessent pas d'exister parce qu'on les ignore. »

ALDOUS HUXLEY, ESSAYISTE ET AUTEUR DE *LE MEILLEUR DES MONDES*

Voici un fait étrange concernant les êtres humains : ils ont vraiment beaucoup de mal à réaliser que quelque chose n'est pas là.

Lorsque j'ai travaillé à la division « Entretien de la maison » chez P&G, l'une de mes premières missions fut de tester la viabilité d'un Produit qui empêchait les objets de se salir. Vous deviez toujours nettoyer, mais les choses se resalissaient moins vite et le Produit vous épargnait donc beaucoup de temps et d'efforts.

Cependant, au cours des tests effectués sur le Produit, il est apparu que l'idée n'était pas réalisable. Le Produit marchait, mais les utilisateurs ne s'en rendaient pas compte – ils avaient du mal à croire que le Produit était efficace puisqu'ils ne voyaient rien se passer. Une fois la phase de test achevée, le projet a été annulé.

L'Ignorance de l'absence est un biais cognitif qui nous empêche d'identifier ce que nous ne pouvons pas observer. Nos facultés de perception se sont développées dans le but de détecter des objets présents dans notre ***Environnement*** (concept abordé ultérieurement). Par conséquent, il est beaucoup plus difficile de noter ou d'identifier ce qui manque.

Les exemples de l'Ignorance de l'absence sont partout. Par exemple, être un bon manager est ennuyeux et souvent peu gratifiant. On reconnaît un manager efficace à sa capacité à anticiper les problèmes potentiels et à les résoudre avant qu'ils ne deviennent de vrais problèmes. Certains des meilleurs managers du monde donnent l'impression de ne pas faire grand-chose, mais ils font tout en temps et en heure, sans dépassement budgétaire.

Malheureusement, personne ne voit tous les problèmes qu'ils évitent. Les managers moins compétents ont davantage de chance d'être récompensés puisque tout le monde peut les voir remuer ciel et terre pour résoudre des problèmes – problèmes qu'ils ont créés eux-mêmes.

N'oubliez jamais de récompenser généreusement le manager qui ne se fait pas remarquer, qui fait son boulot tranquillement et efficacement. Son travail ne semble pas très compliqué, mais vous le regretterez lorsqu'il partira.

L'Ignorance de l'absence est à l'origine d'une sous-estimation considérable de la prévention. Dans le cas du Produit sur lequel je travaillais, les gens avaient du mal à croire que quelque chose qu'ils ne voyaient pas à l'œuvre pouvait être efficace. Si vous essayez de vendre l'absence ou la prévention de quelque chose, vous menez une dure bataille, même si votre produit est génial. Formulez toujours ses avantages en termes positifs, immédiats, concrets et spécifiques en vous focalisant sur des aspects que l'utilisateur peut expérimenter directement.

L'Ignorance de l'absence contribue également à ce que les gens se sentent mal à l'aise de « ne rien faire » quand un problème survient, même si ne rien faire est la meilleure action possible. En effet, s'abstenir d'agir est souvent la solution optimale, mais les êtres humains ont des difficultés à l'accepter.

L'évolution en dents de scie de la plupart des marchés est, en partie, une conséquence de l'Ignorance de l'absence. Selon Ludwig von Mises dans *L'action humaine*, les « bulles » économiques se forment quand l'État encourage la croissance économique en réduisant artificiellement les taux d'intérêts, ce qui facilite les emprunts. En rendant l'accès au Capital anormalement facile*, cette politique incite les investisseurs à spéculer en payant anormalement cher des actifs qu'ils éviteraient autrement ; quelques exemples célèbres : les tulipes**, les entreprises «.com » qui n'ont pas de revenus*** ou les emprunts immobiliers risqués****. La bulle finit par éclater lorsque les investisseurs réalisent que les actifs sur lesquels ils ont spéculé ne valent pas le prix qu'ils les ont payés, ce qui entraîne l'effondrement brutal du prix de l'actif surévalué.

En raison de leur Aversion pour la perte, les individus commencent à paniquer et à réclamer à cor et à cri une solution immédiate à l'effondrement du marché. Et, en général, la « solution » consiste à diminuer encore les taux d'intérêt pour relancer l'économie – une ***Boucle de rétroaction*** (concept abordé ultérieurement) qui s'autoalimente et ne fait qu'aggraver le problème en créant les conditions nécessaires à la formation d'une bulle encore plus grosse.

La résolution du problème passe par un renoncement à manipuler artificiellement les taux d'intérêt. Malheureusement, l'Ignorance de l'absence rend les individus terriblement mal à l'aise de ne rien faire. Résultat : ils préfèrent voir l'État agir, au risque d'aggraver encore la situation.

L'expérience permet d'éviter plus facilement l'Ignorance de l'absence. Si l'expérience est aussi précieuse, c'est essentiellement parce que le spécialiste possède une base de données mentale comportant davantage de modèles, ce qui augmente ses chances de remarquer une absence. En observant que les modèles attendus

* http://en.wikipedia.org/wiki/Austrian_business_cycle_theory
** http://en.wikipedia.org/wiki/Tulip_mania
*** http://en.wikipedia.org/wiki/Dot-com_bubble
**** http://en.wikipedia.org/wiki/United_States_housing_bubble

ne sont pas respectés, les experts sont plus susceptibles d'avoir le sentiment étrange que quelque chose ne tourne pas rond, ce qui constitue souvent une alerte suffisante et permet d'éviter une aggravation du problème.

Dans *Sources of Power: How People Make Decisions*, le chercheur Gary Klein raconte l'histoire d'une équipe de pompiers s'efforçant d'éteindre un incendie au premier étage d'une maison. Ils n'arrêtaient pas d'asperger de l'eau, mais le feu ne s'éteignait pas. Ce n'était pas comme d'habitude. Le chef des pompiers a remarqué que quelque chose clochait et ordonné à toute son équipe de sortir. Quelques minutes plus tard, la maison s'effondrait. Le feu avait pris au sous-sol, détruisant les fondations. Si les pompiers étaient restés à l'intérieur, ils seraient morts. C'est l'avantage de l'expérience.

Le seul remède valable à l'Ignorance de l'absence consiste à établir une ***Liste de vérifications*** (concept abordé ultérieurement). En vous permettant de réfléchir à l'avance à ce que vous voulez et de le traduire sous forme de pense-bêtes bien visibles auxquels vous pouvez vous référer au moment de prendre vos décisions, les Listes de vérification vous aident à prêter attention à ce qui est absent.

RETROUVEZ CE CONCEPT À L'ADRESSE : **http://book.personalmba.com/absence-blindness/**

L'effet de contraste

« Le monde est rempli de choses évidentes que personne n'observe jamais. »

SIR ARTHUR CONAN DOYLE, AUTEUR DE *SHERLOCK HOLMES*

Lorsque vous allez dans un grand magasin pour acheter un costume, vous ne manquez pas de tomber sur quelques produits hors de prix. Le magasin ne vend ces costumes que très rarement, et d'ailleurs, ce n'est pas son objectif. Comparé à un costume à 3 000 €, un costume à 400 € ne semble pas cher, même si vous pouvez trouver un costume identique à 200 € dans un autre magasin.

Le même principe vaut pour l'ordre dans lequel le vendeur vous présente ses produits. Après avoir choisi un costume, vous êtes dirigé vers les chemises, les chaussures et les accessoires. Par rapport aux 400 € que vous avez déboursés pour votre costume, en débourser 100 autres pour des chaussures vous semble tout à fait raisonnable. Pas cher même ! Et qu'est-ce que 80 € pour une ceinture ? 60 € pour quelques chemises ? 50 € pour quelques cravates ? 40 € pour une paire de boutons de manchette ? Comparés au costume, les accessoires vous paraissent très abordables, alors pourquoi vous en priver ?

Voici ce que disait Jordan Smart, l'un de mes clients :

> *L'année dernière, je faisais du shopping lors du Black Friday, en quête de vêtements un peu plus chics. J'avais l'intention d'acheter quelques chemises et deux blazers. J'ai pensé un moment acheter des cravates pour aller avec, mais je me suis dit que celles que j'avais dans mon armoire suffiraient pour l'instant.*
>
> *Je suis allé dans deux magasins. Dans le premier, j'ai choisi quelques chemises et, alors que je m'apprêtais à partir, le vendeur m'a demandé si j'avais besoin de cravates à assortir. Je lui ai répondu poliment que j'avais ce qu'il me fallait, me félicitant intérieurement de tenir mes bonnes résolutions.*
>
> *Dans le second magasin, j'ai essayé quelques blazers qui m'allaient bien et que j'ai achetés. Là encore, le vendeur m'a demandé si j'avais besoin de cravates pour aller avec. À cet instant, je me rappelle très bien avoir réfléchi au prix des deux blazers et m'être dit : « Bon, au point où j'en suis... » et je me suis laissé tenter par quelques cravates.*
>
> *Je n'ai plus repensé à ces achats jusqu'au jour où j'ai entendu parler de l'Effet de contraste. En retrouvant mon ticket de caisse, je me suis rendu compte que j'avais dépensé plus pour mes cravates que pour mes blazers.*

Nos perceptions sont influencées par les informations issues de notre ***Environnement***. (concept abordé ultérieurement) 10 000 € est-ce beaucoup d'argent ? Cela dépend de votre situation financière. Si vous n'avez plus que 10 € sur votre compte bancaire, 10 000 € représentent une somme énorme. En revanche, si vous possédez 100 millions d'euros en banque, c'est une somme négligeable.

Nos facultés de perception sont optimisées pour remarquer les Contrastes et non pour comparer ce que nous percevons avec des choses qui ne sont pas là, à l'origine de l'Ignorance de l'absence. Chaque objet qui attire notre attention et chaque décision que nous prenons sont fondées sur des informations recueillies dans notre Environnement. C'est la raison pour laquelle le camouflage fonctionne – il diminue le contraste entre un objet et son Environnement immédiat, ce qui le rend plus difficile à détecter.

L'***Effet de contraste*** est souvent utilisé pour influencer nos décisions d'achat. Dans le monde économique, le Contraste devient une stratégie de camouflage du prix. Dans le cas d'une chemise à 60 €, il est possible d'acheter exactement la même dans un autre magasin pour seulement 40 €, mais cette chemise moins chère n'est pas présente dans le magasin où la comparaison s'effectue. Ce qui est présent, c'est le costume à 400 € qui fait apparaître la chemise à 60 € comme une bonne affaire.

Comparée à un ordinateur de 2 000 €, une garantie de 300 € apparaît bon marché, même si elle augmente le prix d'achat total de 15 %. Par rapport à une voiture de 30 000 €, dépenser 1 000 € pour des sièges en cuir semble ridicule. Et après avoir acheté une maison 400 000 €, débourser 20 000 € pour réaménager la cuisine, c'est une goutte d'eau dans la mer !

Le Cadrage est un moyen de contrôler la perception de l'Effet de contraste. Par exemple, je dis souvent « 149 000 € de moins qu'un programme de MBA » pour faire la promotion de mes cours de business. Comparés à l'achat d'un livre, mes cours semblent chers ; mais comparés à un programme de MBA, ils constituent une sacrément bonne affaire.

Tirez profit de l'Effet de contraste lorsque vous présentez votre offre et vous aurez toutes les chances que vos clients potentiels la considèrent sous un jour favorable.

RETROUVEZ CE CONCEPT À L'ADRESSE : **http://book.personalmba.com/contrast/**

La rareté

« La façon d'aimer une chose est de se dire qu'on pourrait la perdre. »

G. K. CHESTERTON, ÉCRIVAIN ANGLAIS
ET FERVENT CATHOLIQUE

En vertu de la Conservation de l'énergie, les individus ont naturellement tendance à décider de « faire les choses plus tard », à moins d'être obligés de les faire immédiatement. Pour moi « plus tard » est un gros problème parce que le « plus tard » peut se transformer en « jamais » si le client m'oublie. Alors comment inciter nos clients à agir sans attendre ?

Par la ***Rareté***. La Rareté encourage les individus à prendre des décisions rapidement. Elle va à l'encontre de notre tendance naturelle à délibérer. Parce que si vous désirez quelque chose de rare, vous ne pouvez pas vous permettre d'attendre sans risquer de perdre l'objet convoité. Et comme nous avons une Aversion pour la perte, cette éventualité nous déplaît, voire nous effraie suffisamment pour nous pousser à agir sans tarder.

Par conséquent, ajouter un élément de Rareté à votre offre est un bon moyen d'inciter vos clients potentiels à se décider sans tarder, la Rareté leur faisant comprendre qu'ils risquent de perdre quelque chose de précieux s'ils attendent.

Plus la valeur est rare, plus le désir est intense. Elmo Le Chatouilleur de Fisher-Price a été le jouet vedette du Noël 1996. Elmo était déjà un personnage populaire, mais les parents se sont rués sur cette peluche disponible en quantités limitées. Des individus habituellement doués de raison se sont mis à dépenser des centaines d'euros sur eBay pour obtenir le fameux jouet et à assaillir les revendeurs dès qu'ils étaient au courant d'un nouvel arrivage.

Voici comment vous pouvez ajouter un élément de Rareté à votre offre :

1. Quantités limitées – informez vos clients potentiels que vous proposez à la vente un nombre limité d'unités.
2. Hausses de prix – informez vos clients potentiels que le prix va bientôt augmenter.
3. Réductions – informez vos clients potentiels qu'une promotion en cours va bientôt se terminer.
4. Dates limites – informez vos clients potentiels que votre offre n'est valable que pour une durée limitée.

La Rareté manifestement artificielle peut se retourner contre vous. Par exemple, mettre une limite artificielle aux ventes de livres électroniques, de logiciels téléchargeables ou de fichiers de musique électroniques n'a aucun sens, car tout le monde sait que les fichiers électroniques peuvent être Dupliqués indéfiniment et presque gratuitement. Dans ce cas, la Rareté apparaît comme une manipulation de votre part. En revanche, les hausses de prix au-delà d'une date limite ont tendance à bien fonctionner – augmenter le prix d'un Produit après un certain nombre de commandes ou passé un certain délai est une politique que la plupart des clients acceptent bien.

Ajoutez un élément de Rareté à votre offre et vous encouragerez vos clients à acheter maintenant plutôt que « plus tard ».

RETROUVEZ CE CONCEPT À L'ADRESSE : **http://book.personalmba.com/scarcity/**

La nouveauté

« Pourquoi est-ce que quand je demande des bras il m'arrive aussi un cerveau ? »

HENRY FORD, INDUSTRIEL AMÉRICAIN

En pleine Seconde Guerre mondiale, Norman Mackworth a détourné les opérateurs radar de la Royal Air Force de leurs tâches habituelles pour leur demander de remplir une mission spéciale : regarder une horloge pendant deux heures d'affilée.

Mackworth était un psychologue spécialisé dans l'étude de la vigilance – la capacité à maintenir une Attention soutenue sur un seul objet pendant de longues périodes. Les opérateurs radar constituaient les cobayes parfaits puisque leur travail consistait essentiellement à observer des points lumineux sur un écran radar dans une pièce sombre pendant des heures.

La plupart du temps, il ne se passait pas grand-chose sur l'écran radar. Mais si, soudain, quelque chose d'anormal apparaissait, cela pouvait être de la plus haute importance : arrivée d'avions ennemis en mission de bombardement. La mission des opérateurs radar était d'être suffisamment vigilants pour noter immédiatement la moindre anomalie, mais la tâche était extrêmement difficile – l'ennui provoquait souvent des erreurs qui coûtaient des vies.

Pour simuler cet environnement particulièrement difficile, Mackworth a créé le « test de l'horloge » – un dispositif conçu pour tester l'attention dans la durée. La tâche des sujets consistait à surveiller la trotteuse du cadran et à détecter des anomalies dans son avancée – il arrivait que la trotteuse avance de 2 secondes d'un coup et les opérateurs radar devaient alors appuyer sur un bouton.

Et voici ce que Mackworth a découvert : après dix minutes passées à fixer le cadran de l'horloge, la qualité de l'attention des sujets chutait de façon spectaculaire. Le temps maximal durant lequel même les opérateurs radar les plus motivés (qui percevaient des primes de résultat très élevées) pouvaient maintenir une attention optimale n'excédait pas trente minutes.

La ***Nouveauté*** – la présence de nouvelles données sensorielles – est très importante si vous voulez attirer et maintenir l'attention sur une période prolongée. L'une des raisons pour lesquelles les individus peuvent focaliser leur attention sur des jeux vidéo ou sur Internet pendant des heures est la Nouveauté – tout nouveau blog, tout nouvel article, tout nouveau Tweet, ou toute nouvelle mise à jour sur Facebook relance notre capacité d'attention.

Dans *Les 12 lois du cerveau*, John Medina nous raconte comment il fait pour maintenir l'attention de ses étudiants dans des cours qui durent plus d'une heure : il divise son cours en modules qui ne durent pas plus de dix minutes chacun. Chaque module commence par une Accroche – une histoire ou une anecdote intéressante suivie d'une courte explication du concept-clé. Ainsi, son auditoire retient davantage d'informations et ne « décroche » pas. (C'est l'une des raisons pour lesquelles ce livre est organisé en courtes sections qui se lisent en moins de dix minutes.)

Même l'objet d'attention le plus Remarquable devient ennuyeux avec le temps. L'attention humaine a besoin de Nouveauté pour s'alimenter. Continuez d'offrir de nouveaux Produits ou Services à vos clients et vous maintiendrez durablement leur attention.

RETROUVEZ CE CONCEPT À L'ADRESSE : **http://book.personalmba.com/novelty/**

7

TRAVAILLER AVEC SOI-MÊME

« Penser est facile. Agir est difficile. Mais agir en accord avec sa pensée est le plus difficile de tout. »

JOHANN WOLFGANG GOETHE, ÉCRIVAIN ALLEMAND ET ESPRIT UNIVERSEL

Votre corps et votre esprit sont les outils que vous utilisez pour agir. Apprenez à travailler efficacement avec vous-même, et vous agirez pour atteindre vos objectifs plus facilement et plus agréablement.

Dans notre environnement économique actuel, nous avons tendance à être stressés par tout ce que nous avons à accomplir. C'est pourquoi apprendre à travailler efficacement peut nous donner les moyens de renoncer à une carrière épuisante au profit d'une carrière épanouissante.

Dans ce chapitre, vous découvrirez comment prendre vos décisions, vous fixer des objectifs et les atteindre, suivre l'évolution de vos tâches quotidiennes, surmonter les résistances et travailler de façon plus productive sans risquer le fameux burn out.

RETROUVEZ CE CONCEPT À L'ADRESSE : **http://book.personalmba.com/working-with-yourself/**

L'acrasie

« Certaines de vos plus belles batailles seront menées dans les chambres silencieuses de votre âme. »

EZRA TAFT BENSON, ANCIEN SECRÉTAIRE D'ÉTAT AMÉRICAIN À L'AGRICULTURE

Dans l'un de ses spectacles comiques les plus célèbres, le roi de l'humour new-yorkais Jerry Seinfeld décrit ses difficultés à aller se coucher :

> *Je ne dors jamais assez. Je me couche très tard parce que je suis du soir. Les personnes du soir veulent se coucher tard. Comment se lever après cinq heures de sommeil ? C'est le problème des personnes du matin. Ce n'est pas mon problème puisque je suis une personne du soir. Je me couche aussi tard que je veux. Vous, vous vous levez le matin complètement groggy, épuisé... La personne du soir baise toujours le type du matin. La personne du matin n'arrive à rien. La seule chose qu'elle peut faire, c'est se réveiller systématiquement trop tard pour que la personne de la journée perde son job et que la personne du soir n'ait plus d'argent pour sortir.*

Cela vous dit quelque chose, n'est-ce pas ? Nous savons ou sentons que nous devons faire quelque chose, mais ne faisons rien. Cela s'appelle de l'***Acrasie***.

L'Acrasie et la procrastination sont liées, mais ne désignent pas exactement la même chose. Avec la procrastination, vous avez bel et bien décidé d'accomplir une tâche, mais vous la remettez toujours à plus tard. Si vous devez absolument répondre à un e-mail mais surfez sur Internet pendant des heures sans répondre à votre e-mail, c'est de la procrastination.

L'Acrasie est un problème plus profond : vous avez le sentiment que vous « devez » faire quelque chose sans nécessairement décider de le faire. Ce sentiment de devoir n'aboutit pas à une décision ni à une action, même si vous savez que vous avez tout intérêt à prendre cette décision ou à accomplir cette action. La plupart des individus expérimentent l'Acrasie lorsqu'ils envisagent de changer leurs ***Habitudes*** (concept abordé ultérieurement) (« Je devrais arrêter de fumer »), de faire quelque chose qu'ils n'ont encore jamais fait (« Je devrais faire un don à cette association caritative ») ou de faire quelque chose dont l'idée les rend mal à l'aise (« Je devrais écrire mon testament et le faire enregistrer chez le notaire »). Un sentiment de devoir omniprésent, mais qui ne débouche jamais sur une action, d'où une frustration intense.

L'Acrasie n'est pas un concept récent : on retrouve des débats sur la source de l'Acrasie chez Socrate, Platon et Aristote. Ce terme, dérivé du grec, signifie

« absence de pouvoir », « impuissance » ou « faiblesse de la volonté ». Selon Socrate et Platon, l'Acrasie est un défaut moral, tandis que pour Aristote il provient d'une croyance erronée sur ce qu'un individu « devrait » faire. Et même si les philosophes débattent du sujet depuis des siècles, ils n'ont pas encore trouvé le remède.

L'Acrasie est l'un des obstacles à l'action les plus répandus et les plus durables. Si vous voulez avancer et ne plus rester en proie à un conflit intérieur paralysant, adoptez une stratégie vous permettant de reconnaître et de combattre l'Acrasie.

D'après mon expérience, l'Acrasie comprend quatre aspects : une action, un désir/une volonté, un sentiment de devoir et une résistance émotionnelle. Et les sources de résistance potentielles peuvent être nombreuses. Par exemple :

- Vous êtes incapable de définir ce que vous voulez.
- Vous croyez dur comme fer que l'action à effectuer va vous rapprocher de quelque chose que vous ne voulez pas.
- Vous êtes incapable de savoir comment vous allez aller du point A – là où vous êtes actuellement – au point B – là où vous voulez être.
- Vous idéalisez la Finalité souhaitée au point que votre cerveau estime que vous avez peu de chance d'y parvenir, d'où une Aversion pour la perte.
- Votre sentiment de devoir vous a été dicté par quelqu'un d'autre, d'où votre Résistance à la persuasion.
- Une autre action dans votre ***Environnement*** (concept abordé ultérieurement) actuel vous promet une gratification immédiate, alors que la récompense de l'action en question viendra bien plus tard. (Un concept que les psychologues ont baptisé « actualisation hyperbolique ».)
- Les avantages de l'action en question sont abstraits et lointains, alors que d'autres actions possibles vous apporteront des avantages concrets et immédiats. (Un concept que les psychologues appellent « théorie des niveaux de représentation » ou « pensée de la proximité et de la distance ».)

Les situations d'Acrasie peuvent revêtir plusieurs formes : manger un cookie au lieu de suivre un régime pour être en meilleure santé. Surfer sur le Web au lieu d'aller à la salle de sport. Rester dans une relation de couple frustrante au lieu de rompre et s'en aller. Rêver d'une nouvelle idée à appliquer au lieu de la tester. À chaque fois que vous « devriez » faire quelque chose mais vous abstenez de le faire, vous faites preuve d'Acrasie.

L'Acrasie est un problème délicat pour lequel il n'existe pas de solution facile et universelle. Cela dit, il existe de nombreuses stratégies et techniques capables de prévenir et de résoudre les situations d'Acrasie. Nous les traiterons dans ce chapitre.

RETROUVEZ CE CONCEPT À L'ADRESSE : **http://book.personalmba.com/akrasia/**

Le monoïdéisme

« *Just do it.* (Faites-le.) »

SLOGAN DE NIKE

On a beaucoup écrit ces dernières années sur la productivité, comment en faire davantage dans son travail. De nombreux ouvrages (comme *S'organiser pour réussir* de David Allen, *L'art d'aller à l'essentiel* de Leo Babauta ou encore *Master Your Workday Now!* de Michael Linenberger) proposent différentes méthodes pour atteindre le « nirvana productif ».

Lorsque nous essayons d'être productifs, que cherchons-nous exactement ? Idéalement, vous voudriez concentrer toute votre énergie et toute votre Attention sur une seule tâche à la fois.

Le ***Monoïdéisme*** correspond justement à cet état : vous consacrez votre énergie et votre attention à une seule chose, sans conflit intérieur. Le Monoïdéisme est souvent appelé état de « flow » – un terme inventé par le psychologue Mihaly Csikszentmihalyi. Il s'agit d'un état de productivité optimale où l'esprit est clair et parfaitement concentré sur la tâche en cours. L'attention et l'effort sont dirigés vers un, et seulement un seul, sujet pendant une période prolongée.

P. J. Eby, un ancien programmeur qui aide aujourd'hui les individus à utiliser leur cerveau de façon plus productive, définit le Monoïdéisme comme suit :

> *Quand quelqu'un vous dit « Fais-le », il essaie de vous dire que vous ne devez pas faire autre chose en même temps. En fait, il vous dit : « Fais-le sans penser à rien, même pas à ce que tu es en train de faire. Tu n'as même pas à le faire, mais à te regarder faire, sans essayer de faire quoi que ce soit. »*
>
> *Le « monoïdéisme » est simplement l'état où vous n'avez qu'une seule chose en tête, sans conflit intérieur. Il en résulte une action naturelle en accord avec la pensée. Il ne s'agit pas d'une technique… L'utilité d'une technique (de productivité) particulière pour un individu particulier va largement dépendre de sa capacité à résoudre ses pierres d'achoppement particulières pour lui permettre d'atteindre un état de monoïdéisme.*

Lorsque vous vous contentez de « faire » telle ou telle chose, vous êtes dans un état de « flow », un état Monoïdéique. Pas de distractions, pas d'interruptions, pas de jugements sur soi, pas de doutes. Et quand votre cerveau fonctionne à 100 % en mode « faire », vous abattez beaucoup de travail sans vous en rendre compte.

Alors comment entrer dans un état Monoïdéique ?

Premièrement, éliminez les distractions et les interruptions potentielles. Selon le niveau d'activité cognitive nécessaire à l'accomplissement de votre tâche, il faut de dix à trente minutes pour que votre esprit soit totalement absorbé par ce qu'il fait. Les coups de fil, les collègues qui viennent faire appel à vos lumières et d'autres exigences extérieures vont briser votre état Monoïdéique. Par conséquent, commencez par veiller à ne pas être dérangé. J'utilise souvent des boules Quies ou je mets de la musique instrumentale pour supprimer les bruits de fond, et quand je ne veux pas être interrompu dans mon travail, je décroche le téléphone ou éteins mon portable.

Lorsque j'écris, je supprime temporairement ma connexion à Internet (voir l'Épuisement de la volonté), ce qui contribue à me maintenir dans un état Monoïdéique. Sinon, j'ai trop tendance à surfer sur la Toile dès que je suis en panne d'inspiration. Vous pouvez également utiliser des techniques de Structure directrice similaires pour empêcher votre attention de vagabonder ailleurs.

Deuxièmement, éliminez les Conflits intérieurs. Vous pouvez avoir du mal à vous mettre au travail parce que vous êtes en proie à un conflit entre deux systèmes de contrôle dans votre cerveau. Supprimer ces conflits avant de démarrer vous aide à atteindre un état Monoïdéique beaucoup plus rapidement. Si vous sentez une résistance intérieure, prenez le temps d'explorer ce conflit de manière plus approfondie.

Lors de l'écriture de ce livre, j'ai ressenti une résistance frustrante à plusieurs reprises. Au lieu d'essayer d'ignorer cette résistance intérieure ou de tenter de la combattre (le moyen le plus sûr d'aboutir à un Épuisement de la volonté), j'ai décidé de l'explorer en utilisant la Simulation mentale et la Réinterprétation. Et j'ai découvert un Conflit caché. Je n'étais pas satisfait de la tournure que prenait mon travail, alors je me disais : « À quoi bon continuer quelque chose qui ne marche pas ? C'est du temps de perdu. » Pour résoudre mon conflit intérieur, j'ai passé du temps à revoir la structure de mon livre, ce qui m'a permis de l'améliorer et de supprimer la source de résistance qui m'empêchait d'écrire.

Troisièmement, défoulez-vous un bon coup ! Puisqu'il faut de dix à trente minutes pour entrer en état de flow, prendre dix à trente minutes pour se livrer à une bonne dépense d'énergie peut permettre d'atteindre l'état Monoïdéique plus rapidement par la suite. Si vous n'êtes toujours pas productif après avoir piqué un cent mètres, vous êtes autorisé à vous arrêter et à faire autre chose. Mais c'est rarement le cas, car une fois que vous vous êtes vraiment mis à travailler, il vous est facile de continuer sur votre lancée.

J'utilise souvent une technique appelée Pomodoro* du nom de son créateur, Francesco Cirillo, inventeur des minuteurs en forme de tomate (*pomodoro* en italien). Voici comment fonctionne cette technique : réglez un minuteur sur vingt-cinq minutes et essayez de focaliser votre attention sur une seule tâche pendant ces vingt-cinq minutes. Si vous vous interrompez, ce n'est pas grave, concentrez-vous à nouveau jusqu'à ce que le minuteur sonne. Après avoir travaillé pendant vingt-cinq minutes, vous pouvez faire une pause de cinq minutes – soit un total d'une demi-heure, un modèle que nous pouvons répéter plusieurs fois dans la journée.

Ce qui me plaît dans la technique Pomodoro, c'est qu'elle fait d'une pierre deux coups : elle facilite le démarrage et elle vous autorise à ignorer les distractions. Même si vous n'êtes pas emballé par la tâche à effectuer, vous dire « Ce n'est que l'affaire de vingt-cinq minutes » peut vous aider à surmonter votre résistance initiale. Cette technique est aussi une bonne excuse pour ignorer les distractions : si le téléphone sonne, vous rappeler que ces vingt-cinq minutes forment un bloc indivisible est un moyen efficace de vous autoriser à l'ignorer et de rester dans votre état Monoïdéique.

Si vous supprimez les distractions et les Conflits avant de vous mettre à travailler, vous allez entrer dans un état Monoïdéique en quelques minutes.

La méditation est un bon entraînement au Monoïdéisme. Des méditations simples, par exemple vous concentrer sur votre respiration, puis réorienter consciemment (mais sans jugement) votre attention vers votre souffle dès que vous vous laissez distraire par autre chose est un moyen de pratiquer l'aptitude à rester attentif et concentré face à des distractions. Il suffit de dix minutes de méditation quotidienne pour améliorer considérablement sa capacité de concentration.

RETROUVEZ CE CONCEPT À L'ADRESSE : **http://book.personalmba.com/monoidealism/**

* http://www.pomodorotechnique.com/

La sanction du changement cognitif

« Gouvernez votre esprit ou c'est lui qui vous gouvernera. »

HORACE, POÈTE LATIN

Tout projet sur lequel vous décidez de travailler réclame une certaine Attention et une certaine énergie pour être réalisé. La question est la suivante : comment pouvez-vous accomplir tout ce que vous devez accomplir le plus efficacement possible ?

Beaucoup d'individus optent pour le multitâche en essayant de faire plus d'une chose à la fois. Et bien qu'ils soient nombreux à penser que cela augmente leur efficacité, le Monoïdéisme et le multitâche sont à l'opposé l'un de l'autre. Sur le plan neurologique, le cerveau est incapable de faire plusieurs choses à la fois. Lorsque vous essayez de faire plus d'une chose en même temps, ce n'est pas réellement en même temps. En fait, votre attention passe rapidement d'une chose à l'autre. Autrement dit, quand vous prêtez attention à la tâche A, vous ignorez la tâche B, puis réorientez votre attention vers la tâche B en ignorant la tâche A, et ainsi de suite.

Par conséquent, être productif en faisant plusieurs choses à la fois est un mythe. Selon plusieurs études neurologiques récentes,* plus il y a de choses auxquelles vous essayez de prêter attention à un moment donné, moins vous les faites bien. C'est pourquoi il ne faut pas téléphoner en conduisant. Car en voulant vous concentrer sur deux actions à la fois, vous diminuez votre temps de réaction dans des proportions comparables à celles de quelqu'un qui conduit en état d'ébriété.**

À chaque fois que vous passez d'un sujet à l'autre, vous encourez la ***Sanction du changement cognitif***. Pour agir, votre cerveau doit « charger » le contexte de ce que vous êtes en train de faire dans sa mémoire de travail. Si vous zappez constamment, vous obligez votre cerveau à charger et recharger sans cesse des contextes, ce qui réclame du temps et de l'énergie. C'est pourquoi il est possible de passer toute sa journée en mode multitâche, de ne rien faire efficacement et de se sentir épuisé le soir. Vous avez dépensé toute votre énergie à changer constamment de contexte au lieu d'avancer.

La Sanction du changement cognitif est un coût lié au ***Frottement*** (concept abordé ultérieurement) : moins vous zappez sur le plan cérébral, plus le coût est bas.

---

* http://www.pnas.org/content/103/31/11778.abstract

** http://www.ingentaconnect.com/content/hfes/hf/2006/00000048/00000002/art00014

C'est ce qui explique l'efficacité du Monoïdéisme : en focalisant votre attention sur une seule chose à la fois, vous permettez à votre cerveau de charger le contexte dans sa mémoire de travail une seule et unique fois, ce qui signifie que vous pouvez concentrer votre énergie sur l'accomplissement de la tâche en cours.

Une stratégie de regroupement qui consiste à regrouper des tâches similaires permet d'éviter les changements de contexte improductifs. Certes, éliminer les distractions peut contribuer à prévenir les interruptions inutiles, mais même si vous avez toute la journée de libre, vous pouvez perdre de l'énergie mentale à changer de sujet continuellement.

Par exemple, j'ai du mal à avancer sur des tâches créatives (écrire ou tourner des vidéos de formation) entre les coups de fil aux clients. Au lieu de tenter de jongler avec les deux casquettes en même temps, je me concentre sur l'écriture le matin, travaillant pendant plusieurs heures sans interruption, et je m'occupe de mes appels, rendez-vous et réunions l'après-midi. Ainsi, je peux accorder toute mon attention à chacune de ces tâches.

J'utilise une stratégie similaire pour exécuter les corvées ménagères, faire les commissions ou mettre à jour des rapports financiers. Et, du coup, je m'en débarrasse en très peu de temps.

Paul Graham, capital-risqueur, programmeur et essayiste, utilise une stratégie de regroupement des actions similaires en deux catégories : le planning du créateur et le planning du manager.* Si vous êtes en train d'essayer de créer quelque chose, ne cherchez surtout pas à trouver du temps entre deux pour les tâches administratives, car vous risquez de tuer votre productivité. Le « planning du créateur » est constitué de périodes de temps étendues et ininterrompues, alors que le « planning du manager » est divisé en plusieurs petites périodes consacrées aux réunions. Ces deux plannings servent des objectifs différents, alors n'essayez pas de les combiner si vous voulez être productif.

En général, j'applique une règle simple pour organiser ma journée : la méthode des 3-10-20. En une journée, je peux réaliser *trois* grandes actions et *dix* petites actions. Une tâche majeure est une activité qui réclame plus de *vingt* minutes de concentration totale ; toutes les autres actions sont mineures. Si je suis interrompu dans une action majeure, la reprendre compte comme une nouvelle tâche.

* http://www.paulgraham.com/makersschedule.html

Exemples d'actions majeures : rédiger une offre commerciale, réaliser un rendez-vous avec un client, réviser un livre. Entre ces tâches, je peux me permettre de passer un coup de fil rapide, consulter mes e-mails et y répondre, lire quelques articles, faire la vaisselle ou ranger mon bureau.

Tant que je réserve suffisamment de temps à mes actions majeures, je peux faire tout ce que j'ai à faire dans la journée. Si je suis interrompu au beau milieu d'une action importante, je ne la réaliserai pas ce jour-là ou je reporterai une autre action majeure. Il me suffit de garder à l'esprit que mes possibilités ont des limites pour trouver le bon équilibre entre ***Stress et Récupération*** (concept abordé ultérieurement).

Supprimez les changements de contexte improductifs et vous en ferez plus avec moins d'efforts.

RETROUVEZ CE CONCEPT À L'ADRESSE : **http://book.personalmba.com/cognitive-switching-penalty/**

Les quatre méthodes pour terminer une action

« Je ne suis qu'un seul individu, mais quand même un individu. Je ne peux pas tout faire, mais je peux faire quelque chose. Et ce n'est pas parce que je ne peux pas tout faire que je vais refuser de faire ce quelque chose. Ce que je peux faire, je dois le faire. Et ce que je dois faire, grâce à Dieu, je le fais. »

EDWARD EVERETT HALE, ÉCRIVAIN AMÉRICAIN DU XIXE SIÈCLE ET HOMME D'ÉGLISE

Il n'existe que quatre manières de « faire » les choses : l'exécution, la suppression, la délégation et le report.

L'exécution – accomplir l'action en question – est l'option à laquelle la plupart des gens pensent. Si vous avez établi une liste de choses à faire, vous partez probablement du principe qu'il est de votre responsabilité de réaliser ces actions. Ce qui n'est pas entièrement vrai. L'exécution doit être réservée aux actions importantes que vous êtes le seul à pouvoir accomplir particulièrement bien. Tout le reste, vous pouvez le gérer autrement.

La suppression – supprimer l'action de la liste des choses à faire – est efficace pour tout ce qui est peu important, voire inutile. Et n'ayez pas mauvaise conscience de choisir cette option. Si cette action ne vaut pas la peine d'être exécutée, elle ne vaut pas non plus la peine d'être exécutée parfaitement ou rapidement, alors éliminez-la de votre emploi du temps.

La délégation – attribuer la tâche en question à quelqu'un d'autre – est efficace si la personne peut l'exécuter presque aussi bien que vous – disons à 80 % aussi bien. Mais pour déléguer, vous devez avoir quelqu'un à qui déléguer. Des employés, des fournisseurs ou des sous-traitants peuvent vous aider à en faire davantage en accomplissant des tâches pour votre compte.

Pour préparer les cours du Personal MBA en ligne,* ma femme et moi avons tourné les vidéos, mais nous avons aussi embauché sa mère, d'une rapidité incomparable pour taper du texte, pour créer des transcriptions de chacune des vidéos. Résultat : nous avons bouclé le cours en un temps record sans nous sentir submergés de travail.

Si vous n'avez personne à qui déléguer vos tâches de routine, faites appel à une société d'assistant virtuel. Pour moins de 100 € par mois, vous pouvez vous entourer d'une équipe de professionnels qui exécuteront vos actions à votre place. Si vous avez peu d'expérience de la délégation, je vous recommande de tenter l'expérience.**

Le report – différer l'exécution de la tâche en question – est efficace pour les tâches mineures ou indépendantes du facteur temps. N'ayez pas mauvaise conscience à les reporter, car le meilleur moyen de vous laisser déborder est de vouloir faire trop de choses en même temps.

Dans son livre *S'organiser pour réussir*, David Allen vous recommande de conserver une liste de choses que vous aimeriez faire un jour ou l'autre mais que vous n'êtes pas tenu de faire tout de suite. Scott Belsky défend une approche similaire dans *Making Ideas Happen*, à savoir établir une liste de choses à mettre « en attente » ou « en veilleuse » – vous comptez bien les réaliser, mais rien ne presse. Vous pourrez consulter régulièrement cette liste par la suite lorsque vous chercherez quelque chose de nouveau ou d'intéressant à faire.

Utilisez l'ensemble de ces quatre options pour organiser votre emploi du temps et vous verrez que vous êtes capable d'en faire beaucoup plus que vous l'imaginiez.

RETROUVEZ CE CONCEPT À L'ADRESSE : **http://book.personalmba.com/4-methods-of-completion/**

---

* http://personalmba.com/training

** Personnellement, je travaille avec l'équipe de Timesvr.com – compétente, rapide, sympathique et rentable.

Les actions prioritaires

« Vous devez réfléchir aux grandes choses pendant que vous faites des petites choses pour que toutes vos petites choses aillent dans la bonne direction. »

ALVIN TOFFLER, TECHNOLOGUE ET FUTURISTE

Toutes les tâches n'ont pas été créées égales – certaines sont plus importantes que d'autres.

Votre temps et votre énergie à consacrer aux tâches quotidiennes sont, par essence, limités. Parmi toutes les actions qui figurent sur votre liste de choses à faire, certaines sont vraiment importantes, tandis que d'autres ne sont vraiment pas importantes. Si vous voulez tirer le meilleur parti de vos ressources limitées, privilégiez les tâches qui feront toute la différence avant de vous occuper des autres.

Une ***Action prioritaire*** est une action déterminante – une action qui vous permettra d'obtenir les résultats qui comptent le plus à vos yeux. Toutes les actions ne sont pas d'une importance capitale, alors ne les considérez pas toutes sur un pied d'égalité. En prenant quelques minutes pour identifier celles qui sont prioritaires et celles qui ne le sont pas, vous mobiliserez plus facilement tout votre temps et toute votre énergie sur les premières.

Au début de la journée, établissez une liste de deux ou trois Actions prioritaires, puis attachez-vous à les réaliser aussi rapidement que possible. Cette liste doit rester séparée de votre liste générale de choses à faire. Personnellement, j'utilise une petite fiche cartonnée ou l'Emergent Task Planner* de David Seah (ETP), un PDF téléchargeable gratuitement qui facilite l'organisation de la journée.

Lorsque vous créez votre liste d'Actions prioritaires, posez-vous cette question et répondez-y : « Quelles sont les deux ou trois choses les plus importantes que je dois faire aujourd'hui ? Quelles sont celles qui, si je les faisais aujourd'hui, feraient toute la différence ? » N'inscrivez que ces actions sur votre liste, puis essayez de les accomplir sans tarder.

Associer cette technique à la ***Loi de Parkinson*** (concept abordé ultérieurement) en vous fixant un délai artificiel se révèle extrêmement efficace. Si vous vous fixez l'objectif d'avoir effectué toutes vos Actions prioritaires à 10 heures du matin, vous allez être étonné de voir avec quelle rapidité vous êtes capable de travailler.

* http://davidseah.com/pceo/etp

Tenir chaque jour une liste de deux ou trois Actions prioritaires vous aide à maintenir un état de Monoïdéisme en vous autorisant à dire non aux interruptions d'importance mineure. Si vous êtes en train de travailler sur l'une de vos Actions prioritaires et que quelqu'un vous appelle, ignorez cet appel ou dites à la personne que vous avez une action urgente à effectuer et que vous reviendrez vers elle plus tard. Par définition, toute action qui n'est pas une Action prioritaire ne mérite pas qu'on s'en préoccupe dans les plus brefs délais.

Accomplissez vos Actions prioritaires le plus rapidement possible et vous aurez le reste de la journée pour accomplir les autres.

RETROUVEZ CE CONCEPT À L'ADRESSE : **http://book.personalmba.com/most-important-tasks/**

Les objectifs

> « Se fixer un objectif vague est comme entrer dans un restaurant et dire : "J'ai faim. Je veux quelque chose à manger." La faim continue de vous tenailler jusqu'à ce que vous commandiez quelque chose de précis. »
>
> STEVE PAVLINA, AUTEUR DE *PERSONAL DEVELOPMENT FOR SMART PEOPLE* ET BLOGGEUR SUR STEVEPAVLINA.COM

De nombreux livres de management n'ont cessé de souligner l'importance d'avoir des ***Objectifs***. Des Objectifs clairs vous aident à visualiser ce que vous souhaitez et vous stimulent en vous donnant envie de l'obtenir. Un Objectif est une formule qui clarifie et précise ce que vous voulez, facilitant le travail de votre cerveau qui va utiliser la Simulation mentale pour Visualiser le résultat souhaité. Si la Finalité que vous désirez atteindre est vague, floue ou confuse, les systèmes de planification automatique de votre cerveau vont avoir du mal à vous donner les moyens d'obtenir ce que vous voulez. Des Objectifs précis jouent également un rôle clé dans la Motivation – plus votre Objectif est clairement défini, plus vous êtes motivé à faire ce qu'il faut pour l'atteindre.

Des Objectifs aussi vagues que « J'aimerais gravir une montagne » ne sont pas très utiles parce qu'ils ne donnent pas à votre cerveau une « matière » à travailler. Quelle montagne ? Où ? Quand ? Pourquoi ? Si vous ne répondez pas à ces questions, vous n'entreprendrez probablement rien du tout.

Les Objectifs clairs réussissent le « Test de l'Everest ». En voici un exemple : « Je veux grimper jusqu'au sommet de l'Everest avant mon quarantième anniversaire et prendre une photo panoramique à accrocher au mur de ma chambre. » Cet

Objectif est facile à simuler par votre cerveau – l'Everest est au Népal, donc vous devrez organiser un voyage. Vous devrez aussi améliorer vos techniques d'escalade, trouver un guide, acquérir du matériel et des équipements, acheter un appareil photo qui fasse de belles photos panoramiques, etc. Une fois que vous prenez la Décision consciente d'atteindre cet Objectif, votre cerveau trouve automatiquement les moyens de vous aider à y parvenir.

Les Objectifs sont particulièrement utiles s'ils sont Cadrés de manière positive, immédiate, concrète et spécifique :

- La formulation *positive* fait référence à la Motivation – votre Objectif doit être quelque chose qui vous attire, vers lequel vous voulez aller, et non quelque chose dont vous voulez vous éloigner. Des Objectifs tels que « Je ne veux plus être gros » sont le meilleur moyen de tomber dans le piège de la Concentration sur la menace – vous renforcez l'aspect négatif au lieu d'utiliser la Réinterprétation pour changer votre vision des choses et avoir envie de vous améliorer. Pour un résultat optimal, commencez par supprimer les Conflits, puis tendez vers le but que vous souhaitez atteindre.
- La formulation *immédiate* fait référence au temps – votre Objectif doit être quelque chose que vous décidez de faire ici et maintenant, pas « un de ces jours » ni « plus tard ». Si vous ne voulez pas vous engager à travailler sur un Objectif donné dès à présent, inscrivez-le sur la liste des choses que vous aimeriez faire un jour ou l'autre et focalisez-vous sur autre chose.
- La formulation *concrète* signifie que vous verrez le résultat dans le monde réel. Les Objectifs sont des réalisations tangibles – vous devez savoir à quel moment vous avez accompli ce que vous vouliez. Vous fixer des Objectifs tels que « Je veux être heureux » ne marchera pas parce qu'ils ne sont pas concrets. En revanche, quand vous atteignez le sommet de l'Everest, vous avez accompli quelque chose de concret dans le monde réel.
- La formulation *spécifique* signifie que vous pouvez définir exactement quel Objectif vous voulez atteindre, quand et où. Gravir l'Everest à une date précise dans un futur proche est spécifique et permet à votre cerveau de savoir exactement comment il va s'y prendre pour s'efforcer d'y parvenir.

De plus, un Objectif doit porter sur quelque chose que vous pouvez contrôler. Un Objectif comme « Je veux perdre 10 kg » est démoralisant parce que vous ne pouvez pas le contrôler directement – perdre du poids est un résultat et non un effort. Par conséquent, veillez à ce que vos Objectifs soient des actions qui entrent dans le cadre de votre ***Zone de contrôle*** (concept abordé ultérieurement), comme par exemple faire au moins trente minutes d'exercice physique par jour et contrôler le nombre de calories que vous absorbez.

Pour effectuer un suivi de vos Objectifs, un simple cahier ou système de référence fera l'affaire. Personnellement, je saisis tous mes Objectifs dans un fichier texte que j'imprime et que je garde dans mon agenda. À chaque fois que je pense à ce que je dois faire, j'ai ma liste d'Objectifs sous la main, ce qui me permet de distinguer facilement les actions principales des actions secondaires.

Bien sûr, vous avez parfaitement le droit de changer d'Objectifs. Parfois, nous pensons que nous voulons absolument quelque chose pour nous apercevoir par la suite que nous n'en avons pas ou plus tellement envie, finalement. Ne culpabilisez pas, cela fait partie de l'apprentissage. Si vous vous rendez compte que vous ne voulez plus poursuivre tel ou tel Objectif, abandonnez-le et passez à autre chose.

RETROUVEZ CE CONCEPT À L'ADRESSE : **http://book.personalmba.com/goals/**

L'état d'esprit

« Je ne suis peut-être pas allé là où j'avais l'intention d'aller, mais je pense que je me suis retrouvé là où je voulais être. »

DOUGLAS ADAMS, HUMORISTE ET AUTEUR
DU *GUIDE DU VOYAGEUR GALACTIQUE*

Lorsque les gens se fixent des Objectifs, ils commettent souvent l'erreur de partir du principe que tout peut faire l'objet d'un Objectif.

Pensez à des formulations du style « Je veux être heureux », « Je veux me sentir motivé » ou « Je veux réussir ». Comment savez-vous si vous avez atteint l'Objectif que vous vous êtes fixé ? Et puis est-il vraiment possible de parvenir au bonheur, à la motivation ou à la réussite comme s'il s'agissait d'atteindre des Objectifs ?

L'***État d'esprit*** est l'état actuel de votre ressenti, de votre expérience. Les états psychiques et émotionnels ne sont pas des « réalisations » concrètes parce qu'ils fluctuent avec le temps – vous pouvez être heureux maintenant et contrarié une heure plus tard. Par conséquent, « être heureux » n'est pas la réalisation d'un Objectif, mais un état de votre expérience présente.

Les États d'esprit sont des critères de décision et non des Objectifs. Il est compréhensible de vouloir être heureux ou de vouloir réussir, mais considérer ces désirs comme des Objectifs est le meilleur moyen de se sentir frustré. Il est donc préférable de les assimiler à des critères de décision, c'est-à-dire des outils permettant de savoir si vos actions débouchent sur les résultats souhaités ou non.

L'État d'esprit vous aide à répondre à la question « Est-ce que ce que je suis en train de faire maintenant m'apporte les résultats que j'attends ? » Par exemple, si vous souhaitez être heureux, vous remarquez peut-être que passer du temps avec des amis proches ou des membres de la famille crée l'expérience que vous attendez, d'où l'importance de consacrer du temps à ces moments de partage. Si vous voulez vous sentir calme alors que votre travail vous stresse continuellement, il est clair que la situation doit changer parce que ce que vous êtes en train de faire ne vous apporte pas la sérénité attendue.

Je vous recommande également de décomposer des États d'esprit complexes en États d'esprit plus simples, plus concrets et plus précis. Par exemple, au lieu d'utiliser des États d'esprit complexes tels que la réussite et le bonheur comme critères de décision, il est largement préférable de déterminer ce que ces états signifient réellement pour vous. Personnellement, je définis la réussite comme « travailler à des choses que j'aime avec des gens que j'aime », « me sentir libre de choisir sur quoi je veux travailler » et « avoir suffisamment d'argent pour vivre sans soucis financiers ». Ensemble, ces États d'esprit fournissent une définition de la réussite beaucoup plus utile – ma manière de représenter le monde, en résumé.

Cela vaut également pour le bonheur. Au lieu d'être un seul État d'esprit, « être heureux » associe « m'amuser », « passer du temps avec les gens que j'aime », « me sentir serein » et « me sentir libre ». Si ces États d'esprit décrivent mon expérience ici et maintenant, je suis « heureux ». Décomposer le « bonheur » en ses différents éléments constitutifs m'aide à avoir la certitude de faire des choses qui me permettent de le vivre plus pleinement et plus souvent.

Décidez quels États d'esprit vous voulez expérimenter et vous disposerez d'un ensemble de critères de décision que vous pourrez utiliser pour évaluer les résultats de vos actions d'une manière totalement nouvelle et particulièrement fructueuse.

RETROUVEZ CE CONCEPT À L'ADRESSE : **http://book.personalmba.com/states-of-being/**

Les habitudes

> « Nous sommes ce que nous faisons de façon répétée. Par conséquent, l'excellence n'est pas une action, mais une habitude. »
>
> WILL DURANT, HISTORIEN AMÉRICAIN, PARAPHRASANT LE PHILOSOPHE GREC ARISTOTE

Et qu'en est-il des choses que vous voulez faire au quotidien, par exemple pratiquer une activité physique ? S'agit-il d'un Objectif ou d'un État d'esprit ? Ni l'un ni l'autre.

Les ***Habitudes*** sont des actions régulières qui favorisent notre santé, notre bien-être et notre équilibre. Faire de l'exercice, se brosser les dents, prendre des vitamines, suivre un régime ou rester en contact avec des amis et des membres de la famille sont des Habitudes qui nous permettent de rester heureux et en bonne santé. En vertu du pouvoir de l'Accumulation, de petites Habitudes peuvent aboutir à de grands résultats avec le temps.

La plupart des Habitudes revêtent l'une des quatre formes courantes suivantes : les choses que vous voulez commencer à faire, les choses que vous voulez arrêter de faire, les choses que vous voulez faire davantage et les choses que vous voulez faire moins. Par exemple, vous souhaitez peut-être vous mettre à l'exercice régulièrement, cesser de regarder la télévision, boire davantage d'eau ou dépenser moins d'argent.

En général, créer une Habitude réclame une certaine dose de Volonté. Et pour prendre plus facilement les Habitudes souhaitées, il est préférable d'utiliser les techniques que nous avons abordées dans la section sur la Structure directrice. Si vous voulez démarrer votre journée en allant à la salle de gym de votre quartier, préparer votre sac et vos affaires la veille vous permettra de prendre plus facilement cette Habitude puisque vous avez structuré votre environnement de manière à réduire vos efforts.

Il est plus facile de prendre une Habitude en recherchant des déclencheurs aptes à vous signaler quand vous devez accomplir telle ou telle action. Par exemple, si vous voulez prendre des vitamines, il est plus facile de vous rappeler quand vous devez les prendre en utilisant une autre action habituelle comme déclencheur de l'action. Au lieu de compter sur votre mémoire pour vous rappeler que vous devez prendre vos vitamines, vous pouvez les prendre juste avant ou après vous brosser les dents le matin– le brossage des dents faisant office de déclencheur.

Si vous voulez mettre toutes les chances de votre côté, prenez une Habitude à la fois. N'oubliez pas que la ressource de votre Volonté a ses limites quotidiennes et que vous risquez de l'épuiser rapidement si vous n'en tenez pas compte. Si vous essayez de prendre plusieurs Habitudes à la fois, vous avez toutes les chances de ne pas parvenir à en adopter une seule. Par conséquent, attachez-vous à répéter une action jusqu'à ce qu'elle devienne automatique, puis focalisez-vous sur une autre Habitude à prendre.

PARTAGEZ DE CONCEPT : **http://book.personalmba.com/habits/**

Le ciblage

> « De nombreux objets nous échappent, bien qu'ils soient dans notre champ visuel, parce qu'ils ne rentrent pas dans notre champ intellectuel ; autrement dit, nous ne les cherchons pas. Ainsi ne trouvons-nous que le monde que nous cherchons. »
>
> HENRY DAVID THOREAU, ÉCRIVAIN AMÉRICAIN, *JOURNAL* 1837-1861

Avez-vous déjà manifesté un intérêt à l'égard d'une marque ou d'un modèle de voiture, au point de voir cette voiture partout autour de vous ? Moi oui, et c'est comme si quelqu'un déchargeait soudain des centaines de voitures de cette marque ou de ce modèle sur les autoroutes, les nationales, dans les rues, etc.

Bien sûr, ce n'est pas vrai, et l'univers ne vous joue pas des tours à ce point-là ! Les voitures ont toujours été là ; simplement, vous ne les aviez pas remarquées auparavant. Avant de décider d'être intéressé par un type de voiture en particulier, votre cerveau filtrait systématiquement la réalité et éliminait ces véhicules de votre conscience.

Cependant, dès que vous avez commencé à montrer un intérêt pour cette marque ou ce modèle, votre cerveau a cessé de laisser cette information de côté et, subitement, vous vous êtes mis à remarquer la présence de ce type de voiture. Dans une certaine mesure, vous avez programmé votre cerveau pour prêter attention à certains éléments de votre ***Environnement*** (concept abordé ultérieurement). Il suffit de commencer à s'intéresser à une information donnée pour faire sauter le système qui empêchait cette information d'accéder à la conscience.

Le ***Ciblage*** est une méthode qui consiste à programmer consciemment votre cerveau pour qu'il vous alerte dès qu'une information donnée est présente dans votre Environnement. L'un des aspects les plus fascinants de la capacité de notre cerveau à Reconnaître des schémas est de nous permettre de scanner constamment l'Environnement à la recherche d'informations utiles. Si vous dites précisément à votre cerveau ce que vous cherchez, il va vous alerter à chaque fois que vos sens détectent ce type d'information.

Le Ciblage est un moyen d'influencer consciemment l'aptitude de votre cerveau à Reconnaître des schémas. En prenant le temps de décider de ce qui vous intéresse et de ce que vous recherchez, vous pouvez programmer votre cerveau pour qu'il vous alerte dès qu'il remarque une information pertinente. Certaines personnes appellent cela l'intuition, et le Ciblage est un moyen de l'exploiter au mieux.

Prenons comme exemple du Ciblage la lecture d'un livre. Dans son livre *Ten Days to Faster Reading*, Abby Marks-Beale recommande une technique qui consiste à définir son objectif. Prenez quelques minutes avant de vous mettre à lire le livre que vous avez choisi pour vous demander : 1) pourquoi vous voulez lire ce livre et 2) quel type d'information vous recherchez. Prendre quelques notes avant d'ouvrir le livre vous permet de mieux cerner ce que vous voulez y trouver.

Après avoir défini votre Objectif, prenez le livre et feuilletez-le rapidement en prêtant une Attention particulière à la table des matières, aux titres de chapitres et à l'index – des sources d'information condensées sur le contenu du livre et sa structure. Notez par écrit quelques termes et concepts qui vous semblent particulièrement importants pour aider votre cerveau à les repérer la prochaine fois qu'il les verra.

Cela ne prend que quelques minutes, mais améliore considérablement la vitesse de lecture. Une fois que vous avez programmé votre cerveau pour qu'il vous alerte sur des termes ou des concepts majeurs, vous pouvez parcourir le livre à la vitesse de la lumière. Pendant que vous lisez, votre cerveau élimine les informations superflues et cible celles qui vous intéressent.

Résultat : vous pouvez parfaitement extraire l'essentiel de ce qui vous intéresse dans n'importe quel livre (en dehors des romans) en moins de vingt minutes. Lorsque je vais dans une bibliothèque ou une librairie, cette technique me permet de lire plusieurs livres en moins d'une heure. Si je ne l'avais pas utilisée, je ne serais jamais parvenu à créer la liste des livres du *Personal MBA*, et encore moins à écrire ce livre.

Si les gens parviennent à atteindre l'Objectif qu'ils se sont fixé, c'est en partie grâce au Ciblage. S'il est aussi utile de savoir se fixer des Objectifs, c'est parce qu'il s'agit d'un moyen très simple de programmer votre cerveau pour une recherche d'informations qui vous aideront à obtenir ce que vous voulez. Si vous avez comme Objectif d'entreprendre l'ascension de l'Everest, vous avez beaucoup plus de chance de trouver des billets d'avion à prix réduit pour le Népal en consultant un site de voyages sur le Web. Si vous étiez tombé sur cette information avant de vous être fixé l'Objectif de gravir l'Everest, vous l'auriez probablement zappée puisque vous n'aviez aucune raison d'y prêter attention.

Alors prenez le temps de procéder à un Ciblage qui vous permettra de sélectionner ce qui est important à vos yeux et donc de trouver ce que vous cherchez.

RETROUVEZ CE CONCEPT À L'ADRESSE : **http://book.personalmba.com/priming/**

La décision

« Chaque jour, à chaque moment, je dois décider de ce que je vais faire le moment d'après, et personne ne peut prendre cette décision à ma place. »

JOSÉ ORTEGA Y GASSET, PHILOSOPHE ET ÉCRIVAIN ESPAGNOL

Une ***Décision*** est l'acte de s'engager à suivre un plan d'action donné. Le mot « décision » vient du latin *decidere* qui signifie « trancher ». Lorsque vous prenez une décision, vous vous coupez littéralement de toutes les autres voies possibles que vous pourriez explorer, ne gardant que celle que vous avez choisie. Si vous ne renoncez pas à d'autres options viables, vous ne prenez pas réellement une Décision.

Aussi bon que soit votre système de productivité personnel, il ne peut pas décider à votre place. Aussi perfectionné que soit votre système de suivi des actions, il ne sera jamais capable de vous dire quelle est la meilleure chose à faire à tel ou tel moment. Construire un système capable de prendre des décisions à votre place est une chimère – les systèmes, quels qu'ils soient, ne peuvent que vous aider à trouver des informations que vous pouvez utiliser pour prendre de meilleures Décisions. Mais la prise de Décision restera toujours votre responsabilité.

Aucune Décision, petite ou grande, n'est jamais prise avec des informations complètes. Puisque vous ne pouvez pas prédire l'avenir, vous attribuez souvent votre indécision à un manque d'information. En fait, vous êtes en proie à une grande effervescence mentale : le rôle de votre cerveau antérieur étant de lever les ambiguïtés et de prendre des Décisions, votre cerveau moyen va continuer à lui envoyer des signaux jusqu'à ce qu'il fasse son travail. Une fois qu'une Décision est prise, quelle qu'elle soit, le bouillonnement cérébral cesse.

Ne pensez pas devoir disposer de toutes les informations avant de décider – le monde est trop complexe pour faire des prédictions exactes. Le général en retraite Colin Powell est partisan de recueillir la moitié des informations disponibles, puis de prendre une Décision, même avec des informations incomplètes. « N'attendez pas d'avoir suffisamment de faits pour être sûr à 100 % parce que, à ce stade, il est presque toujours trop tard… Une fois que vous avez recueilli 40 à 70 % des informations disponibles, allez-y courageusement. »*

Si cette stratégie est une stratégie gagnante pour les Décisions cruciales, les « questions de vie ou de mort », elle le sera aussi pour les Décisions courantes du quotidien. Rassemblez juste ce qu'il faut d'informations pour prendre une Décision éclairée, puis prenez votre Décision et avancez.

Le fait de ne pas prendre de Décision est en soi une Décision. La vie ne s'arrête pas si vous refusez de choisir – la Terre va continuer de tourner et vous serez peut-être amené à agir, non pas de gré, mais de force. Ce n'est pas parce que vous refusez d'assumer la responsabilité de vos Décisions que vous ne les prenez pas – vous vous autorisez simplement à être le jouet des circonstances.

Pour des résultats optimaux, prenez des Décisions claires et pleinement conscientes. D'après mon expérience, de nombreuses personnes ont du mal à savoir ce qu'elles doivent faire parce qu'elles hésitent à sauter le pas – l'Aversion pour la perte les pousse à laisser ouvert tout le champ des possibles, juste « au cas où ». Mais en l'absence de Décision, leur cerveau ne peut pas utiliser la Simulation mentale pour se représenter comment aller de l'endroit où elles sont à l'endroit où elles s'imaginent vouloir être, d'où une agitation cérébrale constante et improductive.

Il est beaucoup plus facile de se dire : « Je décide de faire telle ou telle chose tout de suite. » Une fois que votre Décision est prise, les circuits de Simulation mentale de votre cerveau vont se remettre en route et vous sortirez de votre immobilisme.

Si vous éprouvez des difficultés à prendre une Décision, Steve Pavlina, l'auteur de *Personal Development for Smart People*, vous recommande de vous poser cette question subsidiaire : « Parmi les différentes options possibles, quelle expérience aimerais-je vivre ? » Si vous avez du mal à prendre une Décision particulière, c'est probablement parce que votre cerveau s'efforce de savoir laquelle est la

* http://govleaders.org/powell.htm

meilleure. C'est une situation inconfortable mais, finalement, peu importe de savoir quel choix vous effectuez. Et si toutes les Décisions se valent dans l'absolu, vous pouvez simplement choisir l'expérience que vous jugez la plus intéressante.

Lorsque ma femme a reçu une offre d'emploi très alléchante à New York, nous avons passé des semaines à nous torturer l'esprit en nous demandant si nous devions rester à Cincinnati ou déménager. L'éventualité d'un déménagement comportait de nombreuses incertitudes : Où habiterions-nous ? Pouvions-nous nous le permettre ? Et mon travail ? Cela suffisait à engendrer chez nous une Concentration sur la menace.

Finalement, nous avons réalisé qu'il n'y avait pas une Décision nettement meilleure que l'autre et, du coup, peu importait laquelle nous allions choisir. Nous avions tous les deux envie de tenter l'expérience de vivre à New York, alors nous avons décidé de déménager. Et là, nous avons tout de suite senti que la clarté et la sérénité revenaient dans notre esprit. Cette prise de Décision nous a permis de continuer à avancer, même face à l'***Incertitude*** (concept abordé ultérieurement).

RETROUVEZ CE CONCEPT À L'ADRESSE : **http://book.personalmba.com/decision/**

Les cinq pourquoi

« Posez la question suivante, et celle qui suit la question suivante, et celle qui suit celle qui suit la question suivante. »

THEODORE STURGEON, ÉCRIVAIN AMÉRICAIN
ET AUTEUR DE *LES PLUS QU'HUMAINS*

Il nous arrive très souvent de ne pas être pleinement conscients de la raison pour laquelle nous voulons ce que nous voulons. Mener une « analyse des causes racine » est utile pour nous amener à découvrir ce qui motive nos désirs.

Les ***Cinq pourquoi*** est une technique qui vous aide à découvrir ce que vous voulez réellement. Au lieu de prendre vos désirs au pied de la lettre, examinez la cause profonde qui les motive en vous disant qu'un désir peut en cacher un autre. Ainsi, vous pourrez définir plus précisément vos désirs fondamentaux.

Il est facile d'appliquer les Cinq pourquoi : à chaque fois que vous vous fixez un Objectif, demandez-vous pourquoi vous voulez l'atteindre. Si vous désirez devenir millionnaire, demandez-vous pourquoi vous souhaitez posséder un million d'euros.

N'essayez pas de trouver absolument une réponse, mais contentez-vous de vous poser la question par curiosité et attendez que votre cerveau produise une réponse tout seul. Lorsqu'il vous fournira une réponse, demandez à nouveau « pourquoi ? » Continuez de vous demander pourquoi jusqu'à ce que vous aboutissiez à la réponse « parce que je le veux » – signe que vous avez trouvé la cause première de votre Objectif initial.

Voici un exemple des Cinq pourquoi appliqués à l'Objectif très répandu « Je veux être millionnaire » :

1. *Pourquoi voulez-vous posséder un million d'euros ?* Parce que je ne veux pas être sans cesse préoccupé par des questions d'argent.
2. *Pourquoi ne voulez-vous pas être sans cesse préoccupé par des questions d'argent ?* Parce que je ne veux pas être anxieux.
3. *Pourquoi ne voulez-vous pas être anxieux ?* Parce que je veux avoir l'esprit tranquille.
4. *Pourquoi voulez-vous avoir l'esprit tranquille ?* Parce que je veux me sentir libre.
5. *Pourquoi voulez-vous vous sentir libre ?* Parce que je veux me sentir libre.

Le désir premier n'est pas de posséder un million d'euros, mais de se sentir libre. Est-il possible de se sentir libre sans posséder un million d'euros ? Absolument, il existe de nombreuses façons de se sentir libre qui n'ont rien à voir avec l'argent. Adopter une autre approche pour satisfaire son vrai désir, à savoir se sentir libre, peut se révéler plus efficace que vouloir être millionnaire, l'Objectif initial.

Découvrez la cause racine qui se cache derrière vos Objectifs et vous découvrirez de nouvelles voies pour obtenir ce que vous voulez réellement.

RETROUVEZ CE CONCEPT À L'ADRESSE : **http://book.personalmba.com/five-fold-why/**

Les cinq comment

« Allez aussi loin que vous pouvez voir ; quand vous y arriverez, vous pourrez voir encore plus loin. »

THOMAS CARLYLE, HISTORIEN ET ÉCRIVAIN BRITANNIQUE

Après avoir appliqué les Cinq pourquoi, vous allez probablement vous rendre compte que ce que vous désirez vraiment est assez différent de ce que vous pensiez vouloir. Maintenant que vous avez identifié la raison première de vos Objectifs initiaux, vous devez réfléchir à la question suivante : Comment obtenir ce que vous désirez réellement ?

Les ***Cinq comment*** est un moyen de connecter vos désirs fondamentaux à des actions physiques. Prenons l'exemple précédent : se sentir libre. Comment allez-vous faire pour vous sentir libre ? Il existe plusieurs voies possibles, dont :

1. Rembourser vos dettes.
2. Réduire vos heures de travail, trouver un autre poste ou vous mettre à votre compte.
3. Déménager dans une autre ville ou à la campagne.
4. Mettre un terme à une relation personnelle contraignante ou frustrante.

Une fois que vous trouvez un « comment ? » qui vous paraît être une bonne idée, demandez-vous à nouveau « comment ? ». Supposons que démissionner de votre poste et lancer votre propre affaire vous procure le sentiment de liberté le plus grand. Comment allez-vous faire pour atteindre cet Objectif ? Pensez tous les détails de ce projet et ce qui était au départ une idée assez floue va commencer à prendre forme.

Continuez de vous demander « comment ? » en déroulant les Cinq comment jusqu'à aboutir à une définition claire de votre projet avec les ***Prochaines actions*** (concept abordé ultérieurement). Le but des Cinq comment est de créer une chaîne d'actions complète qui part de votre idée initiale et déroule toutes les actions que vous pouvez exécuter ici et maintenant.

À chaque action effectuée, vous sentez que vous vous rapprochez de votre Objectif. Si rembourser vos dettes vous permet de vous sentir plus libre, vous vous sentirez de plus en plus libre à chaque paiement effectué, ce qui vous motivera pour poursuivre vos remboursements jusqu'au dernier centime.

Reliez vos grands Objectifs à de petites actions que vous pouvez réaliser maintenant et vous obtiendrez forcément ce à quoi vous aspirez.

RETROUVEZ CE CONCEPT À L'ADRESSE : **http://book.personalmba.com/five-fold-how/**

La prochaine action

« Si nous nous attachons à faire systématiquement et rapidement le peu de choses que nous puissions faire, nous n'allons pas tarder à découvrir avec surprise qu'il reste finalement peu de choses que nous ne puissions pas faire. »

SAMUEL BUTLER, ÉCRIVAIN BRITANNIQUE DU XIXE SIÈCLE

Nous nous apercevons souvent que notre Objectif ne peut pas être atteint en une seule fois. Les projets sont des Objectifs qui nécessitent plus d'une action pour être réalisés, et plus le projet est ambitieux, plus il est difficile d'anticiper toutes les actions à effectuer.

Gravir l'Everest est un projet aussi complexe qu'***Incertain*** (concept abordé ultérieurement). Comment travaillez-vous sur un projet si ambitieux qu'on risque d'être débordé ?

Très simple : en vous focalisant uniquement sur la prochaine action à effectuer pour vous rapprocher du but.

La ***Prochaine action*** est la prochaine mesure spécifique et concrète à mettre en œuvre sans tarder pour faire avancer un projet. Vous n'avez pas besoin de savoir toutes les actions que vous devez mener pour faire avancer votre projet, mais uniquement la prochaine.

David Allen, l'auteur de *S'organiser pour réussir*, a inventé ce terme pour décrire l'une des étapes clés de ce « processus fondamental » :

1. Notez par écrit tout ce qui concerne un projet, un problème ou une situation qui occupe votre esprit.
2. Décrivez en une seule phrase le résultat que vous souhaitez atteindre ou la solution que vous voulez obtenir. À quoi ressemble le projet réalisé ou le problème résolu ?
3. Notez par écrit l'action concrète à effectuer maintenant pour faire avancer la situation.
4. Intégrez ces réponses dans un système auquel vous faites confiance.

Selon l'auteur, ces questions vous aident à mieux distinguer le résultat escompté de l'action à mener. Si vous parvenez à définir à quoi ressemble l'Objectif atteint, vous pouvez focaliser votre attention et votre énergie sur ce qu'il faut faire pour l'atteindre.

L'écriture de ce livre fut un projet très ambitieux. Il m'a fallu des années pour compiler tous les documents issus de mes recherches et un peu plus d'un an pour rédiger le texte. « Écrire le livre » n'est pas une action, mais un projet. Évidemment, je ne pouvais pas terminer l'écriture en une seule séance, mais je pouvais écrire une petite section en moins d'une heure. Après avoir divisé l'ouvrage en sections clairement définies, il m'a été beaucoup plus facile de progresser dans l'écriture – une succession de tâches individuelles étant nettement moins impressionnante qu'un projet global.

Pour éviter de vous sentir dépassé, suivez l'évolution de votre projet et de vos tâches séparément. Voici comment je procède : j'ai toujours sur moi un cahier qui contient une petite fiche cartonnée.* Sur cette carte figure une courte liste de mes projets en cours. Le cahier, lui, contient ma liste des choses à faire : les actions suivantes qui feront avancer mes projets et que j'effectue grâce au système « Autofocus » créé par Mark Forster.** Ce système m'aide à utiliser mon intuition pour identifier ce que je peux faire ici et maintenant pour avancer dans mes projets. Tant que mes projets sont reliés à mes Objectifs et en accord avec mon État d'esprit préféré, les réaliser n'est qu'une question de temps.

Concentrez-vous sur l'Action suivante à effectuer et vous accomplirez l'ensemble de votre projet sans aucun problème.

RETROUVEZ CE CONCEPT À L'ADRESSE : **http://book.personalmba.com/next-action/**

L'extériorisation

> « Les mots sont une lentille grossissante qui permet de concentrer son esprit. »
>
> AYN RAND, PHILOSOPHE ET AUTEUR DE *LA RÉVOLTE D'ATLAS* ET DE *LA SOURCE VIVE*

Le fonctionnement de notre cerveau est soumis à des bizarreries, notamment celle de mieux gérer les informations extérieures que les pensées qui s'entrechoquent à l'intérieur.

Si vous avez déjà travaillé avec un coach, vous savez ce que je veux dire. Lorsque vous faites un exercice tout seul, il est très facile d'écouter votre petite voix intérieure qui vous dit : « Cela fait mal et réclame beaucoup d'efforts, tu devrais t'arrêter » – même s'il est dans votre intérêt de continuer.

* Pour avoir un panorama complet de mon système de productivité personnel, consultez http://book.personalmba.com/bonus-training/

** http://www.markforster.net/autofocus-system/

Lorsque vous travaillez avec quelqu'un d'autre, cette petite voix s'efface puisqu'il y a une personne dans votre ***Environnement*** qui vous encourage à aller un tout petit peu plus loin dans votre effort. Et, du coup, votre séance d'entraînement est plus productive.

Puisque nous répondons plus facilement à des stimuli présents dans notre Environnement qu'à nos propres pensées intérieures, nous pouvons employer une méthode simple pour améliorer notre productivité – à savoir traduire nos pensées internes sous une forme externe que notre cerveau pourra utiliser plus efficacement.

L'***Extériorisation*** tire profit de nos capacités de perception de manière très intelligente. En traduisant nos processus de pensée internes sous forme externe, l'Extériorisation nous permet de réintroduire l'information dans notre cerveau à travers un canal de transmission différent qui nous donne accès à des ressources cognitives supplémentaires que nous pouvons utiliser pour traiter la même information, mais autrement.

Nous pouvons Extérioriser nos pensées par deux moyens principaux : l'écriture et la parole. L'écriture (ou le dessin si vous préférez) est le meilleur moyen de saisir des idées, des projets et des actions. L'écriture vous permet, non seulement de stocker l'information sous une forme à laquelle vous pouvez vous référer ultérieurement, mais elle donne à votre cerveau l'occasion d'examiner ce que vous savez sous un angle différent. Des difficultés que vous ressassez dans votre lobe frontal et qui vous semblent insurmontables peuvent être résolues étonnamment vite une fois couchées sur papier.

Noter vos idées par écrit vous permet, non seulement de conserver vos pensées pour vous y référer plus tard, mais aussi de les partager plus facilement avec les autres. Ne dit-on pas que l'encre la plus pâle vaut mieux que la meilleure mémoire ? Les cahiers de notes et les journaux personnels, s'ils sont utilisés régulièrement, valent leur pesant d'or.

Vous parler à vous-même ou parler à quelqu'un d'autre est une autre méthode d'Extériorisation efficace. L'Extériorisation vocale explique pourquoi nous parvenons si souvent à résoudre des problèmes personnels juste en parlant avec un ami ou un collègue. Parler de votre problème vous permet de mieux le cerner et le comprendre, même si votre interlocuteur n'a pas dit un mot.

Mais pour Extérioriser vocalement ses pensées, encore faut-il trouver quelqu'un qui accepte de vous écouter patiemment et évite de vous interrompre.

Toujours est-il que même se parler à soi-même ou prendre à témoin un objet inanimé peut aider : exposer votre problème à un canard en caoutchouc, à un ours en peluche, à une poupée ou à un objet anthropomorphe posé sur votre bureau peut vous faire beaucoup de bien, à condition de surmonter la gêne initiale.

L'essentiel est de ne pas laisser vos pensées enfermées dans votre tête. Expérimentez différentes approches pour voir celle qui marche le mieux pour vous. Et, dans votre planning, consacrez un petit moment de la journée à une séance d'Extériorisation – dans l'idéal, le matin ou le soir.

Quelle que soit la forme d'Extériorisation que vous choisissez, plus vous Extérioriserez vos pensées, plus elles seront claires et plus vite vous progresserez vers la réalisation de vos Objectifs.

RETROUVEZ CE CONCEPT À L'ADRESSE : **http://book.personalmba.com/externalization/**

Le questionnement personnel

« Comment savoir ce que je pense si je n'entends pas ce que je dis ? »

E. M. FORSTER, ROMANCIER ET ACTIVISTE

L'Extériorisation produit un résultat optimal si vous l'utilisez pour examiner vos projets, vos objectifs et vos actions. Noter les événements de la journée sous la forme d'un journal permet de les consulter ultérieurement, mais utiliser un journal ou un confident pour résoudre ses problèmes est encore plus efficace.

Le ***Questionnement Personnel*** est une pratique qui consiste à vous poser des questions et à y répondre. En vous posant les bonnes questions (ou en travaillant avec quelqu'un qui vous pose les bonnes questions), vous pouvez prendre conscience de beaucoup de choses ou générer très rapidement de nouvelles idées.

Les Cinq pourquoi et les Cinq comment sont des exemples de questionnement personnel. En vous posant simplement des questions, vous explorez des possibilités que vous n'aviez pas envisagées auparavant et procédez à un Ciblage pour sélectionner les informations qui vous intéressent.

Dans *Self-Directed Behavior*, David Watson et Roland Tharp expliquent une technique de questionnement intérieur très efficace à laquelle vous pouvez recourir pour découvrir les raisons qui motivent certains de vos comportements négatifs. La Méthode ACC (Antécédents, Comportement, Conséquences) est constituée d'un ensemble de questions à vous poser à chaque fois que vous remarquez un comportement personnel que vous souhaitez modifier.

Si vous notez vos réponses aux questions suivantes dans un journal, à quel moment vos comportements se manifestent, ainsi que leur fréquence et leur durée, vous allez très certainement découvrir des modèles de comportement ou de pensée. Et une fois le modèle identifié, il est plus facile de modifier le comportement.

Antécédents

- Quand cela s'est-il passé ?
- Avec qui étiez-vous ?
- Que faisiez-vous ?
- Où étiez-vous ?
- Qu'étiez-vous en train de vous dire ?
- Quelles étaient vos pensées ?
- Quels étaient vos sentiments et/ou vos émotions ?

Comportement

- Qu'étiez-vous en train de vous dire ?
- Quelles étaient vos pensées ?
- Quels étaient vos sentiments et/ou vos émotions ?
- Qu'étiez-vous en train de faire ?

Conséquences

- Que s'est-il passé finalement ?
- Était-ce agréable ou désagréable ?

Si vous ne savez pas par où commencer, vous aurez du mal à identifier les questions importantes. La solution ? Demandez-vous : « Quelles sont les meilleures questions que je pourrais me poser au sujet de cette situation ? » Cette question générale s'applique à toutes les situations et va vous aider à établir une liste de sujets pertinents à explorer. Une fois que vous aurez cette liste de questions, vous pourrez continuer avec des questions connexes qui vous aideront à trouver des réponses. Par exemple : « À qui je peux demander ? », « Qu'est-ce que je peux lire ? » et « Qu'est-ce que je pourrais essayer ? ».

Vous poser les bonnes questions vous aide à trouver les bonnes réponses. Prenez l'Habitude de vous poser systématiquement les bonnes questions et vous serez surpris de voir avec quelle facilité vous surmonterez les difficultés que vous rencontrez.

RETROUVEZ CE CONCEPT À L'ADRESSE : **http://book.personalmba.com/self-elicitation/**

La simulation prospective

« Soyez capable de poser clairement une question et vous avez déjà les deux tiers de votre réponse. »

JOHN RUSKIN, CRITIQUE D'ART ET SOCIOLOGUE BRITANNIQUE

Comme nous l'avons expliqué dans la section sur la Simulation mentale, notre cerveau est sans cesse en train d'essayer de prédire l'avenir. À présent, il est temps d'apprendre à simuler intentionnellement des actions potentielles.

Les questions « et si ? » vous permettent d'accéder directement aux capacités de simulation de votre cerveau. Vous pouvez considérer la ***Simulation prospective*** comme de l'imagination appliquée – vous posez consciemment la question « et si ? » ou « que se passerait-il si ? » à votre cerveau, puis vous le laissez faire ce qu'il sait faire le mieux.

En s'appuyant sur la Reconnaissance de modèle, les Associations mentales et les Interprétations que vous avez stockées dans votre mémoire, votre cerveau va produire ce qu'il croit être le résultat le plus probable. Tout ce que vous avez à faire est de suspendre votre jugement, de poser la question et d'attendre la réponse.

La Simulation prospective est l'une de nos facultés les plus puissantes, mais aussi les plus sous-exploitées. Au lieu d'attendre que votre cerveau simule une action donnée, la Simulation prospective l'oblige à réaliser les simulations que vous voulez lui faire faire.

La Simulation prospective doit son efficacité à la souplesse du cerveau : vous pouvez simuler tout ce que vous voulez. L'objet de votre simulation peut être totalement arbitraire – la seule limite étant celle de votre imagination. Si vous souhaitez simuler ce qui se passerait si vous abandonniez soudainement votre travail pour aller vous installer à Tahiti, rien ne vous en empêche. Vous pourriez même simuler ce qui se passerait si vous viviez dans 10 000 ans ou déménagiez sur Jupiter.

La Simulation prospective peut vous aider à découvrir des opportunités cachées que vous pensiez impossibles. Lorsque je travaillais chez P&G, je rêvais souvent de m'installer à mon compte et de consacrer tout mon temps au développement du Personal MBA, mais je me disais toujours que c'était trop tôt, que je verrais cela dans un ou deux ans. Et l'année d'après, je me disais la même chose. Il m'était agréable de m'imaginer en train de travailler en freelance, mais je partais du principe que ce n'était pas réaliste sans examiner réellement les possibilités.

Tout a changé après ma découverte de la Simulation prospective. En septembre 2008, alors que j'étais en voyage d'affaires, j'ai réalisé une simulation : « Que va-t-il se passer si je quitte mon poste chez P&G début novembre pour mon anniversaire ? » Je jugeais cette question irréaliste, mais suffisamment ambitieuse pour être intéressante, alors j'ai Inhibé mon jugement et procédé à une simulation.

Lorsque vous réalisez une Simulation prospective, vous partez du principe que l'événement ou l'état final que vous simulez est déjà vrai. Fournissez à votre cerveau une destination artificielle et il va automatiquement remplir les vides entre le point A et le point B. En simulant que je quittais P&G, j'ai supposé que cet événement allait se produire, puis j'ai imaginé comment les choses pourraient se passer.

En cours de simulation, d'autres questions me sont venues à l'esprit, naturellement. Combien j'allais pouvoir gagner ? Combien de clients il me faudrait ? Sur quels autres projets j'allais travailler et combien d'argent je devrais générer pour atteindre le Point de suffisance financière ? Au moment où ces questions ont surgi, j'ai essayé d'y répondre du mieux possible et noté mes réponses sur un cahier.

À la fin de ma Simulation prospective, j'avais découvert qu'il m'était possible de quitter P&G immédiatement et non pas dans un an ou deux. Quand je suis retourné travailler le lundi, j'ai donné ma démission. Mon dernier jour de travail en entreprise tombait quatre jours avant mon vingt-huitième anniversaire.

Selon mon expérience personnelle, le temps passé à faire de la Simulation prospective n'est jamais perdu. Au lieu de vous dire que ce que vous voulez est irréaliste ou impossible, vous imaginez ce qu'il vous faudrait pour réaliser votre désir. Après ce genre de simulation, vous avez toujours une meilleure compréhension de ce dont vous avez besoin pour réaliser votre projet ou de ce qui devrait se passer pour le faire fonctionner.

Pratiquez la Simulation prospective et vous serez très étonné de voir comme il est facile d'accomplir des choses que vous n'osiez imaginer qu'en rêve.

RETROUVEZ CE CONCEPT À L'ADRESSE : **http://book.personalmba.com/counterfactual-simulation/**

La loi de Parkinson

« Le travail s'étale de façon à occuper le temps disponible pour son achèvement. »

CYRIL NORTHCOTE PARKINSON, HISTORIEN DE LA MARINE ET THÉORICIEN DU MANAGEMENT

En 1955 Cyril Northcote Parkinson a rédigé un essai humoristique dans *The Economist* fondé sur son expérience dans l'administration britannique. Dans cet essai apparaît pour la première fois ce qui deviendra sa loi éponyme : « Le travail s'étale de façon à occuper le temps disponible pour son achèvement. »

Si quelque chose doit être fait en une année, il sera fait en une année. Si quelque chose doit être accompli la semaine prochaine, il sera accompli la semaine prochaine. Si quelque chose doit être réalisé demain, il sera réalisé demain. Nous projetons d'effectuer certaines tâches en fonction du temps dont nous disposons, et quand le délai approche, nous commençons à faire des Choix et des Compromis pour parvenir à achever ces tâches en temps.

La ***Loi de Parkinson*** n'est pas faite pour fixer des délais irréalistes. Tous les projets prennent du temps et vous ne pouvez pas construire un gratte-ciel en un jour ou une usine en une semaine. Plus le projet est complexe, plus il prend de temps – jusqu'à un certain point.

La Loi de Parkinson montre toute sa puissance combinée avec la Simulation prospective. Qu'est-ce qui se passerait si vous finissiez votre projet dans un délai très court ? Si vous deviez construire un gratte-ciel en une journée, comment vous y prendriez-vous pour accomplir ce tour de force ? Répondez à la question et vous découvrirez des techniques ou des approches que vous pourrez utiliser pour accomplir votre travail plus rapidement que prévu.

Ingvar Kamprad, le fondateur d'Ikea, a dit un jour : « Si vous divisez votre journée en petits créneaux de dix minutes et si vous essayez d'en perdre le moins possible, vous serez étonné du travail que vous pouvez accomplir. » Pour les petites tâches, appliquez ce que j'appelle la Règle d'Ingvar – partez du principe que chacune de vos actions ne vous prendra pas plus de dix minutes, puis mettez-vous au travail. Réunions et coups de téléphone obéissent à cette règle. Même si l'on considère qu'une réunion dure une heure en moyenne, vous pouvez en tirer autant, si ce n'est plus, de bénéfices en la réduisant à dix minutes.

Alors quelle que soit votre action à effectuer, demandez-vous : « Que ferais-je si je n'avais que dix minutes pour l'accomplir ? » et agissez en conséquence.

RETROUVEZ CE CONCEPT À L'ADRESSE : **http://book.personalmba.com/parkinsons-law/**

Le scénario catastrophe

« Ce qui paraît grand vu de loin n'est finalement pas si grand que cela vu de près. »

BOB DYLAN, COMPOSITEUR ET CHANTEUR

Si vous êtes en mode Concentration sur la menace, vous avez du mal à agir, car votre esprit est obnubilé par la menace que vous percevez, imaginant des scénarios dignes d'un film d'horreur.

Supposons que vous envisagiez de monter votre propre affaire, mais que vous êtes paralysé à l'idée de devoir vous débrouiller seul. Vous vous imaginez donner votre démission et vous voyez déjà en train d'investir beaucoup d'argent dans une affaire qui ne marche pas, de faire faillite et de devenir mendiant. Vous serez incapable de retrouver un emploi, tout le monde vous détestera et vous passerez le restant de vos jours à vivre dans une caravane sous un pont.

Comment faites-vous pour inciter votre cerveau à cesser de vouloir vous protéger s'il est clair qu'il réagit de façon excessive ?

Un ***Scénario catastrophe*** est une Simulation prospective où vous imaginez que tout ce qui peut mal se passer se passe mal. Que va-t-il se passer si vous ne terminez pas ce projet à temps ? Que va-t-il vous arriver si votre projet ne marche pas ? Et si vous perdez tout ? Et si tout le monde se moque de vous ?

Les Scénarios catastrophe ne sont qu'une approche pessimiste qui vous aide à réaliser que, dans la plupart des situations, tout va bien pour vous. Le Syndrome de l'homme des cavernes pousse notre cerveau archaïque à tout dramatiser, comme si toute menace potentielle était une question de vie ou de mort. Si nous sommes aussi stressés, c'est parce que notre cerveau Interprète la perte des ressources, l'affaiblissement du statut social ou le rejet comme des menaces à notre survie. Ce fut le cas pendant très longtemps, mais ne l'est plus aujourd'hui. À notre époque, vous pouvez perdre de l'argent, subir des échecs ou être rejeté des centaines de fois par jour sans pour autant perdre la vie.

Si vous regardez vos plus grandes peurs en face, vous découvrez finalement que les choses ne sont pas aussi terribles que vous le pensiez. Créer un Scénario catastrophe est l'équivalent de donner une lampe électrique à un petit enfant terrorisé à l'idée qu'il y a des monstres sous son lit – en mettant en lumière l'objet de leur peur, ils se rendent compte qu'il n'y a rien à craindre.

En Extériorisant et en donnant un nom à vos plus grandes peurs, vous découvrez ce qu'elles sont vraiment, à savoir des réactions irrationnelles excessives. Et, le plus souvent, vous vous rendez compte que vous aviez peur de quelque chose qui n'a pas vraiment d'importance. Même s'il vous arrive un événement fâcheux, cet événement fâcheux ne sera pas aussi fâcheux que vous le pensiez. Dès que vous réalisez que vous n'allez pas en mourir, vous êtes libre d'aller au-delà de ce que vous osiez faire.

Une fois que vous avez imaginé votre Scénario catastrophe, vous ne pouvez qu'agir pour améliorer la situation. Si vous montez votre affaire, vous pouvez commencer à définir les risques réels et réfléchir à des moyens de les réduire. Au lieu d'être victime de vos peurs, vous les utilisez de façon constructive.

Construisez votre Scénario catastrophe et vous ferez de votre cerveau archaïque porté aux exagérations votre allié et non plus votre ennemi.

RETROUVEZ CE CONCEPT À L'ADRESSE : **http://book.personalmba.com/doomsday-scenario/**

La tendance à la surestimation

« Je ne me suis pas trompé depuis 1961, date à laquelle j'ai pensé avoir commis une erreur. »

BOB HUDSON, HOMME POLITIQUE AMÉRICAIN

Lorsque vous regardez des concours de chant à la télévision, ne vous arrive-t-il pas d'avoir un mouvement de recul en voyant certains candidats montrer au monde entier combien ils chantent mal ?

L'aspect le plus fascinant de ce genre de spectacle n'est pas tant que les candidats ne savent pas chanter, mais qu'ils croient être des chanteurs de talent. Comment peuvent-ils autant se leurrer sur quelque chose d'aussi évident que leur manque de talent ?

La ***Tendance à la surestimation*** est la tendance naturelle à surestimer vos propres capacités, en particulier si vous n'avez qu'une expérience limitée du domaine en question. Certes, avoir confiance dans nos capacités offre des avantages, notamment d'augmenter nos chances d'essayer quelque chose de nouveau. C'est ce qui explique pourquoi des novices en la matière accomplissent parfois des prouesses – ils agissent sans réaliser à quel point leur Objectif était risqué ou difficile à atteindre.

Steve Wozniak, le cofondateur d'Apple avec Steve Jobs, a mis au point le premier ordinateur personnel du monde. Et voici ce qu'il disait de son expérience : « Je n'avais jamais rien fait de ce genre auparavant, je n'avais jamais construit d'ordinateur, je n'avais jamais créé d'entreprise, je n'avais aucune idée de ce que j'étais en train de faire. Mais je savais que je pouvais le faire, et je l'ai fait. »

Malheureusement, la confiance naturelle amène souvent les individus à se faire des illusions qui peuvent leur coûter cher.

La tendance à la surestimation est encore plus prononcée si vous ne savez pas grand-chose du domaine en question. Plus une personne est incompétente, moins elle réalise qu'elle est incompétente. En revanche, plus une personne possède de connaissances, plus elle est capable d'évaluer ses capacités et donc de douter d'elle-même jusqu'à ce qu'elle ait suffisamment d'expérience pour savoir qu'elle maîtrise le sujet.

Selon David Dunning et Justin Kruger de la Cornell University, le célèbre mot d'esprit de Charles Darwin « L'ignorance engendre plus fréquemment la confiance en soi que ne le fait la connaissance » est tout à fait vrai. Ils expliquent l'effet Dunning-Kruger de la façon suivante :
1. Les individus incompétents ont tendance à surestimer leur propre niveau de compétence.
2. Les individus incompétents ne reconnaissent pas les compétences réelles des autres.
3. Les individus incompétents ne reconnaissent pas l'ampleur de leur insuffisance.
4. S'ils sont amenés à améliorer considérablement leur propre niveau de compétence, les individus incompétents peuvent reconnaître qu'ils manquaient de compétence.

Les personnes « inconsciemment incompétentes » ignorent qu'elles sont incompétentes – elles en savent tellement peu dans le domaine en question qu'elles sont incapables de voir à quel point elles en savent peu. C'est la raison pour laquelle tous les coiffeurs ou les chauffeurs de taxi que vous rencontrez sont des experts en économie et en politique internationale.

Une fois que vous développez vos connaissances dans un domaine particulier, vous devenez « consciemment incompétent », c'est-à-dire que vous savez que vous ne savez pas. Par conséquent, la plupart des individus deviennent moins confiants dans leurs capacités dès qu'ils en savent davantage sur un sujet donné. En général, l'amélioration des connaissances permet de mieux apprécier les limites de son savoir et de ses compétences.

Développer une « compétence consciente » – le fait de savoir ce que vous faites – exige de l'expérience, du savoir et de la pratique. Lorsque vous devenez compétent en toute conscience, vous retrouvez votre confiance : vous connaissez désormais les limites de votre savoir et pouvez évaluer précisément vos capacités.

Une certaine dose d'humilité est une qualité précieuse pour se remettre en question. La confiance en soi excessive peut parfois amener l'individu à faire de grandes choses, mais c'est un pari risqué – si vous n'êtes pas encadré ni conseillé, vous risquez fort de vous retrouver dans une situation critique. Cultiver une humilité saine peut vous empêcher de partir du principe que vous savez tout sur tout pour découvrir un jour, douloureusement, que c'est loin d'être le cas.

La Tendance à la surestimation est une tendance universelle (faites très attention si votre première impulsion est de penser que vous n'êtes pas concerné). Il est donc important d'avoir des conseillers de confiance qui n'hésitent pas à vous dire que vous commettez une erreur quand vous vous trompez. La Tendance à la surestimation peut avoir des conséquences fâcheuses lorsqu'il s'agit d'estimer un délai – l'excès de confiance est une cause majeure de l'***Illusion du Planning*** (concept abordé ultérieurement). Lorsque j'ai donné mon accord pour écrire ce livre, je croyais que j'allais en avoir pour six mois environ – mais comme je n'avais jamais écrit de livre auparavant, je n'en avais aucune idée. Des personnes plus expérimentées de mon entourage m'ont dit qu'il faudrait plutôt tabler sur un an d'écriture, et j'ai bien fait de les écouter, car ils avaient raison.

Nous avons tous tendance à surestimer nos capacités. Alors ne vous entourez surtout pas de béni-oui-oui ! Car les gens qui sont toujours d'accord avec vous et soutiennent systématiquement vos décisions ne peuvent pas vous aider à vous corriger et sont bien incapables de vous empêcher de faire des erreurs.

Cultivez des relations avec des personnes qui osent vous dire que vous émettez des hypothèses contestables ou que vous êtes en train de vous fourvoyer – ce sont des amis précieux.

RETROUVEZ CE CONCEPT À L'ADRESSE : **http://book.personalmba.com/excessive-self-regard-tendency/**

Le biais de confirmation

« Le danger, ce n'est pas ce qu'on ignore, c'est ce qu'on tient pour certain et qui ne l'est pas. »

MARK TWAIN, ÉCRIVAIN AMÉRICAIN

Paradoxalement, l'un des meilleurs moyens de savoir si vous avez raison ou tort est de rechercher activement des informations qui prouvent que vous avez tort.

Le ***Biais de confirmation*** est la tendance générale des individus à prêter Attention aux informations qui vont dans le sens de leurs conclusions et à ignorer les informations susceptibles de les invalider. Nous n'aimons pas particulièrement reconnaître que nous avons pris une mauvaise décision, c'est pourquoi nous sélectionnons les informations sur lesquelles nous focalisons notre attention.

Plus nos opinions ou nos convictions sont fortes, plus nous ignorons les sources d'information susceptibles de les mettre en question. C'est la raison pour laquelle vous n'allez pas trouver beaucoup de conservateurs lire des journaux libéraux et vice versa – ils savent déjà qu'ils ne sont pas d'accord, alors à quoi bon ? Malheureusement, les deux camps s'en trouvent radicalisés puisque ni l'un ni l'autre ne recherchent des informations qui pourraient ébranler leurs convictions.

Le meilleur moyen de combattre le Biais de confirmation est de rechercher délibérément des sources d'information de nature à contester votre hypothèse ou votre croyance actuelle. Lorsque ma femme et moi nous sommes mis à un régime végétalien pendant plusieurs années, il nous a été facile d'adopter aussi la mentalité qui va avec et de nous dire que nous faisions un choix optimal pour notre santé, pour nos amis les animaux et pour la planète. Avec cette vision des choses, nous avions du mal à prêter attention à des sources d'information contestant les bienfaits du régime végétalien.

Finalement, nous avons changé d'avis après avoir trouvé des preuves en contradiction. Après avoir lu *The Vegetarian Myth* de Lierre Keith, nous avons découvert que le végétarisme n'était pas aussi bon pour la santé ou l'environnement que nous le pensions. *Le Pouvoir des protéines* de Michael R. et Mary Dan Eades nous en a appris davantage sur les transformations biochimiques des aliments que nous mangeons et sur le fonctionnement des ***Boucles de rétroaction*** (concept abordé ultérieurement) qui existent dans notre métabolisme. Résultat : nous avons découvert que certains de nos problèmes de santé chroniques (manque d'énergie, digestion ralentie, etc.) étaient dus à notre régime végétalien.

Ces deux livres, qui apportaient des preuves en contradiction avec notre croyance initiale, nous ont incités à changer d'avis. Nous avons beaucoup appris de notre expérience, à la fois sur l'alimentation et sur l'importance de prêter attention aux preuves qui vont dans un sens opposé.

Il est naturellement difficile de s'intéresser aux preuves en contradiction, car cela signifie chercher activement des raisons pour lesquelles nous pourrions avoir tort, et nous détestons avoir tort. Mais nous pouvons aussi découvrir des preuves de la validité de notre opinion, autrement dit des raisons supplémentaires d'avoir raison. L'essentiel étant de nous abstenir de tout jugement assez longtemps pour tirer la leçon de notre expérience.

Il n'est pas confortable, mais il est utile de chercher des informations susceptibles de réfuter nos opinions ou nos convictions, quelle que soit notre décision finale.

RETROUVEZ CE CONCEPT À L'ADRESSE : **http://book.personalmba.com/confirmation-bias/**

Le biais rétrospectif

> « Termine ta journée et n'en parlons plus. Tu as fait ce que tu as pu. Des impairs et des absurdités s'y sont sans doute glissés, mais oublie-les bien vite. Demain est un autre jour ; tâche de bien le commencer et avec sérénité, sans laisser ta bonne humeur s'encombrer de tes sottises passées. »
>
> RALPH WALDO EMERSON, ESSAYISTE, POÈTE ET PHILOSOPHE AMÉRICAIN

Comment vous sentez-vous lorsque vous vous rendez compte que vous avez commis une erreur ?

Le ***Biais rétrospectif*** est la tendance naturelle à s'accuser de choses qu'on aurait dû savoir. À se donner des gifles en se disant : « Quel imbécile tu fais ! » Si vous perdez votre emploi, vous auriez dû savoir que c'était inévitable. Si le cours d'une action que vous possédez chute de 80 % du jour au lendemain, vous auriez dû la vendre. Si vous lancez un produit que personne n'achète, vous auriez dû savoir qu'il était voué à l'échec.

Vous êtes stupide. Car si vous aviez su alors ce que vous savez maintenant, vous n'auriez pas fait ce que vous avez fait.

Chaque décision que vous prenez est basée sur des informations incomplètes et vous devez faire appel à l'Interprétation pour combler les vides. Puisque vous n'êtes pas omniscient, vous aurez toujours plus d'informations au moment où vous évaluez les résultats de votre action qu'au moment où vous avez pris votre décision.

Par conséquent, il est très facile de se sentir idiot si les choses ne se passent pas comme prévu. Il est important de réaliser que ces sentiments sont irrationnels, que vous avez pris votre décision en fonction des informations dont vous disposiez à ce moment-là et que vous ne pouvez rien faire de plus maintenant pour changer la situation.

Ne vous en voulez pas de choses que vous auriez dû voir ou que vous auriez dû faire. Changer le passé est en dehors de notre ***Zone de contrôle*** (concept abordé ultérieurement), alors à quoi bon gaspiller notre énergie à imaginer ce qui aurait pu être ? Le Biais rétrospectif devient destructeur si vous vous accusez ou accusez les autres de ne pas savoir ce qu'il est impossible de savoir.

Réinterprétez vos erreurs passées sous un éclairage constructif et concentrez vos efforts sur ce que vous pouvez faire ici et maintenant pour aller dans le bon sens.

RETROUVEZ CE CONCEPT À L'ADRESSE : **http://book.personalmba.com/hindsight-bias/**

Le seuil d'incompétence

> « S'il n'est pas contrôlé, le travail va envahir progressivement l'homme compétent et finir par le submerger. »
>
> CHARLES BOYLE, ANCIEN MEMBRE DU CONGRÈS AMÉRICAIN

Il est préférable d'être occupé que de s'ennuyer, mais il est possible d'être trop occupé pour se sentir bien.

Le ***Seuil d'incompétence*** est un concept qui explique ce qui se passe quand vous avez trop de choses à faire. Au-delà d'une certaine limite, plus un individu a de choses à faire, moins il les fait bien.

Imaginez-vous en train de jongler avec des quilles de bowling. Si vous êtes adroit, vous pourrez peut-être jongler avec trois ou quatre quilles sans les faire tomber. Mais plus vous avez de quilles entre les mains, plus vous risquez de les laisser tomber par terre en jonglant avec.

Si vous voulez être productif, vous devez vous fixer des limites. Jongler avec des centaines de tâches et des dizaines de projets n'est pas tenable : vous risquez de commettre des erreurs, d'aller tout droit à l'échec et d'être victime du burn out. Rappelez-vous la Loi de Parkinson : si vous ne limitez pas le temps dont vous disposez, votre travail va s'étendre pour le remplir complètement, brûlant toute votre énergie et vous menant à l'épuisement total.

Les limites ont toujours des conséquences ; si vous n'êtes pas prêt à gérer les conséquences, c'est qu'il n'y a pas réellement de limite. Si votre patron vous demande de travailler vingt heures par jour, sept jours par semaine, et que vous refusez en posant des limites à vos heures de travail, vous risquez de perdre votre emploi. Abattre vingt heures de travail par jour est complètement irréaliste, mais si vous n'acceptez pas la possibilité de perdre votre travail, c'est que vous n'avez pas réellement fixé de limite.

Vous devez aussi vous garder un minimum de temps pour faire face à l'imprévu. La plupart des entreprises modernes sont convaincues que le « temps mort » est improductif et que les salariés doivent être occupés tout le temps. Malheureusement, cette mentalité ignore la nécessité de gérer les événements imprévus, et il y en a toujours. Le temps dont vous disposez dans une journée est, par essence, limité, et si, chaque jour, votre agenda est rempli, vous aurez du mal à répondre à des exigences nouvelles et imprévues.

Vous ne pouvez pas constamment tourner à 110 % de vos capacités. Alors utilisez les Quatre méthodes pour terminer une action pour éliminer, reporter ou déléguer les tâches non prioritaires qui risquent de vous faire atteindre le Seuil d'incompétence. En gardant quelques « capacités de production » en réserve, vous pourrez gérer sans tarder les Actions prioritaires.

RETROUVEZ CE CONCEPT À L'ADRESSE : **http://book.personalmba.com/performance-load/**

Les cycles de l'énergie

« Nous avons tous des moments où notre pensée est particulièrement efficace et des moments où nous devrions nous abstenir de penser. »

DANIEL COHEN, AUTEUR FRANÇAIS

Le problème avec la « gestion du temps » est le suivant : ce n'est pas le temps qu'il faut gérer. Quoi que vous choisissiez de faire, le temps va passer, inévitablement. Les systèmes de gestion du temps partent du principe que chaque heure qui passe est interchangeable, autrement dit que toutes les heures se valent. Rien n'est plus éloigné de la réalité : tous les êtres humains ont été créés égaux, mais pas toutes les heures.

Votre niveau d'énergie fluctue tout au long de la journée. Votre organisme est soumis à des rythmes naturels que j'appelle les ***Cycles de l'énergie***. Vous connaissez certainement le rythme circadien qui vous réveille le matin et vous donne envie de vous coucher le soir. Mais peut-être n'avez-vous jamais entendu parler du rythme ultradien décrit dans *Le pouvoir de l'engagement total* de Jim Loehr et Tony Schwartz.

Le rythme ultradien influence les systèmes organiques et, notamment, commande les fluctuations hormonales. Lorsque votre énergie est au plus haut, vous êtes capable de vous concentrer au maximum et d'accomplir beaucoup de choses. Lorsqu'elle est au plus bas, votre cerveau et votre corps n'ont qu'un désir : se reposer et récupérer. Ces fluctuations énergétiques au cours de la journée n'ont rien d'anormal, et pourtant nous avons tendance à considérer nos baisses de régime comme des problèmes à résoudre.

De nos jours, nous essayons de « manipuler » ce cycle pour en faire plus en nous reposant moins. Dans les entreprises où la concurrence est particulièrement rude, il n'est pas rare de travailler huit à douze heures d'affilée par jour, sans aucune pause. La plupart des salariés tentent alors de doper les performances de leur cerveau à grands renforts de sucre et de caféine. Certains vont même jusqu'à abuser des médicaments ou à prendre des drogues pour travailler un peu plus longtemps ou un peu plus vite.

Comme tous les organismes biologiques, les êtres humains ont besoin de se reposer et de récupérer pour être au top de leur productivité. Faire une pause n'est pas un signe de paresse ou de faiblesse, mais la reconnaissance d'un Besoin humain. Prêter attention à votre Cycle de l'énergie naturel va vous aider à obtenir des performances optimales sur de longues périodes.

Voici quatre conseils très simples pour travailler avec votre organisme et non contre lui :

1. *Découvrez vos tendances naturelles* – Notez dans un cahier ou sur un agenda votre « état énergétique » à différents moments de la journée, ainsi que ce que vous mangez et buvez. Si vous faites cela durant quelques jours, vous allez identifier des schémas de fluctuation de votre énergie, ce qui va vous permettre d'organiser votre travail en conséquence.

2. *Optimisez les moments où votre énergie est au plus haut* – Lorsque vous atteignez un « pic » énergétique, vous êtes capable d'abattre beaucoup de travail ; par conséquent, veillez à tirer profit de cette énergie maximale en organisant votre journée en conséquence. Si vous faites un travail créatif, réservez-vous les

trois à quatre heures durant lesquelles vous êtes au mieux de vos capacités. Si votre travail consiste à assister à de nombreuses réunions, programmez les plus importantes quand votre énergie est au top.

3. *Faites une pause* – Lorsque vous ressentez une baisse d'énergie, reposez-vous au lieu de forcer la machine. Le repos et la récupération ne sont pas optionnels – si vous ne faites pas de pause au moment où votre organisme en a le plus besoin, il va vous obliger à vous reposer plus tard, soit en prolongeant les phases où votre énergie est au plus bas, soit en tombant malade. Par conséquent, profitez d'une baisse de régime pour aller vous promener, méditer ou faire une sieste de vingt minutes. La détente vous permettra de recharger vos batteries et d'exploiter au mieux le prochain cycle de remontée de l'énergie.

4. *Dormez suffisamment* – Le manque de sommeil prolonge les cycles avec une énergie faible et entrave la performance. Pour être sûr de dormir suffisamment, faites sonner un minuteur une heure avant le moment où, théoriquement, vous devriez vous être endormi. Lorsqu'il retentit, éteignez l'ordinateur et/ou la télévision, procédez aux rituels d'usage (se changer, se brosser les dents, etc.), préparez-vous une infusion et prenez un bon livre. Lorsque vous commencez à moins bien comprendre ce que vous lisez, vous savez qu'il est temps d'aller au lit.

Si vous prêtez attention à vos Cycles de l'énergie au cours de la journée, vous exploiterez au mieux le temps dont vous disposez. Faites un maximum de choses lorsque votre énergie est au plus haut et reposez-vous lorsqu'elle est au plus bas. Vous serez étonné de votre niveau de productivité.

RETROUVEZ CE CONCEPT À L'ADRESSE : **http://book.personalmba.com/energy-cycles/**

Stress et récupération

« Seuls ceux qui prennent le risque d'aller trop loin peuvent découvrir jusqu'où ils peuvent aller. »

T. S. ELIOT, POÈTE, ESSAYISTE ET AUTEUR DRAMATIQUE BRITANNIQUE

Durant mon dernier semestre à l'université, à l'époque où j'ai créé le Personal MBA, j'ai atteint mes limites et me suis retrouvé au bout du rouleau. Je prenais 22 heures de cours sur trois sujets : les systèmes d'information de l'entreprise, l'immobilier et la philosophie. Chacune des disciplines comportait un examen final et un projet personnel. Deux de ces cours exigeaient la rédaction d'un article d'au moins vingt pages sur un sujet extrêmement complexe. J'avais beaucoup trop de travail pour le temps dont je disposais.

Arrivé aux quinze derniers jours, j'étais une véritable épave : manque de sommeil, épuisement et stress intense. J'ai réussi à tout faire à temps, mais cette surcharge de travail a laissé des traces et il m'a fallu plusieurs semaines de repos total après l'obtention de mon diplôme pour retrouver toutes mes forces.

Même si cette expérience n'a pas été agréable, je suis heureux d'être allé au bout de moi-même, car désormais je connais mes limites : je sais de quoi je suis capable et ce qui est au-delà de mes capacités. Je sais mieux comment mon esprit et mon corps réagissent au stress et je peux identifier les signes d'avertissement qui m'empêchent de perdre le contrôle de la situation.

Résultat : j'ai appris à travailler à 90 % de mes capacités, ce qui est suffisant pour en faire beaucoup sans risquer l'épuisement. Je peux écrire, faire du conseil et travailler sur quelques projets annexes intéressants. Prêter attention au ***Stress*** et à la ***Récupération*** m'évite de prendre une charge de travail trop importante. Je sais désormais quand je peux appuyer sur l'accélérateur et quand je dois ralentir.

Il est impossible de connaître ses limites tant qu'on ne décide pas de les repousser. À condition de limiter vos expériences à des choses qui ne vont pas vous tuer ou provoquer des troubles chroniques, vous pouvez en apprendre beaucoup sur vous-même en allant au bout de vos limites. Et cette meilleure connaissance de vous-même va vous aider à mieux choisir les projets que vous pouvez accepter et ceux qu'il est préférable de laisser de côté.

Cela dit, votre organisme n'est pas une machine conçue pour fonctionner sans cesse au maximum de ses capacités. Il est facile de tomber dans le piège qui consiste à comparer vos capacités à une version idéalisée de vous-même qui pourrait bâtir Rome en un jour, puis construire la Grande Muraille de Chine le lendemain. Si c'est votre vision de l'efficacité personnelle, vous ne serez jamais à la hauteur.

Vous n'êtes pas une machine et l'idéal de la productivité humaine n'est pas d'agir comme un robot. Les êtres humains ont besoin de repos, de détente, de sommeil et de jeu pour fonctionner efficacement. Si ces éléments fondamentaux venaient à manquer, vous deviendriez incapable de faire du bon travail et d'avoir plaisir à vivre.

Alors comment vous reposer et récupérer ? C'est très simple : en passant du temps à faire quelque chose de complètement différent de vos activités et de vos responsabilités habituelles. Plus votre travail et vos loisirs sont éloignés, mieux c'est.

Au cours de la Seconde Guerre mondiale, Winston Churchill a subi un stress difficilement imaginable. En tant que Premier ministre du Royaume-Uni, il a été chargé d'organiser la défense de la Grande-Bretagne de 1940 à 1945. Le sort de son pays et la liberté de son peuple étaient entre ses mains.

Comment Churchill ne s'est-il pas écroulé sous le poids d'une telle responsabilité ?

Dans son livre *La Peinture, mon passe-temps*, il explique comment passer du temps à peindre l'a aidé à récupérer des exigences de la guerre et de la politique :

> *De nombreux remèdes sont proposés pour éviter les soucis et le surmenage aux personnes qui, sur des périodes prolongées, doivent assumer des responsabilités exceptionnelles et remplir des missions de très grande ampleur. Certains conseillent les voyages, d'autres la retraite et l'isolement. Certains vantent la solitude, d'autres la gaieté. Nul doute que toutes ces choses peuvent avoir leur utilité selon le tempérament de l'individu. Mais leur point commun est le changement.*
>
> *Le changement est le passe-partout. Un homme peut user une partie de son esprit en l'utilisant constamment et en la fatiguant, tout comme il peut user les coudes de son manteau. Toutefois, il existe cette différence entre les cellules vivantes de l'esprit humain et les objets inanimés, à savoir qu'on ne peut pas raccommoder les coudes usés d'un manteau en raccommodant les manches ou les épaules, alors que les parties fatiguées de l'esprit humain peuvent se reposer et retrouver leur force, non seulement par le repos, mais aussi par l'utilisation d'autres parties. Il ne suffit pas d'éteindre les lumières qui éclairaient la sphère d'activité principale : il faut illuminer une nouvelle sphère d'activité.*
>
> *Il est inutile de dire à ses muscles mentaux fatigués – si je peux me permettre cette expression : « Je vais vous donner beaucoup de repos », « Je vais faire une longue promenade » ou « Je vais m'allonger et ne penser à rien ». L'esprit reste toujours occupé. S'il était en train de peser le pour et le contre, il continue de peser le pour et le contre. S'il était inquiet, il continue d'être inquiet. Ce n'est que quand de nouvelles cellules sont sollicitées et entrent en activité, quand de nouvelles étoiles deviennent les maîtres de l'ascendant, que le soulagement, le repos et le délassement sont possibles.*

Si Churchill réussissait à trouver du temps pour peindre en pleine guerre mondiale, vous pouvez trouver le temps, même avec votre emploi du temps surchargé, de vous reposer et de récupérer en faisant quelque chose que vous aimez. Consacrez du temps au repos et à la récupération sans culpabiliser et vous rendrez votre vie plus agréable et plus productive.

RETROUVEZ CE CONCEPT À L'ADRESSE : **http://book.personalmba.com/stress-recovery/**

L'expérimentation

« Les découvertes sont souvent faites en refusant de suivre les instructions, en allant hors des sentiers battus, en essayant ce qui n'a jamais été essayé. »

FRANK TYGER, DESSINATEUR HUMORISTIQUE ET CHRONIQUEUR AMÉRICAIN

C'est le matin, après huit heures de sommeil, que je suis le plus en forme pour écrire. Je me lève et je bois deux tasses de café, chacune contenant une cuillérée à soupe de beurre doux et d'huile de coco raffinée*. Puis j'allume une lampe spéciale pour avoir ma dose de soleil matinal. Après avoir rechargé mes batteries, j'allume mon ordinateur, supprime provisoirement ma connexion Internet et me mets à écrire. Une fois que je suis bien concentré, je peux écrire pendant six heures d'affilée, à condition de ne pas être dérangé, bien sûr.

L'écriture est importante pour moi, et j'écris tous les jours. J'ai testé de nombreuses approches différentes, de nombreuses variables différentes. Et j'ai transformé en Habitude celle qui me convient le mieux.

Cette approche est-elle définitive ? J'en doute – je finirai par trouver d'autres méthodes qui marchent encore mieux. Mon désir d'***Expérimentation*** ne s'arrête jamais.

L'Expérimentation consiste à tester quelque chose de nouveau – une manière d'appliquer la méthode scientifique et le Cycle d'itération à votre propre vie. Les gens les plus heureux et les plus productifs que je connaisse ont en commun de ne jamais cesser d'essayer de nouvelles choses pour voir ce qui marche. Vous ne pouvez pas faire des découvertes de nature à améliorer votre vie si vous n'osez jamais Expérimenter des nouveautés.

L'Expérimentation n'a pas besoin d'être compliquée. Il vous suffit de choisir un aspect de votre vie et de tester de nouvelles façons d'obtenir ce que vous voulez

* http://www.bulletproofexec.com/how-to-make-your-coffee-bulletproof-and-yourmorning-too/

dans ce domaine. Vous pouvez tester des approches au hasard ou Expérimenter par vous-même ce qui fonctionne pour les autres. Extérioriser vos résultats en les couchant sur papier peut vous aider à garder trace de ce que vous avez essayé, de ce qui marche pour vous et de ce qui ne vous convient pas.

Voici comment organiser et exploiter au mieux vos expériences :
- *Observations* – qu'observez-vous dans votre vie personnelle ou professionnelle que vous souhaiteriez améliorer ?
- *Connaissances* – qu'avez-vous appris de vos expériences passées que vous pourriez relier à vos observations actuelles ?
- *Hypothèses* – quelles situations ou quels facteurs pourraient être à l'origine de vos observations ou y contribuer ?
- *Tests* – qu'allez-vous essayer ou changer pour améliorer votre situation ? Quelles hypothèses allez-vous tester avec cette expérience ?
- *Résultats* – que s'est-il passé après chaque Expérimentation ? Vos hypothèses s'en trouvent-elles confirmées ou invalidées ?

Voici quelques questions pour vous aider à découvrir des choses qui valent la peine d'être expérimentées :
- De combien d'heures de sommeil avez-vous besoin pour vous sentir reposé et en pleine forme ?
- Quels aliments boostent votre énergie ? Lesquels vous rendent ballonné ou semblent vous mettre dans un état léthargique ?
- À quel moment de la journée êtes-vous le plus productif dans votre travail ? Avez-vous identifié un schéma précis (hausse et baisse de productivité à certains moments de la journée) ?
- Quand avez-vous les meilleures idées ? Qu'êtes-vous en train de faire quand elles surgissent ?
- Quelle est votre plus grande source de stress ou d'inquiétude ? Quand commencez-vous à vous faire du souci, et pourquoi ?

Dès que vous avez repéré certains schémas de fonctionnement, commencez à Expérimenter. Changez consciemment votre approche dans un domaine de votre vie et Extériorisez vos résultats. Si vous trouvez qu'un changement donné vous a été utile, continuez de l'appliquer – sinon, essayez autre chose.

L'Expérimentation est le meilleur moyen de voir votre vie s'améliorer avec le temps. En testant constamment de nouvelles choses, vous découvrez ce qui marche pour vous et ce qui ne marche pas. Avec le temps, vous découvrez ce qui contribue à améliorer votre existence et ce qui tend plutôt à l'aggraver. Les résultats de vos expériences s'Accumulent jusqu'à produire ce que vous attendez.

Vous ne saurez jamais si vous n'essayez pas.

RETROUVEZ CE CONCEPT À L'ADRESSE : **http://book.personalmba.com/testing/**

L'idéalisation

« Nous éviterions bien des tourments si nous savions comment transférer nos expériences émotionnelles de génération en génération, comme nous le faisons avec l'argent ou les connaissances scientifiques. »

ALAIN DE BOTTON, PHILOSOPHE ET ESSAYISTE

Il existe une différence énorme entre aimer l'idée d'être ou de faire quelque chose et aimer être ou faire réellement cette chose.

Il est facile d'aimer l'idée d'être le directeur d'une grande entreprise, mais plus difficile d'apprécier les heures de travail, les responsabilités et le stress que ce rôle implique.

Il est facile d'aimer l'idée d'être un manager, mais plus difficile d'apprécier les exigences de ses supérieurs, les mauvaises surprises de ses subordonnés directs et la nécessité de défendre son territoire dans un environnement politique.

Il est facile d'aimer l'idée d'avoir un MBA, mais plus difficile d'aimer avoir une dette à six chiffres et être dans l'obligation de trouver un emploi stressant de 60 heures par semaine pour rentabiliser cet investissement.

Il est facile d'aimer l'idée d'être à son compte, mais plus difficile d'apprécier le fait que 100 % de son revenu provient de ses efforts personnels et que si l'on fait faillite, on est le seul à devoir en assumer les conséquences.

Il est facile d'aimer l'idée de lever des millions d'euros de capital-risque, mais plus difficile d'apprécier le fait de devoir abandonner tout contrôle sur le projet d'une vie.

Il est facile d'aimer l'idée d'être écrivain, mais plus difficile d'aimer la solitude, les doutes sur soi et les longues heures passées assis sur une chaise et les mains sur le clavier.

Il est facile d'aimer l'idée d'être une célébrité, mais plus difficile d'aimer être observé à la loupe, ne plus avoir de vie privée et avoir constamment peur de tomber dans l'oubli.

L'***Idéalisation*** est une force puissante – un léger mystère enveloppant les choses qui les rend plus séduisantes qu'elles ne sont en réalité. Heureusement, il existe un moyen très simple de faire tomber le masque de l'Idéalisation : avoir une conversation sincère avec quelqu'un qui a fait ce que vous aimeriez faire.

Demandez à cette personne : « Je respecte vraiment ce que vous faites, mais j'imagine qu'il y a des avantages et des inconvénients. Pourriez-vous m'en parler ? Sachant ce que vous savez maintenant, le jeu en vaut-il la chandelle ? »

Cette discussion ne vous prendra que quelques minutes, mais vous serez étonné de tout ce que vous pourrez en apprendre, de positif et de négatif.

Aucun métier, aucun projet, aucune position ne sont idylliques. Il faut toujours faire des Compromis. Mais savoir d'avance lesquels vous donne un avantage de taille : vous pouvez envisager une possibilité sans l'Idéaliser, puis vous demander si c'est vraiment ce que vous souhaitez avant de vous lancer. Ce type de connaissance est d'une valeur inestimable.

RETROUVEZ CE CONCEPT À L'ADRESSE : **http://book.personalmba.com/mystique/**

Le manège du bonheur

« Si vous voulez rendre un homme heureux, n'ajoutez pas à ses richesses, mais ôtez à ses désirs. »

ÉPICURE, PHILOSOPHE GREC

Supposons que vous pensez qu'acheter une nouvelle voiture va vous rendre heureux. À court terme, pourquoi pas : pendant les premières semaines, vous allez certainement avoir grand plaisir à la conduire. Mais au fil du temps, votre plaisir va diminuer – un phénomène que les psychologues appellent « l'adaptation hédoniste ». Votre nouvelle voiture ne va pas tarder à faire partie du paysage et votre esprit va jeter son dévolu sur un autre désir à satisfaire dans une quête du bonheur sans fin.

Cette sensation correspond au cycle du ***Manège du bonheur*** : nous sommes en quête d'expériences agréables dans l'idée qu'elles vont nous rendre heureux. Lorsque nous finissons par obtenir ce que nous désirons, nous nous adaptons très rapidement à notre satisfaction et elle ne nous apporte plus de plaisir. Par conséquent, nous nous mettons en quête d'autre chose et le cycle se répète.

Le Manège du bonheur explique pourquoi les individus qui ont richesse, statut social et célébrité continuent leur quête et en veulent toujours plus. Puisque ce que nous acquérons ou obtenons ne nous satisfait pas longtemps, nous ne tardons pas à convoiter autre chose et à vouloir le posséder.

Le Manège du bonheur constitue un problème majeur si vous aspirez à éprouver un sentiment de réussite ou de satisfaction durable. Vous pouvez travailler dur et faire des sacrifices pour atteindre ce que vous avez toujours voulu atteindre, et puis vous retrouver dans un état d'abattement ou, au contraire, d'agitation fébrile et d'insatisfaction. Vous seriez surpris si vous saviez le nombre de gens qui ont « réussi » et qui ne sont pourtant pas satisfaits de leur vie, même après avoir réalisé leur rêve.

Il n'est pas facile de court-circuiter le Manège du bonheur, car il s'agit d'un effet secondaire du Syndrome de l'homme des cavernes. Néanmoins, certaines choses peuvent nous amener à un état de satisfaction durable. D'après les recherches actuelles, il existe cinq priorités qui contribuent à un bonheur durable en minimalisant l'adaptation hédoniste :

1. *Travaillez pour gagner « suffisamment » d'argent.* L'argent contribue au bonheur, mais seulement jusqu'à un certain point. Selon une étude réalisée en 2010 par Daniel Kahneman et Angus Deaton, l'argent est lié au bonheur jusqu'à un revenu mensuel d'environ 75 000 dollars par an (environ 60 000 €). Atteindre ce niveau de revenus réclame des efforts, mais il est tout à fait possible d'y parvenir : le revenu moyen des ménages américains en 2008-2009 s'élevait à 71 500 dollars.

Une fois que vous avez assez d'argent pour couvrir vos Besoins fondamentaux et quelques besoins supplémentaires, vous atteignez un seuil au-delà duquel vous subissez la ***Loi des rendements décroissants*** (concept abordé ultérieurement) : tout euro supplémentaire que vous gagnez ne vous est pas aussi utile. Au-delà de ce seuil, avoir plus d'argent ne rend pas plus heureux et peut même rendre moins heureux en devenant une source de stress et d'inquiétude. (Si vous voulez des exemples qui montrent que l'argent peut diminuer le bonheur, lisez *Fables of Fortune: What Rich People Have That You Don't Want* de Richard Watts.)

Il est utile de savoir au-delà de quel niveau de revenus vous ne serez pas plus heureux, voire serez moins heureux : en limitant votre consommation au-delà d'un certain point et en faisant des économies à long terme, vous pouvez récolter les bénéfices de la sécurité financière et de la ***Résilience*** (concept abordé ultérieurement) sans vous tuer à la tâche pour vous offrir des plaisirs qui ne vous donneront plus de plaisir au bout de quelques semaines.

En règle générale, les expériences contribuent davantage au bonheur que les biens matériels. Au-delà du seuil où vos besoins sont satisfaits, vous aurez une gratification plus importante en voyageant avec des gens que vous aimez qu'en achetant un produit de luxe qui vous coûtera horriblement cher.

2. *Attachez-vous à améliorer votre santé et votre énergie.* La santé est un grand facteur de bonheur : lorsque vous vous sentez en pleine forme, vous avez toutes les chances de vous sentir heureux et satisfait. L'inverse vaut également : lorsque vous êtes malade ou vous sentez mal, vous avez tendance à éprouver moins de plaisir aux choses et à être moins satisfait de votre vie.

Expérimentez différents moyens d'améliorer votre état de santé et votre dynamisme, et vous verrez votre qualité de vie s'améliorer considérablement. N'oubliez pas que l'organisme humain a des Besoins physiques : nourriture, exercice et repos lui sont indispensables. Si vous vous donnez comme priorité de fournir à votre corps ce dont il a besoin pour fonctionner de manière optimale, vous en récolterez les bénéfices dans les années à venir.

3. *Passez du temps avec des gens que vous aimez.* Se retrouver en famille, avec des amis ou avec des personnes avec lesquelles on s'entend bien est l'un des principaux facteurs de bonheur. Le contexte et l'environnement sont moins importants que les gens que l'on côtoie.

Tous les êtres humains n'ont pas les mêmes besoins de contact social pour être heureux. Les individus extravertis sont dynamisés par les relations avec leurs semblables et ont besoin d'échanger régulièrement avec les autres. Les individus introvertis (comme moi) peuvent passer des jours, voire des semaines, sans voir grand monde et trouvent l'essentiel de leur énergie dans la solitude. Malgré tout, passer du temps avec des gens qu'ils aiment, que ce soit autour d'un repas ou en voyage, leur fait du bien : des contacts réguliers avec des amis contribuent à augmenter durablement leur satisfaction.

Selon George Vaillant, le directeur du projet, les résultats de la Harvard Study of Adult Development (l'étude la plus étendue et la plus longue sur la santé mentale) se résument à cette constatation : « La seule chose qui importe vraiment dans la vie, ce sont vos relations avec les autres. »*

4. *Supprimez les sources de stress chronique.* Dans la vie, beaucoup de choses peuvent vous porter sur les nerfs. Essayez de réduire ou d'éliminer les sources de tensions et de contrariétés chroniques et vous serez largement plus satisfait de votre existence.

---

* http://www.theatlantic.com/magazine/archive/2009/06/what-makes-ushappy/7439/3/

Si les bouchons aux heures de pointe vous tapent sur les nerfs, déménagez pour vous rapprocher de votre lieu de travail. Si vous n'aimez pas ce que vous faites actuellement, cherchez un autre emploi. Si l'un de vos clients vous agace vraiment, ne travaillez plus avec lui. Si vous oubliez systématiquement d'emporter le câble d'alimentation de votre ordinateur portable quand vous voyagez, achetez-en un second qui restera dans votre valise ou dans votre sac. En trouvant des solutions simples pour supprimer les stress et les frustrations inutiles, vous passerez moins de temps et d'énergie à vous énerver et plus de temps à vous sentir bien.

5. *Lancez-vous un nouveau défi*. La plupart des gens pensent que la retraite est une sinécure. Mais ce n'est pas toujours le cas. Le travail est souvent une source de motivation et de satisfaction, avec des objectifs à atteindre à la clé, et les retraités éprouvent fréquemment un sentiment de vide et de désœuvrement qui peut aller jusqu'à la dépression.

La solution ? Se lancer un nouveau défi à relever. N'importe lequel. Qu'il s'agisse de développer une nouvelle compétence, d'apprendre une nouvelle langue, d'apprendre à jouer d'un instrument, de construire une machine ou de courir un marathon, déployer toute son énergie pour accomplir quelque chose est le meilleur moyen d'être durablement heureux et épanoui.

Si vous voulez sortir du Manège du bonheur, privilégiez les expériences et laissez tomber l'acquisition de biens matériels. Comme le disait Charles Kingsley, un historien et homme d'église britannique du XIXe siècle : « Nous agissons comme si le confort et le luxe étaient une nécessité vitale, alors que la seule chose dont nous avons besoin pour être heureux est de pouvoir nous passionner pour quelque chose. »

RETROUVEZ CE CONCEPT À L'ADRESSE : **http://book.personalmba.com/hedonic-treadmill/**

Le piège de la comparaison

> « Ne comparez jamais ce que vous êtes à l'intérieur avec ce que quelqu'un d'autre est à l'extérieur. »
>
> HUGH MACLEOD, AUTEUR DE *IGNOREZ-LES TOUS !*

Dans la vie professionnelle comme dans la vie privée, il est facile de comparer notre situation à celle des autres. La Recherche de statut social nous pousse à comparer sans cesse notre position à celle de nos semblables, et la plupart du temps cette comparaison nous est défavorable.

Nous avons tendance à être obnubilés par ce que les autres accomplissent au lieu de nous concentrer sur ce que nous avons à faire pour atteindre nos Objectifs. Lorsque des gens que nous connaissons réalisent de grandes choses, il nous est facile de nous trouver minables par rapport à eux au lieu d'être heureux pour eux... comme si leur réussite nous diminuait, nous rabaissait. Or, nous n'avons aucune raison de nous sentir complexés par le succès des autres.

Le ***Piège de la comparaison*** est donc à éviter absolument : les autres ne sont pas vous, et vous n'êtes pas les autres. Vous possédez des compétences, des objectifs et des priorités uniques. Il est donc stupide de vous comparer aux autres, d'autant plus que vous n'y gagnerez rien.

Exemple : l'un de mes amis est un homme d'affaires très talentueux qui gagne environ dix fois plus que moi. Son travail a été salué publiquement à de nombreuses reprises. Ses produits se vendent bien et il profite de sa réussite. J'aurais de quoi l'envier.

Mais voici le revers de la médaille : cet ami travaille douze heures par jour, parfois plus. Il n'a pas de famille. Il emploie de nombreux salariés qui réclament une attention constante et ses Frais généraux sont plus de dix fois supérieurs aux miens. Il est submergé d'e-mails, d'appels téléphoniques et de réunions. Et il est constamment stressé.

Il est facile de voir les avantages de sa vie... et de négliger les Compromis nécessaires. Il réussit dans certains domaines parce qu'il travaille dur et accepte de payer le prix de sa réussite.

Si je pouvais échanger ma vie contre la sienne, je refuserais car je serais malheureux. Sa vie ne correspond pas à mes priorités professionnelles et personnelles. Certes, les avantages qu'il en tire sont tentants, mais je ne suis pas prêt à payer le prix qu'il paie pour les obtenir. En gardant à l'esprit le Piège de la comparaison, je lui souhaite tout le bien possible et, de mon côté, je reste concentré sur les Objectifs qui sont les miens. Je peux être sincèrement heureux de le voir réussir et ne pas gaspiller mon énergie à envier sa situation.

Ce principe vaut pour toutes les situations susceptibles de susciter l'envie ou un complexe d'infériorité. À chaque fois que vous êtes tenté de vous comparer à une connaissance, à un collègue, à un camarade de classe ou à une célébrité, rappelez-vous que vos objectifs, que vos préférences et que vos priorités à vous sont différents. Vous n'avez pas eu la même vie et vous avez payé un prix différent pour ce que vous avez accompli.

Le seul critère de réussite qui vaille est de vous poser la question suivante : passez-vous votre temps à faire un travail que vous aimez, avec des gens que vous aimez et qui vous permet d'atteindre le Point de Suffisance ? Si c'est le cas, ne vous occupez pas de ce que font les autres. Si ce n'est pas le cas, envisagez d'opérer certains changements qui entrent dans votre ***Zone de contrôle*** (concept abordé ultérieurement) et vont dans la direction que vous souhaitez. Gardez-vous du Piège de la comparaison et continuez de vous rapprocher des Objectifs que vous désirez atteindre.

RETROUVEZ CE CONCEPT À L'ADRESSE : **http://book.personalmba.com/comparison-fallacy/**

La zone de contrôle

« Donnez-moi la sérénité d'accepter les choses que je ne peux pas changer, le courage de changer les choses que je peux changer et la sagesse d'en connaître la différence. »

PRIÈRE DE LA SÉRÉNITÉ

Aussi fort que soit votre désir de décrocher un poste donné, une fois que l'entretien est terminé, vous ne pouvez rien faire pour infléchir le destin en votre faveur et la situation ne dépend plus de vous – vous avez fait ce que vous avez pu.

Aussi vigilant que vous soyez à suivre les cours de la Bourse, vous ne pouvez pas faire monter le cours de l'action d'une entreprise donnée par votre simple volonté.

Aussi forte que soit votre envie de retenir l'un de vos salariés particulièrement talentueux ou de faire fonctionner une relation amoureuse, vous ne pouvez pas empêcher votre employé ni votre partenaire de partir si c'est leur choix.

Comprendre votre ***Zone de contrôle***, c'est pouvoir séparer ce que vous pouvez contrôler (ou influencer fortement) de ce que vous êtes incapable de contrôler. Vouloir à tout prix contrôler des choses impossibles à contrôler est le meilleur moyen d'être éternellement frustré.

Même si nous le voudrions, nous ne pouvons pas contrôler tout ce qui nous arrive. Les catastrophes naturelles en sont un parfait exemple : si une tornade ou un séisme détruit votre maison, vous ne pouvez rien y faire. Aussi inconfortable que soit cette pensée, il faut bien nous dire que l'***Environnement*** contient beaucoup de choses incontrôlables. Il s'agit d'un aspect fondamental de la vie que nous ne pouvons pas changer, même si nous le souhaitons très fort.

Contentez-vous de focaliser votre Attention sur les efforts que vous avez à faire et vous resterez raisonnable. Et si vous voulez éviter la frustration, n'essayez pas de transformer des résultats que vous ne contrôlez pas directement en Objectifs à atteindre. Si les femmes deviennent aussi dingues lorsqu'elles font des régimes, c'est parce qu'elles veulent tenter de contrôler un résultat – le poids – sur lequel elles n'ont aucun contrôle direct. Si elles se concentraient sur les efforts à fournir – s'alimenter sainement, pratiquer un exercice physique et gérer au mieux les problèmes médicaux engendrés par leur surpoids –, leur poids se gérerait tout seul.

Vous inquiéter pour des choses que vous ne pouvez pas contrôler ni influencer est une perte de temps et d'énergie. L'une des meilleures décisions que j'aie jamais prises fut de décider de ne plus prêter Attention aux actualités – 99,9 % des informations que vous apprenez dans le journal, à la radio ou à la télévision sont complètement en dehors de votre Zone de contrôle. Au lieu de me préoccuper de ce que le monde va devenir, ignorer les nouvelles me permet de passer plus de temps à faire ce que je peux pour améliorer la situation.

Mieux vous saurez distinguer ce que vous pouvez contrôler et ce que vous ne pouvez pas contrôler, plus vous serez heureux et productif. Concentrez toute votre énergie sur des choses que vous pouvez influencer et laissez le reste advenir. Portez votre attention sur ce que vous êtes en train de faire pour vivre comme vous le souhaitez et vous ne tarderez pas à obtenir la vie qui vous convient.

RETROUVEZ CE CONCEPT À L'ADRESSE : **http://book.personalmba.com/locus-of-control/**

L'attachement

> « On combat les idées nuisibles par d'autres idées. On combat le mensonge par la vérité. »
>
> WILLIAM O. DOUGLAS, ANCIEN JUGE DE LA COUR SUPRÊME DES ÉTATS-UNIS

Imaginez que vous gravissiez l'Everest et que vous soyez sur le point d'arriver au sommet. Mais voilà que, dans la nuit, une tempête terrible s'abat sur vous sans prévenir. Vous ne voyez rien, les températures s'effondrent et les conditions sont si mauvaises que vous risquez la chute ou de geler sur place si vous continuez votre ascension.

Avez-vous échoué ?

Lorsqu'un événement en dehors de notre Zone de contrôle affecte nos Objectifs, nous avons tendance à le prendre pour un échec personnel. Si vous tenez quand même à atteindre le sommet aujourd'hui, comme vous vous l'étiez promis, vous allez au-devant de la mort. Il serait préférable de changer vos plans et de rester en vie pour atteindre le sommet un autre jour.

Plus vous êtes ***Attaché*** à une idée ou un projet, moins vous avez de souplesse et plus vous réduisez vos chances de trouver une meilleure solution. Certes, il est louable de poursuivre ses objectifs avec détermination, mais jusqu'à un certain point. Si vous vous Attachez trop aux visions qui se forment dans votre esprit, vous aurez du mal à vous adapter aux méandres inévitables de la vie.

Accepter que les choses se passent autrement nécessite d'appliquer à vous-même le concept des Coûts irrécupérables. Imaginez que vous perdiez des millions de dollars en Bourse – une situation horrible. Pester contre tous ces banquiers avides, ces politiciens corrompus ou l'injustice de la vie ne vous rendra pas votre argent. Vous accuser en vous disant « Si seulement j'avais su ! » ne va pas non plus améliorer votre situation.

Le remède à l'Attachement ? Accepter que votre idée ou que votre projet ne soit plus réalisable ou même utile. Moins vous serez Attaché à vos projets, à vos Objectifs, à votre statut social et à votre position, plus il vous sera facile de réagir comme il faut aux changements inévitables ou aux circonstances imprévues.

Si vous perdez soudain votre travail, rester Attaché à votre position passée ne va pas vous aider mais, au contraire, vous entraver. Consacrez plutôt votre énergie à faire ce qu'il faut pour en retrouver un.

Plus vous acceptez les choses passées et choisissez de faire ce qui est en votre pouvoir pour améliorer votre situation actuelle, plus vous serez heureux.

RETROUVEZ CE CONCEPT À L'ADRESSE : **http://book.personalmba.com/attachment/**

La R&D personnelle

« Si un homme vide sa bourse dans sa tête, personne ne peut la lui prendre. Un investissement dans le savoir donne toujours la meilleure rentabilité. »

BENJAMIN FRANKLIN, HOMME POLITIQUE, PHYSICIEN ET PUBLICISTE AMÉRICAIN

Toute entreprise prospère consacre une partie de ses ressources à essayer de nouvelles choses. Les dirigeants du monde entier comptent sur la R&D, la Recherche & Développement, pour déterminer les grands axes de travail à suivre. Tous les ans, les grandes entreprises dépensent des millions (voire des milliards) d'euros dans la recherche pour expérimenter de nouvelles techniques et de nouveaux processus susceptibles d'accroître leurs capacités et leurs compétences.

Si le département R&D existe, c'est parce qu'il fonctionne – les entreprises qui en font une priorité découvrent souvent de nouveaux produits à proposer à leur clientèle ou procèdent à des améliorations qui contribuent à accroître leurs profits. Alors si le département R&D marche pour les entreprises, il peut marcher pour vous.

Que diriez-vous de consacrer quelques centaines d'euros par mois à un budget de ***R&D personnelle*** ? En utilisant les techniques préconisées dans *Devenez riche !* de Ramit Sethi, vous n'aurez aucun mal à verser une partie de vos revenus mensuels sur un compte réservé à votre Recherche et à votre Développement personnels. Vous pourrez utiliser cet argent sans aucun sentiment de culpabilité pour acheter des livres, prendre des cours, acquérir du matériel de travail ou assister à des conférences – peu importe sa destination, l'essentiel étant d'améliorer vos capacités et vos compétences.

Les gourous de la finance personnelle seront sans doute en désaccord avec moi sur ce point, mais je pense que disposer d'un budget de R&D personnelle est plus important que de maximiser son épargne. Certes, il est indispensable de garder une réserve en cas de nécessité et de mettre de l'argent de côté en prévision de besoins futurs, mais l'épargne a ses limites.

Investir dans l'amélioration de vos compétences personnelles peut à la fois enrichir votre vie et vous ouvrir la porte à des sources de revenus supplémentaires. De nouveaux talents créent de nouvelles opportunités et de nouvelles opportunités se traduisent souvent par un afflux d'argent supplémentaire. Votre capacité à économiser de l'argent est limitée, contrairement à votre capacité à en gagner.

Voici un petit exercice tout simple qui va vous aider à établir votre budget R&D personnelle : Quels changements devriez-vous effectuer pour consacrer au moins 5 % de vos revenus mensuels au développement personnel et à l'Expérimentation, à supposer que vos revenus actuels demeurent identiques ?

Les conseils que vous trouverez dans de bons ouvrages ou blogs de gestion financière destinés aux particuliers peuvent également vous aider à créer un compte R&D personnels. Je vous recommande de lire *Your Money or Your Life* de Vicki Robin et Joe Dominguez, ainsi que les blogs Get Rich Slowly (getrichslowly.org) et The Simple Dollar (thesimpledollar.com) sur le Web.

Avec un peu de créativité et de bon sens budgétaire, vous n'allez pas tarder à financer et à diriger votre propre laboratoire de Recherche et de Développement personnelle.

RETROUVEZ CE CONCEPT À L'ADRESSE : **http://book.personalmba.com/personal-research-and-development/**

La conviction limitante

« Le mécontentement intelligent est le moteur de la civilisation. »

EUGÈNE V. DEBS, SYNDICALISTE AMÉRICAIN

En général, il existe deux visions du monde fondamentalement différentes, deux mentalités qui influencent votre réponse aux expériences nouvelles.

Selon la première façon de voir les choses, vos capacités et vos compétences sont déterminées une fois pour toutes. Autrement dit, elles sont fixes et définitives. Si vous essayez quelque chose et que vous échouez, c'est parce que vous n'êtes pas bon dans ce domaine et ne le serez jamais. Vous êtes né avec des talents et des compétences innés qui ne changeront jamais.

Si cette mentalité est la vôtre, vous avez toutes les chances de renoncer face à un défi à relever ou un problème à résoudre. Puisque « ce n'est pas votre truc », à quoi bon ?

Selon la seconde manière de voir les choses, vos capacités et vos compétences sont malléables. Si vous essayez quelque chose et que vous échouez, c'est parce que vous n'y avez pas suffisamment travaillé, mais si vous réessayez plusieurs fois, vous y arriverez forcément mieux. Vos talents et vos compétences sont comme des muscles : ils se renforcent à l'usage. Si vous rencontrez un obstacle ou une difficulté, vous allez donc persévérer pour vous améliorer.

Ces deux états d'esprit influencent toute votre expérience du monde. Dans son livre *Changer d'état d'esprit : une nouvelle psychologie de la réussite*, le Dr. Carol Dweck appelle ces mentalités les théories de l'intelligence « fixe » et « évolutive ». Si vous avez un état d'esprit « fixe », les échecs diminuent votre propre valeur et, par conséquent, vous redoutez d'essayer de nouvelles choses. En revanche, si vous avez un état d'esprit « évolutif », les difficultés ne sont que des obstacles à surmonter en travaillant encore plus dur. L'état d'esprit fixe est un exemple de ***Conviction limitante***, à savoir une « vérité » que vous avez au sujet du monde et qui vous empêche d'atteindre un Objectif important à vos yeux. L'état d'esprit fixe n'est pas la vérité, mais il peut vous entraver si vous choisissez d'y adhérer.

Certaines Convictions limitantes résultent d'erreurs commises dans la Reconnaissance de modèle. Voici un exemple : si vous croyez dur comme fer que les gens riches sont superficiels, immoraux ou corrompus, vous allez avoir du mal à gagner de l'argent. Car si vous gagnez mieux votre vie, vous allez devenir « comme eux », et cette pensée va vous amener à considérer l'argent comme un problème.

Si vous n'identifiez pas le Conflit pour parvenir à le résoudre, les questions d'argent vous rendront toujours mal à l'aise. Il n'y a pas de dysfonctionnement dans votre esprit – une partie de votre cerveau anticipe l'avenir et tente de vous protéger de quelque chose que vous redoutez, mais il adopte une approche contre-productive. Si vous voulez progresser, vous devez identifier et éliminer les croyances qui vous entravent.

Tout le monde a des Convictions limitantes dans certains domaines. À chaque fois que vous dites ou pensez « Je n'en suis pas capable », « Je devrais » ou « Je suis nul dans ce genre de choses », vous avez mis le doigt sur une Conviction limitante. La plupart du temps, il vous suffirait de vous interroger et de mettre en doute cette croyance pour la supprimer : « Est-ce vrai ? » et « Comment est-ce que je sais que c'est vrai ? » sont des questions de questionnement personnel particulièrement puissantes et polyvalentes.

Les Convictions limitantes peuvent également se faire jour lorsque vous envisagez de faire des choses que vous jugez difficiles ou désagréables, par exemple poser votre candidature à un nouveau poste ou vendre une offre à un nouveau prospect. Des images de rejet et de désapprobation vous traversent l'esprit et votre première réaction est de vous dire « Ça ne va pas marcher » avant d'avoir passé un seul test ou recueilli un seul feedback. Alors un bon conseil : prenez l'Habitude de faire parler l'autre voix en vous qui dit non à ce que dit la première. Si vous croyez que vous allez essuyer un refus en faisant une demande ou en proposant une idée, laissez s'exprimer l'autre partie de vous qui remet en question la conviction toute faite de la première. Et vous serez surpris d'obtenir aussi souvent ce que vous souhaitez, même si vous pensez que vos chances d'y parvenir sont faibles.

La manière dont vous choisissez de répondre aux difficultés de la vie détermine votre réussite future. Il est important de comprendre que vous n'avez pas de « défauts fondamentaux » – il n'y a rien que vous soyez fondamentalement incapable d'apprendre ou de faire. Certes, cela peut réclamer du temps et des efforts, mais vous en serez récompensé car vous ne pouvez que vous améliorer. Considérer votre esprit comme un muscle est le meilleur moyen de l'aider à se développer.

RETROUVEZ CE CONCEPT À L'ADRESSE : **http://book.personalmba.com/limiting-belief/**

8

TRAVAILLER AVEC LES AUTRES

« Enlevez mes hommes mais laissez mes usines, et l'herbe ne tardera pas à recouvrir le sol des bâtiments. Enlevez mes usines et laissez mes hommes, et nous ne tarderons pas à avoir une nouvelle usine plus performante. »

ANDREW CARNEGIE, GRAND INDUSTRIEL DU XIXE SIÈCLE

Travailler avec les autres est un aspect incontournable de la vie, personnelle et professionnelle : vous ne pouvez pas y échapper, même si vous le souhaitez. Les clients, les employés, les fournisseurs et les partenaires sont des individus ayant chacun leurs motivations et leurs désirs. Si vous voulez réussir dans notre monde, vous avez intérêt à comprendre comment agir et atteindre vos Objectifs avec les autres et grâce à eux.

Dans ce chapitre, nous discuterons comment travailler efficacement avec celles et ceux qui vous entourent, qu'il s'agisse de mieux communiquer avec eux, de gagner leur respect et leur confiance, de reconnaître les limites et les pièges des échanges collectifs ou de mieux diriger ou gérer une équipe.

RETROUVEZ CE CONCEPT À L'ADRESSE : **http://book.personalmba.com/working-with-others/**

Le pouvoir

« La force triomphe de tout, mais ses victoires sont de courte durée... Tous les hommes, ou presque, peuvent faire face à l'adversité, mais si vous voulez tester le caractère d'un homme, confiez-lui le pouvoir. »

ABRAHAM LINCOLN, SEIZIÈME PRÉSIDENT DES ÉTATS-UNIS

Toutes les relations humaines sont basées sur le ***Pouvoir*** – la capacité à influencer les actions d'autrui. Nous ne pouvons jamais contrôler les autres au sens où nous n'avons pas directement accès au fonctionnement interne qui commande leurs actions (voir la section sur le Contrôle des perceptions). Mais nous pouvons agir de manière à les encourager à faire ce que nous voulons qu'ils fassent.

L'usage du Pouvoir revêt l'une des deux formes fondamentales suivantes : l'influence ou la contrainte. L'influence est la capacité à inciter quelqu'un à souhaiter ce que nous lui suggérons. La contrainte est la capacité à obliger quelqu'un à faire ce que nous lui ordonnons de faire.

Encourager un employé à faire un effort supplémentaire par loyauté ou par goût du travail bien fait, c'est de l'influence. Obliger un employé à travailler tout le week-end en le menaçant de le renvoyer s'il refuse, c'est de la contrainte. L'employé peut agir de manière identique dans les deux cas, mais ce qu'il va en penser sera différent.

Globalement, l'influence est beaucoup plus efficace que la contrainte. La grande majorité des individus résistent naturellement à la contrainte, c'est pourquoi user systématiquement de la coercition pour les forcer à agir est une mauvaise stratégie. Les mener à la baguette n'aura qu'un effet : les faire vous détester. Et ils trouveront toujours le moyen de se venger ou de vous quitter à la première occasion. En revanche, l'influence est une stratégie viable et encourager les individus à vouloir ce que vous souhaitez vous donne les résultats escomptés sans susciter inutilement de la mauvaise volonté de leur part.

Que vous le vouliez ou non, tout le monde recourt au Pouvoir pour obtenir ce qu'il veut. Dans son livre *Power, les 48 lois du pouvoir*, Robert Greene soutient que personne ne peut se passer totalement de relations avec les autres, ce qui implique nécessairement un rapport de Pouvoir.

Le Pouvoir est un outil neutre, c'est-à-dire qu'il peut être bien ou mal utilisé. Il représente votre faculté d'obtenir ce que vous souhaitez à travers les autres, et plus vous avez de Pouvoir, plus vous pouvez faire de choses et atteindre vos objectifs. Par conséquent, il n'y a rien de moralement condamnable à chercher consciemment à accroître son Pouvoir, à condition de respecter les droits d'autrui. Plus vous détenez de Pouvoir, plus vous pouvez accomplir de choses, mais qui dit grand Pouvoir dit grande responsabilité.

Si les échanges au sein de vastes groupes d'individus deviennent inévitablement politiques, c'est en raison du caractère omniprésent du Pouvoir. Si vous n'avez pas de plan, vos actions seront déterminées par quelqu'un d'autre. En refusant de faire l'effort d'aller dans la direction que vous pensez être la meilleure, vous abandonnez le Pouvoir à ceux qui savent où ils veulent aller et vous emmener. Refusez de comprendre l'importance du Pouvoir, et votre influence ne tardera pas à disparaître. Le seul moyen de gagner est de se décider à jouer.

Si vous voulez accroître votre Pouvoir, entreprenez des actions qui étendent votre influence et améliorent votre Réputation. Plus les gens connaîtront vos capacités et vous respecteront, plus vous aurez de Pouvoir.

RETROUVEZ CE CONCEPT À L'ADRESSE : **http://book.personalmba.com/power/**

L'avantage comparatif

« Soyez toujours la meilleure version de vous-même plutôt qu'une version médiocre de quelqu'un d'autre. »

JUDY GARLAND, ACTRICE ET CHANTEUSE AMÉRICAINE

Vous pouvez vous demander : « Mais pourquoi donc travailler avec les autres ? Si je ne peux pas les contrôler et leur faire faire exactement et systématiquement ce que je veux, à quoi bon ? »

Réponse : l'***Avantage comparatif*** – un concept issu de l'économie. Attribuée à David Ricardo et exposée dans son ouvrage *Des principes de l'économie politique et de l'impôt* en 1817, la loi de l'Avantage comparatif fournissait une réponse à une question de politique internationale : est-il préférable que l'économie d'un pays soit autosuffisante et produise tout elle-même ou, au contraire, qu'elle se spécialise dans la production de certains biens et développe des échanges commerciaux ?

En s'appuyant sur l'exemple du Portugal et de l'Angleterre, Ricardo a calculé que même si les deux pays étaient capables de produire du vin et des vêtements, l'Angleterre produisait beaucoup plus facilement des vêtements et le Portugal était bien meilleur dans la production de vin. Par conséquent, au lieu de perdre du temps et de l'argent à produire un bien qu'ils avaient du mal à produire, le Portugal et l'Angleterre avaient tout intérêt à se spécialiser et à faire du commerce ensemble.

L'Avantage comparatif signifie qu'il est préférable de miser sur ses points forts plutôt que de vouloir corriger ses points faibles. Dans *Managez contre vents et marées* de Marcus Buckingham et Curt Coffman et dans *StrenghtsFinder 2.0* de Tom Rath, les auteurs vous font partager les résultats de la vaste étude de la Gallup Organization sur la productivité personnelle. Et il s'avère que l'Avantage comparatif s'applique autant aux individus qu'aux nations : les entreprises fonctionnent mieux si leurs acteurs se concentrent sur ce qu'ils savent faire de mieux et collaborent avec d'autres spécialistes pour le reste. Le « management fondé sur les points forts » est synonyme d'Avantage comparatif.

L'Avantage comparatif explique pourquoi il est souvent préférable de travailler avec des fournisseurs ou des sous-traitants que de vouloir essayer de tout faire soi-même. Si vous envisagez de construire une maison, il est certainement plus efficace de faire appel à un entrepreneur et à des artisans spécialisés. Certes, vous pourriez probablement tenter de vous débrouiller seul, mais si vous n'avez pas les compétences nécessaires, il vous faudra beaucoup plus de temps et le résultat ne sera pas aussi satisfaisant.

L'Avantage comparatif nous permet également de comprendre pourquoi des équipes hétérogènes sont plus performantes que des équipes homogènes. Une grande diversité de formations, de savoirs et de compétences est un atout majeur : en toutes circonstances, il y a toujours quelqu'un qui sait quoi faire et comment s'y prendre. Si tous les membres de l'équipe possédaient les mêmes connaissances et les mêmes savoir-faire, certains problèmes ne seraient pas résolus et le risque d'erreur augmenterait.

Naturellement, l'autonomie permet de développer progressivement ses connaissances et d'être plus flexible, mais ne compter que sur soi est une mauvaise stratégie. Je suis fervent partisan d'apprendre par soi-même, mais tout faire par soi-même est plus néfaste que profitable. Travailler avec les autres peut vous aider à en faire plus, et plus vite, et améliorer la qualité du résultat final. Même les plus moines vont de temps en temps faire des achats en ville.

Le principal avantage de s'être formé par soi-même lorsqu'on travaille avec d'autres personnes, c'est de pouvoir juger la qualité de leur travail parce que l'on sait de quoi l'on parle. Vous pouvez recruter un informaticien par Internet, mais si vous ne connaissez rien à la programmation, vous allez avoir du mal à savoir s'il fait du bon ou du mauvais travail. Apprenez les bases de la programmation et vous serez plus à même d'identifier les bons programmeurs.

Puisque John Donne a dit : « Aucun homme n'est une île », concentrez-vous sur ce que vous faites bien et collaborez avec les autres pour le reste.

RETROUVEZ CE CONCEPT À L'ADRESSE : **http://book.personalmba.com/comparative-advantage/**

Les coûts de communication

> « Si vous deviez identifier, en un seul mot, la raison pour laquelle la race humaine n'a pas réalisé, et ne réalisera jamais, tout son potentiel, ce mot serait : "réunions". »
>
> DAVE BARRY, COMÉDIEN ET CHRONIQUEUR

Si les meilleures équipes chirurgicales, militaires ou sportives sont généralement limitées à quelques personnes et focalisées sur leur Objectif, c'est parce qu'elles savent que consacrer trop de temps à la communication et à la coordination peut anéantir leur efficacité.

Les ***Coûts de communication*** équivalent au temps que vous passez à communiquer avec des membres de votre équipe au lieu de fournir un travail productif. La communication est absolument nécessaire au travail en équipe. Plus vous avez de membres au sein de votre équipe, plus vous devez communiquer avec eux pour coordonner leurs actions.

Les Coûts de communication augmentent proportionnellement au nombre de personnes avec lesquelles vous devez travailler jusqu'à ce que le pourcentage total de temps que chaque personne doit consacrer à la communication collective frôle les 100 %. Au-delà d'un certain seuil, chaque membre supplémentaire au sein de l'équipe diminue la capacité du groupe à faire autre chose que de communiquer.

Si les grandes entreprises sont lentes, c'est parce qu'elles souffrent de leurs Coûts de communication. Si vous êtes amené à travailler avec un groupe de plus de cinq à huit personnes, vous devrez consacrer au moins 80 % de votre temps à communiquer avec elles. Les objectifs, les projets et les idées ne sont valables que si tout le monde les comprend parfaitement afin de pouvoir les concrétiser.

Je vivais cette situation au quotidien à l'époque où je travaillais chez P&G. L'un de mes premiers projets a consisté à mettre au point une stratégie d'évaluation des méthodes marketing de l'entreprise. Et, bien sûr, mes propositions nécessitaient l'approbation d'un grand nombre d'acteurs au sein du groupe avant de pouvoir être appliquées.

Naturellement, tout le monde ne partageait pas les mêmes idées, débattait interminablement des différentes approches possibles et voulait récolter les fruits du projet sans y investir trop d'efforts ni d'argent. Il m'a fallu trois mois de travail à plein temps rien que pour préparer une proposition viable. Et, pendant ce temps, je ne fournissais aucun travail productif puisque je passais 99 % de mon temps à communiquer avec les autres membres du groupe. Un bon exemple des Coûts de communication.

Dans son livre *Beyond Bureaucracy**, Derek Sheane a relevé « 8 symptômes de la bureaucratie » présents dans les équipes pénalisées par leurs Coûts de communication :

1. *La décision invisible* – Personne ne sait où ni comment les décisions sont prises et il n'existe aucune transparence dans le processus décisionnel.
2. *Les projets avortés* – Un nombre excessif d'actions sont commencées mais très peu sont menées à bien.
3. *La paralysie de coordination* – Rien ne peut se faire sans le contrôle d'une multitude d'unités interconnectées.
4. *L'absence de nouveauté* – On constate un manque général d'initiative – personne ne lance d'idées nouvelles ni d'approches originales aux problèmes.
5. *Les faux problèmes* – Des problèmes mineurs prennent une ampleur démesurée.
6. *La prise de pouvoir du siège* – Le siège, une sorte d'« unité centrale », veut maintenir la cohérence et se bat pour contrôler les unités régionales ou locales.
7. *Le mauvais usage des délais* – Les délais à respecter dans l'accomplissement des tâches deviennent plus importants que la qualité du travail à fournir.
8. *La dominante réactionnaire* – Les individus réagissent uniquement aux informations reçues au lieu de prendre des initiatives et d'agir par eux-mêmes.

Si l'un ou plusieurs de ces symptômes décrivent votre expérience quotidienne, votre équipe souffre probablement de ses Coûts de communication.

La solution ? Elle est simple en théorie, mais difficile à mettre en œuvre : avoir une équipe aussi réduite que possible. Ce qui signifie exclure certains individus, mais c'est le prix de l'efficacité. Supprimer les éléments inutiles fait gagner du temps à tout le monde et produit de meilleurs résultats.

* La première édition de ce livre a attribué la source de cette liste au Dr. Michael Sutcliffe de l'Université de Cambridge. Un grand merci à Marina Murray pour avoir corrigé cette erreur.

Les études portant sur l'efficacité du travail d'équipe recommandent de former un groupe compris entre trois et huit personnes. Les équipes réduites sont plus efficaces parce qu'elles limitent les Coûts de communication. Dès que le groupe dépasse huit personnes, chaque personne supplémentaire exige un investissement en communication plus élevé que sa contribution à la capacité de production.

Alors si vous voulez former une équipe d'une efficacité optimale, créez-la aussi petite et autonome que possible.

RETROUVEZ CE CONCEPT À L'ADRESSE : **http://book.personalmba.com/communication-overhead/**

L'importance

« Le principe le plus profondément ancré dans la nature humaine est l'aspiration à être apprécié. »

WILLIAM JAMES, MÉDECIN ET PIONNIER DE LA PSYCHOLOGIE EXPÉRIMENTALE

Tout le monde a fondamentalement besoin de se sentir Important. Clients, employés, connaissances ou amis – plus vous leur donnez de l'***Importance***, plus ils apprécieront leur relation avec vous.

Faites sentir à quelqu'un qu'il est petit ou insignifiant, et vous n'allez pas tarder à vous en faire un ennemi. Que ressentez-vous lorsque votre interlocuteur vous parle en consultant son BlackBerry ou interrompt votre conversation pour répondre à un appel ?

Plus vous manifestez de l'intérêt à l'égard de votre interlocuteur, plus il se sent Important. Si vous ne vous sentez pas valorisé lorsqu'un vendeur que vous voyez pour la première fois vous demande comment vous allez, c'est parce que vous savez que sa question ne traduit pas un intérêt sincère à votre égard, mais une stratégie commerciale destinée à conclure l'affaire. Les gens veulent se sentir Importants même s'ils ne vous achètent rien, d'où l'échec des argumentaires de vente stéréotypés et récités mécaniquement.

Heureusement, il n'est pas très difficile de donner un sentiment d'Importance à vos interlocuteurs si vous faites l'effort d'être présent et curieux, c'est-à-dire de leur prêter Attention, de les écouter attentivement, de leur exprimer votre intérêt et de leur poser des questions. Avoir quelqu'un qui fixe toute son Attention sur vous, rien que sur vous, pendant un moment est si rare dans notre monde actuel que cela vous touche immédiatement et que vous vous en souvenez longtemps.

S'intéresser sincèrement aux autres est toujours payant. Plus vous accordez de l'Importance aux gens qui vous entourent, plus ils vous apprécieront et voudront être en relation avec vous.

RETROUVEZ CE CONCEPT À L'ADRESSE : **http://book.personalmba.com/importance/**

La sécurité

« Vous ne pouvez pas faire fonctionner une entreprise par la peur, parce que le meilleur moyen d'éliminer la peur est d'éviter la critique, et le meilleur moyen d'éviter la critique est de ne rien faire. »

STEVE ROSS, ANCIEN PDG DE TIME WARNER

« C'est la chose la plus stupide que j'aie jamais entendue ! Sérieusement, avez-vous réfléchi deux minutes avant d'ouvrir la bouche ? »
Vous n'avez jamais entendu ce genre de remarque lors d'une réunion ? Moi si.

Malheureusement, ce type de dénigrement est monnaie courante. Dans *L'ultime échelon – de la réussite à l'excellence*, Marshall Goldsmith explique que les cadres supérieurs rabaissent souvent subtilement (ou moins subtilement) leurs pairs et leurs subordonnés pour se sentir plus intelligents ou plus Importants. Mais rabaisser les autres a pour seul effet d'entraver l'efficacité de la communication.

Une communication efficace passe obligatoirement par un sentiment de ***Sécurité*** des deux côtés. Dès que les individus commencent à se sentir diminués ou menacés lors d'une conversation, ils se mettent sur la défensive et se ferment à l'échange. Ils peuvent continuer de parler et d'écouter, mais mentalement et émotionnellement ils se sont retirés de la conversation.

Le seul moyen d'éviter de se retrouver face à un mur est d'encourager votre interlocuteur à se sentir en sécurité avec vous sur le plan émotionnel. Et l'individu qui se sent en Sécurité s'ouvre à vous pour vous parler avec la plus grande sincérité. Tout comme nous avons fondamentalement besoin de nous sentir Importants, nous avons besoin de nous sentir en Sécurité pour exprimer nos idées et notre ressenti, et aborder des sujets qui nous tiennent à cœur. Dès l'instant où nous sentons que nous sommes jugés, évalués ou méprisés pour nos idées ou nos convictions, nous nous fermons.

Dans *Conversations cruciales – des outils pour s'exprimer quand les enjeux sont de taille*, Kerry Patterson, Joseph Grenny, Ron McMillan et Al Switzler recommandent cinq principes pour communiquer sans susciter la colère de l'autre ni le mettre sur la défensive :

1. *Exprimez des faits* – Des faits sont moins controversés et plus convaincants que des conclusions, alors exposez-les en premier.
2. *Racontez votre histoire* – Expliquez la situation de votre point de vue, en évitant de juger ou d'offenser, et donc de susciter l'insécurité émotionnelle chez l'autre.
3. *Sollicitez le point de vue d'autrui* – Demandez à l'autre ce qu'il pense de la situation, quelle était son intention et quel est son souhait.
4. *Parlez posément* – Évitez les conclusions, les jugements et les ultimatums, et ne parlez pas d'un ton péremptoire.
5. *Encouragez les expérimentations* – Faites des suggestions, demandez des informations et discutez jusqu'à aboutir à une solution productive et mutuellement satisfaisante.

Certaines personnes sont plus sensibles que d'autres. Il est important de prendre conscience de vos paroles et de vos actions, et de la manière dont les autres peuvent les interpréter. Si vous voulez communiquer avec quelqu'un dans le but d'en tirer des avantages mutuels et d'aboutir à des résultats efficaces, les deux parties doivent se sentir en Sécurité. Comment ? En évitant de porter des jugements et en veillant à ce que son interlocuteur se sente Important. Des livres tels que *Conversations cruciales*, *Comment se faire des amis* de Dale Carnegie et *L'intelligence émotionnelle* de Daniel Goleman peuvent vous aider dans ce domaine.

RETROUVEZ CE CONCEPT À L'ADRESSE : **http://book.personalmba.com/safety/**

Le tiercé gagnant

« N'importe quel imbécile peut critiquer, condamner et se plaindre – et la plupart des imbéciles le font. »

DALE CARNEGIE, AUTEUR DE *COMMENT SE FAIRE DES AMIS*

Si les individus ont un besoin fondamental de se sentir Importants et en Sécurité, comment allez-vous satisfaire ce double besoin ? Le ***Tiercé gagnant*** est mon résumé personnel de *Comment se faire des amis* et il tient en trois mots. Si vous voulez donner aux autres un sentiment d'Importance et de Sécurité, n'oubliez jamais de les traiter avec **reconnaissance, courtoisie et respect.**

La **reconnaissance**, c'est exprimer votre gratitude à l'égard des autres et de ce qu'ils font pour vous, même si ce n'est pas parfait. Imaginez que vous êtes responsable de la conception d'un produit et que l'un de vos concepteurs vous montre des maquettes qui, selon vous, ne vont pas marcher. Si vous lui répondez : « Ton travail est mauvais, recommence », il va se sentir rabaissé et dans l'insécurité émotionnelle. Mais si vous lui manifestez votre reconnaissance en lui disant : « Merci, il est évident que tu as beaucoup travaillé sur ce projet, ce que j'apprécie énormément. Je ne suis pas sûr que ce soit tout à fait ça, alors voici quelques idées qui t'aideront peut-être… » Le contenu est le même, mais la façon de transmettre le message est radicalement différente.

La **courtoisie** est de la politesse pure et simple. Un jour, j'ai entendu quelqu'un définir la courtoisie comme « le fait d'accepter des désagréments mineurs pour contenter l'autre » et je pense que c'est une bonne définition. Ouvrir ou tenir la porte à quelqu'un est un désagrément mineur, mais qui peut avoir un impact majeur sur la façon dont il vous perçoit.

Le **respect**, c'est honorer le statut de l'autre. Quelle que soit la relation que vous entretenez avec votre interlocuteur, le respecter en tant qu'individu est essentiel si vous voulez qu'il se sente Important ou en Sécurité, indépendamment de son statut social.

Veillez à appliquer le Tiercé gagnant à toutes vos relations interpersonnelles, et pas seulement aux échanges avec les personnes qui vous intéressent tout particulièrement. Si vous avez déjà déjeuné ou dîné avec quelqu'un qui se montrait très gentil avec vous mais impoli, voire grossier avec les serveurs, vous savez de quoi je parle. Traiter les autres sans égards n'est pas le meilleur moyen d'inspirer confiance, n'est-ce pas ?

Si vous prenez l'habitude de traiter l'ensemble de vos interlocuteurs avec reconnaissance, courtoisie et respect en toutes circonstances, ils se sentiront Importants et en Sécurité en votre présence.

RETROUVEZ CE CONCEPT À L'ADRESSE : **http://book.personalmba.com/golden-trifecta/**

La justification

« La civilisation avance en augmentant le nombre d'opérations que nous pouvons effectuer sans réfléchir. »

ALFRED NORTH WHITEHEAD, MATHÉMATICIEN ET PHILOSOPHE BRITANNIQUE

Voici une autre bizarrerie assez fascinante du genre humain : lorsque vous demandez quelque chose à quelqu'un, cette personne sera bien plus susceptible de satisfaire votre demande si vous lui donnez une raison de faire ce que vous lui demandez. Dans *Influence et manipulation : comprendre et maîtriser les mécanismes et les techniques de persuasion*, Robert Cialdini décrit une expérience ingénieuse qui démontre ce principe.

Dans les années 1970, Ellen Langer, psychologue à Harvard, a mené une série d'expériences – désormais célèbres – sur l'approbation et ce qui pousse un individu à répondre à une demande. Les expériences avaient lieu autour d'une photocopieuse installée sur le campus de l'université et très sollicitée aussi bien par le personnel que par les étudiants.

Les étudiants d'Ellen Langer ont demandé aux personnes qui faisaient la queue pour utiliser la photocopieuse s'ils pouvaient passer devant elles en adoptant différentes approches. Une demande directe était satisfaite dans 60 % des cas, mais la psychologue s'est aperçue que si les étudiants ajoutaient une raison à leur demande, ce taux passait à 95 % ! Et la technique fonctionnait même si la raison avancée n'était pas valable – « parce que je dois faire des photocopies » marchait aussi bien que « parce que je suis en retard à mon cours » ou « parce que je suis pressé ». Il suffisait de se ***Justifier***, même plus vulgairement d'ajouter un « parce que », pour inciter les individus qui faisaient la queue à accéder à la demande des étudiants.

Les êtres humains sont prédisposés à rechercher des causes comportementales. Votre interlocuteur sera plus réceptif à votre demande si vous lui donnez une raison pour laquelle vous le sollicitez. N'importe quelle raison fera l'affaire.

RETROUVEZ CE CONCEPT À L'ADRESSE : **http://book.personalmba.com/reason-why/**

L'intention du commandant

« Ne dites jamais aux gens comment faire les choses. Dites-leur ce qu'ils doivent faire et ils vont vous surprendre par leur ingéniosité. »

LE GÉNÉRAL AMÉRICAIN GEORGE S. PATTON

L'être humain déteste qu'on lui dise ce qu'il doit faire. Le « micromanagement » est l'ennemi public n° 1 de tout salarié – si vous êtes un professionnel compétent, rien n'est plus humiliant que d'avoir quelqu'un derrière votre dos qui définit et scrute votre travail à la loupe.

Le micromanagement n'est pas seulement agaçant, mais aussi terriblement inefficace. Expliquer à un individu ce qu'il doit faire, et comment, dans les moindres détails, lui donne l'impression d'être moins Important et entrave son efficacité. Aucune série d'instructions, aussi détaillée et précise soit-elle, ne peut parer à toute éventualité. Au moindre changement, le micromanagement révèle ses faiblesses fondamentales.

Imaginez à quel point un directeur qui fait du micromanagement son cheval de bataille sera rapidement dépassé. Car n'oubliez pas que les êtres humains ne sont pas Scalables. Plus il y a d'individus qui travaillent pour l'entreprise, plus le directeur doit diriger et définir des directions pour tout son petit monde. Si vous avez dix salariés, le micromanagement n'est pas une partie de plaisir. Mais si vous en avez des centaines, voire des milliers, il tourne au cauchemar.

L'***Intention du commandant*** est une méthode de délégation des tâches beaucoup plus efficace : à chaque fois que vous assignez une tâche à quelqu'un, dites-lui pourquoi il doit l'effectuer. Plus cette personne comprendra ce qui motive vos actions, plus elle saura réagir comme il faut à tout changement de situation.

L'Intention du commandant est née sur les champs de bataille. Si un général explique précisément à un responsable des opérations sur le terrain comment s'emparer d'un territoire donné et que la situation change, le responsable est obligé de retourner voir le général pour savoir que faire, ce qui est lent et inefficace. En revanche, si le général lui explique sa stratégie et lui précise pourquoi ce territoire est important et comment il s'inscrit dans le cadre de sa stratégie globale, le responsable sur le terrain est libre d'utiliser sa connaissance de l'Objectif et son intelligence pour agir autrement en gardant à l'esprit l'intention du général.

L'Intention du commandant allège les Coûts de communication. En communiquant l'intention qui sous-tend tel ou tel projet, un dirigeant d'entreprise peut supprimer la nécessité d'une communication constante pour la réussite de ses équipes. Si tout le monde comprend le but de la manœuvre, tout le monde peut agir conformément à l'intention première sans avoir besoin d'une attention de tous les instants.

Lorsque vous communiquez l'intention qui se cache derrière vos projets, vous permettez aux personnes avec lesquelles vous travaillez de répondre intelligemment à d'éventuels changements.

RETROUVEZ CE CONCEPT À L'ADRESSE : **http://book.personalmba.com/commanders-intent/**

L'apathie du spectateur

> « La responsabilité n'engage qu'une seule personne. Si deux personnes sont responsables de la même décision, aucune n'est vraiment responsable. »
>
> GLYN HOLTON, CONSEIL EN GESTION DES RISQUES LIÉS AUX INVESTISSEMENTS

Enfant et adolescent, j'ai toujours joué un rôle très actif au sein des scouts. Le programme standard couvre le secourisme, la réanimation cardio-respiratoire et la gestion des urgences – une formation de base qui vous apprend à gérer les cas d'urgence les plus fréquents.

Outre des techniques spécifiques, deux principes utiles me sont restés en tête : 1) toujours s'impliquer et prendre ses responsabilités, à moins d'être relayé par un professionnel plus expérimenté et 2) toujours formuler des ordres ou des demandes le plus clairement possible à un seul individu à la fois.

Si vous voyez quelqu'un qui semble faire un infarctus dans un magasin bondé et que vous criez « Qu'on appelle le Samu ! », il y a de fortes chances pour que personne n'appelle le Samu – car plus il y a de monde, plus les gens se disent que c'est quelqu'un d'autre qui va agir. Il est beaucoup plus efficace de désigner quelqu'un du doigt, d'établir un contact visuel avec lui et de lui dire très clairement : « Vous, appelez le Samu ! » Il va le faire.

L'***Apathie du spectateur*** est une relation inverse entre le nombre de personnes qui pourraient agir et le nombre de personnes qui agissent réellement. Plus il y a de personnes présentes, moins chacune se sent responsable et décide de faire quelque chose.

L'assassinat de Kitty Genovese en 1964 et le meurtre de Petru Barladeanu en 2009 sont de bons exemples de l'Apathie du spectateur. Dans les deux cas, les victimes ont été attaquées en présence de nombreux spectateurs dont pas un seul n'a tenté de faire quelque chose. Le nombre exact de personnes qui ont été témoins de l'assassinat de Kitty Genovese demeure controversé, mais le doute n'est pas permis sur celui de Petru Barladeanu puisqu'il a été filmé. Ce Roumain, qui jouait de l'orgue dans une station de métro de Naples, a été victime d'une balle perdue et se vidait de tout son sang… Pourtant, pas une seule personne, et elles étaient nombreuses ce jour-là, ne s'est arrêtée pour lui porter secours.

L'Apathie du spectateur explique pourquoi les tâches assignées à un comité ne sont jamais exécutées. Si vous avez déjà travaillé avec un groupe de personnes qui n'ont aucun Pouvoir les unes sur les autres, vous savez de quoi je veux parler. Si aucune ne prend personnellement la responsabilité de faire avancer les choses et de tenir les membres du comité responsables des progrès réalisés, le comité peut délibérer pendant des années sans jamais mener la moindre action. Chacun des membres part du principe que c'est l'un de leurs collègues qui est chargé de travailler sur telle ou telle question.

Le meilleur moyen de supprimer l'Apathie du spectateur dans la gestion d'un projet est de s'assurer que chaque action a été clairement assignée à un individu en particulier et s'accompagne d'un délai d'exécution précis. Si chaque membre de votre équipe ne sait pas exactement ce qu'il doit faire et pour quand, il y a peu de chance qu'il le fasse.

Lorsque vous déléguez des responsabilités, assignez toujours chacune des actions à un seul individu en lui fixant un délai parfaitement clair. C'est la seule façon de le responsabiliser et de l'inciter à agir.

RETROUVEZ CE CONCEPT À L'ADRESSE : **http://book.personalmba.com/bystander-apathy/**

L'illusion du planning

« La Loi de Hofstadter : il faut toujours plus de temps que vous ne le pensez, même si vous tenez compte de la Loi de Hofstadter. »

DOUGLAS HOFSTADTER, SPÉCIALISTE DES SCIENCES COGNITIVES ET AUTEUR DE *GÖDEL ESCHER BACH – LES BRINS D'UNE GUIRLANDE ÉTERNELLE* (PRIX PULITZER 1980)

Les êtres humains sont incroyablement mauvais lorsqu'il s'agit de prévoir ou de planifier. Même le plan établi par le plus intelligent et le plus talentueux des dirigeants ou des chefs de projet a toutes les chances d'être complètement erroné.

Comme l'affirment ironiquement Jason Fried et David Heinemeier Hansson dans leur livre *Rework: Réussir autrement*, « Planifier, c'est procéder au pifomètre ». Si nous sommes aussi nuls en prévision et en planification, c'est parce que nous ne sommes pas omniscients – des événements ou des circonstances inattendus peuvent bouleverser les plans les plus exacts. Lorsque nous échafaudons des projets, nous nous contentons de faire des suppositions et d'utiliser l'Interprétation pour combler les vides, aussi forts que nous soyons à dissimuler cette réalité désagréable sous le jargon le plus complexe et les graphiques les plus sophistiqués.

L'***Illusion du Planning*** signifie que les individus ont tendance à sous-estimer le temps d'exécution d'un projet. Plus un projet est complexe, plus il renferme d'***Interdépendances*** (concept abordé ultérieurement). Et plus les Interdépendances sont nombreuses, plus il y a de chances qu'à un moment donné les choses ne se déroulent pas comme prévu.

Lorsque nous élaborons des projets, nous avons naturellement tendance à imaginer un scénario où tout va comme sur des roulettes. Résultat : nous sous-estimons la probabilité de survenue d'événements susceptibles de modifier le déroulement de notre projet et la force de leur impact. Rares sont les projets à tenir compte d'une éventualité telle que : « Le chef de projet contracte une mononucléose : arrêt d'un mois. »

La plupart des projets sous-estiment considérablement la ***Marge de manœuvre*** (concept abordé ultérieurement) nécessaire à prendre en compte pour éviter les mauvaises surprises. Si vous êtes responsable de la réalisation d'un projet complexe, veillez à inclure quelques mois de Marge de manœuvre pour les retards imprévus, les congés, les arrêts maladie et autres événements inattendus qui risquent de retarder l'achèvement de votre projet.

Le problème, c'est que se garder de la Marge n'est jamais vu d'un bon œil. Que vous discutiez avec un dirigeant, un client ou un partenaire d'un projet qui implique trois mois de Marge, il va vous répondre : « Ce n'est pas acceptable, avancez plus vite. » La Marge est éliminée et, du coup, tous les projets, ou presque, prennent du retard.

Toutefois, ce n'est pas parce que les prévisions sont inexactes qu'elles sont inutiles. Anticiper permet de mieux comprendre les exigences, les dépendances et les risques. Comme le disait très justement Eisenhower : « Aucune bataille n'a jamais été remportée selon les prévisions, mais aucune bataille n'a jamais été remportée sans plan préalablement établi… Les plans sont inutiles, mais la planification est indispensable. » La valeur de la planification tient à la Simulation mentale : le processus de pensée nécessaire pour élaborer le plan lui-même.

Servez-vous des plans que vous élaborez, mais n'en dépendez pas – tant que vous travaillerez aussi rapidement et efficacement que possible, vous aurez toutes les chances de mener à bien votre projet.

RETROUVEZ CE CONCEPT À L'ADRESSE : **http://book.personalmba.com/planning-fallacy/**

Les recommandations

« Le meilleur moyen de réussir dans la vie est de faire croire aux gens que c'est dans leur intérêt de vous aider. »

JEAN DE LA BRUYÈRE, ESSAYISTE ET MORALISTE DU XVIIE SIÈCLE

Quand votre voiture tombe en panne, à qui préférez-vous vous adresser ? À un mécanicien qui est l'ami de l'un de vos amis ou à un mécanicien que vous avez trouvé dans l'annuaire ?

S'ils ont le choix, les gens préfèrent toujours avoir affaire à quelqu'un qu'ils connaissent et apprécient. Les ***Recommandations*** facilitent leur Décision à travailler avec quelqu'un qu'ils ne connaissent pas.

Les Recommandations sont efficaces parce qu'elles permettent de s'assurer des qualités indirectement. Si vous préférez aller voir un mécanicien recommandé par l'un de vos amis, c'est parce que vous connaissez et appréciez votre ami et parce que votre ami connaît et apprécie le mécanicien. Même si le mécanicien trouvé dans l'annuaire est hautement qualifié, il est plus difficile d'en juger et choisir ce mécanicien est plus risqué.

Le démarchage par téléphone fonctionne assez mal parce que le démarcheur est inconnu. N'oubliez pas que votre cerveau a tendance à considérer les individus et les situations inconnus comme des menaces potentielles, ce qui active nos défenses naturelles. Si quelqu'un ne vous connaît pas ou ne vous apprécie pas déjà, vous allez avoir du mal à le convaincre de faire ce que vous voulez qu'il fasse.

Même les points communs les plus banals peuvent créer du lien, aussi ténu soit-il, et donner soudain un peu de chaleur à un échange assez froid. Si votre interlocuteur mentionne au passage qu'il est de la même région que vous ou qu'il a fréquenté la même école, ou connu la même personne, vous allez automatiquement l'apprécier davantage.

L'année dernière, plus de 70 % des robes de mariée vendues par ma femme à Manhattan étaient liées à des Recommandations. Lorsque vous envisagez de dépenser 10 000 € ou plus pour une robe de créateur, vous voulez travailler avec quelqu'un que vous connaissez et appréciez – et les clients de mon épouse aimaient vraiment travailler avec elle. C'est pourquoi la plupart des prospects connaissaient et appréciaient déjà Kelsey avant d'entrer dans la boutique, ce qui a permis à ma femme de conclure davantage de ventes.

Plus il y a de gens qui vous connaissent, vous apprécient et vous font confiance, mieux c'est pour vous. Les Recommandations sont le meilleur moyen d'étendre votre réseau.

RETROUVEZ CE CONCEPT À L'ADRESSE : **http://book.personalmba.com/referrals/**

Le clan

« "Meurs, salaud !" est un cri de guerre beaucoup plus galvanisant que "Mourez, vous qui auriez pu me ressembler mais avez grandi dans un environnement différent !" »

ELIEZER YUDKOWSKY, CHERCHEUR EN INTELLIGENCE ARTIFICIELLE
ET FONDATEUR DE LESSWRONG.COM

En 1954, vingt-deux garçons âgés de 12 ans ont été sélectionnés pour aller dans une colonie de vacances un peu spéciale au Robbers Cave State Park, dans l'Oklahoma. Pourquoi très spéciale ? Parce que cette colonie de vacances était en réalité une expérience psychologique menée sous la direction des docteurs Muzafer et Carolyn Sherif.

Ces garçons avaient été minutieusement sélectionnés pour partager un maximum de similitudes – même QI, même famille, même vécu dans l'enfance. Avant le début de l'expérience, les vingt-deux sujets ont été divisés en deux groupes et installés aux deux extrémités du parc. Les chercheurs avaient fait en sorte qu'aucun des deux groupes ne connaisse l'existence de l'autre.

Selon le scénario initial, on laissait les individus de chaque groupe faire suffisamment connaissance entre eux avant de les rendre conscients de l'existence d'un autre groupe. Les animateurs étaient des psychologues et des étudiants diplômés qui allaient observer de près et analyser le déroulement des événements.

Mais les deux groupes ont découvert par hasard et plus tôt que prévu leur existence mutuelle, et c'est là que les hostilités ont commencé. Dès que les garçons ont su qu'il y avait un autre groupe dans « leur colonie de vacances », ils se sont rassemblés en vue de se défendre.

Les êtres humains ont naturellement tendance à former des groupes distincts – des ***Clans***. Le premier groupe de garçons s'est baptisé « Les Aigles », le second « Les Crotales ». Des identités collectives distinctes se sont créées pour aider les membres de chaque groupe à identifier « les leurs » et à les distinguer des « étrangers ». Les Aigles se sont identifiés à des héros, tandis que Les Crotales se sont identifiés à des individus marginaux et rebelles.

À une vitesse étonnante, des provocations mineures telles que remarques humiliantes et vol de drapeaux ont tourné au chaos : raids sur le terrain et bagarres aux poings dans le réfectoire. Les activités de compétition, notamment les compétitions sportives, ont été une catastrophe. Pour la sécurité des campeurs, les chercheurs ont rapidement tenté de trouver un moyen de résoudre le conflit.

Les psychologues ont introduit des défis et des objectifs qui exigeaient une coopération entre les deux groupes : résoudre une pénurie d'eau, décider ensemble quel film regarder ou pousser un camion en panne jusqu'au camp. Lorsque les garçons ont commencé à sentir qu'ils faisaient partie d'un groupe plus vaste, les conflits ont cessé.

Le Clan est une tendance naturelle des êtres humains. Nous sommes automatiquement et profondément influencés par les gens qui nous entourent. Nous identifier comme faisant partie d'un groupe et nous distinguer d'autres groupes est un instinct qui explique la plupart des guerres et des conflits qui sévissent actuellement sur notre planète.

Pensez aux supporters sportifs. Les joueurs, les entraîneurs, et même les stades et les tenues changent si souvent qu'il est difficile de comprendre ce que les fans acclament exactement – la vie des supporters des New York Yankees continuera de se dérouler comme avant, que leur équipe gagne ou perde. Même si c'est probablement vrai, les supporters ressentent les choses autrement – si les Yankees gagnent, ils ont l'impression d'avoir gagné également.

Les rivalités sportives surviennent pour une raison identique. J'ai grandi dans le nord de l'Ohio où la rivalité entre l'Ohio State et la Michigan State est bien vivante. À certains moments de l'année, l'université du Michigan est diabolisée par les supporters de l'université de l'Ohio. Si vous observez la situation de loin, vous la jugez absurde – des étudiants qui se battent pour un ballon ovale devant les hourras de centaines de milliers de gens à la voix enrouée à force de crier. Mais sur le moment, seule l'hostilité compte aux yeux des deux groupes.

Des groupes se forment naturellement autour de questions, d'opinions ou d'événements importants. Comprenez la dynamique de groupe ou vous risquez d'être pris dedans.

RETROUVEZ CE CONCEPT À L'ADRESSE : **http://book.personalmba.com/clanning/**

Convergence et divergence

« L'individu a toujours dû lutter pour ne pas être submergé par la tribu. Si vous essayez, vous serez souvent seul, et parfois vous aurez peur. Mais aucun prix à payer n'est trop élevé pour avoir le privilège de se posséder. »

FRIEDRICH NIETZSCHE, PHILOSOPHE ALLEMAND

Au fil du temps, vous ressemblez de plus en plus à ceux avec lesquels vous passez du temps et de moins en moins à ceux qui font partie d'autres groupes.

La ***Convergence*** est la tendance des membres d'un groupe à devenir de plus en plus semblables les uns aux autres avec le temps. Dans le monde de l'entreprise, on parle de la culture d'entreprise dans le sens où les individus qui travaillent au sein d'une même entreprise sont enclins à avoir des caractéristiques, des comportements et des philosophies similaires.

La Convergence signifie également que les groupes tendent à édicter leurs propres lois. Les ***Normes*** (concept abordé ultérieurement) du groupe agissent comme la force de gravité – si un quelqu'un les bafoue, les autres vont exercer une influence sur lui pour le ramener dans le droit chemin. Comme dit le proverbe : « Le brin d'herbe qui dépasse est le premier à être coupé. »

Si vous avez déjà travaillé pour une entreprise dont la culture est essentiellement axée sur le travail et l'effort, vous savez à quel point la Convergence peut être puissante. S'il est considéré comme normal que les salariés arrivent à 6 heures du matin et restent jusqu'à 22 h 30 le soir, il peut être difficile de demander à travailler moins puisque violer les Normes est le ***Signal social*** (concept abordé ultérieurement) que vous n'appartenez pas au groupe. L'un de mes clients, qui travaille pour un grand organisme de recherche médicale, est souvent en conflit avec ses collègues qui lui reprochent de ne pas faire sa part de travail parce qu'il part à 17 heures au lieu de 19 h 30, alors qu'il fait du très bon boulot et satisfait toutes les exigences de ses supérieurs. Quitter le travail à une heure raisonnable est considéré comme une forme de trahison. Dommage, mais assez courant.

La ***Divergence*** est la tendance des groupes à ressembler de moins en moins aux autres groupes au fil du temps. Puisque le comportement collectif évolue souvent de manière à pouvoir distinguer clairement les membres d'un groupe de ceux d'un autre groupe, les Normes de la plupart des groupes changent constamment pour éviter de se confondre avec celles d'autres groupes ou d'imitateurs.

La Divergence explique pourquoi les modes au sein de la haute société new-yorkaise changent si vite et si radicalement. Dans certains cercles de la société, la mode vestimentaire est un signe extérieur de richesse et de statut social. Lorsque la dernière mode est rendue accessible aux couches plus modestes et peut se trouver dans n'importe quel magasin, l'élite change de mode pour continuer à se distinguer du « peuple ». La Divergence permet de conserver le signal d'appartenance au groupe.

Les groupes avec lesquels vous passez du temps influencent automatiquement et profondément votre comportement. Selon Jim Rohn, auteur de *Stratégies de prospérité*, « Vous êtes la moyenne des cinq personnes avec lesquelles vous passez le plus de temps. » Les valeurs et les comportements des personnes avec lesquelles vous échangez quotidiennement exercent une pression constante sur vous pour vous inciter à les adopter.

La Convergence peut être utile si vous choisissez consciemment de passer du temps avec des personnes auxquelles vous voudriez ressembler. Par exemple, si vous souhaitez perdre votre timidité et devenir plus extraverti, côtoyer des personnes sociables dans les contextes sociaux les plus variés influencera nécessairement votre comportement. Vous ne deviendrez pas exubérant en société du jour au lendemain, mais vous adopterez naturellement et progressivement les comportements et les Normes des gens avec lesquels vous passez du temps.

Cette approche fonctionne pour tous les sujets – si vous voulez tester le régime à base d'aliments crus, passez davantage de temps avec des gens qui mangent de cette façon. Utilisée consciemment, la Convergence peut vous aider à changer plus facilement vos Habitudes.

Décider de rompre avec des groupes qui ne vous rendent pas service est douloureux mais nécessaire pour évoluer. Les individus qui veulent arrêter de fumer ou de boire ont souvent beaucoup de mal à le faire parce que les gens qu'ils côtoient manifestent ces comportements. Faire une pause cigarette à 15 heures ou prendre l'apéro à 18 heures est un événement social très significatif, et si vos amis attendent de vous que vous vous y soumettiez, la tentation d'y succomber sera encore plus grande. Pour opérer des changements importants dans votre vie, il vous sera souvent nécessaire de quitter un groupe et d'en trouver un autre qui vous soutient davantage sur le chemin que vous voulez prendre. C'est pourquoi rejoindre les Alcooliques Anonymes quand on est alcoolique et qu'on ne veut plus l'être est un moyen très efficace de changer de comportement.

Une fois que vous aurez réalisé à quel point la Convergence et la Divergence sont des outils puissants, vous pourrez les utiliser à votre avantage. Si votre cercle social ne soutient pas vos objectifs, changez de fréquentations.

RETROUVEZ CE CONCEPT À L'ADRESSE : **http://book.personalmba.com/convergence-divergence/**

Les signaux sociaux

« La seule règle qui vaille est de ne pas être ennuyeux et de bien s'habiller partout où l'on va. La vie est trop courte pour accepter de passer inaperçu. »

PARIS HILTON, MONDAINE

Une Rolex ne donne pas mieux l'heure qu'une Swatch. Là n'est pas la question. Les gens sont prêts à dépenser beaucoup d'argent et d'énergie pour envoyer des ***Signaux sociaux***. Un sac à main Gucci ne porte pas mieux les objets qu'un sac à dos Eastpak et une Porsche 911 ne vous transporte pas plus vite d'un point A à un point B qu'une Renault Clio (si vous respectez la limitation de vitesse). Les articles de luxe coûtent beaucoup, beaucoup plus cher que leurs équivalents plus bas de gamme pour assurer une fonction identique, mais leur fonction n'est pas leur but. Leur but est d'envoyer un message.

Les Signaux sociaux sont des indicateurs tangibles d'une qualité intangible qui renforce le statut social ou l'appartenance à un groupe. Les gens ne portent pas des vêtements de sport parce que ça fait chic – d'ailleurs, ces vêtements sont affreux sur le plan esthétique. Non, ils les portent parce qu'ils veulent montrer qu'ils soutiennent leur équipe favorite – c'est l'affirmation d'une identité.

Les Signaux sociaux n'ont parfois rien à voir avec la réalité qu'ils sont censés refléter. Dans *The Millionaire Next Door*, Thomas Stanley et William Danko décrivent la vie et les habitudes de millionnaires. Le plus souvent, ces individus vivent dans des maisons modestes, conduisent des voitures d'occasion et achètent des vêtements bon marché. Si vous y réfléchissez, c'est logique, car le meilleur moyen de devenir riche est de gagner beaucoup d'argent sans le dépenser.

En revanche, les gens qui veulent montrer qu'ils sont riches, sans l'être forcément, ont tendance à acheter des produits qui signalent leur richesse et leur statut – de grandes maisons, des voitures de luxe, des vêtements de créateurs, des vacances hors de prix. Ces achats sont souvent financés par l'endettement – si vous jetez un œil à leurs relevés de compte, vous serez surpris de découvrir leur situation financière plutôt précaire.

Les Signaux sociaux ont une Valeur économique réelle, d'où l'intérêt de les intégrer à votre offre si vous en avez la possibilité. Mais vous devez d'abord comprendre ce que vos clients potentiels veulent signaler à leurs semblables. Puisque les Signaux se rapportent aux Besoins humains fondamentaux (acquérir, créer du lien, apprendre, se défendre et éprouver des sensations), les individus veulent montrer qu'ils sont riches, agréables à côtoyer, intelligents, cultivés, intéressants et sûrs d'eux. Connecter votre offre à l'une de ces qualités via l'Association mentale est le moyen le plus sûr d'inciter vos prospects à Désirer vos Produits encore plus fortement.

Utilisez les Signaux sociaux à votre avantage et votre offre ne tardera pas à rencontrer le succès.

RETROUVEZ CE CONCEPT À L'ADRESSE : **http://book.personalmba.com/social-signals/**

La preuve sociale

« Si cinquante millions de personnes disent une sottise, ça n'en reste pas moins une sottise. »

ANATOLE FRANCE, PRIX NOBEL 1921

Avez-vous déjà attendu que le feu soit vert pour les piétons pour traverser, puis vu la personne à côté de vous se mettre soudain à traverser ? Je parie qu'inconsciemment vous avez fait comme elle, à moins d'avoir fait preuve de Volonté pour Inhiber consciemment la réponse.

Dans la plupart des situations, les actions des autres individus dans notre situation nous indiquent fortement comment nous comporter. Lorsqu'une situation est ambiguë, nous apprenons en observant le comportement des autres. Si vous ignorez comment vous comporter à Rome, vous ne pouvez pas vous tromper en faisant ce que les Romains font.

La ***Preuve sociale*** peut créer sa propre dynamique. Les modes naissent souvent quand une personne fait quelque chose, que les autres le perçoivent comme un

Signal social, puis agissent à l'identique pour créer une ***Boucle de rétroaction*** (concept abordé ultérieurement) sociale. Les gadgets à la mode, les vidéos virales et les bulles spéculatives prennent de l'ampleur et gagnent en puissance via la preuve sociale – si tant de gens adoptent un comportement donné, il est facile d'en conclure que vous devriez l'adopter, vous aussi.

Les témoignages de clients (satisfaits, bien sûr !) constituent une forme efficace de Preuve sociale souvent utilisée pour doper les ventes. Ce n'est pas par hasard qu'Amazon.com et d'autres distributeurs en ligne exploitent les avis d'utilisateurs : les témoignages de gens satisfaits d'un achat envoient un signal clair qu'un article peut être acheté sans aucun problème, ce qui incite d'autres personnes à l'acheter.

Les témoignages les plus convaincants ne contiennent pas nécessairement des « impressionnants ! », « le meilleur ! », « qui change la vie ! » ou « révolutionnaire ! » – autant de qualificatifs dont on a tellement abusé que maintenant les consommateurs se méfient et n'en tiennent pas compte. Les témoignages les plus efficaces sont plutôt du style : « *J'étais intéressé par cette offre, mais sceptique. J'ai quand même décidé d'acheter votre produit, et je suis très satisfait du résultat final.* »

Pourquoi ce type de formulation est-il plus efficace que les clients qui s'exclament et ne tarissent pas d'éloges sur votre offre ? Parce qu'il correspond mieux au sentiment de vos prospects : ils sont intéressés, mais hésitants. En signalant que la décision prise par certains était une bonne décision, les témoignages disent à vos clients potentiels qu'ils peuvent vous acheter vos Produits ou vos Services en toute sécurité.

Ajoutez une petite dose de Preuve sociale à vos offres et vos ventes vont grimper.

RETROUVEZ CE CONCEPT À L'ADRESSE : **http://book.personalmba.com/social-proof/**

L'autorité

« Montrez du respect à l'égard de tous les hommes, mais ne rampez jamais devant eux. »

TECUMSEH, CHEF INDIEN DE LA TRIBU SHAWNEE

Dans les années 1970, Sanka (une marque de café très populaire aux États-Unis) s'est offert les services de l'acteur Robert Young pour promouvoir les bienfaits du café décaféiné. Young était mieux connu du public sous les traits du Dr Marcus Welby, le personnage principal d'une émission de télévision très regardée à l'époque : *Marcus Welby, M.D.*

Même si Young n'était pas un spécialiste des effets de la caféine sur la santé, les gens l'ont perçu comme faisant autorité en la matière et ont acheté du Sanka. L'approche a si bien fonctionné que Sanka a utilisé « Dr Welby » pour promouvoir son produit pendant des décennies.

Les individus ont naturellement tendance à obéir aux figures d'***Autorité***. Cette tendance se fait jour dès l'enfance – nous ne survivrions pas longtemps si nous n'obéissions pas à nos parents la plupart du temps. En grandissant, nous nous socialisons et apprenons à respecter d'autres figures d'Autorité : les enseignants, les policiers, les fonctionnaires de l'administration, les personnalités religieuses, etc. Par conséquent, lorsqu'une figure d'Autorité nous demande de faire quelque chose, nous avons toutes les chances de lui obéir – même si sa demande n'est pas pertinente ou n'a aucun sens.

Les individus sont enclins à se soumettre aux figures d'Autorité même s'ils refuseraient de le faire dans des circonstances normales. Dans le cadre d'une série d'expériences de psychologie sociale plutôt dérangeantes qui ont démarré en 1961, Stanley Milgram a prouvé que la plupart des individus obéissent presque aveuglément aux figures d'Autorité, même si la demande est moralement condamnable.

Les protagonistes de l'une de ces expériences étaient les suivants : un volontaire jouant le rôle de l'enseignant, un individu désigné comme l'élève et un « scientifique » en blouse blanche. Le chercheur a expliqué au volontaire que l'expérience était destinée à étudier l'effet de la punition sur le processus d'apprentissage. Le scientifique et l'élève étaient des acteurs. Le pseudo-élève était installé seul, ligoté sur une chaise et relié à des électrodes, dans une pièce adjacente à celle où se tenaient le pseudo-scientifique et le volontaire qui, lui, ignorait que les deux autres étaient des acteurs.

Le volontaire qui jouait le rôle de l'enseignant devait poser des questions à l'élève, puis lui envoyer une décharge électrique s'il répondait mal. Les chocs électriques n'étaient pas réels, mais le faux élève criait, pleurait et suppliait qu'on le détache. Toutes les deux à trois minutes, le « scientifique » ordonnait à l'enseignant d'augmenter la puissance de la décharge électrique. Le but de l'expérience était de voir pendant combien de temps l'enseignant volontaire allait obéir au scientifique avant de refuser de poursuivre l'expérience.

Les résultats ont été perturbants : 80 % des volontaires ont continué après que l'élève avait supplié qu'on stoppe l'expérience, et 65 % ont même obéi au scientifique jusqu'à la puissance maximale de 450 volts qu'ils savaient mortelle. Certes, ils ont été mal à l'aise et terriblement hésitants tout au long de l'expérience, mais le scientifique leur ayant dit de continuer, ils lui ont obéi.

Les figures d'Autorité sont automatiquement et extrêmement convaincantes. En leur présence, nous sommes amenés à faire des choses que nous jugerions normalement répréhensibles ou que nous n'envisagerions pas au premier abord – d'où de nombreux scandales impliquant des célébrités et des gens de pouvoir.

Si vous détenez l'Autorité, votre Autorité va changer vos relations avec les autres. Le simple fait d'exprimer votre opinion va inciter vos subordonnés à Interpréter votre avis comme une vérité ou un ordre. Résultat : ils vont se mettre à sélectionner les informations qu'ils vous transmettent en fonction de ce qu'ils pensent que vous voulez entendre, ce qui peut ne pas être ce que vous avez besoin d'entendre. C'est ce qui explique pourquoi les figures d'Autorité finissent souvent par vivre dans une bulle. Leur position d'Autorité et le Biais de confirmation les tiennent à l'écart d'informations susceptibles de contredire leurs opinions. Il est donc difficile pour elles d'échapper à leur tendance à la Tendance à la surestimation.

Développer une solide Réputation dans un domaine confère une certaine Autorité et les avantages qui vont avec. Si les gens respectent votre savoir et votre expérience, ils seront plus disposés à faire ce que vous leur suggérez. Alors développez vos compétences et votre Réputation, et vous étendrez votre sphère d'influence. Travaillez à faire Autorité dans ce que vous proposez et les clients potentiels accepteront plus volontiers votre offre.

RETROUVEZ CE CONCEPT À L'ADRESSE : **http://book.personalmba.com/authority/**

Engagement et cohérence

« Une cohérence insensée est le diablotin de petits esprits. »

RALPH WALDO EMERSON, PHILOSOPHE AMÉRICAIN

Il y a quelques mois, ma femme a reçu un coup de fil de son université qui sollicitait un don de sa part. Le responsable au téléphone a été très habile : il ne lui a pas demandé un don tout de suite, mais si elle était disposée à donner de l'argent à l'université dans l'avenir. Bien sûr, mon épouse a accepté et vite oublié cet appel.

Peu avant notre déménagement dans le Colorado, une « facture » de 150 dollars envoyée par l'université est apparue dans notre boîte de réception. Il était écrit : « Voici votre engagement – vous pouvez envoyer votre chèque 150 dollars via l'enveloppe ci-jointe. »

Notre budget était très serré à l'époque puisqu'il fallait payer les déménageurs, nous acheter des voitures et acquérir du mobilier, mais ma femme a envoyé le chèque malgré tout. Après tout, elle s'était engagée, non ?

Personne ne veut être désigné comme « celui qui ne tient pas ses promesses ». Les ***Engagements*** ont toujours été utilisés à travers l'histoire comme un moyen de rassembler des groupes. Ne pas tenir une promesse ou rompre un Engagement risque d'entacher notre Statut social et notre Réputation, c'est pourquoi nous faisons le maximum pour agir conformément à nos positions, nos opinions et nos promesses.

Même des Engagements mineurs encouragent les individus à agir pour les tenir. L'une de mes histoires préférées au sujet de l'Engagement est tirée du livre de Michael Masterson, *Ready, Fire, Aim.** Lors d'un voyage en Inde, l'auteur est entré chez un marchand de tapis. Il était particulièrement sceptique et n'avait absolument pas l'intention d'acheter quoi que soit – il était juste intéressé par l'expérience.

Le marchand de tapis était un excellent vendeur et recourait à deux stratégies principales. Pour venir à bout du scepticisme de Masterson, il a utilisé des Histoires de ventes qu'il avait conclues dans le passé, encourageant ainsi son prospect à l'apprécier et à lui faire Confiance. Puis il a utilisé l'Engagement : à chaque fois que Masterson s'intéressait de près à un tapis, il demandait à son personnel de le décrocher et de le poser par terre. Les tapis étaient lourds, et demandaient un effort physique assez conséquent. Par un petit Engagement – exprimer son intérêt pour un tapis en particulier –, Masterson provoquait un empressement assez incroyable autour de lui.

À mesure que les minutes s'écoulaient, il lui devenait difficile d'imaginer repartir sans rien acheter : cela ne serait pas conforme à l'intérêt qu'il a manifesté et à tous les efforts que le personnel déployait pour lui. Le moins qu'il puisse faire, c'était d'appliquer la Réciprocité. Comment pouvait-il dire non au marchand ?

---

* Vous pouvez lire l'histoire en entier sur http://www.earlytorise.com/2007/11/30/lessons-from-a-persian-rug-merchant-in-jaipur/

Au bout du compte, il a acheté un tapis de 8 200 dollars et quitté la boutique satisfait.

Si vous réussissez à obtenir de petits Engagements de la part de certaines personnes, ces dernières auront toutes les chances de vouloir les tenir pour agir de façon ***Cohérente***. Les vendeurs apprennent souvent à tout faire pour encourager leurs prospects à dire oui le plus tôt possible. Obtenir un premier petit Engagement de leur part ouvre la porte à un Engagement plus conséquent susceptible de déboucher sur un achat.

C'est la raison pour laquelle de nombreux activistes commencent par vous poser des questions du style : « Vous intéressez-vous à la sécurité des enfants ? » ou « Vous préoccupez-vous de l'environnement ? » lorsqu'ils font du télémarketing ou cherchent à réunir le maximum de signatures pour une pétition. Comme la plupart des gens s'intéressent à ces sujets, ils répondent oui d'emblée. Et une fois que vous avez dit que vous vous préoccupiez de cette question, vous ne pouvez pas refuser ce qu'on vous demande, au risque de paraître incohérent.

Réussissez à obtenir un Engagement mineur et vous augmenterez vos chances de voir les autres se conformer à votre demande.

RETROUVEZ CE CONCEPT À L'ADRESSE : **http://book.personalmba.com/commitment-consistency/**

Le biais de la récompense

« Il est difficile de faire comprendre quelque chose à un homme qui gagne sa vie de ne pas le comprendre. »

UPTON SINCLAIR, PRIX PULITZER POUR SON LIVRE *LA JUNGLE*

Si vous travaillez avec un agent immobilier ou un courtier en prêts immobiliers, ils ont tout intérêt à vous convaincre d'acheter une maison plutôt que d'en louer une*, même si ce n'est pas dans votre intérêt.

Le ***Biais de la récompense*** explique pourquoi les gens qui ont un intérêt dans telle ou telle chose auront tendance à essayer de vous faire abonder dans leur sens. Nous avons évoqué ce sujet dans la section sur les Intermédiaires. Si vous travaillez avec un agent payé à la commission, ce n'est pas vraiment dans son

* http://www.nytimes.com/interactive/business/buy-rent-calculator.html

intérêt de vous dire que l'achat que vous envisagez n'est pas une bonne idée. Comme le dit le proverbe : Ne demandez pas à un coiffeur si vous avez besoin d'un brushing.

Les incitations et les récompenses influencent automatiquement le comportement des individus. Par conséquent, la structure des incitations auxquelles ils sont exposés exerce un impact significatif sur leur comportement. À supposer que les éléments qu'ils contrôlent demeurent identiques, changer les incitations auxquelles ils sont sensibles est susceptible de changer leurs comportements.

Dans *The Knack*, Norm Brodsky et Bo Burlingham décrivent le mode de rémunération de leurs vendeurs. La plupart des entreprises rémunèrent leurs commerciaux à la commission : qui dit augmentation des ventes dit augmentation de la rémunération. Mais cette structure incitative rend les vendeurs complètement obnubilés par un seul objectif : conclure le maximum de ventes, même si ces ventes ne sont pas rentables ou dans l'intérêt à long terme de l'entreprise. Brodsky et Burlingham ont donc changé leur fusil d'épaule : en payant les commerciaux sur la base d'un salaire et en ajoutant de grosses primes à la performance à long terme, ils les ont encouragés à réaliser des ventes profitables et non des ventes à n'importe quel prix.

Les récompenses créent parfois des ***Effets secondaires*** (concept abordé ultérieurement) inattendus. Les stock-options ont été créées dans l'idée que les cadres directement intéressés par le cours de l'action de leur entreprise agiraient dans le but de le faire monter avec le temps, ce qui ne pouvait que réjouir les actionnaires. C'est vrai, mais jusqu'à un certain point seulement : car le véritable intérêt de ces cadres, c'est de faire augmenter le cours de l'action juste avant d'envisager de les vendre. Une fois leurs actions vendues, ils se désintéressent de la question, ce qui encourage des pratiques prêtes à sacrifier la stabilité à long terme pour des gains à court terme.

Les effets des récompenses sont complexes à envisager car elles interagissent inévitablement avec notre perception. Par exemple, accorder une prime ou une augmentation à un salarié parce qu'il a fait du bon travail peut produire un curieux résultat : il peut cesser de faire ce qui lui a valu cette récompense.

Cela vous paraît absurde jusqu'à ce que vous compreniez que la récompense a toujours été là, finalement – le salarié a fait du bon travail parce qu'il voulait faire du bon travail, et sa récompense était donc interne. Le rémunérer pour faire du bon travail l'incite à considérer « faire du bon travail » comme faisant partie intégrante de son travail, ce qui le rend moins motivé pour travailler pour sa propre satisfaction personnelle. En cas de Conflit, le Contrôle de la perception est toujours plus fort que les récompenses.

Les récompenses peuvent être utiles si elles sont utilisées à bon escient, mais allez-y avec précaution. Si les récompenses des personnes avec lesquelles vous travaillez ne vont pas dans le sens de votre intérêt à vous, vous risquez de rencontrer des problèmes.

RETROUVEZ CE CONCEPT À L'ADRESSE : **http://book.personalmba.com/incentive-caused-biais/**

Le biais de la confiance en soi

« Nous trouvons du réconfort auprès de ceux qui sont d'accord avec nous, mais évoluons auprès de ceux qui ne le sont pas. »

FRANK A. CLARK, MINISTRE ET CHRONIQUEUR AMÉRICAIN

Il y a quelques années, je voyageais pour mon travail avec un collègue étonné de voir que je portais un sac à bandoulière au lieu de traîner une valise à roulettes. C'était l'affaire d'une nuit et je n'avais pas besoin de grand-chose – quelques vêtements, mon ordinateur et un livre. J'avais tout ce qu'il me fallait et le sac n'était pas lourd. Bref, la solution idéale.

Mon collègue jugeait mon choix absurde et, pendant dix minutes, n'a cessé de me dire : « C'est beaucoup mieux d'avoir une valise à roulettes ! Ce serait plus confortable et tu porterais moins lourd. Tu devrais toujours emporter une valise à roulettes… »

Le ***Biais de la confiance en soi*** est la supposition automatique que notre approche est la meilleure. La plupart des gens se plaisent à penser qu'ils savent de quoi ils parlent, qu'ils savent ce qu'ils font et que leur façon de faire les choses est la meilleure. Or, ils ont très souvent tort. Il existe toujours plusieurs manières de faire les choses et les bonnes idées peuvent venir de partout.

En l'absence de preuves du contraire, c'est la règle de l'HiPPO (the Highest Paid Person's Opinion) qui fait loi – les décisions sont prises selon l'opinion de la personne la mieux payée. Il s'agit d'un terme inventé par Avinash Kaushik dans son livre *Web Analytics 2.0* pour expliquer pourquoi il est aussi important d'étayer les propositions et les décisions par des données. En l'absence de données, vous allez être obligé de faire les choses à la manière de votre patron : le Biais de la confiance en soi incite les patrons à penser que leur manière de faire est la meilleure à moins que vous n'apportiez la preuve du contraire. Dans le cadre d'une divergence d'opinions, la règle de l'HiPPO a toujours le dernier mot.

Le meilleur moyen d'éviter le Biais de la confiance en soi est d'utiliser l'Inhibition pour suspendre temporairement son jugement. Le principal avantage de comprendre les biais cognitifs est de savoir que vous n'en êtes pas protégé et ce n'est pas parce que vous connaissez leur existence qu'ils n'ont pas moins d'influence sur vous. La tendance au Biais de la confiance en soi est automatique et nous devons utiliser la force de notre Volonté pour le surmonter.

Si vous êtes cadre ou dirigeant, temporisez votre jugement suffisamment longtemps pour considérer avec soin les points de vue et les suggestions des personnes avec lesquelles vous travaillez. Sinon, vous risquez de passer à côté d'informations importantes. N'oubliez pas de garder un esprit ouvert et vous prendrez des décisions plus sages.

RETROUVEZ CE CONCEPT À L'ADRESSE : **http://book.personalmba.com/modal-bias/**

L'effet pygmalion

« Les plus belles réalisations s'inscrivent toujours dans le cadre d'attentes élevées. »

CHARLES KETTERING, INVENTEUR PROLIFIQUE ET ANCIEN DIRECTEUR DE LA RECHERCHE CHEZ GENERAL MOTORS

Les individus ont tendance à s'élever au niveau que les autres attendent d'eux. En général, ils obtiennent des résultats conformes aux attentes d'autrui, ni plus ni moins. Si vous n'avez pas beaucoup d'attentes à l'égard des personnes avec lesquelles vous travaillez, vous n'allez pas les inciter à se surpasser. Faites-leur savoir que vous attendez de grandes choses d'elles, et elles se révéleront le plus souvent à la hauteur de vos attentes.

L'***Effet pygmalion*** doit son nom à une figure de la mythologie grecque. Pygmalion, roi légendaire de Chypre, était un sculpteur très doué. Un jour, il tomba amoureux d'une statue de femme qu'il avait lui-même sculptée à la perfection. Il supplia alors Aphrodite de donner vie à la statue. Ayant pitié de lui, la déesse de l'amour exauça son vœu.

L'Effet pygmalion explique pourquoi toutes nos relations sont des prophéties autoréalisatrices. Des études portant sur la relation entre des enseignants et des élèves ont mis en évidence la réalité de cet effet. Si un enseignant était convaincu qu'un élève était « doué » ou « intelligent », son comportement encourageait l'élève à être à la hauteur de cette appréciation. En revanche, si un enseignant croyait dur comme fer qu'un élève était « difficile » ou « en difficulté », l'élève en question ne recevait pas autant de soutien et obtenait des résultats plus médiocres. D'où l'expression « prophétie autoréalisatrice ».

Dans *Comment se faire des amis*, Dale Carnegie recommande de « donner aux autres une excellente réputation à laquelle ils devront se montrer à la hauteur ». Sage conseil. Élevez vos attentes à l'égard des autres et ils vont faire le maximum pour être à la hauteur de ce que vous attendez d'eux.

L'Effet pygmalion n'est pas une excuse pour avoir des attentes irréalistes à l'égard des autres. Même le meilleur bâtisseur de la terre est incapable de reproduire les pyramides d'Égypte en un après-midi. Alors attendre des autres qu'ils réalisent des « missions impossibles » ne peut être qu'une source de déception et de frustration. S'attendre à de la qualité et à de l'excellence est une chose, s'attendre à des miracles en est une autre, totalement irréaliste.

L'Effet pygmalion comporte également un paradoxe : nourrir des attentes élevées à l'égard des autres va les inciter à produire de meilleurs résultats, mais augmente parallèlement le risque de déception. L'Effet d'attente signifie que notre perception de la qualité du travail de quelqu'un dépend de nos attentes initiales. Plus nos attentes sont élevées au départ, plus les performances de cette personne ont de chance d'être élevées, mais plus le risque qu'elle ne soit pas à la hauteur est grand. Si vous êtes amené à évaluer formellement les performances d'un salarié, veillez à rester, autant que possible, dans un jugement objectif et quantitatif.

Faites savoir aux autres que vous attendez de l'excellent travail de leur part et ils feront le maximum pour être à la hauteur de vos attentes.

RETROUVEZ CE CONCEPT À L'ADRESSE : **http://book.personalmba.com/pygmalion-effect/**

L'erreur d'attribution

« Rares sont les personnes à pouvoir considérer les défauts des autres sans forcer le trait. »

BYRON J. LANGENFELD, AVIATEUR DE LA PREMIÈRE GUERRE MONDIALE

Supposons que vous faites appel à un entrepreneur pour construire une maison et que vous lui donnez une date précise d'achèvement des travaux. Le délai expire et votre maison n'est toujours pas terminée. Trois mois de plus sont nécessaires pour que vous puissiez l'habiter.

À moins d'être particulièrement indulgent, vous allez penser que l'entrepreneur a un poil dans la main, qu'il est inexpérimenté ou qu'il manque de professionnalisme. Vous dissuadez tous vos amis qui envisagent de se faire construire une maison de faire travailler cet entrepreneur, habitué, vous semble-t-il, à faire de belles promesses qu'il ne tient pas.

À présent, imaginez la situation du point de vue de l'entrepreneur. Il devait s'approvisionner en bois de charpente auprès d'un fournisseur généralement digne de confiance. Mais cette fois, l'un des camions du fournisseur est tombé en panne, ce qui a retardé la livraison. L'entrepreneur a été obligé de trouver un autre fournisseur le plus rapidement possible, ce qui n'a pas été une mince affaire, car les fournisseurs de bois de charpente sont rares dans la région. L'entrepreneur a remué ciel et terre pour terminer l'achèvement des travaux le plus vite possible, et s'il n'avait pas fait autant d'efforts, les travaux auraient pris un retard de six mois au lieu de trois.

L'***Erreur d'attribution*** signifie que quand les autres essuient un échec, nous l'attribuons à leur personne, et que quand nous essuyons un échec, nous l'attribuons à des facteurs extérieurs, c'est-à-dire à des circonstances défavorables. En partant du principe que le retard de l'entrepreneur est un défaut de sa part, vous avez commis une erreur de jugement, car en réalité l'erreur était imputable au fournisseur de bois de charpente, ou plutôt à son camion en panne, c'est-à-dire à un facteur extérieur. Et parce que vous n'étiez pas au courant de la situation, vous avez rejeté la faute sur votre entrepreneur.

Éviter l'Erreur d'attribution permet de rester plus facilement en bons termes avec les gens avec lesquelles vous travaillez. Si vous travaillez avec quelqu'un qui ne fait jamais ce qu'il est censé faire ou ne satisfait jamais vos attentes, vous êtes en droit de vous dire que vous êtes face à un vrai problème à résoudre. Mais tant qu'un comportement ne devient pas une habitude, il est préférable de laisser aux autres le bénéfice du doute. Lorsque vous comprenez la raison qui motive le comportement d'un individu, vous considérez subitement ses actions sous un autre angle.

Si un événement ne se déroule pas comme prévu, essayez de recueillir le maximum d'informations sur les circonstances de cet événement. Si une personne n'agit pas conformément à vos attentes, renseignez-vous pour connaître les raisons de son comportement. Et, dans la plupart des cas, vous découvrirez qu'il s'agit d'un concours de circonstances et non d'un défaut de la personne.

RETROUVEZ CE CONCEPT À L'ADRESSE : **http://book.personalmba.com/attribution-error/**

L'orientation vers les solutions

> « La tâche importante de faire avancer le monde n'attend pas d'être accomplie par des hommes parfaits. »
>
> GEORGE ELIOT, FEMME DE LETTRES BRITANNIQUE

Quand quelque chose ne va pas, votre façon de gérer la crise importe. Les erreurs et les problèmes sont incontournables dans l'existence, d'où l'intérêt de prendre les devants pour minimaliser l'impact des événements inattendus.

Rester fixé sur le problème est l'attitude la moins productive. Lorsque vous prenez conscience d'un problème, il est trop tard pour le prévenir car il est en dehors de votre Zone de contrôle et la seule question à vous poser est : Comment vais-je procéder pour trouver une solution ?

Imaginez que vous alliez voir le dirigeant d'une entreprise qui fabrique des fours à micro-ondes pour lui transmettre un rapport signalant que certains fours ont explosé et provoqué de graves incendies. Le problème est sérieux, n'est-ce pas ? Comment pensez-vous que le dirigeant va réagir si vous lui dites : « Patron, nous avons un problème. Que faisons-nous ? Dites-nous ce que nous devons faire ! »

À moins que votre directeur soit d'une patience rare, sa réponse sera probablement : « Je sais que nous avons un sacré problème avec ces fours. Alors quelles sont nos options, quelles sont les solutions ? ». Si vous restez hésitant et inactif, vous risquez rapidement de prendre la porte !

Au lieu de vous appesantir sur le problème, orientez-vous vers les différentes solutions que vous avez. Ruminer un problème n'a jamais permis de le résoudre.

Demandez-vous plutôt ce que vous allez faire pour lui trouver une solution. En consacrant toute votre énergie à évaluer les réponses potentielles, vous aurez toutes les chances de trouver un moyen d'améliorer la situation.

Voici une approche que votre directeur jugera probablement plus utile :

> *Nous avons reçu plusieurs rapports faisant état d'incendies provoqués par nos fours à micro-ondes. Voici les options dont nous disposons : soit nous pouvons demander à nos ingénieurs d'établir un diagnostic complet avant d'émettre un communiqué, ce qui prendra du temps et nous fait courir le risque de voir les problèmes se multiplier, soit nous pouvons immédiatement faire un rappel de nos produits et retirer ceux encore en vente. En fonction des informations dont nous disposons actuellement, il semble que nos fours à micro-ondes soient défectueux et présentent un risque majeur pour la sécurité de nos clients. Après avoir réfléchi aux différentes solutions, je recommande un rappel immédiat qui, selon nos estimations, nous coûtera 4 millions d'euros.*

Il est beaucoup plus constructif de vous focaliser sur les options disponibles, c'est-à-dire de présenter plusieurs mesures possibles, ainsi que les coûts et les avantages de chacune, puis de recommander une solution fondée sur les informations disponibles. Le directeur (ou le client) peut alors passer en revue vos recommandations et les solutions proposées, poser des questions complémentaires et prendre la meilleure Décision possible. Procédez ainsi le plus souvent possible et vous vous construirez une solide Réputation en devenant celui qui garde sa lucidité et sa clarté d'esprit en période de crise.

Focalisez-vous sur les solutions et non sur les problèmes et vous serez capable de faire face à n'importe quelle situation.

RETROUVEZ CE CONCEPT À L'ADRESSE : **http://book.personalmba.com/option-orientation/**

Le management

« Le management consiste à faire les choses comme il faut ; le leadership à faire ce qu'il faut. »

Peter Drucker, père du management moderne

Les écoles de commerce ont beaucoup prôné le « management scientifique » et la nécessité de former des managers compétents. En réalité, vous ne pouvez pas apprendre à devenir un manager compétent dans une salle de classe –

hormis quelques principes simples, ce savoir-faire s'acquiert essentiellement par l'expérience.

Le ***Management*** est simple, mais pas simpliste. Fondamentalement, il consiste à coordonner les actions d'individus au sein d'un groupe pour atteindre un Objectif tout en tenant compte du ***Changement*** et de l'***Incertitude*** (concepts abordés ultérieurement), deux facteurs auxquels on ne peut échapper. C'est comme prendre la barre d'un navire durant une tempête : vous ne pouvez pas faire autre chose que de la tourner, ce qui est très simple, mais il faut des années d'expérience pour maîtriser la navigation.

Voici donc les six principes d'un Management efficace et ancré dans la réalité :

1. Recrutez le plus petit groupe d'individus possible pour accomplir rapidement et efficacement les tâches à effectuer. En vertu de l'Avantage comparatif, certains individus seront meilleurs que d'autres dans certaines tâches, d'où l'importance d'investir du temps et des ressources dans le recrutement de la meilleure équipe possible. Toutefois, limitez la taille de votre équipe – au-delà de trois à huit membres, tout membre supplémentaire entrave la performance de l'équipe, notamment en raison des Coûts de communication. Les petites équipes d'élite sont les meilleurs.

2. Communiquez clairement sur la Finalité souhaitée, le partage des responsabilités et la situation actuelle. Tous les membres de l'équipe doivent connaître l'Intention du commandant du projet, la raison pour laquelle ce projet est important (la Justification) et de quel aspect du projet ils sont individuellement responsables. Sinon, vous risquez l'Apathie du spectateur.

3. Traitez les membres de votre équipe avec respect. Une utilisation systématique du Tiercé gagnant – appréciation, courtoisie et respect – est le meilleur moyen de leur permettre de se sentir Importants et de vous assurer qu'ils vous respectent vous, leur manager. Plus vos équipes travailleront en s'apportant un soutien mutuel, plus le Clan apparaîtra naturellement et plus l'équipe deviendra soudée.

4. Créez un ***Environnement*** (concept abordé ultérieurement) permettant à chacun d'être le plus productif possible, puis laissez les individus faire leur travail. Un Environnement de travail optimal tire profit de la Structure directrice, alors fournissez les meilleurs outils et veillez à ce que l'Environnement renforce le travail effectué par l'équipe. Pour éviter de saper les énergies à cause la Sanction du changement cognitif, protégez votre équipe d'un maximum de distractions, notamment de la paperasserie administrative et des réunions inutiles.

5. Évitez d'avoir des attentes irréalistes. Certes, planifiez la réalisation de votre projet, mais soyez conscient dès le départ que votre plan initial sera très certainement incomplet ou inexact sur quelques points importants en raison de l'Incertitude et de l'Illusion du planning. Actualisez-le en cours de route en tirant les leçons de vos expériences et appliquez continuellement la Loi de Parkinson pour trouver le chemin d'accomplissement des actions le plus court et le plus efficace possible au vu des Compromis nécessaires.

6. Mesurez pour voir si ce que vous faites fonctionne, et si ce n'est pas le cas, changez d'approche. Il ne faut pas croire qu'un Management efficace puisse se passer d'apprendre et d'évoluer. Cet état d'esprit suppose un plan initial parfait et suivi à la lettre. Or, c'est tout l'inverse qui importe : un Management efficace doit laisser de la place à l'apprentissage, ce qui nécessite des ajustements constants en cours de route. Mesurez systématiquement votre performance avec quelques ***Indicateurs clés de performance*** (concept abordé ultérieurement) et si ce que vous faites ne semble pas fonctionner, Expérimentez une nouvelle approche.

Suivez ces six principes et votre équipe sera extrêmement productive. Ce style de Management n'est pas le Management commandement-contrôle auquel la plupart des gens pensent lorsqu'ils entendent parler de Management. À la télévision et dans la plupart des ouvrages spécialisés, les managers sont de hauts responsables qui passent leur temps à donner des ordres et à prendre des décisions importantes. Or, dans la réalité, ces comportements révèlent un Management médiocre.

Les meilleurs managers ne se comportent pas comme des boss tout-puissants, mais plutôt comme des assistants très efficaces dont l'objectif principal est de maintenir des individus dotés de Compétences économiquement valables concentrés sur l'amélioration des Cinq éléments de toute entreprise, à savoir accomplir des tâches qui contribuent directement aux résultats de l'entreprise. Les décisions importantes sont prises par les individus qui possèdent le plus de savoir et d'expérience dans le domaine en question.

Dans un essai récent, le développeur de logiciels Joel Spolsky explique pourquoi les managers doivent arrêter de faire la loi et laisser leurs employés faire leur travail :

> *Cessons de considérer l'équipe dirigeante comme tout en haut de l'organisation. Commençons à considérer les développeurs de logiciels, les designers, les chefs de produit et la force de vente comme tout en haut de l'organisation.*

L'équipe dirigeante n'est pas l'équipe décisionnelle. Elle est une fonction de soutien. Il serait préférable de la qualifier d'« administrative » plutôt que de « dirigeante », ce qui l'empêcherait de prendre la grosse tête.

Les administrateurs ne sont pas censés prendre les décisions difficiles. Ils n'en savent pas assez… Les administrateurs existent pour déplacer les meubles et, par conséquent, laisser les gens en haut de l'organisation prendre les décisions difficiles…

Tel est le mode de fonctionnement qui doit régner au sein d'une entreprise du savoir. Vous ne créez pas une start-up avec un énorme cerveau tout en haut et, en dessous, une foule de petits cerveaux qui obéissent aux ordres. Vous essayez de faire en sorte que tous les individus possèdent un énorme cerveau dans leur domaine de prédilection et vous leur fournissez un minimum de soutien administratif pour qu'ils puissent avoir une liberté d'action et travailler efficacement.[*]

Le Management est une compétence unique qui réclame de la discipline, de la patience, une communication claire et un engagement à faire travailler tout le monde ensemble sans distractions inutiles. En recrutant une bonne équipe et en éliminant un maximum de ***Frottement*** (concept abordé ultérieurement), vous obtiendrez les résultats escomptés.

RETROUVEZ CE CONCEPT À L'ADRESSE : **http://book.personalmba.com/management/**

Le recrutement basé sur les résultats

« Lorsque tout est dit et fait, il y a beaucoup plus de choses dites que faites. »

LOU HOLTZ, ENTRAÎNEUR DE FOOTBALL AMÉRICAIN ET REPORTER SPORTIF

Et si vous aviez besoin de former une équipe ? Et si vous étiez responsable du recrutement des nouveaux salariés ? Comment attireriez-vous et fidéliseriez-vous les meilleurs d'entre eux ?

Recruter est délicat et il n'existe pas de méthode infaillible pour trouver, attirer et fidéliser les meilleurs éléments. Les erreurs de recrutement coûtent toujours très cher, que ce soit en temps, en argent, en énergie ou en patience.

* http://www.avc.com/a_vc/2012/02/the-management-team-guest-post-from-joelspolsky.html

Les meilleurs candidats ne sont pas forcément ceux qui affichent le plus beau curriculum vitae ni ceux qui obtiennent les meilleurs résultats lors d'une sélection téléphonique ou d'un entretien d'embauche. Non, les meilleurs sont ceux qui accomplissent leurs missions et travaillent efficacement avec les autres membres de l'équipe. Dans l'idéal, vous recherchez un individu motivé, capable de fournir du bon travail et avec lequel vous aurez plaisir à coopérer au quotidien.

La règle d'or en matière de recrutement ? Le meilleur indicateur du comportement futur est le comportement passé. Si vous souhaitez embaucher des candidats qui vous donneront satisfaction dans les mois et les années à venir, recherchez ceux qui ont obtenu de bons résultats dans le passé. À cet effet, menez une enquête approfondie sur leurs performances passées et donnez à chaque candidat qui vous semble prometteur l'occasion de travailler quelque temps avec vous avant de vous engager à plus long terme.

Le processus de recrutement commence par la rédaction et la diffusion – publique ou dans des réseaux privés – d'une offre d'emploi comportant une description précise du poste. La rédaction du profil du poste ne doit pas ressembler à une publicité : vous devez y décrire en détail la réalité des tâches quotidiennes sans les embellir. Vous cherchez des candidats attirés par le travail proposé, et s'ils ignorent en quoi consiste exactement le poste en question, ils ne sauront pas s'ils sont susceptibles de faire l'affaire ou non.

Ensuite, identifiez une « épreuve » pour sélectionner les candidats. Sur des marchés de l'emploi plutôt mous, chaque nouvelle offre d'emploi attire une foule de candidats, pour la plupart médiocres. Il vous faut absolument un moyen de repérer le plus rapidement possible les candidats les plus prometteurs. La sélection par les diplômes ou la moyenne des notes est courante mais inefficace, car elle ne vous dit rien sur le niveau de connaissance actuel du candidat. Alors posez quelques questions de base qui nécessitent un minimum de connaissances spécialisées dans le domaine pour pouvoir y répondre. Les candidats les plus prometteurs seront faciles à identifier.

Une fois que vous avez identifié quelques candidats intéressants, demandez à chacun de vous montrer des exemples de deux ou trois de ses projets les plus réussis – pas forcément liés au poste à pourvoir, mais dont il est fier et qui mettent en valeur ses compétences. L'idée est de voir concrètement ce que le candidat a accompli jusque-là et d'évaluer plus facilement son niveau d'expérience et son éthique de travail. Si l'un d'entre eux prétend avoir « cinq années d'expérience » dans le développement de produit mais se révèle incapable de vous montrer un échantillon de son travail, vous avez intérêt à vous méfier.

À ce stade, n'hésitez pas à vérifier ses recommandations. Demandez-lui le nom et les coordonnées d'employeurs et de collègues avec lesquels il a travaillé. Lorsque vous contacterez ces personnes, demandez-leur par exemple : « Retravailleriez-vous avec ce candidat ? » Si elles hésitent ou éludent la question, vous saurez à quoi vous en tenir. Si vous ne pouvez pas joindre les personnes en question, laissez un message et demandez-leur de vous contacter s'ils jugent le candidat particulièrement valable. S'ils ne vous rappellent pas, vous saurez que le candidat n'est sans doute pas aussi prometteur que vous le pensiez.

Enfin, donnez aux candidats les plus prometteurs un petit projet ou un scénario pour voir comment ils pensent, travaillent et communiquent. Les petits projets conviennent mieux aux techniciens, tandis que les scénarios sont plus adaptés aux candidats qui travailleront dans la création de produits, la publicité, les ventes, le développement de l'entreprise, la finance ou le management. Vous devriez obtenir en retour un rapport, un argumentaire de vente, un produit ou un procédé.

Ne mettez pas le candidat dans un environnement artificiel : il doit pouvoir être libre d'utiliser les outils et les ressources qu'il a l'habitude d'utiliser et avec lesquels il est à l'aise. Il doit également pouvoir vous contacter s'il a des questions. Une fois que le candidat aura terminé son petit projet ou son scénario, convoquez-le pour qu'il vous présente ses résultats. Cette présentation remplace l'entretien.

Le but du petit projet ou du scénario est d'évaluer le travail réel dont le candidat est capable dans un environnement réel. Sur quoi se focalise-t-il en premier ? Que remarque-t-il ou qu'est-ce qui échappe à son attention ? Comment explique-t-il ses choix et ses recommandations ? Comment réagit-il quand vous lui posez des questions ou n'êtes pas d'accord avec lui ?

Des « missions tests » de ce type doivent être courtes et ne pas réclamer plus de quelques heures de travail. Respectez vos candidats : votre processus de recrutement ne doit pas être un prétexte pour obtenir du conseil gratuit. Si vous préférez les projets d'évaluation plus longs, vous pouvez toujours embaucher le candidat en qualité de consultant à temps partiel, puis lui proposer du temps plein si vous êtes satisfait de son travail.

Ce processus de recrutement est un moyen direct et efficace pour découvrir et évaluer des salariés prometteurs. Il est important de garder à l'esprit qu'il ne fait pas appel aux curriculum vitae ni aux entretiens d'embauche – des méthodes traditionnelles qui, finalement, ne testent que la capacité d'un candidat à rédiger un CV et à se débrouiller lors d'un entretien. Si vous vous renseignez sur les performances passées de vos candidats et évaluez leur travail par des projets tests, vous avez toutes les chances de faire le bon choix.

RETROUVEZ CE CONCEPT À L'ADRESSE : **http://book.personalmba.com/performance-based-hiring/**

9

COMPRENDRE LES SYSTÈMES

« Louer ou censurer ce que tu ne comprends pas peut causer préjudice. »

LÉONARD DE VINCI

Les entreprises sont des Systèmes complexes qui existent au sein de systèmes encore plus complexes – les marchés, les secteurs d'activité et les États. Un Système complexe est un arrangement durable d'éléments interconnectés qui forment un tout unifié.

Dans ce chapitre, vous allez découvrir les points communs de tous les Systèmes, comment les facteurs Environnementaux influencent leur fonctionnement, ainsi que l'omniprésence de l'Incertitude et du Changement.

RETROUVEZ CE CONCEPT À L'ADRESSE : **http://book.personalmba.com/understanding-systems/**

La loi de Gall

> « Un système complexe qui fonctionne se trouve invariablement avoir évolué à partir d'un système simple qui fonctionnait. La proposition inverse semble également vraie : un système complexe développé de A à Z ne fonctionne jamais et vous n'arriverez jamais à le faire fonctionner. Vous devez recommencer depuis le début par un système simple. »
>
> JOHN GALL, THÉORICIEN DES SYSTÈMES

Que diriez-vous d'occuper votre week-end à construire une voiture de A à Z ? Sans pièces préfabriquées et sans plans ? Juste un bloc de métal, quelques outils simples, vos connaissances et votre imagination. À votre avis, à quoi va ressembler votre projet ?

Même s'il prend un an, il a toutes les chances d'être un désastre complet. Si votre voiture fonctionne quand même (ce qui est fort, fort improbable), elle sera beaucoup moins efficace et fiable que la pire des voitures commercialisées.

À présent, imaginez que vous construisiez un ordinateur, que vous mettiez au point un traitement anticancéreux ou que vous cloniez un être humain sans vous inspirer de ce qui a déjà été fait. Inévitablement, vous allez essuyer toute une série d'échecs aussi coûteux que démoralisants. Si vous réussissez, ce sera au bout de plusieurs décennies.

Pourquoi est-il si difficile de créer ex nihilo des Systèmes complexes qui marchent ? John Gall, l'un des premiers grands théoriciens des systèmes complexes, a trouvé la réponse.

C'est la ***Loi de Gall*** : tous les systèmes complexes qui fonctionnent sont issus de systèmes plus simples qui fonctionnaient. Les systèmes complexes sont remplis de variables et d'***Interdépendances*** (concept abordé ultérieurement) qui doivent être organisées comme il se doit pour fonctionner. Les systèmes complexes créés ex nihilo ne fonctionneront jamais dans la réalité puisqu'ils n'ont pas été soumis à la sélection de leur environnement pendant leur mise au point.

L'***Incertitude*** (concept abordé ultérieurement) signifie que vous ne serez jamais capable d'anticiper l'ensemble des Interdépendances et des variables. Par conséquent, un système complexe créé ex nihilo subira des fiascos continuels et imprévisibles.

La Loi de Gall est l'endroit où se rejoignent les ***Tests de sélection*** environnementaux (concept abordé ultérieurement) et la conception des systèmes. Si vous voulez construire un système qui marche, la meilleure approche consiste à commencer par mettre au point un système simple qui réponde aux Tests de sélection actuels, puis à l'améliorer au fil du temps. Et, à la longue, vous obtiendrez un système complexe qui marche.

La Loi de Gall explique pourquoi le Prototype et l'Itération sont des méthodes de Création de valeur qui fonctionnent si bien. Au lieu de créer un système complexe en partant de zéro, il est beaucoup plus facile de construire un Prototype – la création la plus simple possible qui va vous aider à vérifier si votre système satisfait les Tests de sélection environnementaux.

Transformer ce Prototype en Offre viable minimale vous permet de valider vos Hypothèses déterminantes pour obtenir le système le plus simple possible capable de séduire les acheteurs actuels. L'Itération et l'Augmentation incrémentale finiront par produire des systèmes extrêmement complexes qui fonctionnent et résistent aux changements environnementaux.

Si vous envisagez de créer un système qui fonctionne en partant de rien, transgressez la Loi de Gall à vos risques et périls.

RETROUVEZ CE CONCEPT À L'ADRESSE : **http://book.personalmba.com/galls-law/**

Le flux

« On ne peut comprendre un processus en l'interrompant. La compréhension doit rejoindre le cheminement du processus et cheminer avec lui. »

FRANK HERBERT, AUTEUR DE ROMANS (*DUNE*)
ET DE NOUVELLES DE SCIENCE-FICTION

Quoi que le Système fasse, il est soumis à des ***Flux***, c'est-à-dire à des mouvements d'entrée et de sortie de ressources. Imaginez une chaîne de montage automobile : des matières premières telles que l'acier, le plastique, la silicone, le caoutchouc et le verre entrent et un produit fini – la voiture – sort.

Les *entrées* sont les ressources qui entrent dans un système. L'eau dans un évier. L'argent sur un compte bancaire. Les matières premières dans une chaîne de montage. De nouvelles recrues dans une entreprise.

Les *sorties* sont les ressources qui sortent d'un système. L'eau qui s'écoule d'un évier. L'argent qui est retiré d'un compte bancaire. Les produits finis qui sortent d'une chaîne de montage. Les salariés qui quittent l'entreprise pour cause de retraite, de licenciement ou de démission.

Suivez les Flux et vous allez vite comprendre le fonctionnement du système.

RETROUVEZ CE CONCEPT À L'ADRESSE : **http://book.personalmba.com/flow/**

Le stock

« Les biens stockés sont inutiles jusqu'à ce que quelqu'un les sorte de l'entrepôt et les utilise conformément à l'usage auquel ils sont destinés. Ce principe s'applique également à ce que l'être humain entrepose dans son cerveau. »

THOMAS J. WATSON, ANCIEN PRÉSIDENT D'IBM

Suivez les Flux d'un système et vous allez inévitablement trouver des endroits où les ressources ont tendance à s'accumuler.

Un ***Stock*** est un réservoir de ressources. Le compte bancaire, qui est une réserve d'argent en attente d'être utilisée, est un bon exemple. Les Stocks de marchandises, les files d'attente de clients et les listes d'attente en sont d'autres exemples.

Pour accroître un Stock, augmentez les *entrées* et/ou diminuez les *sorties*. Si vous désirez avoir un compte bancaire mieux approvisionné, augmentez les versements et diminuez les retraits. Si vous construisez des voitures et êtes constamment à court de moteurs, ralentissez la chaîne de fabrication ou ajoutez des moteurs à votre Stock existant.

Pour diminuer un Stock, diminuez les *entrées* et/ou augmentez les *sorties*. Si vous avez trop de marchandises en Stock, cessez de produire des unités ou augmentez les ventes. Si vos listes d'attente sont trop longues, augmentez le Flux sortant ou réduisez le nombre de clients inscrits sur ces listes.

Trouvez les Stocks du système et vous allez découvrir des réserves de ressources en attente d'être utilisées.

RETROUVEZ CE CONCEPT À L'ADRESSE : **http://book.personalmba.com/stock/**

La marge de manœuvre

« L'homme qui possède un excédent peut contrôler les situations, mais l'homme sans excédent est contrôlé par les situations et n'a souvent pas la possibilité d'exercer son jugement. »

HARVEY S. FIRESTONE, FONDATEUR DE LA FIRESTONE TIRE AND RUBBER COMPANY

Puisque les Stocks sont des réservoirs de ressources, il est dans votre intérêt de comprendre avec quelle quantité de ressources vous devez travailler. La ***Marge de manœuvre*** est la quantité de ressources présentes dans un Stock. Plus vous avez de ressources, plus vous avez de Marge de manœuvre.

Pour qu'un Système fonctionne efficacement, les Stocks ne doivent être ni trop justes ni trop importants. Si nous reprenons notre exemple de système de construction de voiture, nous pouvons le considérer comme une combinaison de nombreux petits systèmes dont chacun est conçu pour créer un Stock de pièces.

Si vous n'avez pas de Stocks de moteurs en attente d'être installés sur les voitures de votre chaîne de montage, les voitures devront attendre qu'un moteur soit disponible, ce qui ralentit la production. Pour éviter ce genre de problème, assurez-vous d'avoir un Stock suffisant qui vous permet de gérer le niveau des *sorties* nécessaire au fonctionnement du système. Les *entrées* réalimentent le Stock au fur et à mesure qu'il s'épuise.

Les Stocks les plus importants ont également la Marge de manœuvre la plus importante, mais cette flexibilité a un coût. Si vous avez 500 moteurs en attente d'être installés, cela représente beaucoup d'argent immobilisé et donc moins de trésorerie disponible. Vous devrez également payer l'emplacement de stockage de vos moteurs, un lieu sécurisé où ils ne risquent pas d'être perdus ou endommagés, ce qui augmente vos coûts et diminue votre Marge bénéficiaire.

Les Stocks réduits sont plus efficaces mais associés à une Marge de manœuvre réduite elle aussi. Si vous n'avez que deux ou trois moteurs en réserve, vous n'avez pas beaucoup de ressources immobilisées dans votre stock, mais le risque de vous retrouver à court de moteurs est plus élevé si la chaîne de montage s'accélère ou si le système de fabrication des moteurs rencontre un problème.

La Marge de manœuvre est délicate à gérer : trop de marge, et vous perdez du temps et de l'argent. Pas assez de marge, et votre système court le risque de manquer des ressources dont il a besoin pour continuer à fonctionner.

RETROUVEZ CE CONCEPT À L'ADRESSE : **http://book.personalmba.com/slack/**

La contrainte

« Une fois que vous éliminez votre problème n° 1, le problème n° 2 obtient une promotion. »

GERALD WEINBERG, CONSULTANT ET AUTEUR
DE *THE SECRETS OF CONSULTING*

La performance d'un Système est toujours limitée par la disponibilité d'une ressource essentielle. Allégez la ***Contrainte*** et la performance du système va s'améliorer.

Dans *Le but, un processus de progrès permanent*, Eliyahu Goldratt explique ce qu'il appelle la « Théorie des Contraintes » : tout système gérable est toujours limité dans la réalisation de son Objectif par au moins une Contrainte. Si vous êtes capable d'identifier et d'atténuer la Contrainte, vous augmentez le flux sortant du système.

Créer ou augmenter la taille d'un Stock face à une Contrainte peut contribuer à améliorer la situation. Si vous êtes constamment à court de moteurs automobiles, accroître la Marge de manœuvre dont vous disposez dans vos réserves de moteurs est le meilleur moyen d'alléger la Contrainte.

Dans le but d'identifier et d'éliminer une Contrainte, Goldratt propose un processus d'amélioration du flux sortant en cinq étapes :

1. *Identification* : examiner le système pour trouver le facteur contraignant. Si votre chaîne de montage automobile attend constamment des moteurs pour pouvoir avancer, les moteurs sont votre Contrainte.

2. *Exploitation* : s'assurer que les ressources liées à la Contrainte ne sont pas gaspillées. Si les ouvriers responsables de la fabrication des moteurs fabriquent également des pare-brise ou cessent de fabriquer des moteurs durant la pause-déjeuner, exploiter la Contrainte signifierait avoir des ouvriers qui consacrent 100 % de leur temps et de leur énergie à fabriquer des moteurs et qui travaillent en équipes pour éviter de ralentir la production pendant les pauses.

3. *Réorganisation* : concevoir autrement l'ensemble du Système pour soutenir la Contrainte. Supposons que vous ayez fait le maximum pour exploiter du mieux possible le système de fabrication des moteurs, mais que vous manquez toujours de moteurs. La réorganisation consisterait à organiser l'usine pour mettre tout le matériel nécessaire à la production des moteurs à portée de main au lieu que certains matériaux proviennent de l'autre bout de l'usine. D'autres sous-systèmes

pourraient devoir être déplacés ou perdre des ressources, mais ce n'est pas un problème majeur puisqu'ils ne sont pas liés à la Contrainte.

4. *Augmentation :* augmenter la capacité de la Contrainte en permanence. Dans notre exemple, il s'agirait d'acheter une autre machine de fabrication des moteurs et de recruter davantage d'ouvriers pour la faire fonctionner. L'augmentation est très efficace, mais coûteuse – vous n'avez guère envie de dépenser des millions pour acquérir du matériel supplémentaire si vous n'y êtes pas obligé. C'est la raison pour laquelle l'exploitation et la réorganisation arrivent en premier : dans la plupart des cas, vous pouvez alléger une Contrainte assez rapidement sans avoir besoin de dépenser plus d'argent.

5. *Réévaluation* : après avoir opéré un changement, réévaluer le système pour voir où se situe la Contrainte. L'inertie est votre pire ennemi : ne partez pas du principe que les moteurs seront toujours votre Contrainte. Une fois que vous effectuez quelques changements, le facteur contraignant peut devenir les pare-brise. Dans ce cas, il est absurde de vouloir continuer à augmenter la production de moteurs car le système ne s'améliorera pas tant que vous n'aurez pas identifié la nouvelle Contrainte, à savoir les pare-brise.

Les Cinq étapes du processus d'amélioration sont très similaires à la Vitesse d'itération – plus vous avancez rapidement dans ce processus et bouclez de cycles, plus vous améliorez le flux sortant de votre système.

RETROUVEZ CE CONCEPT À L'ADRESSE : **http://book.personalmba.com/constraint/**

La boucle de rétroaction

« Les systèmes de rétrocontrôle sont indispensables à toute vie et à toute entreprise humaine… tout ce que nous faisons, que nous soyons des individus, un secteur d'activité ou une société, nous le faisons dans le contexte d'un système de rétrocontrôle. »

JAY W. FORRESTER, THÉORICIEN DES SYSTÈMES
ET PROFESSEUR AU MIT

La cause et l'effet sont faciles à distinguer, mais que se passe-t-il quand les effets deviennent eux-mêmes des causes ?

On parle de ***Boucles de rétroaction*** à chaque fois que la sortie d'un Système devient l'une des entrées au cycle suivant. La rétroaction est le mode d'apprentissage des systèmes – si le système est capable de comprendre son ***Environnement*** (concept abordé ultérieurement), cette rétroaction l'aide à définir s'il est sous contrôle et s'il satisfait les ***Tests de sélection*** (concept abordé ultérieurement).

Les ***Boucles de régulation*** atténuent les sorties de chaque cycle, ce qui permet au système d'être équilibré et de résister au changement. Imaginez que vous laissiez tomber une balle de tennis en la lâchant à hauteur d'épaule : elle va rebondir plusieurs fois et chaque nouveau bond va être plus petit que le précédent. Le ***Frottement*** (concept abordé ultérieurement) et la résistance de l'air amortissent chaque cycle jusqu'à ce que l'énergie du système atteigne un équilibre et que la balle s'immobilise au sol.

Les Boucles de régulation stabilisent le système en atténuant ses oscillations et en le maintenant dans un état donné. Les systèmes de Contrôle de la perception sont généralement constitués de Boucles de régulation. Reprenons l'exemple du thermostat : si la température ambiante est plus élevée que le Niveau de référence, la climatisation se met en marche pour abaisser la température. Si la température est inférieure au Niveau de référence, le chauffage se met en route pour élever la température. Résultat : le système tend à conserver une température stable, et il a été conçu à cet effet.

Les ***Boucles de renforcement*** Amplifient les sorties du système à chaque cycle. Elles ont tendance à induire une croissance ou un déclin incontrôlables avec le temps. Imaginez une guerre des prix entre deux entreprises qui cherchent toutes les deux à pratiquer le prix le plus bas sur une offre. L'entreprise A baisse ses prix, puis l'entreprise B lui emboîte le pas. Tant que le Niveau de référence de chacune demeure « nos prix doivent rester plus bas que ceux de nos concurrents », les prix vont continuer de dégringoler jusqu'à ce que les deux entreprises arrivent à une Marge négative.

Les Intérêts composés sont un bon exemple de Boucle de renforcement positive. Chaque cycle de versement des intérêts fait croître le capital du cycle suivant, ce qui engendre des intérêts encore plus élevés, et donc un capital encore plus élevé, et ainsi de suite. Avec le temps, les intérêts cumulés peuvent représenter des sommes énormes, et d'ailleurs c'est le but du système.

En général, un Stock est influencé par plusieurs Boucles de rétroaction qui le tirent dans différentes directions. Prenez le solde de votre compte bancaire : des Boucles de rétroaction contrôlent votre revenu, le paiement de votre loyer, les dépenses alimentaires et autres. Vous êtes constamment en train d'évaluer si chaque cycle est trop ou pas assez, ce qui représente une Boucle de rétroaction équilibrante. Des entrées ou des sorties excessives ou insuffisantes vous poussent à l'action, ce qui influence le cycle suivant.

Regardez autour de vous – les Boucles de rétroaction sont partout. Une fois que vous commencez à les repérer, vous mesurez pleinement la complexité sans cesse changeante des systèmes dans lesquels nous vivons.

RETROUVEZ CE CONCEPT À L'ADRESSE : **http://book.personalmba.com/feedback-loops/**

L'autocatalyse

> « Le système qui évolue le plus rapidement est au bord du chaos – il doit posséder un ordre, mais avoir ses parties connectées de façon suffisamment lâche pour être facilement modifiées. »
>
> E. O. WILSON, THÉORICIEN DES SYSTÈMES

L'***Autocatalyse*** est un concept issu de la chimie : le produit de la réaction joue le rôle de catalyseur dans la suite de la réaction.

Dans un Système qui s'Autocatalyse, la sortie du cycle précédent est lui-même l'une des entrées nécessaires à la production du cycle suivant, ce qui Amplifie le cycle. L'Autocatalyse est une Boucle de rétroaction positive qui s'autoalimente et se renforce par sa propre dynamique – le système continue de croître jusqu'à ce qu'il change et se mette à produire moins.

La publicité télévisée des années 1950 aux années 1990 est un exemple parfait d'Autocatalyse. Les sociétés pouvaient dépenser 1 € en publicité et, via une demande et une distribution augmentée, générer 2 € ou plus en retour. Réinvestis dans la publicité, ces 2 € devenaient 4 €, puis 8 €, puis 16, etc. Des groupes comme Procter & Gamble, GE, Kraft et Nestlé ont exploité ce cycle pour devenir les géants tentaculaires qu'ils sont actuellement.

Aujourd'hui, on peut s'estimer chanceux si 1 € investi dans la publicité télévisée en rapporte 1,20 – il existe davantage de chaînes, la publicité est plus chère et le progrès technologique permet aux téléspectateurs d'éliminer les distractions indésirables. La boucle fonctionne encore dans certains cas, mais beaucoup moins bien qu'auparavant.

L'Autocatalyse ne s'applique pas seulement à l'argent : les « effets de réseau » et les « boucles virales » sont d'autres exemples d'Autocatalyse. À chaque fois qu'un internaute s'inscrit sur Facebook, il attire naturellement de nouveaux utilisateurs sur le réseau. À chaque fois qu'un internaute regarde une vidéo hilarante sur YouTube, il la transfère à plusieurs amis. C'est de l'Autocatalyse.

Si votre entreprise possède un aspect d'Autocatalyse, elle va se développer plus vite que vous ne le pensez.

RETROUVEZ CE CONCEPT À L'ADRESSE : **http://book.personalmba.com/autocatalysis/**

L'environnement

« La réalité, c'est ce qui continue d'exister lorsqu'on cesse d'y croire. »

PHILIP K. DICK, AUTEUR DE ROMANS DE SCIENCE-FICTION ET DE NOUVELLES

Aucun Système ne fonctionne en toute autonomie : un système est inévitablement influencé par les autres systèmes qui l'entourent.

L'***Environnement*** est la structure au sein de laquelle un Système opère. L'Environnement influence essentiellement les Flux ou les processus du Système en modifiant sa production.

Réfléchissez à la façon dont votre organisme réagit à un froid polaire ou à une chaleur caniculaire. Une chaleur excessive ou insuffisante peut être mortelle : votre organisme doit répondre à un changement dans son Environnement pour continuer à fonctionner, soit en transpirant pour évacuer l'excès de chaleur, soit en se couvrant pour préserver le peu de chaleur qu'il a accumulée.

Lorsque l'Environnement change, le Système doit changer lui aussi pour continuer à fonctionner. Selon la plupart des théories actuelles, les dinosaures ont disparu suite à des changements environnementaux – l'apparition d'une période glaciaire ou l'impact d'une météorite qui a soulevé suffisamment de poussière pour masquer le soleil. Des températures plus froides et un ensoleillement plus faible ont provoqué une pénurie de ressources alimentaires et donc entraîné l'extinction massive des dinosaures.

Les conditions environnementales affectent le fonctionnement du Système dans cet Environnement. En 2005 les cours du pétrole ont flambé et de nombreuses entreprises dépendantes de cette matière première pour fabriquer des plastiques ou transporter des biens se sont soudain retrouvées en difficulté. L'augmentation des coûts variables les ont rendues moins rentables qu'auparavant et celles qui n'ont pas pu l'absorber ont dû fermer.

Si vous ne voulez pas vous éteindre comme les dinosaures, n'oubliez jamais de tenir compte des conditions de votre Environnement et de la manière dont elles impactent votre Système.

RETROUVEZ CE CONCEPT À L'ADRESSE : **http://book.personalmba.com/environment/**

Le test de sélection

« Toute réponse à l'univers, aussi puissante soit-elle, devient inappropriée avec le temps et le changement. Ceux qui deviennent complètement dépendants d'un seul moyen de contrôle se retrouveront incapables de gérer l'avenir. »

FRANK HERBERT, AUTEUR DE ROMANS (*DUNE*)
ET DE NOUVELLES DE SCIENCE-FICTION

Des Systèmes qui se perpétuent (comme les entreprises ou les organisations) ne peuvent continuer de se perpétuer que s'ils répondent aux conditions environnementales nécessaires à leur survie.

Un ***Test de sélection*** est une contrainte environnementale qui détermine la survie de certains systèmes et la « mort » des autres. Des mammifères tels que les humains sont soumis à plusieurs Tests de sélection : avoir suffisamment d'air à respirer, suffisamment de nourriture à manger, suffisamment d'eau à boire et la nécessité de conserver leur chaleur. Les entreprises ont, elles aussi, des Tests de sélection : distribuer suffisamment de valeur aux clients, dégager des revenus suffisants pour couvrir leurs dépenses, générer suffisamment de Profits pour atteindre leur Point de suffisance.

La plupart des gens assimilent les Tests de sélection à « la survie des plus adaptés », mais « la mort des plus inadaptés » serait une expression plus pertinente. Si un système qui se perpétue ne parvient pas à satisfaire un Test de sélection, il cesse d'exister. Si vous n'avez pas assez d'oxygène à respirer, vous mourez. Si votre entreprise est incapable de dégager des revenus suffisants pour atteindre son Point de suffisance, elle meurt.

Les Tests de sélection évoluent avec les changements de l'Environnement. Ils sont particulièrement intéressants à observer sur le marché des technologies où l'Environnement de « ce qui est possible » change constamment. Les entreprises incapables de tirer profit d'évolutions technologiques majeures se retrouvent rapidement dans l'impossibilité de satisfaire les nouvelles demandes des consommateurs.

Les changements de l'Environnement et donc des Tests de sélection sont les meilleurs amis des chefs d'entreprise parce qu'ils permettent à de petites entreprises d'obtenir de meilleurs résultats que de grandes entreprises solidement implantées. Si vous êtes capable d'identifier les Tests de sélection propres à un marché donné, vous deviendrez un concurrent beaucoup plus redoutable sur ce marché.

Les Tests de sélection sont impitoyables : réussissez à les satisfaire et vous prospérerez ; échouez à vous adapter à l'évolution des conditions de votre Environnement et vous mourrez.

RETROUVEZ CE CONCEPT À L'ADRESSE : **http://book.personalmba.com/selection-test/**

L'incertitude

« Celui qui vit au travers de la boule de cristal apprend vite à manger du verre dépoli. »

EDGAR R. FIELDER, ÉCONOMISTE AMÉRICAIN

À quoi ressembleront les taux d'intérêts dans dix ans ? Où se situera le cours du pétrole l'année prochaine ? L'action de cette entreprise est-elle sous-évaluée ou surévaluée ? Est-il préférable de constituer des stocks de matières premières maintenant ou d'attendre quelques mois ? Les économistes et les spécialistes de tout domaine se posent quotidiennement ce genre de questions.

Voici la réponse à toutes ces questions : nul ne le sait. Notre monde est un endroit terriblement incertain, ce qui est à la fois une bénédiction et un fléau. Tout peut se passer, en bien comme en mal, et nous ne pouvons tout simplement pas savoir ce que l'avenir nous réserve.

Il existe une différence énorme entre le risque et l'***Incertitude***. Comme le disait l'ancien secrétaire d'État américain à la Défense Donald Rumsfeld :

> *Il y a des choses qu'on sait qu'on connaît. Il y a des choses qu'on sait qu'on ignore. Mais il y a aussi des choses qu'on ignore qu'on ignore.*

Un risque est une chose qu'on sait qu'on ne connaît pas. Si vous envisagez d'aller chercher un ami à l'aéroport, la probabilité que son avion arrive avec plusieurs heures de retard est un risque – vous savez d'avance que l'heure d'arrivée peut changer, ce qui vous permet de vous organiser en conséquence.

Une Incertitude est une chose qu'on ignore qu'on ignore. Vous pouvez être en retard pour aller chercher votre ami à l'aéroport parce qu'une météorite démolit votre voiture une heure avant votre départ. Qui pouvait prédire ce genre de choses ?

Face à l'Incertitude, vous ne pouvez pas prédire l'avenir de façon fiable en vous fondant sur des événements passés. Des événements inattendus ou aléatoires peuvent se produire soudainement et bouleverser vos projets ou vos objectifs.

Dans *Le Cygne noir*, Nassim Nicholas Taleb, un ancien gestionnaire de fonds spéculatifs, décrit les dangers de l'Incertitude. Aussi stables ou prévisibles que les choses nous apparaissent, des « cygnes noirs » imprévisibles peuvent venir tout bouleverser en une fraction de seconde.

L'expression « cygne noir » était couramment employée dans le Londres du XVIe siècle pour désigner quelque chose d'impossible ou qui n'existait pas – tout le monde savait que les cygnes étaient blancs, sans exception. Le problème lié à cette expression est ce que le philosophe anglais du XVIIIe siècle David Hume appelait le « principe d'induction » : à moins de voir tous les cygnes qui existent, vous ne pouvez jamais affirmer que tous les cygnes sont blancs. Il suffit d'un seul cygne noir pour infirmer complètement l'hypothèse, ce qui s'est passé lorsque l'existence de cygnes noirs a été attestée en 1697 en Australie par le capitaine de navire hollandais Willem de Vlamingh.

Juste avant qu'ils se produisent, les « cygnes noirs » ont une probabilité de survenue égale à zéro. Juste après leur survenue, leur probabilité de se reproduire est discutable : l'événement change l'Environnement où le Système fonctionne, ce qui change parfois totalement et de manière imprévue les Tests de sélection. Vous ne pouvez pas savoir d'avance si des « cygnes noirs » vont se produire ou se reproduire (et si oui, lesquels) : tout ce que vous pouvez faire, c'est être suffisamment adaptable, prêt psychologiquement et ***Résilient*** (concept abordé ultérieurement) pour réagir comme il faut si (et quand) de tels événements surviennent.

Même l'analyse la plus détaillée et intégrant un maximum de données historiques ne peut vous épargner l'Incertitude. Le principal inconvénient des modèles financiers enseignés dans la plupart des programmes de MBA est l'Incertitude : le modèle théorique de valeur actualisée nette ou le modèle d'évaluation des actifs financiers dépendent de la qualité de vos prédictions. Beaucoup d'entreprises ont fait faillite suite à des prédictions financières qui se sont révélées erronées. Comment une projection à dix ans peut-elle vous prédire absolument tout ce qui va se passer avec une fiabilité de 100 % ? Qui peut dire que demain va ressembler à aujourd'hui ?

De nombreuses personnes gagnent leur vie en vendant de la certitude. Or, la certitude n'existe pas.

Les prédictions, les prévisions et d'autres formes de divination sont populaires parce qu'elles vous donnent l'illusion que vous pouvez connaître et contrôler l'avenir. Les prestations dans ce domaine sont chères pour ce qu'elles sont – s'il existait un moyen infaillible de prédire le prix de l'essence, les taux d'intérêts ou le cours des actions, les personnes détentrices de ce savoir magique seraient richissimes et n'auraient absolument pas besoin de vous vendre quoi que ce soit.

Intégrer la nature omniprésente de l'Incertitude consiste à s'exercer à voir le monde tel qu'il est réellement et non tel que nous voudrions qu'il soit. Instinctivement, nous voulons tous avoir l'impression de savoir ce qui va se passer dans le futur, surtout au vu de notre Aversion pour la perte et de la Concentration sur la menace. Nous sommes mal à l'aise de considérer l'Incertitude parce que nous ressentons comme une menace le fait de ne pas savoir ce qui va se passer. Au lieu de vouloir à tout prix prédire des menaces invisibles et inconnaissables, consacrez plutôt votre énergie à améliorer votre capacité à gérer l'imprévu.

Ne vous fiez pas aux prédictions des autres et ne cherchez pas à en faire vous-même, car les choses peuvent changer à tout instant. Il est beaucoup plus utile de miser sur l'adaptabilité en réponse à l'Incertitude via la ***Planification par scénarios*** (concept abordé ultérieurement).

RETROUVEZ CE CONCEPT À L'ADRESSE : **http://book.personalmba.com/uncertainty/**

Le changement

« Ce n'est pas l'espèce la plus forte qui survit, ni la plus intelligente, mais la plus adaptable. »

CHARLES DARWIN, NATURALISTE ET PÈRE DE LA DOCTRINE ÉVOLUTIONNISTE

Tous les Systèmes ***Changent*** et un Système immuable n'existe pas. Les Systèmes complexes sont dans un état de flux permanent. Comment un Système va-t-il évoluer avec le temps ? Le principe d'Incertitude s'applique ici, mais ce dont nous sommes certains, c'est qu'il va évoluer. Les projets qui ne tiennent pas compte du ***Changement*** ne sont que d'une utilité limitée.

Le Changement est l'essence même de la vie. Sur le plan psychologique, il est très difficile d'accepter que certains événements soient complètement aléatoires et ne riment à rien. Notre faculté innée à Reconnaître des schémas nous pousse à voir des modèles là où il n'y en a pas, ainsi qu'à attribuer des Changements aléatoires positifs à nos compétences et des Changements aléatoires négatifs à la malchance. Résultat : nous sommes bernés par le hasard, ce qui a inspiré le titre du livre de Nassim Nicholas Taleb *Le Hasard sauvage.*

En développant votre activité, vous vous apercevrez que rien ne peut être parfait ni immuable. De nombreux dirigeants croient, à tort, qu'en passant « De la performance à l'excellence »*, leurs entreprises vont être « Bâties pour durer »* (NdT : il s'agit d'une référence aux deux livres de Jim Collins) et continuer à faire mieux que leurs concurrents pendant encore des décennies. C'est un rêve agréable, mais complètement irréaliste, qui part d'un principe erroné – à savoir que le monde ne change pas.

La seule chose qui est à votre portée, c'est d'améliorer votre adaptabilité pour parvenir à gérer les situations les plus diverses. Plus vous êtes adaptable, plus vous serez ***Résilient*** (concept abordé ultérieurement) lorsque vous vous retrouvez confronté à des Changements inévitables.

RETROUVEZ CE CONCEPT À L'ADRESSE : **http://book.personalmba.com/change/**

L'interdépendance

> « Quand nous essayons de tirer un fil, nous découvrons qu'il est rattaché à tout le reste de l'univers. »
>
> JOHN MUIR, NATURALISTE AMÉRICAIN

Dans le monde, rien n'existe isolément.
Les Systèmes complexes dépendent presque toujours d'autres systèmes pour fonctionner. Votre réfrigérateur a besoin d'électricité. Quand une panne d'électricité survient, il s'arrête de fonctionner. C'est le principe d'***Interdépendance***.

On se réfère parfois à ces systèmes hautement Interdépendants comme des systèmes « étroitement liés ». Plus les processus d'un système sont étroitement liés, plus des pannes ou des retards risquent de l'affecter.

En général, les systèmes étroitement liés dépendent du facteur temps, sont organisés de façon rigide et ont très peu de Marge de manœuvre. Il n'existe souvent qu'une seule voie pour aboutir à un résultat réussi et il suffit d'un dysfonctionnement à un endroit du système pour compromettre le fonctionnement de l'ensemble.

Si vous avez déjà vu une machine de Rube Goldberg ou joué au jeu de société Attrap'Souris, vous avez vu un système étroitement lié. Lorsqu'un domino tombe sur son voisin, il déclenche une réaction en chaîne qui fait tomber tous les dominos. L'effondrement de tout un système par répercussions en cascade d'un événement de départ n'est-il pas appelé « effet domino » ?

Si vous avez déjà entendu parler du chemin critique dans la gestion de projet, vous savez l'importance des Interdépendances. Le chemin critique contient les tâches qui doivent être accomplies absolument en temps et en heure pour que le projet soit achevé à temps. Si un changement intervient sur le chemin critique, ce Changement se répercute en cascade sur les autres tâches. Tout retard sur le chemin critique retarde l'ensemble du projet.

En revanche, les systèmes « faiblement liés » ne sont que faiblement Interdépendants. Ils ont plus de Marge de manœuvre et ne sont pas dépendants du facteur temps. Vous pouvez accomplir plusieurs tâches à la fois et atteindre votre objectif à l'aide de différentes stratégies.

Imaginez un orchestre. Avec son chef d'orchestre et ses nombreux instrumentistes. Si le premier violon fait une fausse note, la qualité du concert s'en trouvera affectée, mais cette erreur ne va pas nécessairement se répercuter sur le reste de l'orchestre.

Vous pouvez rendre un Système moins Interdépendant en supprimant des dépendances. Dans un processus, une dépendance est une entrée nécessaire au passage à l'étape suivante. Plus le système comporte de dépendances, plus le risque de retard ou de dysfonctionnement est élevé.

Éliminer des dépendances diminue le degré d'intégration d'un système. Reprenons l'exemple de la chaîne de montage automobile : si vous devez installer le moteur avant le pare-brise, un problème de moteur va retarder l'ensemble du système. Mais si l'ordre d'installation des différentes pièces n'a aucune importance, il est possible de fabriquer une voiture en s'y prenant de multiples façons.

Dans son livre *La semaine de quatre heures*, Timothy Ferriss nous fait partager une méthode qui a permis à son entreprise de fonctionner beaucoup plus efficacement. Au départ, lorsqu'un responsable du service après-vente avait un problème avec un client, il devait obtenir l'approbation de Timothy avant de le résoudre. En instaurant une politique qui autorise les responsables du service après-vente à faire le nécessaire pour résoudre des problèmes inférieurs à 400 € sans passer par lui, Timothy a rendu son Système moins dépendant de lui pour fonctionner.

Supprimez les dépendances inutiles et vous réduirez le risque de dysfonctionnements en cascade.

RETROUVEZ CE CONCEPT À L'ADRESSE : **http://book.personalmba.com/interdependence/**

Le risque de contrepartie

« L'homme qui fait dépendre de lui, et non des autres, tout ce qui mène au bonheur a trouvé le meilleur moyen de vivre heureux. »

PLATON, PHILOSOPHE GREC

Si votre Système dépend d'autres personnes que vous pour fonctionner, cela constitue un risque majeur.

Le ***Risque de contrepartie*** est la possibilité que d'autres personnes ne tiennent pas leurs promesses. Si votre maison est détruite dans un incendie, vous ne pouvez faire une déclaration de sinistre que si votre compagnie d'assurances est toujours en activité. Sinon, vous êtes en difficulté.

Si votre Système de fabrication dépend d'un fournisseur qui se révèle incapable de tenir ses engagements, votre chaîne de fabrication s'arrête.

Si vous sous-traitez une partie de votre travail à une société qui n'est pas à la hauteur, votre projet va prendre du retard.

Un Risque de contrepartie trop élevé augmente le risque d'échec du système. Lors du krach boursier de 2008, les banques d'investissement les plus puissantes du monde se sont retrouvées au bord de la faillite parce qu'elles étaient solidaires les unes des autres en cas de grosses difficultés.

Les banques d'investissement et les institutions financières telles que Goldman Sachs, JP Morgan Chase et Lehman Brothers ont pris l'habitude d'acheter des « *Credit Default Swaps* » (CDS), en français « couvertures de défaillance », une forme d'Assurance financière, à d'autres grands établissements financiers. Si une transaction financée par un endettement excessif tournait mal, ces banques d'investissement pensaient que l'Assurance qu'elles avaient achetée leur éviterait de perdre des millions d'euros. Elles ont donc continué de s'endetter de plus en plus lourdement, augmentant ainsi leur exposition au risque.

Lorsque le marché du logement s'est effondré, les banques ont commencé à perdre de l'argent sur les garanties hypothécaires qu'elles détenaient. Elles ont donc essayé de se faire indemniser auprès des autres banques qui leur avaient vendu des CDS. Malheureusement, ces dernières avaient également perdu des sommes colossales sur leurs prêts immobiliers et se trouvaient dans l'impossibilité d'honorer leurs engagements. Chaque banque d'investissement était une contrepartie au risque des autres banques du système. Parce qu'elles étaient toutes Interdépendantes, la faillite de l'une a entraîné la faillite de toutes les autres.

Le Risque de contrepartie est Amplifié par l'Illusion du Planning. Vos partenaires ne savent pas mieux prédire l'avenir que vous et, comme vous, ils ont tendance à se montrer optimistes. Alors faites des projets et prenez des engagements, mais prévoyez toujours une porte de sortie si votre projet ne se déroule pas comme prévu.

Quand un Système dépend de la performance d'une personne sur laquelle vous n'avez aucun contrôle, organisez-vous pour parer à toute éventualité.

RETROUVEZ CE CONCEPT À L'ADRESSE : **http://book.personalmba.com/counterparty-risk/**

Les effets secondaires

« Bien que nous soyons libres de choisir nos actions, nous ne sommes pas libres de choisir les conséquences de nos actions. »

STEPHEN COVEY, AUTEUR DU LIVRE
LES SEPT HABITUDES DES GENS EFFICACES

Il y a quelques années, ma femme et moi avons eu l'occasion de visiter le royaume de Bahreïn, un petit archipel situé à quelques kilomètres de la côte orientale de l'Arabie saoudite. Aujourd'hui connu pour ses banques, sa pêche aux perles et sa piste de formule 1, Bahreïn l'était il n'y a pas si longtemps pour son écosystème unique.

Il y a seulement quelques décennies, l'archipel était recouvert d'une végétation luxuriante et, à juste titre, considéré comme le site originel du jardin d'Éden. Aujourd'hui l'intérieur de l'île est un désert aride et la flore indigène ne survit que grâce à l'irrigation. Qu'est-ce qui a changé ?

Bahreïn est entouré d'un réseau de sources d'eau douce qui favorisait la croissance de la végétation et permettait aux ostréiculteurs de cultiver des perles de qualité exceptionnelle. Lorsque Manama, la seule grande ville de l'archipel, s'est développée, les terres sont devenues rares, ce qui a poussé les promoteurs à vouloir « gagner sur la mer » – le sol a été creusé à l'intérieur de l'île et d'énormes quantités de terre ont été transportées jusqu'au littoral.

Cette approche a réussi à créer de nouvelles terres, mais à un prix beaucoup plus élevé que prévu puisque les sources se sont taries, transformant l'archipel en désert.

Toute action a des conséquences, et ces conséquences ont elles-mêmes des conséquences appelées ***Effets secondaires***. Pensez à l'effet domino. Et il est très difficile, voire impossible, de stopper une réaction en chaîne.

Le contrôle des loyers à New York City après la Seconde Guerre mondiale est un autre exemple de conséquences imprévues. Destinée à l'origine à permettre aux vétérans de se loger à un prix abordable, cette politique a contribué à plafonner le prix des loyers (et à empêcher les propriétaires de les augmenter) dans certains quartiers de la ville. Des logements abordables pour les vétérans, quoi de plus noble comme idée, n'est-ce pas ?

Mais voici ce que les urbanistes n'avaient pas prévu : les propriétaires devaient faire face à une hausse régulière des coûts d'entretien de leurs biens, mais ne pouvaient pas augmenter le prix des loyers en conséquence. Selon la loi, le contrôle des loyers continuait à s'appliquer, sauf si le locataire d'origine déménageait ou si le bâtiment était déclaré inhabitable. Les propriétaires ont donc refusé d'entretenir leurs biens puisqu'ils perdaient de l'argent. Sur le plan financier, ils avaient tout intérêt à laisser leur logement se détériorer.

L'effet à long terme de cette politique ? Un déclin inexorable de la qualité des biens immobiliers et, finalement, de l'offre disponible sur le marché puisque des logements étaient déclarés inhabitables. Et, bien sûr, une hausse croissante des prix de l'immobilier. Une politique destinée à rendre le logement plus abordable a fini par détruire l'offre immobilière et à la rendre plus chère – le contraire de l'effet escompté.

Il suffit de modifier un seul aspect d'un système complexe pour entraîner inévitablement des Effets secondaires dont certains peuvent être contraires à l'effet souhaité. Les différents éléments d'un système complexe peuvent être interconnectés et interdépendants de mille et une façons que vous ignorez en vertu du principe d'Incertitude. Chaque action a des conséquences et ces conséquences ont toujours des conséquences, même si vous ignorez lesquelles ou refusez qu'elles se produisent.

Alors si vous effectuez des Changements dans un système complexe, montrez-vous très prudent, car vous pouvez obtenir le contraire de ce que vous attendez.

RETROUVEZ CE CONCEPT À L'ADRESSE : **http://book.personalmba.com/second-order-effects/**

Les accidents normaux

« Le problème n'est pas qu'il existe des problèmes. Le problème est de s'attendre à ce qu'il n'existe pas de problèmes et de penser qu'avoir un problème est un problème. »

THEODORE RUBIN, PSYCHIATRE ET CHRONIQUEUR AMÉRICAIN

La navette spatiale – un véhicule capable d'aller dans l'espace avec des humains à bord – est sans aucun doute un Système extrêmement complexe. Une petite merveille de technologie attachée à trois fusées contenant d'énormes quantités d'hydrogène explosif est l'incarnation même d'un Système fortement Interdépendant. La moindre erreur risque de provoquer des réactions en chaîne catastrophiques, et à chaque fois qu'une navette est lancée, des millions d'éléments pourraient dysfonctionner.

Tout le monde se souvient de l'accident de la navette spatiale *Challenger* en 1986. Un joint dans l'une des fusées avait gelé, ce qui l'avait fragilisé. Lorsqu'il a été soumis à une chaleur énorme durant le décollage, il a lâché. La navette a explosé soixante-treize secondes après son décollage, tuant tout le monde à bord.

Il est tentant de croire qu'il est possible de créer un Système où rien ne tourne mal. Or, dans la réalité, les Systèmes sont toujours sujets à des dysfonctionnements.

La théorie des ***Accidents normaux*** est une manière plus formelle d'exprimer un proverbe universel : « Ce sont des choses qui arrivent. » Dans un système étroitement intégré, des risques minimes s'accumulent jusqu'à provoquer des erreurs et des accidents inévitables. Plus le système est vaste et complexe, plus il y a de chances que quelque chose se passe mal, très mal.

Avoir une réaction démesurée aux Accidents normaux est contre-productif. Quand un événement fâcheux se produit, notre réaction instinctive est de devenir hyper-vigilants et de renforcer les contrôles pour éviter de voir la catastrophe se reproduire. Mais cette réaction ne fait qu'aggraver les choses puisqu'elle rend le système encore plus étroitement lié, ce qui augmente le risque d'accidents futurs.

La réponse de la Nasa à l'accident de la navette *Challenger* est extrêmement instructive : au lieu d'ajouter des systèmes susceptibles d'avoir des ratés encore plus graves, les ingénieurs ont reconnu les risques inhérents aux navettes spatiales et se sont attachés à trouver des solutions capables de réduire le risque que les problèmes surviennent à nouveau sans ajouter de systèmes qui pourraient aussi défaillir.

Le meilleur moyen d'éviter les Accidents normaux est d'analyser les pannes ou les catastrophes auxquelles on a échappé de peu. Au lieu de se Concentrer sur la menace uniquement, ce qui peut créer des problèmes encore plus importants à long terme, examiner les désastres évités de peu peut permettre de mieux comprendre les Interdépendances cachées. En analysant le problème, il est possible d'élaborer des plans d'urgence si un événement similaire venait à se reproduire.

En 2003 l'accident de la navette spatiale *Columbia* n'a pu être évité, mais le problème n'avait pas la même origine : les boucliers thermiques en fibres de carbone destinés à protéger la navette lors de sa rentrée dans l'atmosphère n'ont pas joué leur rôle et la navette s'est désintégrée. Là encore, les ingénieurs de la Nasa ont cherché à éviter qu'un problème de ce type se reproduise sans renforcer l'intégration du système. Lorsque la navette spatiale *Discovery* a vu ses boucliers thermiques endommagés au décollage quelques années plus tard, la Nasa était préparée et l'équipage a atterri en toute sécurité.

Les Accidents normaux sont une bonne raison de maintenir les systèmes aussi faiblement liés que possible. Même si le risque zéro n'existe pas. Et si les systèmes faiblement liés peuvent ne pas être aussi efficaces, ils durent plus longtemps et provoquent moins de catastrophes.

Plus un système est complexe et fonctionne depuis longtemps, plus il risque de subir un accident grave. Ce n'est qu'une question de temps. Alors soyez vigilant et faites le maximum pour être prêt à réagir le plus rapidement possible.

RETROUVEZ CE CONCEPT À L'ADRESSE : **http://book.personalmba.com/normal-accidents/**

10

ANALYSER LES SYSTÈMES

« Si vous ne pouvez pas le comprendre, vous ne pouvez pas le changer. »

ÉRIC EVANS, TECHNOLOGUE

Avant de pouvoir améliorer un Système, vous devez comprendre comment il fonctionne actuellement. Malheureusement, c'est une tâche difficile – il n'est tout simplement pas possible d'appuyer sur pause le temps qu'il faut pour comprendre et mesurer ce qui serait nécessaire.

Les Systèmes doivent être analysés en cours de fonctionnement. Heureusement, ce n'est pas mission impossible si vous savez ce que vous cherchez.

Dans ce chapitre, vous allez apprendre à ***Déconstruire*** des systèmes, c'est-à-dire à les décomposer en petites parties plus faciles à comprendre, et à mesurer ce qui est important. Ensuite, vous allez découvrir l'interaction et l'interdépendance qui existent entre les différentes parties du système.

RETROUVEZ CE CONCEPT À L'ADRESSE : **http://book.personalmba.com/analyzing-systems/**

La déconstruction

« Rien ne peut se faire dans un souci de perfection. Tout processus implique de démolir quelque chose. »

JOSEPH CAMPBELL, MYTHOLOGUE ET AUTEUR DU LIVRE *LE HÉROS AUX MILLE ET UN VISAGES*

Comme nous venons de le dire, les Systèmes complexes sont constitués de nombreux Flux, Stocks, processus qui sont bien souvent Interdépendants. Mais un système peut être trop complexe pour être compris globalement. S'il existe plus de sept à huit variables ou dépendances, les Limites cognitives se mettent en place et la confusion domine.

Mais alors, comment peut-on analyser des systèmes extrêmement complexes ?

Par la ***Déconstruction***, un processus qui consiste à décomposer des systèmes complexes en sous-systèmes de la taille la plus réduite possible dans le but de comprendre comment les choses fonctionnent. Au lieu d'essayer de comprendre le système dans son ensemble, vous le divisez en petites parties, puis cherchez à comprendre les différents sous-systèmes et leurs interactions mutuelles.

La Déconstruction est le processus inverse de la Loi de Gall. Rappelez-vous : les systèmes complexes qui fonctionnent sont toujours issus de systèmes simples. Si vous parvenez à identifier des sous-systèmes simples et faites l'effort de chercher à comprendre comment ils fonctionnent et s'intègrent, vous finirez par comprendre le fonctionnement du système tout entier.

Si vous ne savez rien du fonctionnement d'une voiture, ouvrir le capot de votre véhicule pour examiner ce qu'il recouvre risque de semer le trouble dans votre esprit – il y a tellement d'éléments qu'il est difficile de savoir par où commencer. Vous ne pourrez pas comprendre le fonctionnement du système dans son ensemble si vous ne commencez pas par identifier des sous-systèmes importants tels que le moteur, la transmission et le radiateur.

Une fois que vous avez identifié ces différents sous-systèmes, les isoler temporairement dans votre esprit peut vous aider à comprendre leur fonctionnement. Vous pouvez, par exemple, commencer par examiner le moteur. Où commence ce sous-système ? Quels sont les Flux en jeu ? Quels sont les processus à l'œuvre à l'intérieur ? Existe-t-il des Boucles de rétroaction ? Que se passe-t-il si les données d'entrées changent ? Où finit ce système ? En quoi résulte le système, quelles sont les données de sorties ?

Lorsque vous Déconstruisez un système, ne perdez pas de vue l'Interdépendance, chaque sous-système faisant partie d'un système plus grand. Il est également important d'identifier les déclencheurs, c'est-à-dire les éléments qui mettent en marche le sous-système, et les dispositifs d'arrêt, à savoir les éléments qui stoppent son fonctionnement.

Enfin, attachez-vous à comprendre les conditions de fonctionnement du sous-système. Par exemple, un moteur réclame l'arrivée d'un mélange gazeux (gaz d'admission) dans le cylindre pour pouvoir fonctionner. Une étincelle qui jaillit de la bougie d'allumage met alors feu à ce mélange, fournissant l'énergie nécessaire à la mise en mouvement du piston et donc au fonctionnement du reste du sous-système. Si les gaz de combustion ne sont pas présents ou si l'étincelle ne jaillit pas, il n'y a pas d'énergie et le sous-système s'arrête. Par conséquent, les gaz d'admission et l'étincelle de la bougie conditionnent le fonctionnement du sous-système.

Des diagrammes ou des graphiques peuvent vous aider à comprendre comment les éléments en entrée, le processus, le déclencheur, les conditions, les dispositifs d'arrêt et les éléments sortants sont reliés et fonctionnent ensemble. En effet, décrire des systèmes complexes avec seulement des mots ne suffit pas toujours. Des graphiques bien construits permettent de mieux saisir le Flux d'un système pendant son fonctionnement et de réparer ce système en cas de panne.

Pour analyser un système, Déconstruisez des systèmes complexes en sous-systèmes plus faciles à comprendre, puis construisez votre compréhension de l'ensemble du système en partant de zéro.

RETROUVEZ CE CONCEPT À L'ADRESSE : **http://book.personalmba.com/deconstruction/**

La mesure

« Nous croyons en Dieu… tous les autres fournissent des données. »

W. EDWARDS DEMING, EXPERT EN GESTION DE LA PRODUCTION ET PIONNIER DANS LE CONTRÔLE DES PROCESSUS STATISTIQUES

Une fois que vous avez compris les différentes parties du Système et leurs interactions mutuelles, posez-vous la question suivante : le système fonctionne-t-il bien ? Pour le savoir, il faut le mesurer en cours de fonctionnement.

La ***Mesure*** consiste à recueillir des données pendant que le système est en train de fonctionner. Collecter des informations liées à ses fonctions clés permet de mieux évaluer son fonctionnement.

La Mesure autorise aussi une comparaison entre les systèmes. Par exemple, il est possible d'utiliser plusieurs types de microprocesseurs pour fabriquer un ordinateur, mais lequel choisir ? En mesurant les différentes caractéristiques de chaque processeur – temps de cycle, consommation électrique, production de chaleur, etc. –, vous êtes plus à même de choisir le meilleur processeur pour votre ordinateur et donc plus susceptible d'obtenir de meilleures performances.

La Mesure nous permet d'éviter l'Ignorance de l'absence lorsque nous analysons un système. N'oubliez pas : l'être humain a beaucoup de mal à voir ce qui n'est pas présent. Mesurer différents éléments d'un système en marche nous aide à prévenir des problèmes potentiels.

Par exemple, le diabète peut être considéré comme une anomalie de fonctionnement de la Boucle de rétroaction qui contrôle la glycémie. Une hypoglycémie ou une hyperglycémie représentant un risque pour la santé, avoir un organisme qui produit trop ou trop peu d'insuline, et donc incapable de maintenir un niveau de glycémie stable, est un problème majeur.

Même si le taux d'insuline est extrêmement important chez une personne diabétique, vous ne pouvez pas connaître le taux d'insuline d'un individu juste en l'observant. Sans Mesure, l'Ignorance de l'absence est de mise jusqu'à ce que l'état de la personne empire suffisamment pour devenir visible – en général, sous la forme d'un coma diabétique ou d'un décès.

Pour éviter cette situation, les personnes diabétiques prennent l'habitude de Mesurer leur glycémie tout au long de la journée.

Mesurer est la première étape vers l'amélioration. Comme le disait Peter Drucker : « Ce qui peut être mesuré peut être géré. » Il avait raison. Si vous ignorez à combien s'élèvent les revenus et les dépenses de votre entreprise, vous aurez du mal à savoir si les changements que vous effectuez dans votre entreprise vont l'améliorer ou non. Si vous souhaitez perdre du poids, vous devez d'abord savoir combien vous pesez actuellement avant de mesurer les effets des modifications de votre régime alimentaire sur votre poids.

Sans données, vous êtes aveugle. Si vous voulez améliorer un système, vous devez commencer par le Mesurer.

RETROUVEZ CE CONCEPT À L'ADRESSE : **http://book.personalmba.com/measurement/**

Les indicateurs clés de performance

« Il est préférable d'avoir une réponse approximative à la bonne question qu'une réponse exacte à la mauvaise question. »

JOHN WILDER TUKEY, STATISTICIEN AMÉRICAIN

Le principal problème avec la Mesure, c'est que vous pouvez mesurer des millions de choses. Et à trop mesurer, vous allez finir par vous heurter aux Limites cognitives et vous noyer dans une mer de données insignifiantes.

Certaines Mesures sont plus importantes que d'autres : les ***Indicateurs clés de performance*** (en anglais : *Key Performance Indicator* ou KPI) sont des Mesures des éléments essentiels d'un Système. Les Mesures qui ne vous aident pas à améliorer votre système sont pires que le mal, car elles gaspillent votre Attention et votre énergie, des ressources par nature limitées. Si vous avez l'intention d'améliorer le système que vous êtes en train d'examiner, ne prêtez pas attention à tout, mais seulement à quelques Mesures clés.

Malheureusement, il est plus facile de s'intéresser aux éléments faciles à mesurer qu'aux éléments importants. Prenons le chiffre d'affaires d'une entreprise. Il vous semble important, n'est-ce pas ? Il l'est, mais simplement parce qu'il est un composant clé du profit. Peu importe que vous ayez gagné 1 million d'euros si vous avez dépensé 2 millions pour les gagner. Comme le disait l'entrepreneur Theo Paphitis : « Profit est le bon sens, le chiffre d'affaires futilité. » À lui seul, le chiffre d'affaires n'est pas un Indicateur clé de performance.

Cela vaut pour d'autres Mesures d'un système en marche. Par exemple, si vous êtes en train de gérer une équipe de programmeurs, vous allez être tenté de mesurer leur production en « lignes de code » – une mesure bien visible et facile à réaliser. Mais voici le problème : « plus » de code n'est pas forcément mieux. Un programmeur talentueux peut améliorer un programme en le réécrivant avec moins de lignes de code. Si vous êtes obnubilé par la quantité, supprimer dix mille lignes peut vous paraître moins bien, alors que c'est beaucoup mieux.

La situation tend même à s'aggraver si vous récompensez vos programmeurs sur la base des lignes de code qu'ils réalisent : en vertu du Biais de la récompense, votre code va ressembler à un champ de bataille !

En général, les Indicateurs clés de performance sont directement liés, soit aux Cinq éléments de toute entreprise, soit au Flux sortant. Voici les questions que j'utilise pour identifier un Indicateur clé de performance :

Création de valeur : À quel rythme le système crée-t-il de la valeur ? Quel est le niveau actuel de vos ressources ?

Marketing : Combien de personnes prêtent Attention à votre offre ? Combien de prospects vous donnent la Permission de leur fournir davantage d'informations ?

Vente : Combien de clients potentiels deviennent des clients effectifs ? Quelle est la Valeur du cycle de vie du client moyen ?

Distribution de la valeur : En combien de temps pouvez-vous servir chacun de vos clients ? Quel est votre taux de retour client et de réclamation ?

Finance : Quelle est votre Marge ? De quel Pouvoir d'achat disposez-vous ? Avez-vous atteint votre Point de suffisance financier ?

Toute Mesure directement liée à ces questions est probablement un Indicateur clé de performance. Toute Mesure qui n'est pas directement liée à un processus économique fondamental ou au Flux sortant d'un système n'en est probablement pas un.

Essayez d'avoir seulement entre trois et cinq KPI par système. Lorsque vous recueillez les Mesures, résistez à la tentation de vous faire un « tableau de bord » de toutes les informations possibles et imaginables. Car si vous vous surchargez de données, vous ne serez plus capable de voir les Changements qui sont les plus importants. Vous pourrez toujours aller plus loin dans les données dont vous disposez si nécessaire.

Trouvez les Indicateurs clés de performance de votre système et vous réussirez à le gérer efficacement sans vous noyer dans les données.

RETROUVEZ CE CONCEPT À L'ADRESSE : **http://book.personalmba.com/key-performance-indicator/**

Qualité d'entrée, qualité de sortie

« Soignons les débuts et les résultats viendront tout seuls. »

ALEXANDER CLARK, AMBASSADEUR AMÉRICAIN AU XIXE SIÈCLE
ET DÉFENSEUR DES DROITS CIVILS

Si vous analysez des données de mauvaise qualité, votre analyse sera, au mieux, inutile, au pire, trompeuse ou carrément préjudiciable.

La qualité des données à l'entrée influence toujours la qualité des résultats. Si vous construisez un objet à partir de matériaux de mauvaise qualité, votre objet ne sera pas fiable et ne séduira pas votre clientèle. Si vous vous nourrissez mal, faites peu d'exercice et vous laissez trop influencer par les actualités et les émissions de télé-réalité, vous allez vous sentir apathique et manquer cruellement d'énergie. Si les salariés qui travaillent sur un projet ne sont ni compétents ni motivés, le résultat final va inévitablement en pâtir.

Qualité d'entrée, qualité de sortie est un principe simple : utiliser en entrée d'un système des données inutiles et vous obtiendrez des résultats inutiles. Votre capacité à comprendre un système est directement liée à votre capacité à observer ce qui s'y passe. La quantité de données que vous collectez sur un système, ainsi que leur qualité, fixent la limite à votre capacité de compréhension de ce qui s'opère dans ce système au cours de son fonctionnement.

Si vous ne voulez pas récolter des déchets à la fin, n'utilisez pas de déchets au départ. Soyez attentif aux données avec lesquelles vous partez et vous obtiendrez des résultats conformes à vos attentes.

Pour améliorer vos résultats, améliorez la qualité de la « matière » avec laquelle vous travaillez.

RETROUVEZ CE CONCEPT À L'ADRESSE : **http://book.personalmba.com/garbage-in-garbage-out/**

La tolérance

« La voie de la sagesse ? Elle est claire et simple à formuler : se tromper, et se tromper, et se tromper encore, mais moins, et moins, et encore moins. »

PIET HEIN, MATHÉMATICIEN ET POÈTE DANOIS

De nombreux chefs d'entreprise inexpérimentés attendent la perfection : toute erreur, quelle qu'elle soit, et aussi minime soit-elle, est un sujet de préoccupation.

Prenez, par exemple, le site Web d'une entreprise. Les dirigeants sont atterrés quand leur site Web tombe en panne et se pressent d'appeler l'administrateur ou le responsable du système. Et ils prononcent souvent ces paroles : « Veillez à ce que notre site Web ne tombe jamais en panne. »

Ils ne sont pas réalistes : la perfection est impossible. Une fiabilité de 100 % est complètement utopique. Les Accidents normaux font partie de la vie et il faut en tenir compte. Plus vous avez besoin de fiabilité, plus votre système va vous coûter cher.

Une ***Tolérance*** est un niveau acceptable d'erreur « normale » dans un système. Tant que les erreurs n'excèdent pas un certain seuil déterminé par tout un éventail de Mesures, il n'est pas nécessaire d'intervenir en urgence.

Les Tolérances sont souvent qualifiées d'« étroites » ou de « larges ». Une Tolérance étroite ne laisse que peu de place à l'erreur, ce qui est le cas lorsqu'un élément du système est vital pour son fonctionnement. Une Tolérance large laisse une marge d'erreur importante, ce qui est le cas lorsque de petites erreurs n'ont pas de conséquences majeures.

La fiabilité d'un système est souvent mesurée en pourcentage. Quand un système est fiable à 95 % dans un domaine donné, il produit 19 fois sur 20 un résultat qui s'inscrit dans les Tolérances acceptées. Plus le système est fiable, plus le pourcentage est élevé.

Une fiabilité de 99,9999 % fait forte impression, mais elle coûte très cher à obtenir. Souvent, les entreprises qui fournissent des systèmes utilisent cette mesure de fiabilité comme une Tolérance et rédigent un contrat appelé « garantie de niveau de service » (en anglais : « *Service Level Agreement* » ou SLA) qui dédommage les clients si le taux d'erreurs dépasse un certain seuil.

Les Tolérances étroites sont très utiles et constituent un indicateur positif de qualité : après tout, qui aime les erreurs ? Efforcez-vous d'atteindre des Tolérances de plus en plus étroites pour les éléments essentiels de votre système.

RETROUVEZ CE CONCEPT À L'ADRESSE : **http://book.personalmba.com/tolerance/**

L'honnêteté d'analyse

« Ce qui peut être détruit par la vérité doit l'être. »

P. C. HODGELL, PROFESSEUR ET AUTEUR DE *THE GOD STALKER CHRONICLES*

Dans le cadre du dernier poste que j'ai occupé chez Procter & Gamble, j'étais chargé de créer une stratégie de Mesure de la publicité en ligne, autrement dit de trouver un moyen de mesurer l'efficacité de la publicité du groupe sur le Web. P&G dépensait des millions d'euros chaque année en bandeaux publicitaires, en référencement payant et en vidéos publicitaires en ligne. Concrètement, je devais déterminer si l'investissement en valait la peine.

Résultat : mon équipe et moi avons découvert que le Système que nous utilisions sur la plupart de nos sites Web pour mesurer le nombre de visiteurs était faussé.

Au lieu de compter simplement les visiteurs humains, le système traitait les visites de programmes de référencement comme des visites humaines ! Les programmes informatiques se moquent éperdument des lessives et des shampooings, mais le système les comptait comme des clients potentiels.

Comme il n'est pas rare que les robots des moteurs de recherche visitent un site Web plusieurs fois par jour à la recherche de nouvelles informations, le système surévaluait considérablement le nombre de visiteurs. Autrement dit, il s'agissait d'une situation Qualité d'entrée, qualité de sortie déficiente qui rendait nos Mesures quasiment inutiles.

Naturellement, nous avons recommandé d'améliorer le système pour recueillir les données des visiteurs de façon plus exacte. Et la quasi-totalité des équipes de P&G ont refusé. Elles savaient qu'elles comptabilisaient des données « pourries », mais elles ne voulaient pas le savoir. Étrange, n'est-ce pas ?

Voici le hic : installer le nouveau système de mesure aurait fait chuter le nombre de visiteurs sur notre site Internet – un Indice de performance clé. Même si le nouveau système était beaucoup plus fiable, l'installer aurait donné aux équipes une mauvaise image d'elles-mêmes. Au lieu de corriger l'erreur, elles ont préféré continuer à vivre dans le mensonge. Et donc compromis sérieusement leur capacité à améliorer les performances de leur site Web.

L'***Honnêteté d'analyse*** signifie mesurer et analyser les données dont vous disposez en toute objectivité. Nous sommes des créatures sociales et, par conséquent, attachons beaucoup d'importance à la façon dont les autres nous perçoivent, ce qui nous rend naturellement enclins à embellir la réalité. Si vous voulez vraiment améliorer les choses, cette tendance peut vous empêcher de recueillir des données exactes et de mener une analyse utile.

Le meilleur moyen de maintenir votre Honnêteté d'analyse est de demander à quelqu'un qui n'est pas impliqué dans votre Système d'évaluer vos Mesures. Vous risquez de succomber très facilement au Biais de la récompense et au Biais de confirmation si votre statut social est en jeu. D'où l'importance d'une tierce personne expérimentée et objective qui évalue vos mesures et analyse vos pratiques. Certes, vous n'aimerez peut-être pas entendre ce qu'elle aura à vous dire, mais au moins vous serez pleinement conscient des problèmes potentiels.

N'examinez pas vos données à travers des lunettes déformantes : efforcez-vous toujours d'être honnête avec vous-même et d'accepter de voir en face ce que ces données vous révèlent sur les domaines à améliorer.

RETROUVEZ CE CONCEPT À L'ADRESSE : **http://book.personalmba.com/analytical-honesty/**

Le contexte

> « Si vous ne comprenez pas quelque chose, c'est parce que vous n'êtes pas conscient de son contexte. »
>
> RICHARD RABKIN, PSYCHIATRE AMÉRICAIN

Ce mois-ci, votre chiffre d'affaires s'élève à 200 000 €. Est-ce une bonne ou une mauvaise chose ?

Cela dépend. Si vos rentrées d'argent représentaient 100 000 € le mois dernier, c'est une bonne chose. Mais si vous avez dépensé 400 000 € ce mois-ci, c'est une mauvaise chose.

Le ***Contexte*** est l'utilisation de Mesures pertinentes pour recueillir des informations supplémentaires sur les données que vous étudiez. Si vous prenez l'exemple ci-dessus, connaître vos revenus du mois n'est pas très utile sans informations supplémentaires. En revanche, connaître le chiffre d'affaires du mois dernier et les dépenses de ce mois-ci fournit le Contexte nécessaire à une vision plus juste de la situation.

Les Mesures agrégées ou hors Contexte sont rarement très parlantes. Et carrément inutiles lorsqu'il s'agit de réaliser des améliorations tangibles. Savoir que 2 millions d'internautes ont visité votre site Web ce mois-ci ne vous apprend absolument rien d'utile. Sans Contexte, vous êtes incapable d'apporter des Changements efficaces, ce qui limite votre capacité à améliorer le Système.

Évitez d'être tenté de vous focaliser sur un seul « nombre magique » lorsque vous évaluez vos résultats sur une période donnée. Vous pensez réaliser une simplification utile, mais il n'en est rien, car supprimer le Contexte vous rend aveugle à des Changements importants dans les données. Connaître votre score qualité du mois ou savoir que votre chiffre d'affaires a augmenté ou baissé de quelques points ne vous dira pas pourquoi il est à la hausse ou à la baisse, si ce phénomène est important et s'il est dû à des variations aléatoires ou à un Changement important dans le système ou dans l'Environnement.

En règle générale, n'examinez jamais des données isolément, mais toujours dans leur Contexte et avec d'autres Mesures.

RETROUVEZ CE CONCEPT À L'ADRESSE : **http://book.personalmba.com/context/**

L'échantillonnage

« Si vous ne croyez pas dans l'échantillonnage, la prochaine fois que vous allez chez le médecin et qu'il veut vous prendre un peu de sang, dites-lui de tout vous prendre. »

GIAN FULGONI, FONDATEUR ET PRÉSIDENT DE COMSCORE, INC.

Que faites-vous si votre Système est trop grand ou trop complexe pour recueillir des données sur chaque processus ?

Il n'est parfois pas commode de mesurer les Flux d'un système dans son ensemble. Si vous gérez un système Scalable, il est souvent impossible de tester chaque unité ou de déceler toutes les erreurs. Comment pouvez-vous identifier rapidement des problèmes potentiels si votre système produit des millions d'unités ou effectue des millions de transactions ?

L'***Échantillonnage*** consiste à prélever au hasard une fraction de la production totale, puis à l'utiliser comme exemple représentatif de l'ensemble du système. Si vous vous êtes déjà fait faire une prise de sang, vous connaissez l'Échantillonnage. On vous prélève une petite quantité de sang qu'on envoie ensuite à un laboratoire pour analyse. Si l'analyse révèle des anomalies dans l'échantillon prélevé, il y a de fortes chances pour que ces anomalies soient également présentes dans l'ensemble de la circulation sanguine.

L'Échantillonnage peut vous aider à identifier rapidement des erreurs systémiques sans avoir besoin de tester l'ensemble de la production du système, ce qui vous coûterait du temps et de l'argent. Si vous fabriquez des téléphones portables, inutile de tester tous les téléphones qui sortent de l'usine. Il suffit de tester un téléphone sur vingt pour déceler des erreurs à temps et réparer le système. Vous pouvez augmenter ou diminuer le taux d'Échantillonnage en fonction de la vitesse et de la précision avec lesquelles vous voulez repérer des erreurs éventuelles.

Les sondages sont également une forme d'Échantillonnage. De nombreux magasins de détail font appel à des « clients secrets » pour tester périodiquement le service clients ou les compétences du personnel de vente. Ces faux clients sont recrutés pour manifester leur intérêt à l'égard de certains articles, poser certaines questions, effectuer un rendu ou être énervants en général. Puisque le personnel est incapable de distinguer les faux clients des vrais clients, il s'agit d'une méthode efficace pour tester les vendeurs sans les observer à la loupe vingt-quatre heures sur vingt-quatre.

L'Échantillonnage est également sujet au biais si l'échantillon n'a pas été choisi vraiment au hasard ou n'est pas uniforme. Par exemple, mesurer le revenu moyen des ménages américains en réalisant un sondage auprès des propriétaires à Manhattan va fausser nettement plus les données que de sonder les propriétaires en Virginie-Occidentale. Pour des résultats optimaux, prenez l'échantillon aléatoire le plus large possible.

Si vous devez tester la qualité de votre production, l'Échantillonnage peut vous aider à recueillir des données valables et relativement bon marché, à condition de vous méfier du biais potentiel qui lui est indissociable.

RETROUVEZ CE CONCEPT À L'ADRESSE : **http://book.personalmba.com/sampling/**

La marge d'erreur

« Tout le monde généralise à partir d'un seul exemple. Du moins, c'est ce que je fais. »

STEVEN BRUST, ÉCRIVAIN DE SCIENCE-FICTION AMÉRICAIN

Supposons que vous achetiez une pièce de monnaie truquée dans une boutique de farces et attrapes, et que vous vouliez être sûr que cette pièce soit réellement truquée pour atterrir côté face la plupart du temps.

Comment pouvez-vous avoir la certitude de ne pas vous être fait avoir ? Vous la testez, naturellement, en jouant à pile ou face.

Supposons maintenant que les cinq premières fois elle atterrisse deux fois côté face et trois fois côté pile. Devez-vous demander à être remboursé ?

Commencez par vous assurer que vos résultats sont exacts avant de porter atteinte à la réputation de cette boutique. La ***Marge d'erreur*** est une estimation du degré de confiance que vous pouvez avoir dans les conclusions que vous tirez à partir d'un ensemble d'Échantillons observés.

Puisque vous n'avez lancé la pièce de monnaie que cinq fois, vous ne pouvez pas être certain que le commerçant vous a trompé sur la marchandise : la taille de votre échantillon est trop réduite. À chaque fois que vous rejouez à pile ou face en jetant la pièce en l'air, vous agrandissez votre échantillon.

Si vous arrivez à tester votre pièce un millier de fois et que vous observez qu'elle atterrit côté pile dans les deux tiers des cas, vous pouvez être quasi-certain que la pièce est truquée, mais pas dans le sens que vous souhaitiez. Puisqu'une pièce

« normale » doit atterrir côté face dans la moitié des cas, les résultats de votre millier de tentatives portent à croire que le marchand vous a vendu par erreur une pièce truquée pour atterrir côté pile.

Chaque échantillon supplémentaire augmente vos données disponibles et vous aide à avoir la certitude que l'ensemble des échantillons observés est représentatif de la population générale que vous étudiez. Plus vous avez d'échantillons, plus votre Marge d'erreur diminue et plus vous pouvez avoir confiance dans vos conclusions. (Vous pouvez prendre en compte le biais inhérent à l'Échantillonnage en augmentant votre Marge d'erreur.)

Tous les calculs nécessaires à l'estimation de la Marge d'erreur dépassent le cadre de ce livre. Mais une fois que vous avez compris le procédé, cette estimation est relativement facile, notamment avec un tableur ou une base de données pour effectuer votre analyse. Si vous avez besoin de calculer la Marge d'erreur ou d'autres estimations telles que les « intervalles de confiance » ou les « intervalles de crédibilité », je vous recommande la lecture du livre de M. G. Bulmer, *Principles of Statistics.*

En règle générale, méfiez-vous des conclusions trompeuses fondées sur des échantillons trop petits et/ou insuffisamment représentatifs. À chaque fois que vous êtes face à une moyenne ou une probabilité fondée sur des données qui ne vous sont pas familières, n'hésitez pas à vous pencher sur la taille de l'échantillon et la façon dont il a été prélevé. Des échantillons trop réduits ou biaisés peuvent largement influencer l'analyse finale.

Plus vous avez de données, plus votre analyse sera fiable, alors veillez à prélever l'échantillon le plus large possible.

RETROUVEZ CE CONCEPT À L'ADRESSE : **http://book.personalmba.com/margin-of-error/**

Le ratio

« Celui qui refuse de faire des calculs élémentaires est condamné à dire n'importe quoi. »

JOHN MCCARTHY, INFORMATICIEN, SPÉCIALISTE DES SCIENCES COGNITIVES ET INVENTEUR DU TERME « INTELLIGENCE ARTIFICIELLE »

Un ***Ratio*** est une méthode de comparaison de deux Mesures. En divisant vos résultats par vos données d'entrées, vous pouvez mesurer toutes sortes de rapports utiles entre différentes parties de votre Système.

Supposons que sur 30 clients qui entrent dans votre magasin, 10 d'entre eux effectuent un achat. Votre « Ratio de ventes » sera de 10 divisé par 30 = ⅓.

Supposons que vous formiez vos vendeurs à des techniques qui leur permettent d'avoir 15 clients qui effectuent un achat sur 30 qui entrent dans votre magasin. Votre nouveau Ratio sera de 15 divisé par 30 = ½.

Les pourcentages sont simplement des Ratios sur une base de 100. Votre premier Ratio converti en pourcentage représente 33 %, votre second Ratio 50 %.

Parmi les ratios les plus utiles figurent :

- Le Retour sur investissement marketing (ROMI) : combien vous rapporte 1 € investi dans la publicité ?
- Le bénéfice par employé : quel bénéfice votre entreprise génère-t-elle pour un salarié que vous employez ?
- Le taux de ventes : sur le nombre de clients que vous servez, combien effectuent un achat ?
- Le taux de retours/réclamations : sur le nombre de ventes réalisées, combien de retours ou de réclamations enregistrez-vous ?

Les Ratios financiers sont très utiles pour examiner les états financiers. Des Ratios tels que le Retour sur investissement, le rendement de l'actif, le rendement des capitaux engagés, le taux de rotation des stocks et le délai moyen de recouvrement des comptes clients permettent d'évaluer la santé, bonne ou mauvaise, d'une entreprise. Si vous souhaitez en savoir plus sur les ratios financiers, je vous conseille le livre de Karen Berman, Joe Knight et John Case intitulé *Comprendre la finance – pour les non-financiers et les étudiants.*

Suivre l'évolution des Ratios permet de voir dans quelle direction le système est en train de changer. Si votre taux de ventes ou votre Retour sur investissement continue de grimper, c'est très encourageant. Mais s'il diminue avec le temps, il serait intéressant de savoir pourquoi.

Soyez créatif : étudiez votre activité, puis élaborez des Ratios qui mettent en évidence les éléments les plus importants de votre système.

RETROUVEZ CE CONCEPT À L'ADRESSE : **http://book.personalmba.com/ratio/**

La caractérisation

« Ce n'est pas ce que nous ignorons qui nous pose des problèmes. C'est ce que nous tenons à tort pour vrai. »

WILL ROGERS, COW-BOY ET COMÉDIEN AMÉRICAIN

Le patrimoine net moyen d'un lecteur du *Wall Street Journal* s'élève à 1,7 million de dollars. Il semble que les lecteurs du *WSJ* soient particulièrement riches, non ?

Oui, mais moins que vous le pensez. Bill Gates et Warren Buffett lisent le *Wall Street Journal* et leur fortune se chiffre en milliards, ce qui est beaucoup plus que même le 0,01 % de chefs d'entreprise aux revenus les plus élevés.

Du simple fait de leur existence, des dirigeants aussi richissimes que Bill Gates et Warren Buffett faussent largement la moyenne. Si vous vous fiez à cette moyenne pour connaître le patrimoine d'un lecteur du *WSJ*, vous commettez une erreur.

De nombreuses formes d'analyse sont fondées sur la ***Caractérisation*** qui consiste à identifier une valeur normale ou type pour une Mesure jugée importante. Il existe quatre méthodes courantes de calcul de la valeur type : la moyenne, la médiane, le mode et la moyenne des valeurs extrêmes.

La *moyenne* est la somme d'une série de valeurs divisée par le nombre de valeurs. Les moyennes sont faciles à calculer, mais sujettes au « Syndrome de Gates et Buffett » – la présence de valeurs extrêmes, très élevées ou très basses, fausse la moyenne et l'empêche d'être représentative. (Excluez les valeurs extrêmes et votre moyenne deviendra plus représentative.)

La *médiane* est la valeur qui se situe au milieu d'une série de valeurs rangées par ordre croissant. Les médianes sont en réalité une forme spécifique d'analyse appelée centile : dans ce sens, la médiane est la valeur qui exprime le 50e centile. Par définition, 50 % des valeurs de la série seront inférieures à la médiane. Calculer la médiane et la comparer à la moyenne peut vous permettre de savoir si la moyenne est influencée par quelques valeurs extrêmes.

Un *mode* est la valeur qui apparaît le plus fréquemment dans une série de données. Les modes sont utiles pour trouver des groupes de données – une série peut avoir des modes multiples qui attirent votre attention sur des Interdépendances potentiellement intéressantes au sein du Système à l'origine des données.

La *moyenne des valeurs extrêmes* est la somme de la valeur la plus faible et de la valeur la plus élevée divisée par deux. La moyenne des valeurs extrêmes permet des estimations rapides en connaissant seulement deux valeurs, mais elle peut être facilement faussée par des valeurs anormalement élevées ou anormalement basses comme lorsqu'on considère la fortune de Bill Gates.

Les moyennes, les médianes, les modes et les moyennes des valeurs extrêmes sont des outils analytiques utiles, capables de caractériser des résultats, mais à condition de les choisir à bon escient.

RETROUVEZ CE CONCEPT À L'ADRESSE : **http://book.personalmba.com/typicality/**

Corrélation et causalité

« La corrélation n'implique pas nécessairement la causalité. »

EDWARD TUFTE, STATISTICIEN ET PROFESSEUR À L'UNIVERSITÉ DE YALE

Imaginez une table de billard : si vous connaissez la position exacte de chaque boule sur la table et la nature des forces qui s'appliquent à la boule du joueur (force, direction et localisation de l'impact, frottement de la table et résistance de l'air), vous pouvez calculer la trajectoire exacte de la boule et les conséquences sur les autres boules qu'elle frappe au passage. Les joueurs de billard professionnels savent si bien Simuler mentalement ces relations et anticiper les trajectoires qu'ils peuvent faire le ménage sur la table en un clin d'œil !

Il s'agit ici de ***Causalité***, c'est-à-dire de relation de cause à effet. Puisqu'il est possible d'anticiper des enchaînements causals, on peut dire que frapper la boule a causé sa chute dans le trou. Si vous frappez de nouveau la boule exactement de la même manière et exactement dans la même situation, vous obtenez le même résultat.

Autre exemple fictif : supposons que les gens victimes d'un infarctus mangent en moyenne 57 hamburgers par an. Manger des hamburgers provoque-t-il des infarctus ? Pas nécessairement. En général, les gens victimes d'infarctus prennent 365 douches par an et clignent des yeux 5,6 millions de fois par an. Allez-vous avoir un infarctus parce que vous prenez des douches et clignez des yeux ? Pas obligatoirement.

La ***Corrélation*** et la Causalité sont deux choses différentes. Même si vous observez qu'une mesure est étroitement liée à une autre, ce n'est pas la preuve que l'une est la cause de l'autre.

Imaginez que vous avez acheté une pizzeria et que vous avez créé un film publicitaire de trente secondes diffusé sur la télévision locale pour promouvoir votre établissement. Peu après la diffusion de ce spot, vous constatez que vos ventes ont augmenté de 30 %. Le film publicitaire est-il à l'origine de cette amélioration ?

Pas forcément – cette hausse de vos ventes peut être due à bien d'autres facteurs. Une foire se tenait peut-être dans la ville à cette période-là, ce qui a attiré davantage de visiteurs qui ont eu besoin de se restaurer rapidement. Peut-être avez-vous fait une promotion pendant quelques jours en proposant deux pizzas pour le prix d'une, ce qui vous a valu des clients supplémentaires. Peut-être les familles sont-elles venues fêter la fin de l'année scolaire. Tant de facteurs peuvent avoir joué en même temps qu'il est difficile de savoir lequel est à l'origine de la hausse des ventes constatée. D'ailleurs, le spot télévisé peut même avoir entraîné une baisse des ventes parce que les gens l'ont trouvé peu attrayant ou agressif, mais cette baisse peut avoir été largement compensée par un autre facteur qui a boosté les ventes.

La Causalité est toujours plus difficile à prouver que la Corrélation. Lorsque vous analysez des Systèmes complexes, aux nombreuses variables et Interdépendances, vous avez souvent beaucoup de mal à trouver une véritable relation de cause à effet. Plus les changements qui surviennent dans un système sur une période donnée sont nombreux, plus la probabilité est grande qu'ils soient plusieurs à avoir eu un impact sur le résultat que vous êtes en train d'analyser.

Tenir compte des variables connues peut vous aider à isoler les causes potentielles d'un changement dans votre système. Par exemple, si vous savez qu'un salon est organisé dans votre ville durant cette période ou que les familles sortent pour fêter la fin de l'année scolaire, vous pouvez « corriger ces variations saisonnières » en exploitant des données historiques.

Plus vous êtes en mesure d'isoler le changement que vous avez effectué au sein de votre système d'autres facteurs, plus vous pouvez être sûr que ce changement délibéré est à l'origine du résultat constaté.

RETROUVEZ CE CONCEPT À L'ADRESSE : **http://book.personalmba.com/correlation-causation/**

Les normes

« Ceux qui ne peuvent pas se souvenir du passé sont condamnés à le répéter indéfiniment. »

GEORGE SANTAYANA, PHILOSOPHE, ESSAYISTE ET APHORISTE AMÉRICAIN

Si vous voulez tester l'efficacité de quelque chose dans le présent, il est souvent utile d'apprendre du passé.

Les ***Normes*** exploitent l'outil des données historiques pour fournir un Contexte aux Mesures actuelles. Par exemple, en étudiant des données antérieures, vous pouvez découvrir des tendances directement liées à la date à laquelle la vente a été réalisée, ce qu'on appelle la saisonnalité. La saisonnalité est un bon exemple de l'utilité des Normes. Si votre entreprise vend des décorations de Noël, il est inutile de comparer les ventes du quatrième trimestre aux ventes du troisième trimestre, car personne n'achète ce type de produit durant l'été. Il est beaucoup plus judicieux de comparer les ventes du quatrième trimestre de cette année avec les ventes du quatrième trimestre de l'année dernière pour voir si vos ventes ont progressé.

Lorsque les façons de mesurer les choses Changent, les Normes fondées sur les Mesures antérieures ne sont plus valables. Chez P&G, nous avions une méthode pour évaluer l'efficacité de certains types de publicité. Nous exploitions l'équivalent de plusieurs années de données pour comparer nos nouvelles publicités aux anciennes qui avaient bien fonctionné. Si la nouvelle publicité lors des tests ne dépassait pas la Norme, elle n'était pas retenue.

Si votre entreprise décidait soudainement d'utiliser une nouvelle méthode pour tester ses produits, les Normes ne seraient plus valables et cela reviendrait à comparer des pommes et des oranges. Changez les méthodes de Mesure et vous invalidez immédiatement les Normes sur lesquelles elles reposent. Si vous voulez continuer d'utiliser des Normes, vous devez recréer une base de données historiques.

La performance passée ne garantit pas la performance future. Rappelez-vous que nous avons affaire à des Systèmes complexes qui évoluent inévitablement. Ce n'est pas parce que quelque chose a bien marché dans le passé qu'il va continuer à marcher aussi bien, et ce indéfiniment. Si vous voulez atteindre des résultats optimaux, réexaminez vos Normes périodiquement pour vous assurer qu'elles sont toujours valables.

RETROUVEZ CE CONCEPT À L'ADRESSE : **http://book.personalmba.com/norms/**

L'approximation

« Combien de pattes le chien a-t-il si vous appelez sa queue une patte ? Quatre. Il ne suffit pas d'appeler une queue une patte pour en faire une patte. »

ABRAHAM LINCOLN, 16E PRÉSIDENT DES ÉTATS-UNIS

Que faites-vous s'il est impossible de mesurer quelque chose directement ? Une ***Approximation*** permet d'avoir une valeur significative en mesurant autre chose. On peut dire qu'il s'agit d'une évaluation indirecte. Par exemple, dans les démocraties, les votes sont utilisés comme Approximation pour mesurer la « volonté du peuple ». Comme il est impossible de soumettre chaque citoyen du pays à un examen détaillé de son état d'esprit révélant ses préférences, le vote est utilisé comme la Seconde meilleure solution.

Les Approximations sont monnaie courante dans les mesures scientifiques. Vous vous demandez comment les scientifiques connaissent la température du soleil ou l'âge de certaines roches ? Ils commencent par mesurer des Approximations telles que la longueur d'ondes du rayonnement émis ou la désintégration d'isotopes radioactifs connus, puis appliquent des rapports et des formules établis pour trouver la réponse.

Les Approximations les plus utiles sont les plus directes possibles. Prenez la Mesure de l'audience d'un site Web. Vous voulez savoir exactement où et combien de temps les internautes portent leur Attention sur différents éléments d'une page Web mais vous ne pouvez pas réaliser un scanner cérébral de chacun de vos visiteurs. Toutefois, suivre la position du curseur de la souris peut être une Approximation de l'attention particulièrement utile. D'après une étude réalisée par des chercheurs de la Carnegie Mellon University :

> *... dans 84 % des cas, lorsqu'une région était visitée par le curseur de la souris, elle l'était également par la fixation de l'attention (des utilisateurs). Et dans 88 % des cas, les régions qui ne faisaient pas l'objet d'une fixation de l'attention des utilisateurs n'étaient pas non plus visitées par le curseur de la souris.**

Les mouvements de la souris et la fixation de l'attention étant étroitement Corrélés, le déplacement de la souris est une bonne Approximation pour mesurer l'attention des visiteurs d'un site Web. Plus la Corrélation est étroite, plus l'Approximation est valable. Les Approximations peuvent être trompeuses si elles

* http://portal.acm.org/citation.cfm?id=634067.634234

semblent mesurer une chose, mais en mesurent en réalité une autre. Vous vous rappelez l'exemple de la Mesure de la productivité des programmeurs fondée sur le comptage des lignes de code en tant qu'Indicateur clé de performance ? Les lignes de code sont certainement une Approximation pour mesurer l'efficacité de la programmation mais, comme nous l'avons vu, plus il y a de lignes de code, moins il peut y avoir de productivité. D'où la nécessité de se montrer prudent.

Utilisée à bon escient, l'Approximation peut vous aider à mesurer l'immensurable. Veillez simplement à ce que votre Approximation soit directement et fortement Corrélée au sujet que vous examinez.

RETROUVEZ CE CONCEPT À L'ADRESSE : **http://book.personalmba.com/proxy/**

La segmentation

> « La règle d'or en matière de mesure d'audience Internet : ne rapportez jamais une mesure (même l'indicateur clé de performance préféré de Dieu) sans la segmenter... Tout KPI, aussi performant qu'il soit pour mesurer une tendance ou réaliser une prévision, peut être rendu encore plus performant si vous lui appliquez la segmentation. »
>
> AVINASH KAUSHIK, AUTEUR DE *WEB ANALYTICS 2.0*

Les séries de données agrégées renferment très souvent des pépites, à condition de savoir les trouver. La ***Segmentation*** est une technique qui consiste à décomposer une série de données en sous-groupes bien définis pour obtenir davantage de Contexte. Diviser un ensemble de données en plusieurs groupes prédéfinis peut faire apparaître des relations jusqu'alors inconnues. Par exemple, savoir que les commandes ont augmenté de 87 % ce mois-ci est une bonne nouvelle, mais savoir que 90 % de ces nouvelles commandes proviennent de femmes domiciliées à New York vous apporte une donnée supplémentaire. Découvrez pourquoi ces femmes vous ont passé commande et vous pourrez utiliser cette information pour encore augmenter votre efficacité.

Il existe trois grandes méthodes de Segmentation de données clients : les résultats passés, la démographie et la psychologie.

La Segmentation par *résultats passés* segmente la clientèle sur la base de leurs actions passées connues. Par exemple, vous pouvez segmenter les données sur les ventes actuelles à partir de données antérieures en comparant les ventes à de nouveaux clients aux ventes à des clients déjà connus. Le calcul de la Valeur du cycle de vie est une forme de Segmentation par les résultats passés.

La Segmentation par *analyse démographique* segmente la clientèle sur la base de caractéristiques personnelles externes. Des données individuelles telles que l'âge, le sexe, le revenu, la nationalité et le lieu de vie peuvent vous aider à déterminer quels clients sont des Acheteurs potentiels. Savoir que vos meilleurs clients sont des hommes âgés de 23 à 32 ans qui vivent dans les grandes villes et affichent un revenu disponible supérieur à 2 000 € par mois peut être une information très précieuse, car vous pouvez concentrer vos efforts marketing sur les prospects qui possèdent ces caractéristiques.

La Segmentation par *analyse psychologique* segmente la clientèle sur la base de caractéristiques psychologiques propres à ces personnes. Généralement découvertes lors d'études, de sondages, d'évaluations ou de groupes de réflexion, ces données psychologiques sont des attitudes, des points de vue ou des croyances qui influencent la manière dont les individus se voient et voient le monde qui les entoure.

La psychologie peut vous être très utile pour créer ou ajuster vos stratégies de Création de valeur, Marketing ou de Vente. Par exemple, si vous vendez des systèmes d'alarme aux particuliers, il y a des chances que vos Acheteurs potentiels pensent que le monde est un endroit dangereux et se sentent en danger, même chez eux. Et faire la promotion de vos produits dans des magazines ou sur des sites de self-défense – des marchés qui regroupent des consommateurs partageant ce type de croyances – peut être une bonne idée.

Segmentez vos données et vous découvrirez de nombreux liens cachés qui valent la peine d'être examinés.

RETROUVEZ CE CONCEPT À L'ADRESSE : **http://book.personalmba.com/segmentation/**

L'humanisation

« Les individus sont au centre de l'univers. Et non pas les choses. »

STOWE BOYD, SPÉCIALISTE DES TECHNOLOGIES SOCIALES

Analyser des données est rassurant pour les esprits rationnels qui apprécient les analyses quantitatives, mais pour utiliser correctement des données, il faut dépasser le plaisir de jongler avec des nombres et comprendre le message derrière les données.

Lorsque vous analysez les données d'un Système, vous êtes tenté d'oublier qu'elles se rapportent aux actions d'êtres humains. Par exemple, imaginez un service après-vente qui réponde aux réclamations des clients par téléphone. Rationnellement, passer de dix à huit minutes d'attente semble être un progrès puisque c'est un gain de 20 %.

Malheureusement non. Vous oubliez que vous avez toujours un client mécontent au bout du fil pendant huit minutes et que ces huit minutes paraissent toujours une éternité. Chaque minute fait croître la colère de votre client, ce qui affecte sa perception de votre entreprise. Cette amélioration de 20 % n'est rien à côté du coup porté à votre Réputation à chaque fois que ce client raconte ses mésaventures à ses amis et à ses collègues.

L'***Humanisation*** est le processus qui consiste à utiliser des données pour raconter une histoire sur l'expérience ou le comportement d'une personne réelle. Les mesures quantifiables sont globalement utiles, mais il est souvent nécessaire de les appliquer à une situation réelle pour comprendre réellement ce qui se passe.

De nombreuses entreprises s'Humanisent aux yeux de leur clientèle en créant une série de personnages – des profils fictifs élaborés à partir des données existantes. Lorsque je développais des nettoyants ménagers pour P&G, les données issues des études de marché nous disaient qu'il existait deux grands Segments : les individus adeptes du nettoyage régulier et en profondeur (« Tant que je ne me mets pas à genoux pour frotter le sol avec de l'eau de Javel et de l'huile de coude, je ne suis pas satisfait ») et les individus privilégiant le nettoyage rapide et pratique (« Je suis trop occupé pour nettoyer, et du moment que c'est à peu près propre, je suis satisfait »).

Nous avons combiné ces caractéristiques avec d'autres données telles que le revenu du ménage, la situation de famille et les loisirs pour créer un profil fictif, aussi appelé persona. Une fois ce personnage créé, il nous a été plus facile d'utiliser nos données pour prendre des décisions – au lieu de nous fier à des statistiques pour évaluer une idée, nous pouvions nous fier à notre intuition en nous demandant si « Alice » serait satisfaite de notre produit.

Ne vous contentez pas de présenter des données : racontez une histoire qui aide les gens à comprendre ce qui est en jeu et vous apprécierez davantage l'utilité de vos efforts d'analyse.

RETROUVEZ CE CONCEPT À L'ADRESSE : **http://book.personalmba.com/humanization/**

11

AMÉLIORER LES SYSTÈMES

« En théorie, il n'y a pas de différence entre la théorie et la pratique. Mais en pratique, il y en a une. »

JAN L. A. VAN DE SNEPSCHEUT, INFORMATICIEN

Créer et améliorer des Systèmes est au cœur des entreprises efficaces. Comprendre et analyser les Systèmes est dans le but de les améliorer – une tâche souvent difficile, car toute modification risque d'avoir des conséquences inattendues.

Dans ce chapitre, vous allez découvrir les secrets de l'***Optimisation*** (concept abordé ultérieurement), comment supprimer les ***Frottements*** (concept abordé ultérieurement) inutiles de processus majeurs et comment développer des Systèmes capables de gérer l'Incertitude et le Changement.

RETROUVEZ CE CONCEPT À L'ADRESSE : **http://book.personalmba.com/improving-systems/**

Le biais d'intervention

« À tout problème complexe il existe une réponse claire, simple et fausse. »

H. L. MENCKEN, ESSAYISTE AMÉRICAIN

Avant d'opérer un changement sur un Système, il est important de comprendre que les êtres humains sont enclins à agir plutôt qu'à ne rien faire. Comme nous l'avons dit, l'Ignorance de l'absence nous amène à attacher plus d'importance aux choses que nous pouvons voir qu'à celles que nous ne pouvons pas voir. Cette prédisposition influence notre travail sur les systèmes : le ***Biais d'intervention***, également appelé préférence pour l'action, nous conduit à introduire des changements inutiles qui nous donnent l'impression que nous contrôlons la situation.

De nombreuses politiques d'entreprise trouvent leur origine dans le Biais d'intervention. Lorsqu'un problème survient, il est tentant de vouloir le résoudre en instaurant des limites supplémentaires, ainsi qu'en renforçant le contrôle ou l'audit. Malheureusement, il n'en résulte pas une amélioration du Flux sortant ou de l'efficacité, mais une augmentation des Coûts de communication, du gaspillage et de la bureaucratie.

Le meilleur moyen de corriger le Biais d'intervention est d'examiner ce que les scientifiques appellent une « hypothèse nulle », à savoir ce qui se passerait si vous ne faisiez rien ou partiez du principe que la situation était un accident ou une erreur.

Imaginez une entreprise qui autorise ses employés à acheter tous les livres qu'ils désirent, sans leur demander de rendre des comptes. Les livres sont des sources peu coûteuses d'informations de qualité, c'est pourquoi il ne semble pas absurde de faciliter l'accès des employés à cette mine d'or.

Tout va pour le mieux dans le meilleur des mondes jusqu'à ce qu'un employé abuse de ce privilège et commande des centaines de romans pour son plaisir personnel. Que doivent faire les dirigeants de l'entreprise ?

De nombreuses entreprises réagiraient en supprimant cette possibilité ou en soumettant chaque achat de livre à l'approbation d'un manager. Mais ce changement ne résoudrait pas le problème parce qu'il s'agit d'un cas isolé. Au contraire, cette réaction gênerait ou mécontenterait les employés qui font bon usage de ce privilège, représenterait une perte de temps pour tout le monde en alourdissant la paperasserie et réduirait la productivité des employés en augmentant le temps qu'ils mettent à trouver les informations susceptibles d'améliorer le fonctionnement de l'entreprise.

Quoi faire, alors ? Rien. Un seul employé a abusé de ce privilège et, par conséquent, la situation peut être gérée par une discussion avec le principal intéressé, sans changer de politique interne. Le préjudice est limité et il serait absurde de pénaliser tout le monde pour le manque de discernement d'une seule personne. C'est un Accident normal et toute réaction exagérée serait contre-productive.

Examiner l'hypothèse nulle avant d'intervenir vous aidera à éviter le Biais d'intervention et à prendre des décisions optimales.

RETROUVEZ CE CONCEPT À L'ADRESSE : **http://book.personalmba.com/intervention-bias/**

L'optimisation

« Une optimisation prématurée est la racine de tout mal. »

DONALD KNUTH, INFORMATICIEN ET ANCIEN PROFESSEUR
À L'UNIVERSITÉ DE STANFORD

L'***Optimisation*** est le processus qui consiste à maximiser la sortie d'un Système ou à minimaliser une entrée dont le système a besoin pour fonctionner. En général, l'Optimisation est axée sur les systèmes et les processus qui sous-tendent vos Indicateurs clés de performance, lesquels mesurent les éléments fondamentaux du système dans son ensemble. Améliorez vos Indicateurs clés de performance et votre système fonctionnera mieux.

La *maximisation* concerne généralement le Flux sortant du système. Si vous voulez gagner davantage d'argent, produire plus d'unités à vendre ou servir un plus grand nombre de clients, vous devez Optimiser votre Flux sortant. Opérer des Changements qui augmentent votre Flux sortant permet de rendre votre système plus performant de façon spécifique et mesurable.

La *minimalisation* concerne généralement les données d'entrées indispensables au fonctionnement du système. Si vous souhaitez augmenter votre Marge, les coûts représentent un facteur clé à l'entrée. Minimalisez vos coûts et vous augmenterez vos Marges.

Par définition, si vous essayez de maximiser ou de minimaliser plus d'un élément, vous ne procédez pas à de l'Optimisation, mais à des Compromis. Beaucoup de gens ont tendance à croire que le terme Optimisation est synonyme de « tout améliorer », mais en voulant tout améliorer, on risque de ne rien améliorer, en réalité.

Sur le plan pratique, vouloir Optimiser un grand nombre de variables à la fois ne fonctionne pas. Vous devez être capable de vous concentrer sur une seule variable le temps nécessaire pour comprendre comment les Changements que vous opérez impactent l'ensemble du système. Efforcez-vous de trouver des Causalités (et non des Corrélations) dans vos Changements, mais sachez que vous pouvez avoir du mal à attribuer tel résultat à tel Changement en raison des Interdépendances cachées.

Rappelez-vous : vous ne pouvez pas Optimiser la performance d'un système en agissant sur un grand nombre de variables à la fois. Sélectionnez la variable la plus importante et portez-y tous vos efforts.

RETROUVEZ CE CONCEPT À L'ADRESSE : **http://book.personalmba.com/optimization/**

La refactorisation

« L'élégance n'est forcément pas naturelle et ne peut être obtenue qu'à grands frais. Si vous faites une chose une fois, elle ne sera pas élégante, mais si vous la faites pour voir ensuite ce qui pourrait être plus élégant, et la refaites, vous pouvez, après maintes répétitions, obtenir quelque chose de très élégant. »

ERIK NAGGUM, INFORMATICIEN

Tous les Changements opérés sur un Système ne sont pas destinés à affecter ce qu'il produit. Il est parfois plus efficace de reconfigurer un processus sans modifier le résultat final.

La ***Refactorisation*** est le processus qui consiste à changer un Système en vue d'améliorer son efficacité sans changer le résultat qu'il produit. Ce terme est issu de l'informatique et de la programmation – les programmeurs passent des heures à réécrire un programme qui, si tout va bien, fait exactement la même chose au final. Alors pourquoi se donner ce mal ?

L'avantage majeur de la Refactorisation n'est pas d'améliorer le résultat final, mais de rendre le Système lui-même plus rapide ou plus efficace. En réorganisant les processus que le système utilise pour produire un résultat, il est possible d'obtenir un programme qui fonctionne plus vite ou réclame moins de ressources pour fonctionner.

La Refactorisation commence par la Déconstruction d'un processus ou d'un Système, puis se poursuit par la Reconnaissance de modèle. Quels sont les processus déterminants, à savoir ceux qui doivent absolument être effectués correctement pour atteindre l'objectif souhaité ? Ces processus doivent-ils être réalisés dans un certain ordre ? Quelles sont les Contraintes ? Qu'est-ce qui semble particulièrement important ? Collectez un maximum d'informations sur le fonctionnement du système, puis observez-le fonctionner.

Vous n'allez pas tarder à remarquer certaines choses qui n'ont pas lieu d'être ou vous paraissent absurdes – des choses qui étaient valables en leur temps mais ne le sont plus aujourd'hui. En effet, votre approche d'une tâche peut avoir été une bonne idée à un moment donné, mais ne représente plus la meilleure approche possible à l'heure actuelle.

Une fois que des schémas commencent à émerger, vous pouvez réorganiser le système en regroupant certains processus ou entrées similaires. Pensez à la reconfiguration d'une chaîne de montage : si vous devez constamment vous arrêter dans votre travail pour aller chercher un composant indispensable à l'autre bout de l'usine, il serait préférable de vous réorganiser et de faire en sorte que ce composant soit toujours à portée de main. Le système continuera de produire la même chose, mais vous l'aurez rendu un peu plus efficace et aurez contribué à réduire les pertes de productivité.

Si votre Objectif est de rendre votre système plus rapide ou plus efficace, pensez à la Refactorisation.

RETROUVEZ CE CONCEPT À L'ADRESSE : **http://book.personalmba.com/refactoring/**

La minorité décisive

> « En général, les causes, les données entrantes ou les efforts peuvent être divisés en deux catégories : (1) la majorité, qui a un impact mineur, et (2) une petite minorité qui a un impact majeur. »
>
> RICHARD KOCH, AUTEUR DU LIVRE *LE PRINCIPE 80/20*

Vilfredo Pareto, économiste et sociologue du XIXe siècle, s'intéressait beaucoup à l'immobilité et à la répartition des richesses. Après avoir recueilli et analysé un grand nombre de données, il a découvert un étrange schéma : en Italie, plus de 80 % des terres étaient la propriété de moins de 20 % de la population. L'économie italienne ne faisait pas l'objet d'une distribution égale ou, du moins, n'était pas distribuée selon la courbe de Gauss (ou courbe en cloche), comme le pensaient la plupart des gens : la richesse était fortement concentrée au sein d'un petit groupe d'individus.

En étudiant d'autres domaines, Pareto tombait toujours sur le même schéma : dans son jardin, par exemple, 20 % des gousses de pois renfermaient 80 % des pois. Pourquoi ?

Dans tout Système complexe, une minorité d'entrées produit la majorité des sorties. Ce schéma de non-linéarité persistante est aujourd'hui appelé la loi de Pareto ou la loi des 80/20. Personnellement, je préfère parler de la ***Minorité décisive***.

Une fois que vous comprenez cette loi très répandue, vous constatez sa présence dans de nombreux aspects de l'existence :

- Dans de nombreuses entreprises, moins de 20 % des clients représentent plus de 80 % du chiffre d'affaires annuel.
- Moins de 20 % des salariés d'une entreprise accomplissent au moins 80 % des tâches les plus importantes.
- Vous portez moins de 20 % des vêtements qui sont dans votre placard plus de 80 % du temps.
- Vous passez plus de 80 % de votre temps à communiquer avec moins de 20 % de vos contacts personnels.

La non-linéarité de la Minorité décisive peut être extrême. Par exemple, moins de 3 % de la population mondiale possède plus de 97 % de l'ensemble des richesses de la planète. Avec le temps, le pouvoir politique (dans les pays comme dans les entreprises) tend également à se concentrer entre les mains de quelques individus, d'où des décisions prises par une minorité mais influençant directement la vie de centaines de millions de personnes. Moins de 1 % des films produits deviennent des blockbusters et moins de 0,1 % des livres écrits deviennent des best-sellers.

Par conséquent, vous avez tout intérêt à vous focaliser sur les quelques facteurs qui produisent l'essentiel des résultats que vous souhaitez obtenir. Dans *La semaine de quatre heures*, Timothy Ferriss a utilisé la Minorité décisive pour identifier ses meilleurs clients. Sur les 120 clients qu'il servait, 5 représentaient 95 % de son chiffre d'affaires. En portant toute son Attention sur cette Minorité décisive et en mettant les autres en « pilotage automatique », Ferriss a doublé son chiffre d'affaires mensuel et réduit son temps de travail, passant de 80 heures à 15 heures par semaine.

Cette approche peut être utile pour faire le tri et éliminer les résultats dont vous ne voulez pas. Au cours de ses investigations, Ferriss s'est rendu compte que deux clients en particulier lui prenaient l'essentiel de son temps et de son énergie. Même si ces clients étaient loin d'être négligeables dans le volume d'affaires qu'ils représentaient, il n'a pas hésité à les « congédier », se donnant ainsi les moyens de se constituer un réseau de distribution avec trois autres clients importants qui ont boosté ses profits tout en lui épargnant un stress continuel.

Les entrées non critiques sont des Coûts d'opportunité importants. Si vous passez l'essentiel de votre temps dans des réunions improductives, par exemple, vous perdez du temps que vous pourriez consacrer à des activités plus fructueuses. Si vous dépensez l'essentiel de votre argent dans des choses superflues, vous le gaspillez et pourriez l'investir dans des choses plus productives.

Trouvez les entrées qui aboutissent aux sorties que vous souhaitez, puis consacrez-y l'essentiel de votre temps et de votre énergie. Et laissez le reste de côté.

RETROUVEZ CE CONCEPT À L'ADRESSE : **http://book.personalmba.com/critical-few/**

La loi des rendements décroissants

« Les derniers 10 % de performance génèrent un tiers des coûts et deux tiers des problèmes. »

NORMAN R. AUGUSTINE, RESPONSABLE DANS L'AÉROSPATIALE
ET ANCIEN SOUS-SECRÉTAIRE D'ÉTAT AMÉRICAIN AUX ARMÉES

Si vous avez 10 € sur votre compte bancaire, trouver 5 € dans la poche du pantalon que vous venez de laver vous fait sauter de joie. Si vous avez 10 millions d'euros en banque, la même situation vous fait à peine sourire.

Manger un cookie, c'est bien. En manger deux, c'est encore mieux. Mais en manger une centaine, c'est beaucoup moins bien. Plus n'est pas toujours mieux. (On peut raisonner à l'identique lorsqu'il s'agit de boire de la bière ou de prendre des vitamines.)

Toutes les bonnes choses sont soumises à la ***Loi des rendements décroissants*** – passé un certain seuil, avoir plus de quelque chose peut même être préjudiciable. Lorsque je travaillais dans le marketing chez P&G, nous consacrions beaucoup de temps et d'énergie à analyser les résultats de notre publicité. Les premières semaines de diffusion d'une pub télévisée suffisaient à voir si elle avait l'impact escompté. Si nous jugions son accueil réussi, nous y investissions un budget plus conséquent, mais les bonnes surprises n'avaient qu'un temps.

Aussi favorable qu'ait été l'accueil de notre publicité, il arrivait un moment où il « s'usait » et où notre entreprise ne dégageait plus 1 € de chiffre d'affaires pour 1 € investi dans sa diffusion télévisée. Nous avions atteint le seuil où les rendements devenaient décroissants – si nous investissions des euros supplémentaires dans sa diffusion, notre groupe commençait à perdre de l'argent. Nous avions donc intérêt à consacrer cet argent à une autre forme de promotion.

Il est toujours préférable de dépenser un peu de temps et d'énergie à obtenir de belles victoires que de rester les bras croisés. Dans *Devenez riche !*, Ramit Sethi recommande d'appliquer ce qu'il appelle la « solution des 85 % ». Tant de gens sont si attachés à prendre la décision parfaite qu'ils finissent par ne rien faire. Alors concentrez-vous sur quelques actions simples qui produiront l'essentiel des résultats que vous souhaitez et arrêtez-vous là pour aujourd'hui.

Ne vous dites pas que vous devez Optimiser absolument tout pour atteindre la perfection. L'Optimisation et la Refactorisation sont également concernées par la Minorité décisive – quelques petits changements peuvent produire d'énormes résultats. Après n'avoir eu qu'à tendre la main pour cueillir le fruit sur la branche juste devant vous, ne cherchez pas forcément à vouloir atteindre les fruits des branches supérieures – chercher l'Optimisation à tout prix peut ne pas en valoir la peine. Le perfectionnisme est un piège dans lequel il est facile de tomber.

Optimisez et Refactorisez, mais sans dépasser le seuil au-delà duquel les rendements deviennent décroissants. Dès que vous atteignez ce point limite, concentrez-vous sur autre chose.

RETROUVEZ CE CONCEPT À L'ADRESSE : **http://book.personalmba.com/diminishing-returns/**

Le frottement

« Le monde est vaste et je ne vais pas gaspiller ma vie en friction alors qu'elle pourrait être transformée en élan. »

FRANCES E. WILLARD, MILITANTE QUI A MENÉ LA CAMPAGNE EN FAVEUR DE L'ADOPTION DES AMENDEMENTS 18 ET 19 DE LA CONSTITUTION AMÉRICAINE

Imaginez que vous jouiez au hockey et qu'un palet arrive juste devant vous. Vous tenez votre crosse et votre objectif est d'envoyer le palet jusqu'au but adverse à un kilomètre.

D'abord, supposez que le palet se trouve au milieu d'un champ de hautes herbes qui ondulent au vent. Chaque coup de crosse ne déplace le palet que d'un mètre environ puisque les hautes herbes le freinent. À ce rythme, vous allez devoir frapper le palet un millier de fois avant de le conduire jusqu'au but et épuiser rapidement votre énergie. Il va vous falloir plusieurs heures pour atteindre le fameux but.

À présent, supposez que vous tondiez l'herbe très courte. À chaque fois que vous frappez le palet, il parcourt plusieurs mètres, ce qui est déjà beaucoup mieux. Le palet entre en contact avec moins d'herbe, ce qui lui permet de parcourir une distance plus longue à chaque frappe. Certes, vous avez encore du pain sur la planche, mais vous atteindrez le but plus vite et plus facilement que dans l'exemple précédent.

Enfin, supposez que vous inondiez le champ d'eau et transformiez cette eau en glace jusqu'à obtenir une couche de glace bien lisse. Cela va permettre au palet de parcourir des dizaines de mètres à chaque frappe puisque la glace ne freine pas son avancée. Vous allez le voir glisser sans entrave sur la surface. À ce rythme, il vous faudra beaucoup moins de frappes pour atteindre le but et vous serez considérablement moins fatigué à l'arrivée.

Le ***Frottement*** est une force ou un processus qui retire de l'énergie d'un Système avec le temps. En présence d'un Frottement, il est nécessaire de continuer à fournir de l'énergie à un système pour lui permettre de fonctionner au même rythme. Si de l'énergie supplémentaire n'est pas fournie, le système ralentit jusqu'à s'arrêter. Supprimez le Frottement et vous améliorerez l'efficacité de votre système.

Tout processus économique comporte une certaine dose de Frottement. Le tout est d'identifier les domaines où il existe un Frottement, puis d'apporter de petites améliorations visant à réduire la quantité de Frottement présente dans le système. Éliminer régulièrement des zones de Frottement au cours du temps, même à petites doses, finit par produire de grandes améliorations, à la fois en qualité et en efficacité.

Supprimer un peu de Frottement de vos processus de Marketing, de Vente et de Distribution de la valeur peut augmenter considérablement votre Profit. Par exemple, des commerçants comme Amazon.com se donnent beaucoup de mal pour que le client ait le moins d'efforts possibles à faire pour passer sa commande. En lui permettant d'acheter des articles d'un seul clic (qui débite sa carte de crédit et lui expédie sa commande à l'adresse indiquée) et en lui recommandant automatiquement d'autres articles à acheter, Amazon essaie de faciliter au maximum les achats en ligne.

Amazon Prime, un service qui permet au client d'être livré en 48 heures maximum, est un exemple typique des avantages liés à la réduction du Frottement. En échange d'une cotisation annuelle minime, les clients qui souscrivent à ce service reçoivent leurs achats par courrier postal en deux jours, voire moins, sans perdre de temps dans les librairies ou les magasins.

Lorsqu'un client adhère à Amazon Prime, son volume de commande annuel s'accroît de 150 % en moyenne, et 82 % des clients Prime choisissent d'acheter des articles sur Amazon même s'ils sont moins chers ailleurs. Résultat : les commandes de clients abonnés à Amazon Prime représentent 20 % de l'ensemble des ventes de la société aux États-Unis… Tout cela grâce au développement de nouvelles stratégies qui permettent de réduire le Frottement lors du processus d'achat.*

Introduire délibérément du Frottement peut parfois encourager les gens à adopter un comportement donné ou à prendre une décision particulière. Par exemple, ajouter un peu de Frottement à la procédure de retours de vos produits, comme exiger du client qu'il fournisse un reçu ou explique la raison de son retour, peut contribuer à diminuer le nombre des retours. Certes, n'en ajoutez pas trop, car votre Réputation pourrait en souffrir (les clients sont facilement mécontents lorsqu'ils ont trop d'efforts à faire pour être remboursés), mais un peu de Frottement au bon endroit peut empêcher des retours irréfléchis ou injustifiés.

Travaillez à supprimer le Frottement dans votre système au bon endroit et vous obtiendrez de meilleurs résultats en fournissant moins d'efforts.

RETROUVEZ CE CONCEPT À L'ADRESSE : **http://book.personalmba.com/friction/**

L'automatisation

> « La première règle qui vaut pour toute technologie utilisée dans une entreprise, c'est que l'automatisation appliquée à une opération efficace va amplifier son efficacité. La seconde règle, c'est que l'automatisation appliquée à une opération inefficace va amplifier son inefficacité. »
>
> BILL GATES, FONDATEUR DE MICROSOFT

Supprimez suffisamment de Frottement et les individus ne seront même plus obligés d'être engagés dans un processus.

L'***Automatisation*** fait référence à un Système ou à un processus capable de fonctionner sans intervention humaine. Les chaînes de fabrication industrielle,

* http://www.businessweek.com/magazine/content/10_49/b4206039292096.htm

les réseaux de services publics et les programmes informatiques utilisent l'Automatisation pour minimaliser l'intervention humaine nécessaire à la réalisation d'une tâche. Moins l'individu a besoin d'intervenir pour faire fonctionner le système, plus l'Automatisation est efficace.

L'Automatisation fonctionne à merveille pour les tâches répétitives et bien définies. Par exemple, si je devais répondre manuellement à une lettre ou à un e-mail à chaque fois que quelqu'un souhaite consulter la liste des livres que je recommande, je deviendrais vite complètement fou. Heureusement, je peux me contenter d'afficher cette liste sur mon site Web et, à chaque fois que quelqu'un la réclame, il la reçoit automatiquement, sans aucun effort de ma part. Ma liste de lecture a été consultée par des centaines de milliers de lecteurs à travers le monde, et ce grâce à l'Automatisation.

Trouvez un moyen d'Automatiser votre système et vous ouvrez la porte à la Scalabilité via la Duplication et la Multiplication, ce qui améliore votre capacité à créer et à distribuer de la valeur à un nombre accru de clients.

RETROUVEZ CE CONCEPT À L'ADRESSE : **http://book.personalmba.com/automation/**

Le paradoxe de l'automatisation

« Une seule machine peut faire le travail de cinquante hommes ordinaires. Aucune machine ne peut faire le travail d'un seul homme extraordinaire. »

ELBERT HUBBARD, AUTEUR DE *A MESSAGE TO GARCIA*

L'Automatisation peut être une excellente chose, mais il faut également comprendre ses inconvénients majeurs.

Imaginez une chaîne de production entièrement Automatisée qui fabrique des microprocesseurs vendus 200 € l'unité. Les opérateurs humains se contentent d'appuyer sur un bouton et le système de production se met à produire 2 400 produits finis par minute. La vie est belle, non ?

Oui, mais j'ajouterais une précision très importante. Imaginez qu'une perceuse utilisée pour faire des trous dans la plaquette de silicium sorte de son alignement et se mette à percer des trous microscopiques au cœur même du circuit intégré. À chaque seconde qui passe, ce sont quarante puces qui sont bonnes à jeter à la poubelle.

Supposez que chaque processeur coûte 20 € de matières premières, ce qui signifie que l'usine se met à perdre 800 € à chaque seconde qui passe sans que l'erreur soit détectée. À chaque minute, l'entreprise perd 48 000 €. Et c'est juste le coût direct, car si vous savez que chaque microprocesseur se vend 200 €, ce sont 528 000 € que l'entreprise perd à chaque minute : 48 000 € en coûts directs et 480 000 € en Coûts d'opportunité.

Cela vous semble tiré par les cheveux ? Considérez le fait suivant : fin 2009, Toyota a identifié un problème majeur sur la pédale d'accélérateur de plusieurs modèles de voitures qui rencontraient un vif succès depuis des années. L'erreur était Multipliée par le nombre de véhicules fabriqués, et le rappel des modèles défectueux a coûté plus de 5 milliards d'euros au constructeur.

Avant le rappel, Toyota était considéré comme le meilleur constructeur automobile du monde. Il le reste à bien des égards, mais sa Réputation et sa situation financière en ont été sérieusement ébranlées. Même le meilleur dans sa catégorie peut tomber de son piédestal s'il laisse des erreurs coûteuses se Multiplier.

Voici donc le ***Paradoxe de l'automatisation*** : plus le Système Automatisé est efficace, plus la contribution des opérateurs humains est déterminante. Lorsqu'une erreur survient, les opérateurs doivent identifier et résoudre le problème rapidement ou stopper la production – sinon, le système continue de Multiplier l'erreur.

La psychologue Lisanne Bainbridge de l'University College de Londres, a été l'une des premières à étudier sérieusement les implications des systèmes efficaces et fiables.* Elle a été la première à identifier et formuler le « paradoxe » des systèmes Automatisés : les systèmes Automatisés efficaces limitent le besoin d'une intervention humaine, mais le rendent d'autant plus déterminant.

L'Automatisation efficace rend les êtres humains, non pas moins, mais plus importants.

RETROUVEZ CE CONCEPT À L'ADRESSE : **http://book.personalmba.com/paradox-of-automation/**

* http://www.bainbrdg.demon.co.uk/Papers/Ironies.html

L'ironie de l'automatisation

« Il y aura toujours des situations inattendues pour lesquelles l'automatisation n'a pas été conçue ou des événements qu'il est impossible de prévoir, tout simplement. Lorsque la fiabilité d'un système augmente, il est d'autant plus difficile de détecter l'erreur et de la corriger. »

DR RAJA PARASURAMAN, PROFESSEUR DE PSYCHOLOGIE
À LA GEORGE MASON UNIVERSITY

Avec des Systèmes Automatisés efficaces, l'intervention humaine est d'une importance capitale pour empêcher l'Amplification des erreurs. Il est donc préférable d'avoir des opérateurs compétents disponibles 24 heures sur 24, n'est-ce pas ?

Plus facile à dire qu'à faire : en général, les entreprises ne paient pas des employés hautement qualifiés à rester toute la journée dans une salle à ne rien faire – puisqu'ils n'ont rien à faire tant que le système semble fiable. Et même si elles les payaient à ne rien faire, ces opérateurs passeraient l'essentiel de leur temps à s'ennuyer fermement.

C'est là qu'apparaît l'***Ironie de l'automatisation*** : plus le système est fiable, moins les opérateurs humains ont de travail à faire et donc moins ils prêtent Attention au système en cours de fonctionnement. Rappelez-vous l'horloge de Mackworth et les études de vigilance réalisées sur des opérateurs radar britanniques durant la Seconde Guerre mondiale lors de notre discussion sur la Nouveauté. Les êtres humains s'ennuient très vite lorsqu'il ne se passe rien, et plus le système est fiable, moins il se passe de choses.

Comble d'ironie, les systèmes fiables ont tendance à endormir les sens des opérateurs, d'où la difficulté de ces derniers à se rendre compte que quelque chose ne tourne pas rond. Par conséquent, plus le système est fiable, plus les opérateurs risquent de laisser passer une erreur, surtout si cette erreur est difficile à détecter.

Si l'erreur minime se Multiplie suffisamment longtemps, elle peut devenir presque « normale », et c'est ce qui explique qu'un constructeur comme Toyota se retrouve à perdre 5 milliards d'euros pour rappeler ses véhicules défectueux. (Soit dit en passant, ne commettez pas l'Erreur d'attribution en pensant que les ingénieurs de Toyota étaient stupides ou négligents – si vous utilisez vous-même des systèmes Automatisés, cela pourrait facilement vous arriver.)

La meilleure approche pour éviter des erreurs graves est de recourir à un Échantillonnage et à une Expérimentation aussi systématiques que rigoureux.

N'oubliez pas que des Accidents normaux peuvent se produire et se produisent. Si vous partez du principe que les erreurs sont inévitables et organisez une batterie de tests pour identifier les plus graves, vos opérateurs resteront investis dans leur travail et vous augmenterez vos chances de détecter rapidement des erreurs importantes.

Faites le maximum pour maintenir l'attention et la motivation des opérateurs de votre système Automatisé, car des individus qui restent mentalement en éveil sont beaucoup plus à même d'identifier des erreurs.

RETROUVEZ CE CONCEPT À L'ADRESSE : **http://book.personalmba.com/irony-of-automation/**

La procédure standard

« Le critère de la réussite n'est pas de savoir si vous avez un problème difficile à gérer, mais si c'est le même problème que celui de l'année dernière. »

JOHN FOSTER DULLES, ANCIEN SECRÉTAIRE D'ÉTAT AMÉRICAIN

Que faites-vous quand un client fait une réclamation ou demande à être remboursé ? Que se passe-t-il quand vous vous retrouvez à court d'encre sur votre imprimante laser ? Qui prend les commandes quand le chef est sorti faire une course en ville et qu'il y a une urgence ?

Une ***Procédure standard*** est un processus prédéfini utilisé pour effectuer une tâche ou résoudre un problème courant. Les Systèmes incluent souvent des tâches répétitives et avoir un processus normalisé en place peut vous aider à passer moins de temps à refaire ce qui a déjà été fait et plus de temps à fournir un travail productif.

Les Procédures standards bien définies sont utiles parce qu'elles réduisent le Frottement et minimalisent l'Épuisement de la volonté. Au lieu de perdre du temps et de l'énergie à résoudre un problème qui a déjà été résolu de nombreuses fois auparavant, une Procédure standard prédéfinie vous évite de cogiter trop longtemps, et le temps gagné vous permet de créer davantage de valeur ajoutée.

Les Procédures standards sont également très efficaces pour permettre aux nouveaux employés ou aux nouveaux partenaires de devenir rapidement opérationnels. L'existence d'une source centralisée de Procédures standards peut aider ces nouvelles recrues à intégrer beaucoup plus efficacement votre manière de travailler que les séances de formation informelles. Vous pouvez stocker vos

Procédures standards dans une base de données électronique centralisée qui permet à l'ensemble des salariés et des partenaires de l'entreprise d'accéder instantanément aux procédures disponibles les plus récentes.

Ne laissez pas vos Procédures standards se transformer en lenteurs administratives. Rappelez-vous que le but d'une Procédure standard est de minimaliser le temps et les efforts nécessaires pour réaliser une action ou résoudre un problème efficacement. Si vos Procédures standards exigent des efforts importants sans fournir de valeur, c'est du Frottement.

Des résultats optimaux passent par une révision périodique de vos Procédures standards – tous les deux à trois mois, dans l'idéal. Si vous jugez que vos Procédures standards sont encombrées d'éléments obsolètes, inefficaces ou superflus, changez-les. Qui voudrait se compliquer inutilement la vie ? Ni vous ni vos clients.

Créez des Procédures standards pour des tâches récurrentes importantes et vous allez voir votre productivité grimper en flèche.

RETROUVEZ CE CONCEPT À L'ADRESSE : **http://book.personalmba.com/standard-operating-procedures/**

La liste de vérification

« Aussi compétent que vous soyez, des listes de vérification bien conçues peuvent améliorer vos résultats. »

STEVEN LEVITT, COAUTEUR DE *FREAKONOMICS*

Vous voulez avoir la certitude qu'une action importante est correctement effectuée dans 100 % des cas ? Créez une ***Liste de vérification***.

Une Liste de vérification, souvent appelée check-list, est une Procédure standard prédéfinie qui s'applique à la réalisation d'une action spécifique. Elle est précieuse pour deux raisons. D'abord, elle vous aide à définir un Système pour un processus qui n'a pas encore été formalisé – avec une Liste de vérification, il est plus facile de voir comment améliorer ou Automatiser le système. Ensuite, elle vous évite au quotidien d'oublier de traiter des étapes importantes et facilement négligées quand les actions se bousculent et que le rythme de travail s'accélère.

Les pilotes ont des check-lists extrêmement détaillées concernant le décollage et l'atterrissage. Pour une bonne raison : il est facile de sauter une étape, mais les conséquences d'un oubli peuvent être particulièrement graves. Même les pilotes très expérimentés utilisent systématiquement des Listes de vérification pour être certains qu'ils effectuent les actions correctement et dans le bon ordre. Résultat : les crashs sont extrêmement rares et, statistiquement, il est plus sûr de prendre l'avion que la voiture.

Même des processus simples peuvent être améliorés par la Systématisation et l'usage de Listes de vérification. En 2001 une étude sur les effets des check-lists a été menée par le docteur Peter Pronovost, puis décrite en détail dans *The Checklist Manifesto* d'Atul Gawande et dans un article publié dans le *New Yorker*.* L'étude a été réalisée dans un hôpital de Détroit qui affichait le taux d'infections à dix jours liées à la pose de cathéters intraveineux le plus élevé du pays. L'objectif de Pronovost était de déterminer si l'utilisation de Listes de vérification pouvait réduire le risque infectieux.

Ainsi, à chaque fois qu'un médecin insérait un cathéter par voie intraveineuse, il devait suivre la Liste de vérification suivante :
Étape 1 : se laver les mains avec du savon.
Étape 2 : nettoyer la peau du patient avec un antiseptique à la chlorhexidine.
Étape 3 : recouvrir l'ensemble du corps du patient de champs stériles.
Étape 4 : porter une charlotte, un masque, des gants et une blouse stériles.
Étape 5 : poser un pansement stérile sur le cathéter une fois ce dernier posé.

Aucune de ces étapes n'est particulièrement compliquée. D'ailleurs, de nombreux médecins ont refusé de se plier à cette étude, jugeant qu'être obligés d'utiliser une Liste de vérification pour une procédure aussi simple était une insulte à leur statut de spécialiste hautement qualifié. Et, encore plus humiliant, l'infirmière en chef était habilitée à les stopper dans l'exécution de leurs actions s'ils ne suivaient pas scrupuleusement la Liste de vérification – un renversement des rôles inhabituel qui en rendait furieux plus d'un !

Néanmoins, les résultats de l'étude sur deux ans ont été stupéfiants : le risque infectieux lié au cathétérisme intraveineux a chuté, passant de 11 % à 0 %, et permis à l'hôpital d'économiser plus de 2 millions d'euros. Cette étude montre bien à quel point il est facile d'oublier des procédures de bon sens, même les plus basiques, dans un environnement stressant.

La création de Listes de vérification peut vous aider à fournir un travail de meilleure qualité et à déléguer efficacement certaines tâches. En prenant le temps de décrire et de suivre en détail la progression de votre travail, vous avez moins de risque de commettre des erreurs graves ou d'oublier des choses importantes, et vous évitez l'Épuisement de la volonté, si fréquent quand vous vous demandez

* http://www.newyorker.com/reporting/2007/12/10/071210fa_fact_gawande

comment vous pouvez répéter indéfiniment la même tâche. De plus, vous pouvez utiliser votre Liste de vérification pour procéder à l'Automatisation partielle ou totale de votre Système, ce qui vous permettra de consacrer du temps à des tâches plus importantes.

Si vous voulez obtenir des résultats optimaux, créez des Listes de vérification explicites pour les Cinq éléments de votre entreprise, puis veillez à ce qu'elles soient suivies de manière systématique.

RETROUVEZ CE CONCEPT À L'ADRESSE : **http://book.personalmba.com/checklisting/**

Arrêter

« Il n'y a rien de plus inutile que de faire efficacement ce qui ne devrait pas être fait du tout. »

PETER DRUCKER, PÈRE DU MANAGEMENT MODERNE

Parfois, le meilleur moyen d'améliorer un Système est de le stopper. ***Arrêter*** est un choix intentionnel pour interrompre, cesser de faire quelque chose de contre-productif. En raison de notre Ignorance de l'absence, nous sommes prédisposés à vouloir améliorer un système en faisant quelque chose – nous jugeons que « ce n'est pas bien » de ne rien faire. Ce n'est pas pour autant que nous abstenir d'agir soit une mauvaise stratégie – au contraire, ce choix se révèle souvent plus efficace.

Dans *La révolution d'un seul brin de paille – une introduction à l'agriculture sauvage*, Masanobu Fukuoka relate ses expériences avec l'agriculture naturelle qui consistaient essentiellement à laisser la nature suivre son cours et à intervenir le moins possible. Tandis que la plupart des agriculteurs utilisaient des produits chimiques et des machines, Fukuoka choisissait de ne rien faire et se voyait récompensé par des rendements élevés et un accroissement continu de la richesse du sol. Il prônait les vertus d'arrêter de nombreuses actions en ces termes :

> *Avec leur manie de toucher à tout, les êtres humains font des erreurs, ne réparent pas les dommages et, quand les résultats défavorables s'accumulent, travaillent de toutes leurs forces à les corriger. Lorsque leurs actions rectificatives leur paraissent réussies, ils considèrent les mesures qu'ils ont prises comme de splendides réalisations. Les gens répètent ce schéma indéfiniment. C'est comme si un fou allait casser les tuiles de son*

toit en y marchant lourdement. Puis quand il se met à pleuvoir et que le plafond commence à pourrir, il se dépêche de monter pour réparer les dégâts et se réjouit à la fin d'avoir trouvé la solution miracle.

Au lieu de risquer d'en faire trop, Fukuoka ne faisait que ce qui était absolument nécessaire. Résultat : ses champs étaient systématiquement parmi les plus productifs de la région.

Arrêter réclame du courage. Il est souvent impopulaire ou dérangeant de ne rien faire, même si c'est la bonne solution. D'ailleurs, les « bulles spéculatives » sont souvent causées par l'intervention de l'État sur certains marchés, ce qui a pour Effet secondaire de diminuer artificiellement les coûts de certaines actions et d'entraîner une spéculation rampante. Lorsque la bulle éclate, comme ce fut le cas avec les entreprises de la nouvelle économie en 2000 et le marché de l'immobilier en 2008, il est politiquement impopulaire pour le gouvernement de ne rien faire, même si c'est justement d'avoir fait quelque chose qui a déclenché le problème. Alors l'État agit et une nouvelle bulle, encore plus grosse que la première, se forme quelques années plus tard.

Vous débarrasser de certains clients, quitter votre emploi, arrêter la fabrication d'un produit ou vous retirer d'un marché sur lequel vous ne pouvez pas réussir sont des décisions difficiles, mais susceptibles d'améliorer votre situation à long terme.

Faire quelque chose n'est pas toujours la meilleure chose à faire. Il est souvent préférable de choisir délibérément de ne rien faire. Pensez-y.

RETROUVEZ CE CONCEPT À L'ADRESSE : **http://book.personalmba.com/cessation/**

La résilience

« Placer un système dans un carcan d'invariabilité peut fragiliser son évolution. »

C. S. HOLLING, ÉCOLOGISTE CANADIEN

Les tortues ne sont pas les créatures les plus glamours du règne animal. Elles sont incapables de courir vite ou de voler. Elles n'ont pas de grosses dents ni de grosses griffes pointues. Elles ne peuvent pas se gonfler pour impressionner leurs ennemis ni les empoisonner avec un venin mortel. Comparées à un tigre ou à un faucon, dont la puissance est manifeste, les tortues semblent assez démunies face à la vie.

Or, ces créatures possèdent toute une gamme de stratégies de protection – elles savent nager vite, se camoufler, mordre avec leur bec corné et, en dernier recours, rentrer dans leur coquille et attendre que la menace passe.

Les autres créatures du monde animal n'en mènent pas large lorsqu'elles se retrouvent acculées par un prédateur. Les tortues, elles, ont de bonnes chances de s'en sortir parce qu'elles sont des véhicules blindés de la nature. Elles peuvent aussi absorber les nourritures les plus diverses et entrer en hibernation quand les temps deviennent durs. C'est pourquoi elles vivent si longtemps.

Les tigres, eux, comptent sur leur force, leur puissance et leur rapidité pour chasser leurs proies. En période faste, ils sont les rois de la jungle. Mais si leurs proies se raréfient ou s'ils perdent leurs qualités de chasseurs parce qu'ils sont vieux ou blessés, la mort les emporte rapidement, sans pitié. Ils n'ont pas de seconde chance.

Le monde de l'économie et des entreprises a besoin d'avoir davantage de tortues et moins de tigres.

Le monde est un endroit fondamentalement Incertain. Il s'y passe des événements inattendus, tantôt bons, tantôt mauvais. Vous ne savez jamais quand la nature, la chance ou un prédateur affamé va décider qu'aujourd'hui ce n'est pas votre jour.

La ***Résilience*** est une qualité massivement sous-estimée dans l'univers des entreprises. Posséder la résistance et la flexibilité nécessaires pour faire face aux vicissitudes de l'existence est un atout majeur qui peut sauver votre peau, au sens propre comme au sens figuré. Votre capacité à adapter votre stratégie et vos tactiques à l'évolution de la situation et aux Changements qui surviennent peut vous permettre de survivre au lieu de disparaître.

La Résilience n'est jamais « optimale » si vous évaluez un Système uniquement sur la base du Flux sortant. La flexibilité a toujours un prix. La carapace d'une tortue est lourde, et notre créature pourrait certainement courir plus vite sans ce poids. Mais l'abandonner la rendrait vulnérable dans les moments où courir un peu plus vite n'est pas courir assez vite. Dans un effort pour grappiller quelques euros supplémentaires ici et maintenant, de nombreuses entreprises troquent la Résilience contre des résultats à court terme et le paient très cher.

Les grandes banques d'investissement en sont un bon exemple. Conserver une trésorerie suffisante pour gérer les imprévus est devenu une attitude « ultra-conservatrice » et « inefficace », et la « bonne pratique » consiste à augmenter le ratio d'endettement à des niveaux très élevés pour retirer chaque trimestre quelques centimes supplémentaires en bénéfices par action, ce qui laisse l'entreprise terriblement vulnérable à la moindre baisse de son chiffre d'affaires.

Exploiter une entreprise sans réserves de liquidités, sans assurance et avec un endettement très élevé peut améliorer vos revenus pendant quelques mois ou quelques trimestres, mais dès que votre chiffre d'affaires baisse, même légèrement, ou que quelqu'un décide de poursuivre votre entreprise en justice, vous êtes fichu.

L'endettement utilisé comme effet de levier agit comme du carburant – selon la manière dont vous l'utilisez, il peut propulser votre entreprise vers des sommets extraordinaires ou la faire exploser. Malheureusement, beaucoup de tactiques financières sophistiquées enseignées dans les écoles de commerce troquent implicitement la Résilience contre des profits fictifs, et des entreprises jadis prospères se retrouvent à faire faillite dès que les temps deviennent difficiles.

Anticiper l'imprévu et l'inattendu vous rend plus Résilient. Sur le plan personnel, investir dans une trousse de premiers secours, des outils pour votre voiture et des réserves d'eau et de nourriture n'est pas un comportement parano, mais une assurance bon marché pour les gens qui ont un tant soit peu de bons sens. Cela vaut aussi pour la souscription d'assurance. Vous pouvez ne jamais en avoir besoin, mais vous serez bien content d'y avoir pensé si un pépin vous arrive un jour.

Ce qui rend une entreprise résiliente :

- Peu (ou pas) de dettes
- Peu de frais généraux, de coûts fixes et de frais d'exploitation
- Des réserves de liquidités suffisantes pour parer à toute éventualité
- De multiples produits/domaines d'activité indépendants
- Des ouvriers/employés flexibles, capables de gérer de nombreuses actions différentes et de faire face à de nombreuses responsabilités
- Pas de point de défaillance évident
- Des dispositifs de sécurité intégrés, des systèmes de secours, de sauvegarde pour tous les processus fondamentaux

Penser à la Résilience et pas seulement à la performance est la marque de fabrique d'un management de qualité. La Résilience n'est pas très glamour, essentiellement parce que ses avantages pâtissent de l'Ignorance de l'absence. Pourtant, elle peut vous permettre de survivre en période de crise.

Raisonnez plus comme une tortue et non comme un tigre, et votre entreprise sera capable de résister à tout, ou presque.

RETROUVEZ CE CONCEPT À L'ADRESSE : **http://book.personalmba.com/resilience/**

Le dispositif de sécurité intégrée

« Rappelez-vous de ne jamais employer les mots "toujours" et "jamais" ».

WENDELL JOHNSON, PSYCHOLOGUE ET SPÉCIALISTE DES TROUBLES DU LANGAGE

Tous les mercredis à midi, un groupe électrogène se met en marche à l'extérieur de la maison dans laquelle j'ai grandi. Si tout se passe bien, il fonctionne pendant dix minutes, puis s'arrête automatiquement jusqu'au prochain cycle, attendant silencieusement de se remettre en route dès que le courant s'éteint.

Mon père a travaillé autrefois comme pompier et technicien biomédical des services d'urgence, et « être prêt » en cas d'urgence est devenu tout un art pour lui. Le groupe électrogène a été conçu pour se déclencher automatiquement en cas de panne de courant et prendre ainsi le relais du réseau public. Il est alimenté par un réservoir de gaz propane derrière le garage dont la capacité est suffisante pour le faire fonctionner pendant une semaine. Si un orage provoque une panne de secteur, mon père peut dormir sur ses deux oreilles car il a tout prévu.

Sa capacité à parer à toute éventualité a déteint sur moi. Maintenant que ma femme et moi vivons dans les montagnes du Colorado, nous devons envisager la possibilité que notre voiture tombe en panne dans un endroit froid ou reculé et que nous ne puissions pas compter sur notre téléphone portable pour demander de l'aide en raison d'une couverture réseau inexistante.

Mon épouse se moque souvent de moi lorsque je remplis systématiquement notre voiture de vêtements supplémentaires, de sacs de couchage, de raquettes et de dispositifs de localisation par satellite, mais je n'y prête pas attention. En cas d'urgence, nous serions bien contents d'avoir anticipé, et je considère cet investissement comme une police d'Assurance fiable et bon marché.

Un ***Dispositif de sécurité intégrée*** est un Système de secours conçu pour prévenir ou réparer une panne. Si le système principal rencontre un problème, des Dispositifs de sécurité bien conçus peuvent l'empêcher de lâcher sans prévenir. Vous trouvez des systèmes de secours partout où un fonctionnement continu est indispensable.

Les acteurs de Broadway ont toujours des doublures. Puisque le « show must go on », il est important de savoir que vous aurez un remplaçant si l'un des acteurs ne peut pas jouer. La plupart des spectacles ont même plusieurs acteurs « tournants », prêts à jouer n'importe quel rôle au pied levé.

Les disques durs externes sauvegardent vos données les plus importantes. Si le disque dur de votre ordinateur tombe en panne, vous pouvez quand même accéder à vos données via le disque dur externe et vous ne perdez pas tout. Certaines entreprises prennent même la précaution de stocker leurs dispositifs de sauvegarde sur un autre site en cas d'incendie ou de catastrophe naturelle.

Les avions sont dotés de dispositifs de détection des pannes de pressurisation de la cabine et déploient automatiquement des masques reliés à une réserve d'oxygène. Ainsi, si la cabine pressurisée de l'avion tombe en panne, l'équipage ne perdra pas connaissance.

Les Dispositifs de sécurité intégrée ne sont pas efficaces dans le sens où vous investissez du temps et des ressources dans un système que vous espérez n'avoir jamais à utiliser. Comme les Assurances, on peut considérer que c'est de l'argent jeté par les fenêtres. Pourquoi gaspiller tant d'argent ?

Parce qu'au moment où vous risquez d'avoir besoin de ce genre de dispositif, il est trop tard pour en développer un. Pour être efficaces, les Dispositifs de sécurité intégrée doivent être développés avant d'en avoir besoin. Si vous attendez d'en avoir besoin pour les mettre au point, ce n'est pas la peine. Consacrer de l'argent à une Assurance habitation peut vous paraître complètement inutile jusqu'au jour où votre maison est détruite par un incendie. C'est la même chose.

Essayez de séparer au maximum votre Dispositif de sécurité intégrée et votre système principal. Si les gens louent des coffres-forts en banque, c'est pour protéger certains de leurs objets de valeur d'une perte en cas d'incendie ou de vol à leur domicile. Et la pratique qui consiste à sauvegarder des fichiers informatiques en les transmettant à un serveur distant qui en assure le stockage, obéit au même objectif : s'il arrive malheur aux ordinateurs de l'entreprise, les données importantes se trouvent en sécurité ailleurs.

Si le Dispositif de sécurité intégrée et le système principal sont trop Interdépendants, ils représentent des risques supplémentaires. La pire chose à faire est d'intégrer votre système de secours au système que vous voulez protéger. Par exemple, mon père serait furieux si une panne du générateur se répercutait sur l'alimentation électrique de la maison et coupait le courant inopinément. De même, vous ne seriez pas ravi si un système de sauvegarde des données informatiques Automatisé supprimait tous vos fichiers d'origine.

Dans la mesure du possible, n'ayez jamais de point de défaillance unique. Si le fonctionnement de votre système est entièrement dépendant de certains facteurs ou processus, n'hésitez pas à prévoir le pire en imaginant des situations où ces facteurs ne sont pas disponibles ou ces processus sont interrompus. Que feriez-vous alors ?

Anticipez en mettant en place des Dispositifs de sécurité intégrée pour l'ensemble des systèmes dont vous avez absolument besoin et vous les rendrez aussi Résilients que possible.

RETROUVEZ CE CONCEPT À L'ADRESSE : **http://book.personalmba.com/fail-safe/**

Le test de résistance

« Ne pas faire d'erreur n'est pas à la portée de l'homme, mais de ses erreurs l'homme retire de la sagesse pour l'avenir. »

PLUTARQUE, HISTORIEN ET ESSAYISTE DE LA GRÈCE ANTIQUE

Supposons que vous avez développé ce que vous pensez être un Système Résilient, particulièrement robuste, mais que vous souhaitez vérifier qu'il fonctionne bel et bien. Comment allez-vous procéder pour le tester ?

Le ***Test de résistance*** consiste à identifier les limites d'un système en simulant des conditions Environnementales particulières. C'est un peu comme se faire l'avocat du diable. Que faudrait-il pour mettre à mal ce que vous avez construit ?

Au début de l'aventure du Personal MBA, à chaque fois que je lançais une nouvelle version de ma liste de lecture, mon serveur Internet se plantait en beauté – le système était tout simplement incapable de faire face au nombre impressionnant d'internautes qui voulaient visiter mon site. J'ai essayé d'autres systèmes plus performants, mais à chaque fois ils plantaient.

J'ai continué à rencontrer des problèmes jusqu'au jour où j'ai voulu procéder à un Test de résistance. Au lieu d'attendre qu'un afflux massif de visiteurs fasse planter mon site, j'ai entrepris de « démolir » mon système, puis de tester différentes approches pour le rendre plus Résilient face à des contraintes importantes.

À l'aide d'un outil Automatisé*, j'ai simulé l'arrivée simultanée d'un grand nombre de visiteurs sur mon site. L'outil augmentait sans cesse le nombre de

* LoadImpact.com.

visiteurs, puis analysait le temps de réponse de mon site. À mesure que les demandes s'accroissaient, la performance de mon site diminuait jusqu'à ce que le serveur plante.

J'ai exploité les données recueillies dans le cadre de ce Test de résistance pour apporter plusieurs améliorations déterminantes à l'infrastructure et aux systèmes de mon site Web. Aujourd'hui, des milliers de personnes peuvent visiter mon site exactement au même moment sans rencontrer le moindre problème.

Les Tests de résistance peuvent vous aider à en apprendre davantage sur le fonctionnement de votre système. Si vous travaillez dans la fabrication, vous pouvez simuler une commande imprévue de milliers d'unités pour savoir si vous êtes capable d'y répondre. Si vous êtes dans le service clients, vous pouvez simuler un afflux massif de questions ou de réclamations pour savoir si vous êtes capable de les gérer. Votre capacité à tester n'est limitée que par le temps dont vous disposez et votre imagination. Alors prenez les devants pour corriger d'éventuels problèmes avant qu'ils affectent réellement votre clientèle.

RETROUVEZ CE CONCEPT À L'ADRESSE : **http://book.personalmba.com/stress-testing/**

La planification par scénarios

« L'homme prudent voit le mal et se cache ; les simples avancent et sont punis. »

LE LIVRE DES PROVERBES 27:12

Comme nous l'avons évoqué à de multiples reprises dans ce livre, nul ne peut prédire ce qui va se passer demain, et encore moins dans dix ans. C'est problématique si vos projets et vos Objectifs dépendent de facteurs totalement extérieurs à votre Zone de contrôle. Que pouvez-vous faire pour vous préparer à un avenir Incertain ?

La ***Planification par scénarios*** est un processus qui consiste à élaborer systématiquement une série de situations hypothétiques, puis à Simuler mentalement ce que vous feriez si ces situations se produisaient réellement. Vous n'êtes pas devin, mais la Simulation prospective vous donne un pouvoir énorme : imaginer des choses qui pourraient se passer et vous demander ce que vous feriez si elles avaient lieu. La Planification par scénarios doit être aussi détaillée et approfondie que possible, et la Simulation prospective appliquée aux décisions majeures.

La Planification par scénarios commence toujours par une question simple : « Que ferais-je si… ? » La question « et si ? » met en marche votre cerveau et vous aide à imaginer des réponses possibles. En notant par écrit tout ce que vous pourriez faire dans cette situation, vous êtes capable de mettre au point plusieurs réponses à n'importe quelle situation.

La Planification par scénarios est la base d'une stratégie efficace. En effet, vous perdez votre temps à tenter de fonder vos actions sur des prévisions en matière de taux d'intérêt, de cours du baril de pétrole ou de valeurs boursières. Au lieu de vouloir prédire l'avenir avec 100 % de réussite, la Planification par scénarios vous permet de vous préparer à différents avenirs possibles. Au lieu de se focaliser sur une seule possibilité, votre entreprise va devenir plus flexible et plus Résiliente, et donc plus ouverte au Changement et capable de s'adapter à un monde en perpétuelle mutation.

La plupart des grandes entreprises utilisent la Planification par scénarios pour développer une pratique appelée « couverture de risques » : il s'agit d'acheter différentes formes d'Assurance pour réduire le Risque d'événements futurs défavorables. Par exemple, les industriels se préoccupent des cours du pétrole parce qu'une hausse du prix du baril augmente le coût d'importation des matières premières et d'expédition des produits finis aux clients, ce qui peut réduire soudainement et considérablement leurs Marges bénéficiaires. En achetant des instruments financiers appelés « contrats à terme », les entreprises peuvent gagner de l'argent en cas de remontée des cours du pétrole, ce qui les aide à compenser les pertes subies quand le prix du baril augmente.

Vous pouvez avoir tendance à négliger la Planification par scénarios si vous avez déjà beaucoup à faire. Or, vous n'imaginez pas à quel point le temps que vous consacrez à cette activité peut être utile au développement de votre entreprise.

Alors ne perdez pas votre temps à vouloir prédire l'avenir, par nature impossible à connaître, et attachez-vous plutôt à construire les scénarios les plus probables et à imaginer ce que vous feriez s'ils se réalisaient. C'est le meilleur moyen d'être prêt, quoi qu'il se passe.

RETROUVEZ CE CONCEPT À L'ADRESSE : **http://book.personalmba.com/scenario-planning/**

Le cycle de la croissance durable

« Après la victoire, resserre la sangle de ton casque. »

TOKUGAWA IEYASU, SHOGUN DU DÉBUT DU XVIIE SIÈCLE

C'est une erreur de croire que tout Système peut croître indéfiniment. Les systèmes ont tendance à avoir une taille naturelle et normale, et augmenter cette taille peut causer bien des problèmes. Les éléments d'un système qui deviennent incontrôlables doivent être éliminés.

Prenez la croissance des cellules. Les cellules de votre organisme ont tendance à se développer pour atteindre une taille définie et à se multiplier à un rythme assurant leur renouvellement. Lorsque ces deux paramètres sont équilibrés, votre organisme fonctionne bien. Mais lorsque les cellules se développent ou se multiplient de façon incontrôlée, cette situation peut menacer l'existence du système. Les cellules cancéreuses doivent être supprimées pour assurer la survie de l'organisme.

Les entreprises et les organismes biologiques ont de nombreux points communs : ils sont constitués de nombreux éléments et systèmes interconnectés qui évoluent et grandissent avec le temps. Si les Cinq éléments de toute entreprise prennent des proportions démesurées ou deviennent totalement disproportionnés les uns par rapport aux autres, cette situation peut compromettre la survie de l'organisation.

Le ***Cycle de la croissance durable*** est un schéma que j'ai observé dans des entreprises capables de se développer d'année en année sans difficultés majeures. Ce cycle comporte trois phases distinctes : l'expansion, la stabilisation et la consolidation.

Durant la phase *d'expansion*, l'entreprise privilégie sa croissance. Elle crée et teste de nouvelles offres. Elle explore de nouveaux marchés. Elle met en place et dote en personnel de nouvelles unités opérationnelles. Elle élabore de nouveaux projets d'avenir. Elle recueille les premières données sur ce qui fonctionne pour les exploiter ultérieurement.

Durant la phase de *stabilisation*, l'entreprise se concentre sur l'exécution des projets en cours. Le Marketing, la Vente et les processus pour Délivrer la valeur fonctionnent à plein régime et l'accent est mis sur l'exploration complète du potentiel de la structure actuelle. Des systèmes sont mis en œuvre pour assurer l'exécution des tâches.

Durant la phase de *consolidation*, l'entreprise se tourne vers l'analyse. Les données sur les résultats obtenus sont examinées en détail dans le but de comprendre ce qui marche et ce qui ne marche pas. Les choses qui ne fonctionnent pas sont réduites ou éliminées, et celles qui fonctionnent se voient attribuer davantage de moyens.

Pensez à la culture des plantes : les meilleurs jardiniers laissent les plantes pousser, veillent à ce qu'elles aient suffisamment de ressources pour s'épanouir, puis suppriment celles qui se portent mal. Ce cycle se répète, saison après saison. Chaque phase est essentielle.

De nombreux entrepreneurs éprouvent une insatisfaction quand leur entreprise semble atteindre un plateau et que sa croissance paraît s'arrêter. Consacrer du temps à la stabilisation et à la consolidation leur apparaît comme du temps perdu ou le signe que quelque chose ne tourne pas rond. Ce qui n'est absolument pas le cas : ces deux dernières phases sont indispensables à la réussite de toute entreprise et doivent être respectées.

Une entreprise qui ne pense qu'à son expansion et néglige sa stabilisation et sa consolidation va subir l'équivalent d'une prolifération de cellules cancéreuses. Certaines parties vont croître de façon incontrôlée et consommer trop de temps, d'énergie et de ressources par rapport aux avantages qu'elles apportent. De nouvelles opportunités vont être explorées alors que celles qui ont fait leurs preuves seront négligées ou carrément oubliées.

La stabilisation et la consolidation sont nécessaires pour assurer l'équilibre du système. Une fois que le système a atteint son rythme de croisière, un cycle de croissance débute automatiquement.

Une entreprise en bonne santé passe par des phases d'expansion, de stabilisation et de consolidation. Quelle que soit la phase dans laquelle vous êtes actuellement, il est important de reconnaître qu'elle est indispensable à la prospérité de votre entreprise. En donnant à chaque phase du cycle le temps et l'attention qu'elle mérite, vous assurerez la réussite à long terme de votre activité.

RETROUVEZ CE CONCEPT À L'ADRESSE : **http://book.personalmba.com/sustainable-growth-cycle/**

La voie du milieu

« Quel que soit l'art dans lequel il exerce, un maître évite ce qui est trop et ce qui est trop peu ; il recherche la voie du milieu et la prend. »

ARISTOTE, PHILOSOPHE GREC

Faire tourner une entreprise n'est jamais facile, et il s'agit autant d'un art que d'une science.

La ***Voie du milieu*** est le point d'équilibre instable entre le trop et le trop peu – le juste assez. Nul ne peut vous dire ce qu'est la Voie du milieu – vous devez la suivre pour le savoir et elle change constamment. Trouver l'équilibre dans un contexte d'Incertitude est ce qui fait la différence entre un entrepreneur compétent et un entrepreneur exceptionnel.

La meilleure approche des choses se situe presque toujours entre « trop » et « trop peu ». Comme en cuisine, vous connaissez les ingrédients, les techniques et les outils, mais réussir un plat réclame de l'attention, des efforts et un palais particulièrement développé.

Il est impossible de savoir calculer son coup dans toutes les situations. Nul ne peut être absolument certain que quelque chose va marcher, nul ne peut dire qu'il n'a absolument pas peur que les choses ne se déroulent pas comme prévu. Les individus qui s'en sortent le mieux dans ce monde sont ceux qui acceptent l'Incertitude et la peur, tirent les leçons de leurs expériences et testent sans cesse de nouvelles choses.

Essayez de trouver la Voie du milieu, puis de la suivre sans trop vous en écarter. Trouvez le juste équilibre et vous serez capable d'accomplir les plus grandes choses.

RETROUVEZ CE CONCEPT À L'ADRESSE : **http://book.personalmba.com/middle-path/**

La mentalité expérimentale

« Le seul moyen d'apprendre à faire sauter des galettes ou des crêpes est simplement de les faire sauter ! »

JULIA CHILD, GRANDE PRÊTRESSE DE LA GASTRONOMIE FRANÇAISE, APRÈS AVOIR FAIT TOMBER UNE GALETTE PAR TERRE DURANT UN SHOW TÉLÉVISÉ.

Lorsque vous voulez vous améliorer ou améliorer votre entreprise, vous ne savez pas très bien quelle approche adopter pour obtenir le résultat souhaité. C'est là que la ***Mentalité expérimentale*** trouve son intérêt.

L'Expérimentation continuelle est le seul moyen d'identifier ce qui produira réellement le résultat escompté. Souvent, le meilleur (ou le seul) moyen d'apprendre est de se jeter à l'eau. Au début, vous vous sentirez peut-être complètement dépassé, mais il n'y a pas plus rapide pour savoir ce qui fonctionne. Une fois que vous vous engagez à explorer un domaine particulier, vous allez apprendre beaucoup plus vite que si vous étiez resté dans les coulisses.

Vous tirez surtout des leçons de ce qui ne fonctionne pas bien. Tant que vos erreurs ne vous tuent pas, prêter Attention à ce qui ne marche pas vous donne des informations précieuses pour découvrir ce qui marche. Tous les échecs sont temporaires et ce que vous apprenez de vos erreurs ne peut que vous aider à avancer.

Expérimenter, c'est apprendre par le jeu. Inutile de vous prendre pour un modèle de sérieux et un perfectionniste dans l'âme qui frémit à la seule pensée de commettre une erreur, aussi minime soit-elle. Vous allez commettre des milliers d'erreurs en cours de route et c'est très bien ainsi. Chaque expérience vous apprend quelque chose en plus et chaque nouvelle leçon tirée de vos expériences augmente votre capacité à accomplir de grandes choses.

L'Expérimentation est indissociable d'une vie gratifiante, productive et épanouissante. Plus vous Expérimentez, plus vous apprenez et plus vous serez capable de réaliser de belles choses.

RETROUVEZ CE CONCEPT À L'ADRESSE : **http://book.personalmba.com/experimental-mindset/**

Un processus sans fin

> « Un livre vraiment bon m'apprend mieux que de le lire. Je dois rapidement le poser et commencer à vivre sur ce qu'il m'évoque. Ce que j'ai commencé par la lecture, je dois le finir par l'action. »
>
> HENRY DAVID THOREAU, ESSAYISTE ET POÈTE AMÉRICAIN

Beaucoup de mes lecteurs et de mes clients me demandent : « Cette formation au monde de l'économie, du commerce et de l'entreprise est géniale, mais quand l'aurai-je terminée ? »

Mauvaise question. Se former par soi-même, dans ce domaine comme dans n'importe quel autre, est un ***Processus sans fin***. Il n'y aura jamais un moment où vous vous direz : « Bon, cette fois j'ai fini, je n'ai plus besoin d'apprendre. » Chaque nouveau concept sur lequel vous tombez ouvre la porte à des milliers d'autres concepts à explorer.

C'est ce qui rend l'autoformation si amusante et si gratifiante : il y a toujours quelque chose de nouveau à apprendre.

Dans la philosophie orientale, le *Tao* signifie « la voie ». Il n'a ni début ni fin. Il existe, tout simplement. Se former par soi-même, dans quelque domaine que ce soit, est un Tao, et le Processus est sans fin. C'est le chemin, le voyage lui-même qui est la récompense.

Même des maîtres dans l'art de gagner de l'argent comme Warren Buffett cherchent toujours de nouvelles choses à apprendre. Lorsqu'on lui a demandé, dans le cadre d'une interview avec des étudiants de l'Université de Nebraska-Lincoln, quels superpouvoirs il aimerait avoir, il a répondu : « J'aimerais être capable de lire plus vite. » Le travail quotidien de Warren Buffett consiste essentiellement à lire des rapports financiers et à apprendre de nouveaux concepts dans le but de trouver de nouveaux moyens d'accroître la valeur de son entreprise.

Même la personne la plus riche du monde a des choses à améliorer et encore davantage à explorer. D'ailleurs, c'est cette curiosité insatiable qui lui a permis de réussir au départ.

Il y aura certainement des jalons, des étapes importantes le long de votre voie : terminer un livre, maîtriser une nouvelle compétence, lancer une entreprise, conclure une vente. Mais au bout, vous découvrirez une nouvelle voie à suivre, et votre voyage continuera.

Il n'y aura jamais de limite à votre développement personnelle.

Maintenant que vous avez lu ce livre, je vous invite à visiter le site http://personalmba.com et à souscrire à la mise à jour par e-mail du *Personal MBA*. Je révise ma liste de lecture tous les ans et publie un nouveau contenu tous les mois. C'est gratuit et je serais ravi de vous tenir au courant des informations économiques les plus intéressantes que je découvre.

J'aimerais vous quitter avec quelques mots pleins de sagesse de B. C. Forbes, le fondateur du magazine *Forbes* qui a écrit un essai en 1917 intitulé « Les Clés du succès ». Je m'y réfère souvent parce que je trouve qu'il nous rappelle avec justesse le but d'une entreprise et, plus globalement, de la vie :

Votre succès dépend de vous.
Votre bonheur dépend de vous.
Vous devez mener votre propre barque.
Vous devez façonner votre propre destin.
Vous devez vous éduquer.
Vous devez développer votre propre pensée.
Vous devez vivre avec votre propre conscience.
Votre esprit est à vous, et vous seul pouvez vous en servir.
Vous venez au monde seul.
Vous mourrez seul.
Entre les deux, vous êtes seul avec vos propres pensées.
Vous prenez vos propres décisions.
Vous devez accepter les conséquences de vos actes…
Vous seul pouvez changer vos habitudes et faire ou défaire votre santé.
Vous seul pouvez assimiler des choses mentales et des choses matérielles…
Vous devez faire votre propre assimilation tout au long de votre vie.
Un enseignant peut vous transmettre un savoir, mais c'est à vous de l'assimiler.
Il ne peut pas le transférer dans votre cerveau.
Vous seul pouvez contrôler les cellules de votre esprit et de votre cerveau.
Vous pouvez avoir devant vous toute la sagesse accumulée à travers les âges, mais tant que vous ne l'assimilez pas, vous n'en tirez rien ; nul ne peut vous la faire entrer de force dans le crâne.
Vous seul pouvez mouvoir vos propres jambes.
Vous seul pouvez mouvoir vos propres bras.
Vous seul pouvez utiliser vos propres mains.
Vous seul pouvez contrôler vos propres muscles.
Vous devez vous tenir bien droit sur vos pieds et voler de vos propres ailes.
Vous devez faire vos propres pas.
Vos parents ne peuvent pas entrer dans votre peau, prendre le contrôle de votre physique et de votre mental, et faire quelque chose de vous.
Vous ne pouvez pas vous battre à la place de votre fils ; il doit le faire lui-même.
Vous devez être le capitaine de votre propre destinée.
Vous devez voir à travers vos propres yeux.
Vous devez entendre à travers vos propres oreilles.
Vous devez maîtriser vos propres facultés.
Vous devez résoudre vos propres problèmes.
Vous devez construire vos propres idéaux.
Vous devez créer vos propres idées.
Vous devez choisir votre propre langage.

Vous devez gouverner votre propre langue.
Vos pensées sont votre vraie vie.
Vos pensées sont votre propre création.
Votre caractère est votre propre travail.
Vous seul pouvez sélectionner les matériaux qui le constituent.
Vous seul pouvez rejeter ce qui n'a pas lieu de le constituer.
Vous êtes le créateur de votre propre personnalité.
Vous ne pouvez être disgracié que par vous-même.
Vous ne pouvez être élevé, favorisé et soutenu que par vous-même.
Vous devez écrire votre propre record.
Vous devez ériger votre propre monument – ou creuser votre propre tombe.
Que choisissez-vous ?

J'espère que vous avez apprécié ce livre et l'avez trouvé utile – si c'est le cas, je vous invite à faire fonctionner le bouche-à-oreille. Si vous avez des questions ou des commentaires, n'hésitez pas à m'en faire part (en anglais) – vous pouvez me contacter directement à josh@personalmba.com.

Je vous remercie d'avoir pris le temps de lire cet ouvrage et je vous souhaite bonne chance dans votre voyage à travers l'univers de l'entreprise, du business, un monde fascinant et en perpétuelle mutation.

Amusez-vous !

Annexe 1

LISTE DE LECTURE : COMMENT POURSUIVRE VOS ÉTUDES

« Nous écrivons à la lumière de chaque livre que nous avons lu. »

RICHARD PECK, AUTEUR AMÉRICAIN

« À défaut de savoir quelque chose, il faut savoir où le trouver. »

SAMUEL JOHNSON, ÉCRIVAIN BRITANNIQUE

Ce livre vous offre un aperçu d'une littérature extrêmement vaste, non seulement liée au business mais, plus globalement, axée sur tout ce qui peut vous être utile pour créer, développer, gérer ou diriger une entreprise. Si vous souhaitez poursuivre vos études, je vous recommande vivement de commencer par lire l'un de ces livres* :

Création d'entreprise

- *Go It Alone!* de Bruce Judson
- *Lean Startup – Adoptez l'innovation continue* de Eric Ries, éd. Pearson
- *Les secrets des entrepreneurs qui réussissent* de Norm Brodsky et Bo Burlingham, éd. Zen Business
- *Ready, Fire, Aim* de Michael Masterson
- *Escape from Cubicle Nation* de Pamela Slim
- *Bankable Business Plans* de Edward G. Rogoff

* Les titres parus en langue française sont indiqués avec le titre de leur édition française et le nom de l'éditeur.

Création de valeur et expérimentation

- *Rework: Réussir autrement* de Jason Fried et David Heinemeier Hansson, éd. Maxima
- *The New Business Road Test* de John W. Mullins
- *How to Make Millions with Your Ideas* de Dan S. Kennedy

Marketing

- *Le story-telling en marketing : Tous les marketeurs racontent des histoires* de Seth Godin, éd. Maxima
- *Permission marketing* de Seth Godin, éd. Maxima
- *Les 22 lois du marketing* de Al Ries et Jack Trout, Dunod
- *Getting Everything You Can Out of All You've Got* de Jay Abraham

Vente

- *The Psychology of Selling* de Brian Tracy
- *Pitch Anything* de Oren Klaff
- *La prodigieuse machine à vendre* de Chet Holmes (parution en janvier 2014 aux éd. Zen Business)
- *Value-Based Fees* de Alan Weiss
- *SPIN Selling* de Neil Rackham

Délivrer la valeur

- *Indispensable* de Joe Calloway
- *Le but, un processus de progrès permanent* de Eliyahu M. Goldratt, éd. Afnor
- *Système Lean : Penser l'entreprise au plus juste* de James P. Womack et Daniel T. Jones, éd. Pearson

Finance et comptabilité

- *Comprendre la finance – pour les non-financiers et les étudiants* de Karen Berman, Joe Knight et John Case, éd. Eyrolles
- *Simple Numbers, Straight Talk, Big Profits!* de Greg Crabtree
- *The 1 % Windfall* de Rafi Mohammed
- *Accounting Made Simple* de Mike Piper
- *How to Read a Financial Report* de John A. Tracy
- *Venture Deals* de Brad Feld et Jason Mendelson

L'esprit humain

- *Système 1/Système 2 : les deux vitesses de la pensée* de Daniel Kahneman, éd. Flammarion
- *Les 12 lois du cerveau* de John Medina, éd. Zen Business
- *Making Sense of Behavior* de William T. Powers
- *Driven: How Human Nature Shapes Our Choices* de Paul R. Lawrence et Nitin Nohria

- *Deep Survival* de Laurence Gonzales

Productivité et efficacité

- *S'organiser pour réussir* de David Allen, éd. Zen Business
- *Le pouvoir de l'engagement total* de Jim Loehr et Tony Schwartz, éd. Ada
- *StrenghtFinder 2.0* de Tom Rath
- *Bit Literacy* de Mark Hurst
- *10 Days to Faster Reading* de Abby Marks-Beale et le Princeton Language Institute

Résolution de problèmes

- *Le Principe 80/20* de Richard Koch, éd. de l'Homme
- *Accidental Genius* de Mark Levy
- *Learning from the Future* de Liam Fahey et Robert M. Randall

Changement comportemental

- *L'art d'aller à l'essentiel* de Leo Babauta, éd. Zen Business
- *The Path of Least Resistance* de Robert Fritz
- *Re-Create Your Life* de Morty Lefkoe
- *Self-Directed Behavior* de David L. Watson et Roland G. Tharp

Prise de décision

- *Sources of Power* de Gary Klein
- *Smart Choices* de John S. Hammond, Ralph L. Keeney et Howard Raiffa
- *Ethics for the Real World* de Ronald A. Howard et Clinton D. Korver

Communication

- *On Writing Well* de William Zinsser
- *Présentation Zen* de Garr Reynolds, éd. Pearson
- *Ces idées qui collent – Pourquoi certaines idées survivent et d'autres meurent* de Chip Heath et Dan Heath, éd. Pearson
- *The Copywriter's Handbook* de Robert W. Bly
- *Show Me the Numbers* de Stephen Few

Pouvoir et influence

- *Influence et manipulation – Comprendre et maîtriser les mécanismes et les techniques de persuasion* de Robert Cialdini, éd. First
- *Comment de faire des amis* de Dale Carnegie, éd. Le Livre de Poche
- *Conversations cruciales – Des outils pour s'exprimer quand les enjeux sont de taille* de Kerry Patterson, Joseph Grenny, Ron McMillan et Al Switzler, éd. Ixelles
- *Power, les 48 lois du pouvoir* de Robert Greene, éd. Leduc.s, « À contre-courant »

Négociation

- *Bargaining for Advantage* de G. Richard Shell
- *3-D Negotiation* de David A. Lax et James K. Sebenius
- *The Partnership Charter* de David Gage

Management

- *Manager contre vents et marées* de Marcus Buckingham et Curt Coffman, éd. Pearson
- *12: The Elements of Great Managing* de Rodd Wagner et James K. Harter, PhD
- *Growing Great Employees* de Erika Andersen
- *Devenez manager !* de Peter F. Drucker, éd. Pearson

Leadership

- *Tribus – Nous avons besoin de vous pour nous mener* de Seth Godin, éd. Diateino
- *Total Leadership* de Stewart D. Friedman
- *L'ultime échelon – de la réussite à l'excellence* de Marshall Goldsmith, éd. Un Monde différent
- *The New Leader's 100-Day Action Plan* de George B. Bradt, Jayme A. Check et Jorge E. Pedraza
- *Les mirages du management – Comment éviter de prendre de belles histoires pour la réalité* de Phil Rosenzweig, éd. Vuibert

Gestion de projet

- *L'art du management de projet* de Scott Berkun, éd. O'Reilly
- *Results Without Authority* de Tom Kendrick

Systèmes

- *Thinking in Systems* de Donella H. Meadows
- *Work the System* de Sam Carpenter

Analyse

- *Turning Numbers into Knowledge* de Jonathan G. Koomey, PhD
- *Marketing Metrics* de Paul W. Farris, T. Bendle, Philip E. Pfeifer et David J. Reibstein
- *Maîtriser les chiffres* de Richard Stutely, éd. Pearson

Statistiques

- *Thinking Statistically* de Uri Bram
- *How to Lie with Statistics* de Darrell Huff

Le monde de l'entreprise

- *The Unwritten Laws of Business* de W. J. King
- *L'efficacité, objectif n° 1 des cadres* de Peter F. Drucker
- *The Simplicity Survival Handbook* de Bill Jensen
- *Hire with Your Head* de Lou Adler

Stratégie d'entreprise

- *Purpose* de Nikos Mourkogiannis
- *L'avantage concurrentiel* de Michael E. Porter, éd. Dunod
- *La stratégie océan bleu* de W. Chan Kim et Renée Mauborgne, éd. Pearson
- *Seeing What's Next* de Clayton M. Christensen, Scott D. Anthony et Erik A. Roth

Créativité et innovation

- *The Creative Habit* de Twyla Tharp
- *Myths of Innovation* de Scott Berkun
- *Innovation and Entrepreneurship* de Peter F. Drucker

Design

- *Design émotionnel – Pourquoi aimons-nous ou détestons-nous les objets qui nous entourent* de Donald A. Norman, éd. De Boeck
- *Principes universels du design* de William Lidwell, Kritina Holden et Jill Butler, éd. Eyrolles

Consulting

- *Getting Started in Consulting* de Alan Weiss
- *Secrets of Consulting* de Gerald M. Weinberg

Finance personnelle

- *Your Money or Your Life* de Vicki Robin, Joe Dominguez et Monique Tilford
- *The Millionaire Next Door* de Thomas J. Stanley, PhD et William D. Danko, PhD
- *Devenez riche !* de Ramit Sethi, éd. Zen Business
- *Fail-Safe Investing* de Harry Browne

Développement personnel

- *Lead the Field* de Earl Nightingale
- *Stratégies de prospérité* de Jim Rohn, éd. Un Monde différent
- *A Guide to the Good Life* de William B. Irvine

Annexe 2

49 QUESTIONS POUR AMÉLIORER VOS RÉSULTATS

Se poser les bonnes questions permet d'avoir une autre vision des choses. Le simple fait de garder une question présente dans son esprit et de réfléchir à différentes réponses possibles peut déboucher sur des chemins inattendus du point où vous êtes actuellement, au point où vous souhaitez aller.

Vous trouverez ci-dessous une liste de questions que je me suis posées il y a quelques années. Elles avaient pour objectif de m'aider à mieux cerner ce que je voulais améliorer dans ma vie, à la fois personnelle et professionnelle. Et, effectivement, elles m'ont beaucoup aidé à mieux savoir qui j'étais et ce que je voulais à un moment particulièrement difficile de ma carrière. J'espère qu'elles vous seront aussi utiles qu'elles me l'ont été.

Mon corps fonctionne-t-il de manière optimale ?

- Mon régime alimentaire actuel est-il sain et équilibré ?
- Est-ce que je dors suffisamment ?
- Est-ce que je gère correctement mon énergie au quotidien ?
- Est-ce que je parviens à gérer mon stress quotidien ?
- Est-ce que j'ai une bonne posture corporelle ?
- Que puis-je faire pour améliorer ma capacité à observer le monde qui m'entoure ?

Est-ce que je sais ce que je veux ?

- Qu'est-ce que j'aimerais réaliser qui m'enthousiasmerait vraiment ?
- Quels « états d'esprit » est-ce que je veux expérimenter chaque jour ?

- Mes priorités et mes valeurs sont-elles clairement définies ?
- Est-ce que je suis capable de prendre des décisions avec rapidité et assurance ?
- Est-ce que je me focalise systématiquement sur ce que je veux et non sur ce que je ne veux pas ?

Qu'est-ce qui me fait peur ?

- Ai-je établi une liste honnête et exhaustive de toutes mes peurs ?
- Me suis-je confronté à chacune de mes peurs pour imaginer comment je les gérerais si je devais y faire face ?
- Suis-je capable de reconnaître et de corriger les barrières que je me mets ?
- Suis-je capable de repousser mes propres limites ?

Mon esprit est-il clair et concentré ?

- Est-ce que j'extériorise systématiquement (par écrit) mes idées et mes pensées ?
- Est-ce que j'arrive facilement à saisir mes idées et mes pensées au moment où elles surgissent ?
- Sur quoi est-ce que je focalise mon attention aujourd'hui ?
- Est-ce que je me pose régulièrement les bonnes questions ?
- Est-ce que je passe l'essentiel de mon temps concentré sur une seule action ou est-ce que je passe sans cesse d'une tâche à l'autre ?
- Est-ce que je passe suffisamment de temps à réfléchir activement sur mes objectifs, mes projets et leur avancée ?

Ai-je confiance en moi ? Suis-je détendu et productif ?

- Ai-je trouvé une méthode d'organisation qui me convient ?
- Suis-je suffisamment organisé ?
- Est-ce que je tiens à jour une liste de mes projets et de mes tâches ?
- Est-ce que je passe en revue régulièrement l'ensemble de mes engagements ?
- Est-ce que je fais régulièrement de vraies pauses lorsque je travaille ?
- Est-ce que je prends consciemment de bonnes habitudes ?
- Est-ce que je travaille à me défaire de mes mauvaises habitudes ?
- Est-ce que je suis à l'aise de dire « non » aux gens ?

Comment est-ce que je travaille le mieux ?

- Qu'est-ce que j'aime particulièrement ?
- Qu'est-ce que je fais particulièrement bien ?
- Quel est l'environnement (ou quels sont les environnements) que je trouve le(s) plus propice(s) pour faire du bon travail ?
- Comment est-ce que j'apprends le plus efficacement ?

- Comment est-ce que je préfère travailler et communiquer avec les autres ?
- Qu'est-ce qui m'empêche d'avancer actuellement ?

De quoi ai-je besoin pour être heureux et épanoui ?

- Quelle est ma définition actuelle de la « réussite » ?
- Existe-t-il une autre définition de la « réussite » que je trouverais plus enrichissante et plus épanouissante ?
- Est-ce que je me compare souvent aux autres (ou plutôt à la perception que j'ai d'eux) ?
- Est-ce que je vis actuellement en deçà de mes possibilités et de mes capacités ?
- Si je pouvais posséder uniquement 100 choses, quelles seraient-elles ?
- Suis-je capable de séparer le nécessaire du superflu ?
- De quoi suis-je reconnaissant dans ma vie et dans mon travail ?

Prenez du papier, réservez-vous une heure et répondez à ces questions. Vous pouvez rendre cet exercice plus ludique en vous offrant un déjeuner ou un dîner dans votre restaurant préféré et en répondant aux questions en mangeant. Je parie qu'une foule d'idées pour améliorer votre vie personnelle et professionnelle vous seront venues avant de régler l'addition !

Termes clés

Remerciements

À Kelsey : nous l'avons fait. Merci pour ton amour, ta confiance et ton soutien indéfectibles.

À mes parents : merci de m'avoir appris à lire à un si jeune âge. Je vous dois ma curiosité à l'égard du monde et mon ouverture de cœur.

À Seth Godin : merci de m'avoir inspiré et d'avoir changé ma vie de mille et une façons remarquables.

À Charlie Munger : merci de partager ce que tu sais avec le monde, cela m'a fait beaucoup de bien.

À Todd Sattersten et Jack Covert : merci de m'avoir présenté à l'équipe de Portfolio – sans votre générosité, ce livre n'existerait pas.

À Ben Casnocha et Ramit Sethi : merci de m'avoir encouragé à entreprendre ce projet, d'avoir révisé mes brouillons, de m'avoir présenté à Lisa et d'avoir été des modèles pour moi.

À Carlos Miceli : merci de m'avoir gentiment aidé à créer le site Web qui accompagne ce livre.

À Lisa DiMona : maintenant je comprends ce qui fait ta réputation hors du commun. Ton enthousiasme, ton dévouement et ta patience sont exceptionnels.

À Adrian Zackheim : merci d'avoir pris le risque de faire confiance à un jeune homme qui avait une idée complètement folle et d'éditer systématiquement les meilleurs ouvrages. Les livres que tu as édités ont amélioré ma vie et je suis heureux de pouvoir, à mon tour, servir cette cause. J'espère que mon livre fera honneur à ta réputation et connaîtra le succès.

À David Moldawer : je m'attendais à tomber sur un réviseur intelligent, expérimenté et sans complaisance. Tu es tout cela, et plus encore : un ami de confiance. Merci de ta perspicacité. Rien ne t'a échappé et tu as laissé ce livre bien meilleur que tu l'as trouvé.

À Will Weisser, Maureen Cole, Richard Lennon, Joseph Perez, Oliver Munday, Jaime Putorti, Noirin Lucas, Michael Burke et tous les « acteurs de l'ombre » chez Portfolio : il y a des années, je me suis promis que si je décidais un jour d'écrire un livre, je ne travaillerais qu'avec le meilleur éditeur. Votre expérience et votre professionnalisme sont tout simplement incroyables – je ne pouvais pas tomber sur une meilleure équipe.

À Eric Gonzalez, Énoch Ko, Steven McGuinnity, Peter Millonig, Denver Rix, Marina Murray, Joseph Magliocco et Tim Shadel : merci de m'avoir aidé à identifier et corriger les erreurs de la première édition. J'ai apprécié votre perspicacité et vos suggestions d'amélioration.

À mes clients et lecteurs : sans vous, ce livre n'existerait pas. Merci pour votre soutien, vos retours et vos encouragements. J'espère que vous trouverez cette ressource utile et que vous atteindrez tous les objectifs que vous vous êtes fixés.

Table des matières

Vous voudriez recevoir notre catalogue par la Poste ? On vous l'enverra avec grand plaisir. Il vous suffit de photocopier, recopier ou découper ce formulaire et nous le retourner complété à :

Éditions Leduc.s, 17 rue du Regard, 75006 Paris

NOM : ....

PRÉNOM : ....

ADRESSE : ....

....

CODE POSTAL : ....

VILLE : .... PAYS : ....

Si vous souhaitez être tenu au courant de nos publications et de l'actualité de nos auteurs, et/ou recevoir notre catalogue au format PDF, complétez les champs cidessous :

E-MAIL : .... @ ....

Nous souhaiterions mieux vous connaître :

Quelle est votre ANNÉE DE NAISSANCE : ....

et votre PROFESSION : ....

Magasin dans lequel vous avez acheté *Le Personal MBA*

....

Nous sommes à votre écoute : faites-nous part de vos suggestions et de votre avis sur le livre que vous venez de lire :

....

....

....

....

....

....

....

....

À .... LE ....

MERCI ET À BIENTÔT !

Vous pouvez aussi prendre contact avec notre service client à **info@editionsleduc.com** et nous retrouver sur le site : **www.editionsleduc.com**.

Achevé d'imprimer en Italie par
LEGO S.P.A.
Lavis (38015)
Dépôt légal : septembre 2013